RBC

2004 北京人民广播电台 年鉴

北京人民广播电台 编

中国广播电视出版社
CHINA RADIO & TELEVISION PUBLISHING HOUSE

图书在版编目（CIP）数据

北京人民广播电台年鉴.2004／北京人民广播电台编.
北京：中国广播电视出版社，2006.9
ISBN 7-5043-5060-5

Ⅰ.北...　Ⅱ.北...　Ⅲ.广播电台-北京市-2004
-年鉴　Ⅳ.G229.271-54

中国版本图书馆CIP数据核字（2006）第092519号

北京人民广播电台年鉴2004

编　　者	北京人民广播电台
责任编辑	任逸超
封面设计	张一山
责任校对	谭　霞
监　　印	陈晓华
出版发行	中国广播电视出版社
电　　话	86093580　86093583
社　　址	北京市西城区真武庙二条9号（邮政编码　100045）
经　　销	全国各地新华书店
印　　刷	涿州市京南印刷厂
装　　订	涿州市新华装订厂
开　　本	787毫米×1092毫米　1/16
字　　数	469（千）字
印　　张	24
版　　次	2006年9月第1版　2006年9月第1次印刷
书　　号	ISBN 7-5043-5060-5/G·1883
定　　价	54.00元

2004年1月8日，市委宣传部在我台召开“北京交通广播宣传工作座谈会”，来自全市各主要新闻单位的负责人齐聚北京交通广播，一起交流交通广播的办台经验。

由墨西哥全国记者联合会主席特奥多罗·伦·阿罗亚韦为团长的新闻代表团一行16人于2004年3月10日来我台参观访问，汪良台长、陆莹总编辑、亢亚志副总编接待了代表团。

2004年1月18日，我台建台55周年暨2004年春节联欢会隆重举行。国家广电总局副局长胡占凡、北京市委副书记龙新民，市委常委、宣传部长蔡赴朝，北京市政协副主席满运来，北京市副市长孙安民，北京广播电视局党组书记、北京广播影视集团党委书记马朝军等有关领导以及北京电台历任台领导、离退休人员和职工代表400余人参加了这一活动。

北京人民广播电台为纪念建台55周年，于2004年2月2日在北京饭店举办以“迎接时代挑战 促进广播发展”为主题的广播论坛。市委宣传部常务副部长王学勤，北京市广播电视局局长、北京广播影视集团管委会主任赵东鸣，北京电台台长汪良出席论坛并发表了热情洋溢的讲话。

2004年5月18日，在主控机房内，王季平总工程师主持新广播中心剪彩仪式，新广播中心全面投入使用。

2004年10月28日，北京广播中心技术业务综合楼工程开工典礼隆重举行。

2004年2月19日，北京电台岗位管理项目启动动员会召开。

▲2004年11月2日，北广传媒数字电视有限公司与北京广播公司就动感音乐频道的合作事宜举行签约仪式。

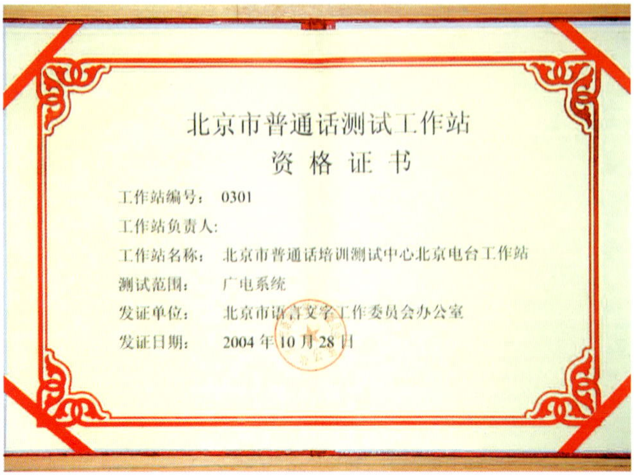
北京市普通话测试工作站
资格证书

工作站编号：0301

工作站负责人：

工作站名称：北京市普通话培训测试中心北京电台工作站

测试范围：广电系统

发证单位：北京市语言文字工作委员会办公室

发证日期：2004年10月28日

2004年10月，北京市语言文字工作委员会批准建立“北京市普通话培训测试中心北京电台工作站”。

2004年6月6日，北京人民广播电台在京瑞大厦举行“听众喜爱的名牌栏目”（首届）大型评选揭晓新闻发布会。

2004年6月9日，北京电台体育广播、文艺广播和北京广播网对雅典奥运火炬北京传递活动进行现场全程直播。

2004年9月2日-3日在香港会展中心，北京电台联合香港电台中文台直播第八届北京、香港合作研讨洽谈会。

2004年4月5日，为配合联合国世界卫生日“道路安全”的主题，北京电台与英国广播公司联合制作大型互动直播访谈节目——《道路安全与都市交通》，邀请北京市副市长刘敬民、国内外交通领域著名学者、热心市民代表等作为嘉宾；围绕道路安全、城市规划、奥运交通三大主题展开讨论和交流。

2004年8月23日，记者张红力采访原国家体委领导、中华全国体总顾问荣高棠先生（左）

2004年7月16日，记者刘国庆采访神经外科专家王忠诚院士（右）

2004年7月16日，新闻广播副台长陈晖采访马俊仁（右）

2004年9月24日，记者刘利采访劳模李素丽（左）

记者邢桂苹采访知识青年上山下乡的带头人邢燕子（左）

2004年7月27日，记者蔡明可采访联想控股公司总裁、联想集团董事局主席柳传志（左）

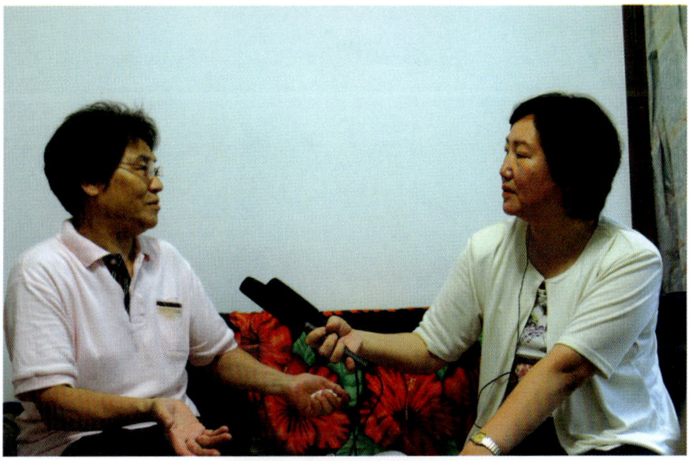

2004年7月29日，记者白玉采访老运动员郑凤荣（左）

2004年8月6日，记者刘利采访希望工程救助第一人张胜利一家。

2004年5月，白玉同志荣获2003年度“北京市‘三·八’红旗奖章荣誉称号”。

2004年4月3日，“治多伦一亩沙地，还北京一片蓝天”大型环保公益活动四期工程正式启动。

中国青年创业国际计划（简称YBC）北京首批获资助创业青年名单揭晓新闻发布会暨YBC与北京经济广播战略合作备忘录签署仪式2004年9月16日举行。

首都生活广播2004年9月28日推出特别节目《我和我的祖国——命运的交响“家和国兴篇”》55个家庭共庆中秋、国庆大型联欢活动。

2004年6月1日，首都生活广播《男孩女孩》节目在劳动人民文化宫举行开播启动仪式，并现场直播首都中外儿童庆祝“六·一”国际儿童节游园联欢会及儿童周开幕式。

2004年4月11日，北京电台体育广播、新闻广播、交通广播、国际部和北京广播网联合现场直播大型体育赛事“2004年北京国际接力马拉松赛”。

记者李萱在2004年雅典奥运会羽毛球比赛现场发回报道。

2004年11月22日，北京交通广播、搜狐网、北京青年报、北京电视台、北京广播网联袂举行“路德日”暨“一路畅通 从我做起”颁奖仪式。

2004年11月15日，北京文艺广播承办“北京电台有奖征集广播剧剧本结果揭晓暨颁奖发布会”。

2004年3月25日，第十一届中国歌曲排行榜颁奖日，北京音乐广播的中国歌曲排行榜以整个北京城区为范围，进行一场长达10小时的直播颁奖日活动。

2004年9月12日，全国第一家都市外语广播频率——北京外语广播Radio774在北京饭店举办开播仪式。

北京人民广播电台年鉴

2004

北京人民广播电台　编

中国广播电视出版社
CHINA RADIO & TELEVISION PUBLISHING HOUSE

《北京人民广播电台年鉴》（2004）
编 辑 委 员 会

主　任　汪　良

副主任　陆　莹　马仕存　亢亚志

委　员　（按姓氏笔画为序）

马仕存　王季平　王　秋　亢亚志　汪　良
陆　莹　陈晓海　赵多佳　赵泽勤　常　青

主　编　马仕存　亢亚志

编　撰　（按姓氏笔画为序）

史博华　李晓晖　李清华

编辑说明

一、《北京人民广播电台年鉴》主要记载北京电台基本情况和发展变化，反映在编一年中的重大事件、各方面工作的情况和史料。

二、本年鉴从1994年起，每年编印一册。2004年刊为第11卷，主要包括以下部分：1. 概述；2. 特稿；3. 重要会议；4. 规章制度；5. 宣传工作；6. 专辑；7. 节目设置；8. 评奖；9. 论文；10. 经验、体会；11. 听众工作；12. 技术工作；13. 管理与经营；14. 外事外宣；15. 机构；16. 人物；18. 出版物；18. 大事记。

三、对本年鉴有关栏目的几点说明：

〈特稿〉——收录台领导撰写的有关文章和重要讲话。

〈专辑〉——介绍重大宣传报道活动。

〈节目设置〉——介绍本年度新开办的节目（栏目）和优秀节目（栏目）及各专业台本年度广播节目时间表。

〈论文〉——收录本年度获奖论文，一等奖论文全文刊登，二等奖论文摘编；有关报刊发表的论文作篇目索引。

〈经验、体会〉——选录有关报刊发表的经验、体会文章。

〈人物〉——介绍当年新聘任的副处级以上职务和新评聘的副高级以上专业技术职务人员，并附当年职称评定情况一览表。

四、《北京人民广播电台年鉴》的编辑工作得到了台内各级领导及有关部门的关心和大力支持，在此一并表示感谢。

目 录

一、概　述

2004年在新一届领导班子的带领下，全台职工同心同德，求真务实，开拓创新，以“三个代表”重要思想为统领，深入贯彻“严守宣传纪律，把握正确导向，深化专业办台，提高宣传质量”的工作方针，社会效益和经营创收都取得了令人瞩目的新成绩。

2004年北京人民广播电台取得的新成绩主要体现在六个方面出现新特点。一是在充分发挥广播优势、充分发挥广播宣传的舆论引导作用方面有新突破。以多个专业台联合采访、制作、播出了多个大型系列访谈节目，如《十六届三中全会百姓读本》、《我和我的祖国·命运的交响》、《追寻小平足迹》等。这些节目贴近生活、贴近实际、贴近群众，广播特点突出，配合形势紧密，很好地宣传了党的十六大和十六届三中、四中全会精神，宣传了新中国成立55周年首都北京各行各业所取得的新成绩、发生的新变化，宣传了邓小平诞辰100周年及建设有中国特色社会主义理论，受到听众的广泛赞誉。2004年北京电台还首次把直播机房设在了北京“两会”驻地，使很多重要报道能够在第一时间内播出；首次派出奥运报道组，并与北京广播网联手成功报道了雅典奥运盛况；首次实现音视频同步独家移动直播北京国际马拉松接力赛；首次音视频同步全程移动直播雅典奥运火炬传递活动，开创了中国广播史现场直播时间长达10小时的记录，等等。二是宣传改革迈出新步伐。1月1日首都生活广播开播，9月17日外语广播正式开播。这两个专业广播的开播是深化专业办台的重要成果。它不仅满足了听众的需求，也为不断开放的北京加强外宣开辟了新的窗口。三是以“实行全台广告行业代理制”为核心内容的经营思路调整取得新成效。2004年一改过去各专业广播分散经营为全台广告行业代理制，减少了内耗，形成对外竞争的合力，使广告收入达到3.8亿元，同比增长31%，再创全国广播广告收入新高。四是技术保障工作取得新进展。新安装的数字化的国际一流水平的新广播中心正式启用，为北京电台安全播音和传播高清晰度广播信号提供了强有力的技术保障。五是广播产业化发展出现新局面。跨地域、跨行业经营运作进展顺利，布局新兴媒体和数字广播工作有新的进展。六是各项管理工作不断推出新举措。ISO9001质量管理体系在全台运行一年来，质量管理意识深入人心，科学、严谨、规范的管理渗透到各个环节，初步形成了全员参与、质量第一的良好局面。这些成绩的取得说明这样一个事实：2004年是北京电台取得卓著成绩的一年，是大踏步前进的一年。

二、特　稿

认真贯彻求真务实精神

——学习与实践胡锦涛总书记讲话体会

汪　良

胡锦涛总书记在中纪委第三次全体会议上，要求全党大力弘扬求真务实精神，大兴求真务实之风。这对于推进党和国家的各项工作，具有十分重大而深远的意义。今天我想结合电台实际，围绕如何以求真务实精神切实抓好我台队伍建设，特别是抓好党员干部队伍建设的问题讲一些意见。我之所以突出地强调这个问题，是因为目前我台党员和处以上干部的比例已占到全台在岗总人数的64%，这支队伍的先锋模范作用发挥得如何，对于我台当前及今后的发展，都是一个十分重要的问题。

第一个问题：深刻理解当前强调弘扬求真务实精神的重要意义

1. 什么是求真务实？

求真要从认识论上去理解，务实要从实践论上去理解。求真务实，是一种科学精神、一种工作作风，是辩证唯物主义和历史唯物主义一以贯之的精神，是我们党的思想路线的核心内容，也是党的优良传统和共产党人必须具备的政治品格。通俗地说，求真务实就是讲实话、拿实招、办实事、求实效。

2. 胡锦涛总书记当前在全党强调弘扬求真务实精神的重要意义

我们党一贯倡导求真务实。早在民主革命时期，毛泽东同志就号召全党要把革命气概和实际精神结合起来，告诫全党同志要老老实实地办事，在世界上要办成几件事没有老实态度是根本不行的。进入改革开放的新时期后，邓小平同志突出强调，世界上的事情都是干出来的，不干，半点马克思主义都没有，要坚决制止追求表面文章，不讲实际效果、实际效率、实际速度、实际质量、实际成本的形式主义，杜绝说空话、说大话、说假话的恶习。十三届四中全会以来，江泽民同志再三强调，形式主义、官僚主义是一大祸害，必须狠煞形式主义、官僚主义的歪风，时时处处坚持重实际、说实话、务实事、求实效，大力发扬脚踏实地、埋头苦干的工作作风。讲到这里，我们不妨回忆一下我党成立以来不求真务实带来的重大教训：第一次国内革命战争时期陈独秀的右倾投降主义差点儿葬送了中国共产党；第五次反围剿时因王明左倾机会主义差点儿葬送了红军和中国革命，也致使中国革命失去了一大批红军骨干；1958年大跃进时粮食亩产上万斤的浮夸风致使三年自然灾害中饿死了多少人呀？不求实际的大炼钢铁致使国家经济建设步入歧途；十年“文化大革命”以阶级斗争为纲制造了成千上万个冤假错案，上到国家领导人，像刘少奇、彭德怀等一大批党和国家的革命前辈，下到普通的老百姓，有的含冤而死。“文化大革命”使国家的建设和发展停滞近20年。十一届三中全会以后，党坚持实事求是的思想路线，拨乱反正，抓教育、抓科技、抓经济建设，使我们国家取得了举世瞩目的成就，发生了翻天覆地的变化。我们党八十多年的历程充分表明，求真务实是党的活力所在，也是党和人民事业兴旺发达的关键所在。什么时候求真务实坚持得好，党的组织和党员干部队伍就充满朝气和活力，党和人民的事业就能顺利发展；什么时候求真务实坚持得不好，党的组织和党员干部队伍就缺乏朝气和活力，党和人民的事业就受到挫折。

党的十六大开过不久，胡锦涛总书记率领中央书记处全体同志到西柏坡七届二中全会遗址去，重提“两个务必”：务必使同志们继续保持谦虚、谨慎、不骄、不躁的作风，务必使同志们继续保持艰苦奋斗的作风。如今胡锦涛同志又向全党强调弘扬求真务实精神、大兴求真务实之风，并强调这样做的极端重要性。

为什么胡锦涛总书记这时重新在全党强调求真务实的重要性呢？应该说，当前，广大党员干部在求真务实、真抓实干上做得是好的。但我们必须看到，在坚持求真务实这个问题上，党员干部队伍中也存在一些亟待解决的突出问题，胡锦涛总书记在中纪委三次全会上讲了主要有十大表现：一是不思进取、得过且过；二是作风飘浮、工作不实；三是好大喜功、急功近利；四是随心所欲、自搞一套；五是心态浮躁、追名逐利；六是弄虚作假、欺上瞒下；七是明哲保身、患得患失；八是贪图享受、奢侈浪费；九是以权谋私、与民争利；十是高高在上、脱离群众。面对复杂多变的国际环境，面临艰巨繁重的国内建设任务，面对我们党肩负的历史使命，要贯彻落实好“三个代表”重要思想和十六大精神，抓好发展这个党执政兴国的第一要务，落实全面、协调、可持续的发展观，实现经济持续协调健康发展和社会全面进步，必须在全党大力弘扬求真务实精神、大兴求真务实之风。

在全党如此，在我们党领导下的新闻宣传领域更应如此，因为求真务实是新闻宣传工作增强针对性、实效性和提高舆论引导水平的根本所在。

3．当前在新闻战线弘扬求真务实精神的重要意义

去年底，中宣部、国家广播电影电视总局、国家新闻出版总署、中华全国新闻工作者协会联合发出通知，在全国新闻战线深入开展“三项学习教育活动”，我想原因之一，就是新闻战线存有不求真务实的现象和问题：一是有偿新闻现象的滋生和蔓延。有的公司经理说，他们开新闻发布会，请了五十多名记者，每人给500元红包，外加土特产。有些记者拿了钱和东西就走了，弄得主人很尴尬。去年被新华社曝光的11名新闻记者在采访山西省繁峙县义兴寨发生的特大金矿爆炸事故中，因收受当地有关负责人及非法矿主送的现金、金元宝，结果有的被开除了党籍、开除了公职，有的受到了党内严重警告处分。这些“有偿新闻”现象的滋生和蔓延，严重腐蚀了新闻队伍，降低了媒体的公信力。二是虚假新闻屡禁不止。《新闻记者》杂志社每年评出十大假新闻。这里，不妨把一些耸人听闻的假新闻的标题念给大家听听。2001年十大假新闻有：上海将建300层、容10万人的摩天大楼；错位夫君夜换娇妻30年；家庭连环悲剧猪吃娃；美国医生操刀换人头；女大学生状告爸爸的吻。2002年十大假新闻有：

女记者与“狼”共穴61天；诗人汪国真卖字求生；微波炉是恐怖杀手；央视全面封杀米卢广告；地球生命只剩50年；刘晓庆在狱中有空调有淋浴；千年木乃伊出土后怀孕。2003年的十大假新闻有：比尔·盖茨遇刺；警察鸣枪八次镇住百人群欧；百万美金还失主；曾参与“神五”设计的中科院院士周鼎新海口遇害；“中国印”设计专利被抢注。发生这种虚假新闻，最根本的原因是利益驱动，猎奇，想搞轰动效应，对受众不负责任，不调查，不研究，一味迎合一部分读者兴趣，追求发行量、收视率。这种虚假新闻多是社会来稿，道听途说，不经核实就发表。有的是从互联网上下载的，有的当然也是记者采访不深入，偏听偏信造成的。三是低级庸俗新闻风行。一些媒体为了眼前的经济利益，不惜降低品位，迎合一部分读者的低级趣味，发表和炒作一些低级庸俗的新闻。四是虚假不良广告泛滥。广告中的问题主要有三：一是违法广告，二是虚假广告，三是不健康的广告。如有的公司刊登经营某种产品种子广告，要农民种植或养殖，他负责收购。他把农民的钱骗到手后，逃之夭夭，农民辛辛苦苦种植或养殖，到收获销售季节时，这个公司早就连牌子也找不到了，农民损失惨重。有一阵子，声讯台的色情广告泛滥，报纸也给登。有一些医药广告，几乎没有什么疑难病症他不能治好的，利用广告欺骗消费者，骗人钱财。这些不良广告被社会称之为媒体的三大公害之一。以上种种现象和问题，充分暴露了新闻队伍中存在的不求真务实的现象和问题，这些现象和问题腐蚀了新闻队伍的肌体，损害了新闻工作的信誉，弱化了新闻的公信力，干扰了新闻事业的健康发展，已经到了必须解决的时候了。要想解决这个问题，归根结底在于人，在于建设一支政治强、业务精、纪律严、作风正的高素质队伍。

具体到我台来说，以求真务实精神抓好队伍建设也是一个十分重要的问题。

第二个问题：充分认识以求真务实精神抓好我台队伍建设的紧迫性、重要性

人是生产力中最活跃的因素，是核心竞争力。一个国家、一个民族的发展与强大离不开人，一个行业、一个单位的存在、发展和繁荣更是需要人，需要一大批人才汇聚而成的队伍。人才，是立业之基，是兴业之本，是创新之源。在今天，放眼全球，没有哪一个行业不重视人才队伍建设的，无数事实也印证了这么一个道理，一个人才匮乏的产业，注定是要衰退的；一个不重视人才队伍建设的单位，注定是没有前途的。

1. 从国内外媒体间竞争的趋势看抓好我台队伍建设的紧迫性

透过国内外知名传媒公司之间展开的激烈人才争夺战，我们分明看到一场硝烟弥漫的人才鏖战已经拉开帷幕，因人才多寡而引发媒体间的规模、实力差距日益凸显，“小富即安”、“又松又散”已难以为继。虽说中国传媒业产业化刚开始不久，但中国拥有全球最大的潜在消费者，中国将有望成为世界的传媒大国，这是不可否认的。可是美好的前景却并不能代替严峻的现实，那就是，中国传媒业的真正较量还刚刚开始，在一个严格管制的环境中形成的强势媒体，并不一定是真正的强势媒体。尤其随着中国加入WTO之后，“狼”真的来了，捷足先登的是默多克的星空卫视，闻风而动的还有时代华纳、CNBC、维亚康姆等等。新闻集团的资本力量和国

际经营的经验是有目共睹的。目前在中国获得了有限制落地权的30个外资频道中，属于新闻集团的全资频道有：星空卫视、CHANNEL［V］音乐频道、卫视体育频道、卫视国际电影台以及国家地理频道。另外，在ESPN体育台中，新闻集团拥有50%的股权。加上凤凰卫视旗下的凤凰中文台、凤凰电影台以及凤凰资讯台，属于新闻集团系的频道达到了九个，占总数的30%。在美国，默多克拥有21世纪福克斯电影公司、福克斯网络和35家电视台，占全美电视台总数的40%。具体地说，每5个美国家庭中就有1个收看新闻集团制作或传送的电视节目。它比时代华纳之外任何一个美国媒体都大。一位有着44年资历的美国有线电视老板罗伯茨说："默多克有广播、新闻、体育、电影、有线频道，现在又有了传送途径。如果你不严肃地对待他你就是疯子。默多克的帝国将使很多人重新评价他们的业务"。还有一名叫亚当·辛格的美国有线电视前CEO说："与默多克竞争就像每天进行800米赛跑，而且总是跑在外跑道。"

就是这位昔日《澳大利亚人》的办报人，在短短几年内，以摧枯拉朽之势席卷了世界各种媒介。默多克的迅速扩张之势，令当今美国、英国等西方许多知名传媒大亨感到畏惧、不知所措，甚至绝望。不仅如此，默多克掌控的这个传媒帝国的疆域还在不断扩大。默多克凭借什么获得如此巨大的成就？探究众多成功因素，其中之一与他善于选人用人密不可分。举个例子，两年前默多克慧眼识才，力荐来自中国的刘香成出任新闻集团中国区常务副总裁，负责企业传播，同时出任星空传媒集团资深副总裁；力荐来自中国的李映红出任新闻集团及星空传媒集团副总裁，负责中国地区的财务、人事、行政及业务拓展。由于用人上的高明，星空传媒在广东落地仅仅用了一年多的时间，就获得了至少300万人的收视率。不仅如此，如今默多克这个国际传媒大鳄又想方设法将脚伸进了中国网通，不满足于各种媒介的纵向整合，实施多产业之间的横向整合，他正在虎视眈眈地盯着"中国领空"，极力推行他的本土化战略，寻找着适合新闻集团标准的本土化优秀人才为他的帝国扩张打入了一个楔子。默多克如此，其他的如CBS和BBC等国外知名传媒公司也都有一整套选人、用人、培养人的科学制度与机制，对其高级管理人员和业务尖子建立了严格的定期换岗、逐步提升和不断轮训制度，促进了人才的成长，保证了传媒公司自身的全面发展和快速进步。

可以想见，一旦市场的闸门打开，国际传媒进驻中国的脚步还会加快，洗牌就要开始，未来的命运会是怎样？在了解了国际传媒形势的同时，国内的竞争也是不可避免的，这是市场的法则。拿我台来说，虽说目前有一批比较优秀的采编播人员，但是我们不比国外，就是与国内一些大媒体来比，我们在人才的数量、质量上也还存在一定的差距。一是与广播电台相比，在北京，一定程度上可以说，中央台是我们的对手。近几年，中央台在一些节目设置、用人机制上和我台亦步亦趋，与我台共争北京地区空中广告这块"蛋糕"。在其他省市，诸如上海台、广东台、山东台、浙江台等也在深化用人机制、不断调整节目设置，也在你追我赶。二是与电视台比，央视是一堵不得不面对的墙。作为中国的传媒航母，中央电视台仍然占据资金、人才资源等优势。实力雄厚的央视因此也吸引和汇聚了像白岩松、敬一丹、崔永元、王志、董倩等一大批知名记者、主持人。北京电视台的《元元说话》是强档节目，元元、程前、田歌、徐纬等名主持人是北京电视台吸纳广告的较大亮点。三是与纸质媒体比，《北京青年报》、《北京晚报》、《南方周末》等也是吸引广告的强势媒体。此外，还有被业界人士普遍看好的“新锐”——湖南电视台，最近挖走央视《东方时空》主持人方宏进的上海文广集团，以及目前活跃着如卓京投资集团、保利华亿传媒控股有限公司等较有势力的民营传媒机构也在迅速崛起，也在用优厚的待遇到处招贤纳士，等等，这些讯息无不表明许多媒体机构都在想方设法吸纳优秀人才，都在壮大自己的队伍。

知己知彼，才能百战不殆。纵观国内外媒体激烈竞争的形势，的确有一种加速建设一支高素质人才队伍的紧迫感，也的确面临着严峻挑战。那么我台目前的发展形势如何？队伍的现状如何？

2. 以求真务实精神抓好我台队伍建设的重要性

应该说，近几年来，北京电台的发展形势喜人，在全国电台中排名比较靠前，业绩比较突出。之所以有这么好的局面，重要原因之一，得益于我台有一支素质比较好的采编播、宣传管理、经营管理和工程技术人员队伍，得益于多年来电台各届党委一直围绕宣传中心，坚持抓队伍建设、抓导向、抓管理、抓节目精品、抓内部机制改革取得的成效。从1997年以来，我台注重从思想、培训、管理、制度等方面狠抓队伍建设，现已基本形成公开招聘、竞争上岗、公示、试用、考核、奖罚、诫勉、辞聘等配套的用人机制，使每名员工创业有机会、干事有舞台、发展有空间，初步积聚起了能满足电台现阶段发展需要的人才队伍。

但是，在充分肯定成绩的同时，我们也要清醒地认识到，我台队伍建设还存在着一些问题和不足：

首先从整体上看，一是现有人员的知识结构、中层领导干部年龄结构不够合理。目前我台共有在岗人员498人，其中，副处以上干部61人，平均43岁，40岁以下的处级干部仅17人。二是共产党员的先锋模范作用还有待进一步加强。党员占全体在岗人数的63.3%，是我台建设的中坚力量，这其中，有些党员的先锋模范作用发挥的还不强。三是在人才总量上还不充足，尤其是高层次的拔尖人才，重点是知名品牌人才、经营管理人才还非常匮乏。

其次从个体上看，主要有以下表现：一是“差”。有的同志组织纪律性差，不服从组织分配。岗位变动很正常，组织让其变动一下岗位，他（她）却向组织讲条件、讲价钱。二是“懒”。有的同志没有争创一流业绩的劲头，不思进取，不求上进，该抓的事不抓，该管的事不管，该干的事不干。三是“粗”。有的同志工作粗枝大叶，敷衍了事，抓而不实、抓而不力，满足于“差不多”。四是“浮”。有的同志工作作风飘浮，不深入、不踏实，犹如墙上芦苇、井中葫芦，立不起来，沉不下去。五是“浅”。有的同志知识根底浅，时常出错。这些不愿、不敢、不善于求真务实的根本原因在于，少数同志，尤其是有的党员干部事业心不强、敬业精神不强、模范意识不强，形式主义、官僚主义和个人主义还有一定的市场。对这些问题，电台职工有反映，广大听众有意见，台领导也有所察觉。如果我们不坚决反对并及时纠正，任其发展，积弊成疾，就会导致干部队伍作风松散浮夸，损害党群干群关系；就会败坏电台作风，影响电台发展大计。

第三个问题：以求真务实精神抓好我台队伍建设

在未来的市场竞争中，拥有一支高素质的队伍已经成为决胜的关键，这已经人所共知。“事必有非常之人，然后有非常之事；有非常之事，然后有非常之功。”为进一步加快广播产业化的发展，我台必须以求真的精神、务实的作风，针对存在的问题和不足，制定切实可行的措施，认真抓好队伍建设，形成“用事业造就人，用环境凝聚人，用机制激励人，用感情留住人”的浓厚氛围。

1．要加大政治理论学习力度，不断提高队伍政治素质，提高正确把握舆论导向的能力。要结合我台正在深入开展的“三项学习教育活动”，认真落实台“三项学习教育活动”领导小组制定下发的部署计划，全体人员要进一步深刻理解“三个代表”重要思想的理论精髓，在武装思想、指导实践、务求实效上真正见行动、见成效；要深入学习马克思主义新闻观，努力增强贯彻执行党的新闻工作方针原则的自觉性和坚定性；要认真查找不足、制定整改措施，切实增强弘扬职业精神、恪守职业道德、维护队伍形象的自觉性和坚定性；要进一步深入学习十六大及十六届三中全会精神，通过政治理论学习，不断提高电台队伍的政治素质，提高把握正确舆论导向的能力。

2．要进一步抓好人员分类分层次培训，努力提高业务素质，提升人才的资本价值。我们要充分利用首都资源比较丰富的优势，采取“走出去、请进来”的方式，加大开放办学、联合办学的力度，实施分类分层次培训计划。通过内部集训、交流轮岗、外部调训、国外深造、聘请专家传授等途径，加强各类人员培训工作的针对性、适用性和灵活性。要通过培训，强化干部科学判断形势、应对复杂局面的能力；强化新闻从业人员以“三深入”促进“三贴近”的意识，敬业爱岗，多采多编多播群众喜闻乐见的好新闻、实新闻；强化经营管理人员的市场意识、经营意识、改革意识和法制意识，提高其经营管理、创业、市场应变和依法从业的能力。以职业道德、岗位技能培训为主，加强全员素质培训。

3．要进一步发挥共产党员的先锋模范作用，以及带动队伍的“酵母”作用。强化党员队伍、特别是党员干部队伍建设，帮助他们树立正确的人生观、世界观、价值观，不断提高“免疫力”，确保每位党员振奋革命精神，在提高理论素养、提高文化知识、提高精神境界、提高工作标准、提高领导水平上下工夫，是我台的一项重要工作。目前这支队伍比较庞大。各党支部、各部门要采取多种办法，鼓励他们争当政治上的模范，业务上的模范，廉洁自律上的模范，立足本职岗位作贡献的模范，进一步打牢爱台敬业的思想，努力锻造出一支思想过硬、作风过硬、素质过硬的骨干队伍，从而发挥“酵母”作用，使电台队伍成为一支政治强、业务精、纪律严、作风正的高素质队伍，为我台的建设和发展作出贡献。

4．要下工夫抓好三个方面的“拔尖人才”。不进则退，看看目前我台的发展形势和队伍现状，想想国内外媒体风起云涌的态势，我台必须要有危机感，不然的话就要落后。在这种人心思变、人心思进的大势下，我想电台要有战略眼光，要下大工夫抓好三个方面的“拔尖人才”。一是知名品牌人才。广播影视的产业化进程，必将导致广播产业的市场竞争，这一市场竞争既是地域性的，也是行业性的，还是跨行业、跨地域、跨媒体性的，甚至是国际性的激烈竞争。在这样的竞争格局中，我台把培养、树立一批名主持人、名记者、名编辑等品牌人才作为事业发展的一大任务，显得非常迫切。因为这些高级人才，将制作出属于我台自己的精品化的品牌性节目，成为吸引受众关注的焦点，进而吸引广告，吸引资金投入，为资本运营构建平台。所以，从今年开始，我台将建立评聘首席记者、首席编辑、首席主持人制度。通过严格的评选手段和程序，使优秀骨干获得相应的称号、身份和优厚待遇。希望采编播人员多创知名品牌节目。二是高级管理人才。广播影视业的多年发展，已形成了一支具有较高政策水平和业务水平的管理队伍，然而这支管理队伍，适应市场经营管理的心理准备不足，管理经验也不丰富。可以说，在新机制下的我国广播影视行业中，还没有一个适应市场的管理人才的标准，自然也就没有一个广播影视市场发展的人才培养目标。而我台要有前瞻的眼光，要重视这支具有现代企业经营理念的高级管理人才队伍的建设。随着跨国文化传媒公司的逐渐渗透，如果我们没有这支人才队伍，那么面对一个个具有先进的现代企业制度和科学经营理念的跨国公司，我们将何以对付，又怎能在竞争中稳操胜券？因此，培养一支适应社会主义市场经济和知识经济环境的广播产业管理人才队伍，将是电台今后人才战略的发展目标。三是专门经营人才。大家都知道，广播已经不再是由政府拨款的国家行政事业型的行业，它必须面临市场的考验，面临经营的风险，必须按照市场的规则去发展。这就要求我们从过去的“服务”观念向“服务”和“开发”并重的观念转变，从“创收”观念向“创利”观念转变，也就需要一批高素质的经营人才来从事广播产品的营销工作，实现广播资源和产品市场利润转化，从而推动广播产业化向前发展。因此，培养一支既熟悉广播业务本身，又了解广播市场环境，同时又具有先进营销理念的高素质的经营队伍，将是电台的当务之急。

5. 要建立完善一套选人用人的机制。一要建立人才市场化机制，以规范的人才招聘制度、交流制度等形成各类人才通过市场不断进行优化资源配置的良性循环机制，打破原有地域的、行业的和单位的人才壁垒，真正使我台系统内外的人才通过市场流动起来，建立一个高效优质的人才机制。二要完善以能力和业绩为导向的人才评价机制，以岗位管理替代身份管理，真正形成“人员能进能出，岗位能调能变，职务能升能降，收入能高能低”的用人机制，使优秀人才得以脱颖而出，并能充分发挥其潜能，让有为者有位、平庸者无位、无能者让位。三要不断摸索建立良好的激励约束机制。在激励机制方面，依据岗位性质的不同，工作数量、质量的不同，薪酬分配上拉开距离，形成待遇能高能低的人员分配新体系。对在宣传管理、经营创收、技术保障、后勤管理等工作中做出突出成绩和贡献的人员，按照有关规定予以奖励；对在年度考评中不称职或完不成工作任务的，干部实行诫勉、降职或免职，职工实行下岗或解除合同等。总之，要不断摸索建立良好的激励约束机制，真正做到人尽其才，才尽所用。

同志们，让我们坚持以邓小平理论和“三个代表”重要思想为指导，全面贯彻十六大和十六届三中全会精神，按照“两个务必”和“八个坚持、八个反对”的要求，认真贯彻求真务实精神，切实抓好我台队伍建设，始终保持队伍昂扬向上的精神状态，解放思想、实事求是，与时俱进、开拓创新，不断开创电台工作的新局面。

广播行业的产业化经营

汪 良

前言

2003年是中国的广播发展年，广播行业的产业化经营是目前的一个热点话题。这里，我跟大家一起分享一下我的一些不成熟的想法，如有不当，敬请各位指正。

提到广播的产业化，世界公认做得最好、产业化程度最高的当属美国。我们就先从美国广播业撷取几个产业化经营的例子：

2001年美国收入最高的单频率电台是纽约的一家音乐台FM106.7，一年6000万美元。利润率也是它最高，达到了超乎想象的75%（一般电台只有50%，新闻或谈话类电台则更低，约25%—30%）。FM106.7只有35名员工，它的高收听率，一半原因来自于从杰出广播公司（Premier Broadcasting Company）购买的两档人气极旺的节目，这两档节目都是由最受欢迎的节目主持人担纲主持的。电台虽然因此获得高收听率和高收入，但是杰出广播公司却也从这两档节目获取的广告收入中赢得了可观的分成。

杰出广播公司是美国最大的节目制作公司，近千名员工分布在全美18个城市，制作的节目类型包括：谈话、音乐、体育、交通、甚至片花和音响效果，有十几个种类。它也笼络了美国最知名、身价最高的广播谈话和音乐节目主持人。美国的8000家电台和其他国家的二百多家电台都从杰出广播公司购买节目。

事实上从20世纪80年代开始，美国的电台渐渐不再自己制作节目，而改为从节目制作公司外购；90年代，大多数电台购买辛迪加节目（批发销售的节目，可能出自一家电台或制作公司，也可能数家联合制作）。

显然，杰出广播公司和FM106.7的分工和合作，是现代广播行业产业化经营的缩影，这为他们双方都带来了成功和效率，也给两家公司都带来了产业经营的效益。

这给我们带来了一个思考的题目，广播行业的产业化经营果然能带来那么大的效益吗？广播行业的产业化经营是否适合在我们的社会主义国家推行？应该怎样进行？就这一系列问题，今天在此和大家进行一些探讨。

广播行业产业化经营及其应该实现的三个特征

什么是广播行业的产业化经营？

广播行业的产业化经营是近几年才提出的，理论及实践尚不充分，公认的定义不多。我们从其产业化经营的本质来看，同时考虑到我国的情况，应该可以这样来表述：我国广播行业的产业化经营就是通过专业化分工、规模化制作和市场化经营，在保证广播作为党和国家的喉舌的社会效益的同时，争取更大的经济效益，也同时实现对广播行业社会效益的有力支撑，真正形成广播行业的良性循环。

这样说，广播产业化经营应该实现三个特征：

- 专业化分工

应改变全国近2000套广播节目定位雷同、产品雷同的自给自足为主的小农经济产业结构,实现社会化大生产和频道定位、节目生产的专业化,形成资源配置、产品交易的大市场;同时,打破电台内部的条条框框,实现以节目制作为核心的专业化分工和以节目资源利用为纽带的专业协作。

- 规模化制作

改善电台的资产组合，并通过实现技术装备的现代化、资源配置的科学化、组织结构的集团化、制作能力的规模化，来提高电台营运水平。

- 市场化经营

以市场为导向，重视市场调查数据，并充分利用调查结果，按照客观数据合理调整节目定位、内容和形式；以市场为导向，加强从主持人到栏目、频率的市场化包装和品牌营销；强化节目资源的多次利用，以实现节目资源潜在价值的充分挖掘；改善广告销售方式和广告管理部门的组织结构，统一协调内外部资源，提高广告销售的成效，实现广告收益的最大化；寻求更加跨区域、跨平台和跨媒体的市场化播出平台。

广播行业产业化经营的必要性

产业化的必要性：

1. 广播近两年已经走出良好的发展态势，去年的广告年增长率是20.23%，已经高于电视、报纸等媒体；部分地区的广播成为当地颇有影响力的媒体，电台各方面机制运行良好。但是要进一步发展，仍然靠广播广告的收入来一条腿走路，势必走不稳，也走不远。我们必须认真考虑投融资和实业经营。

2. 各地成立广播电视集团后，有些地区存在广播萎缩的可能性。在电视的强势发展之下，广播被大大低估其价值创造能力，原因是什么？是电视在产业化的道路上比广播先行了一步，不能说电视现在产业化已经做得很好，但它毕竟在节目制作、发行、广告代理等方面初具产业化雏形，积累了比广播更多的经验。广播要想赢得与电视平等的发展机遇，必须自己先从观念入手，树立产业化经营理念，打破“办出好节目广告自然来”的旧观念，从产业化的角度设计广播服务的全流程。

产业化经营的广播电台与传统的小作坊式相比，频率可以获得经营战略上的灵活性，降低节目制作成本，自由选取更受欢迎的节目，打造专业性更强的整体频率形象，强化每个节目的个性，以求得更高的收听率。从而在确保了宣传效果的同时，实现了广告收入的节节上升。

3. 数字化广播将在未来几年进入千家万户，频率资源不仅不再紧缺，反而是丰富的频率需要更多的内容填充，在“内容为王”的时代，我们拿什么去填充那么多的节目时段？还靠目前自给自足、自产自销、自娱自乐式的制作和播出方式肯定是不行的。必须在产业化经营的轨道中，有完整的市场调查和行业咨询、节目制作、节目发行、广告开发等广播产业链条，数字化广播才能平稳行驶。

4. 媒体的跨地区、跨行业经营如今已经不再停留在纸上谈兵的层面，很多媒体纷纷吃起螃蟹，随着媒体经营领域的扩大和地域的扩张，对资本的需求越来越大，对经营的专业化要求越来越高。世界传媒巨头维亚康姆（Viacom）的首席执行官雷石东去年在中国的传媒产业论坛上总结说，每个成功的世界级广播集团都是通过ABC实现成功：

A——兼并收购（Acquire）；

B——品牌营销（Brand）；

C——内容为王（Content）。

无疑，ABC中的任何一个步骤都应以大资金投入和现代资本运作的方式来实现。我国的广播事业要想做强做大，资本经营无疑是其中必不可少的重要环节。

而社会商业资本也早就敏锐觉察到媒体这个潜在的大市场，不进行产业化改造，我们就不能规范和合法地引进商业资本，我们内在资本需求和外在商业资本的投资愿望都只能落空。

目前，资本市场对于优质的广播资产有着较高的预期和估值溢价，现在是优势广播媒体资本运作的良好时机。

广播电台产业化经营的前提

大多数人对于广播电台的产业化改造会有疑问，如何保持广播作为媒体在我国的特殊性质，在产业化之后继续发挥它担负的喉舌功能？如何保证商业资本介入后不在我们的宣传环节产生影响力？这是能否进行广播产业化的首要前提。

我们必须明确的是，在广播电台的产业化经营中，被商业化的不是新闻，不是党的宣传，而是广播的“传播载体”——频率和广告时间。只要参与产权化运作和整合的主体是国有媒体，只要国有媒体在公司化改制的过程中拥有对媒体的控股权，党对新闻事业的领导，就不会也不可能会被削弱；党的宣传纪律，就仍然有坚实的制度保障。后面我们将着重讨论一种“双轨”模式的可行性。

广播电台产业化经营的具体方法探讨——“双轨模式”

广播电台的产业化经营需要大量的制度建设和政策方面的探索和准备，现阶段对电台进行整体公司化改制还有些困难，这里我们跟大家一起探讨过渡性的“双轨”模式。

“双轨”模式就是保持电台必要的采编播和行政部门不变，所有经营部门（广告、节目制作发行和其他台属企业）剥离出来，吸收其他国有资本和社会商业资本进入广播公司和独立后的各经营部门，改组成为有限责任制的广播集团和下属公司，从而形成电台和广播集团并行的“双轨”模式。

这种模式能够做到：

1. 保持电台采编播和行政部门的结构和现有形式不变，电台本部党政领导关系和原有的行政隶属关系不变，行政事业单位性质不变。这样就保证了广播电台作为党和政府“喉舌”的性质不会有任何变化。从而确保了电台产业化经营的政治前提。

2. 在集团和下属公司的多个层面，灵活多样地尽可能吸收商业资本，在壮大广播电台经济实力的同时，“盘活”存量国有资产，在形成广播集团规模化经营的同时，确保了国有资产的保值增值。

3. 使得电台的经营性部门摆脱束缚，进行企业化的规范运作，增强竞争能力，在获取更大经营收益的同时，实现广播集团整体做大做强的目标。

此时，广播电台和广播集团都要设立

必要的管理机关。在确保广播电台对广播集团的绝对控股地位后，为了精简机构，实现管理层次扁平化，通常应考虑采用“一套班子两块牌子”的做法，即：

广播电台原有领导机构全部保留。同时按照《公司法》要求，成立广播集团的董事会和监事会。党委及电台的主要成员在广播集团董事会和监事会分别任职，一把手出任董事长。播出部门保持独立，进行广播电台编辑工作。

广播电台原有的行政管理部门，包括财务、人事、审计监察、行政办公等，经过适当的调整和力量增强，可以同时兼管广播集团和下属公司的行政管理工作。

广播电台产业化改造的具体思路

1. 广播集团的发展战略

广播集团拥有大量资源，在未来的战略发展上拥有广阔的天空。集团应该根据自身的实际情况，把握当前的机遇，制定恰当的发展战略，做足本业。集团公司还可以通过地域性扩张，产业前后向一体化、多元化经营和聚焦细分市场的方式，凭强大资本的力量，借助战略性股东的丰富经验，全面发展广播事业。

旗下各子公司也应当在各自经营的领域中成为强者，在市场上拥有足够的竞争能力，不用长期依赖于广播电台和广播集团的倾斜政策，就能够在市场上发展壮大。通过充分发挥这些企业的协同效应，反过来能够给电台和集团的发展提供强大的支持和保障。

2. 股权结构设计

广播电台对广播集团的绝对控股地位（超过51%的表决权）不可动摇。只有这样才能合法保障广播集团在开展产业化经营时，确保电台的党性原则不受商业资本和商业经营的干扰。当然，在特定的条件下，也可以考虑与其他国有资本联合控股，此时原广播电台的控股比例可以进一步下降到低于50%，但是应尽量保持第一大股东的相对控股地位。

广播集团下属的各经营性公司可以灵活设计其股权结构，广播集团对其控股或参股，通过产权对这些下属公司进行控制。各经营性子公司也可以灵活进行资本运作，以此为平台，进行兼并、收购和整合，甚至进行跨媒体经营。

3. 对商业资本的选择

广播集团应该有条不紊地进行融资，坚持以我为主的发展思路，不轻易出让股份。首先应该明确广播集团的整体经营战略。根据自身的发展思路，挑选对广播集团有战略性价值的投资者成为股东，以实现广播集团的更大发展。对于那些以短期逐利为目的的商业资本，应毫不犹豫进行剔除。对于广播集团下属的各经营性公司融资也应按照类似思路。

广播集团还可以做好自身或旗下公司的上市准备，聘请投资银行，精心策划，发起设立股份公司，并尽早成为公众公司，为集团搭建长久的发展空间。

4. 价值评估

在广播集团的资本运作中，进行价值评估时，应充分准备发展计划，精心策划融资方案，挖掘出广播集团的“无形资产”价值，体现出优质广播资产的高成长价值，尽可能科学地评估广播集团的业务价值，争取以一定溢价的方式吸收新股东，为广播集团进一步发展打下良好基础。

5. 固定资产的处理

现代商业社会里，不产生效益的固定资产只是商业化运作的企业经营中的负担而已,过大的固定资产将使得公司的股本回报率大大下降,在公司股本足够搭建合理的资本运作平台后,可以考虑将房地产等部分固定资产留在广播电台,以改善广播集团的股东回报率表现。并以出租给广播集团的方式,为电台带来稳定的现金收入。

6. 职工持股

为了加强企业的内部凝聚力，推动各经营单位的剥离，保护单位“老人”“新人”的合法既得利益，应该考虑推行内部职工持股。这将成为改组各经营部门最方便的方式。同时，通过全体员工的持股，使得各经营单位之间，经营单位和编辑部门，行政部门之间保持荣辱与共，将各部门的经营绩效与他们的切身利益同步联系起来。并通过结成这种利益共同体，使电台全体职工都可以享受到集团产业化发展的利益。

7. 电台本部的变革

电台本部虽然没有进行股权变更和改制，但它也是一个拥有大量收入的独立利益主体，这保证了电台充足的编辑及行政费用开支，但是，电台自身应对各项成本和费用进行合理控制，通过对编辑和行政部门实行“总额包干制”或部门预算制，核定编辑和行政部门的费用，实行科学化管理，实现效率的提高。

8. 人力资源

在广播产业化发展过程中，最重要的就应该是人才问题了。企业里最重要的不是货币形式的资产，而是作为核心资产的人力资源。在产业化发展过程中，需要大量既懂得现代企业经营管理，又懂得广播及传媒发展规律的高级人才，从广播集团的战略管理、投资决策、投资管理、所属业务经营，到节目制作、频道经营等等，这些，仅仅靠电台内部的人力资源积累是远远不够的。

广播电台在充分挖掘内部潜力的同时，应该从国内国外市场上大胆聘用同时具备优秀政治素质和经营管理能力的人才，充实广播集团人才队伍，确保集团战略的顺利实施。

9. 投资管理体制

电台必须摒弃过去的投融资管理体制，以专业化和目标明确化的方式管理投融资事业。广播集团总部应该成立专业的常设投融资机构，既要大胆抓住应有的投资机会，又要严谨细心地进行投资项目的日常管理，还要充分撬动商业资本，充分发挥广播集团的战略优势和协同效应，确保集团整体战略发展目标和短期投资回报的平衡实现。

10. 企业治理结构

学习现代企业的治理结构，从世界范围内聘请独立董事和集团顾问，并从制度上充分发挥董事会的作用，为广播集团的可持续高速发展带来坚实的保证。

11. 内部结算和关联交易

应商定广告公司向电台购买广告、电台向节目制作公司购买节目、节目发行公司向节目制作公司购买节目、各子公司向电台或集团租用固定资产的合理价格或分成比例，应该遵循市场价值和等价交换原则，同时照顾到子公司外界股东对关联交易的担心，协商确定此价格。

广播产业化经营的前景

按照“双轨”模式进行重组后，电台、广告公司、节目发行公司和节目制作公司等单位的经济往来就自然应遵循专业分工：

电台完成党的宣传任务，推出个性鲜明的频率，管理播出节目的选题、内容和质量，并对广告时间进行控制；节目制作公司专心制作节目，培养名牌主持人；广告公司进行广告招标，与专业公司合作，充分挖掘广播广告潜力；节目发行公司扩大精品节目的发行和多种经营，充分利用现有内容资源；还应该有相关调查与咨询机构提供广播市场的客观数据，供电台调整节目、节目制作公司定位节目制作方向、广告公司进行投放分析……

由此，各个经营性子公司充分合理利用集团资源，通力协作，共同发展。而集团则控制整体发展方向，在地域上，经营领域上，经营思路上不断整合新的资源，迎接不断到来的机遇与挑战，做强做大，真正实现产业化经营。

在规划广播产业化美好前景的同时，我觉得还应该泼点冷水。

中国广播业的现状离产业化还有很大距离，事实上我们连节目的市场化都没有做到位。我们应该在政策允许的市场化道路上走好，步子迈稳，才能进入良性的产业化轨道。盲目地独立进行产业化改造，脱离本地、本台实际，是不科学的，最终也无法形成效益，必要时应该寻找适当的同盟和合作者共同发展。

我们还需要专门的经营人才，再不能像上个世纪90年代各广电单位纷纷加入办第三产业的热潮，开了各种各样的公司，却没有严肃考证其可能性，也不会经营，不得不纷纷关张走人。今天的广播产业化时机到来时，我们应该用内行人的慧眼充分看清形势，在投融资和产业化扩张的问题上尤其要谨慎。每一步都要走稳，切不可贪多求快，急躁冒进。

我们可以在具备条件的领域先进行产业化改造，比如节目制作和节目发行方面。目前各兄弟台之间已经存在很多节目交易，很多电台都有了购销的概念，有的主持人已经有了包装和推销节目的意识。本次节目交易会也是一张很好的温床，它是全国的广播同仁共同培育了数年才形成的。这证明大家早有这方面的意识，并且以行动推进它的进程。尽管从供求双方和交易平台来说，国内的节目交易市场还没有完全发育成熟，但是应该看到，每年的广播节目交易会正在完成它的历史任务。

在我们熟悉的广告经营上，可以向成立广告经营公司方向发展。北京电台前不久对明年的七个频率的广告进行了行业代理招标，改变原来各个频率独立进行广告经营的状况，统一协调广告资源，并根据客户所属行业进行广告管理，各频率分管广告的副台长转为广告行业总监，职责是服务、协调、督导，保证所负责行业的经营目标的实现。总台领导与这几位行业总监一起组建广告管理部，统管全台广告经营，整合资源，减少内耗，形成对外竞争的合力。广告管理部将通过策划经营点子、落实经营举措、研究经营规律、提供策划服务等工作，希望数年运转之后能够摸索出经验，成立专业的广告经营公司，并使之成为投融资的载体。

中国加入WTO以后，尽管媒体还享有国家政策保护，但一样面临着国际化的竞争。境外的媒体集团虎视眈眈中国13亿人口的巨大市场，哪怕路线再迂回也想染指。中国的市场的确值得他们煞费心思，因为中国的媒体正处于一个极好的发展、变革时机。幸运的是，在座各位和我都有幸亲手推动发展、有幸亲身经历变革。在变革的时代，总是有很多不定的因素左右某一件事的进程，但总的方向一定是可以把握的。“唯一永远不变的，是永远变化”。我们唯有做好准备，积累经验，静候时机。

在北京电台专业化研讨会上的发言

汪　良

一年一度的务虚会今年早了一点，会议的内容、宗旨大家也都知道了。

目前，广播竞争的形式应该说是越来越激烈，在前年的时候我们还没有感觉到什么，从去年开始，中央台在这方面动作比较大，它的动作表现在两个方面：首先是它改变了以往的内部运行的机制，引入了外人，比如900音乐之声、都市之声，这跟我们还不大一样，也就是说它在这一点上比我们走的还快了一点；另外在节目的内容也比以往有了很大的改变。当时对于我们确实是一种刺激，也就是说迫使你不得不想一些问题。我记得当时中央台900音乐之声刚开播的时候，有的同志有点紧张，觉得了不得了，咱们也得赶紧改，当时我觉得不要太着急，打仗最忌讳沉不住气。《南征北战》里李军长讲得好，一个指挥员在关键时刻最重要的就是沉着。这是非常重要的，因为你先要观察，研究“敌情”，然后再采取措施。

竞争到了今天，会有新的问题出现。比如说节目怎么办的问题，中央台也给我们提供了一些借鉴。都市之声的节目面貌是什么样子，音乐之声的节目和音乐台的不同之处，人家是聪明人，它不能跟在音乐台的后面，它得另找一条道，当然我们要是照着人家的模式走，那是不行的，所以我们得分析。

这一次让大家思考的问题就是专业和综合的分寸和关系的问题，大家都要结合实际各抒己见，这是很重要的一个问题。专业化我们走过了这么多年的道路，观点上也在不断的变化。开始的时候是一个样子，后来逐渐的规范，提出了“红绿灯”等等，不断地在规范，规范得越来越严格。比如交通台早上的《一路畅通》节目，我离开交通台的时候不是这个面貌，后来它演变成这样一种形式，有点儿四不像，我们以成败论英雄，不管它几像几不像，有效果就行，这也是一种创造。湖南台的台长说过这样一句话：“是东西的一定不是东西，不是东西的一定是东西。”听起来是东西好像合乎规范，但不见得好，说这不是东西，什么都不是，但这一定是个新东西，也是好东西。其实这话说的有点绝对，极而言之，幽默一点，但实际上这里面有一定的道理。所以说大家要各抒己见，也就是说专业化的道路走到今天我们有什么思考，或者说有什么建议，从实际出发，再想到将来，怎么调整一下步伐，有没有必要调整，怎么调整。比如说路况信息，有人说路况信息是公共信息，交通台独家拥有不对，大家都要有，我就催着交通台赶紧做好上网，让大家都能用。晓天跟我说现在提供的东西越来越多了，我也上网看了一下路况信息，很及时，我希望各台都能利用好这个资源，哪怕挂牌特约播出，能招来点广告也好啊。可是现在我发现各台用的并不多，为什么？你们曾经很羡慕，为什么现在让你用，给你提供各种方便,你又不用了呢?其中有一条因素,你考虑了这个东西在你这个台所起的作用。但我想应该像报天气预报一样,你不用像交通台那么长的时间,每天4个小时,这做不到,包括中央台的都市之声,他们总以为只要给了它路况信息,跟交管局合作就行了,但这个只是因素之一,如果认为只靠这一个因素就够了,显然是不对的,所以这就有一个专业化和综合的分寸问题,把握到什么分寸最佳。

经济台在调研节目的时候提出了一个观点，即大专业小综合，这是专业化走到今天一个重要的阶段性的问题。也就是说今天应该怎样来看待它，还要不要进行调整，怎么调整，可能外地电台没有走到我们这一步，他们还谈不到这个问题，可是对于我们来说已经谈到了，当然这是在广播按部就班地发展下去的前提下，如果说广播电视整合在一起了，那是另外一回事，要是合成一起，我的理想是只有真正的资源整合起来才是最有威力、最有意义的。比如说经济台和电视台的经济频道整合起来，这才是有意义的。这个过程如果做到了也是一个比较漫长的过程。

在北京电台专业化研讨会上的发言

陆　莹

我来广播电台时间不长,对广播的了解非常的不全面,所以,谈这么一个理论的题目时机很不成熟,主要是向大家学习。我只能说一点我到广播电台以后的一些感受,不见得和大专业、小综合贴得那么密切。

一段时间内，在听了七个频率的节目后，我觉得当前我们还应该进一步强调专业化的问题。目前，各个频率专业化程度虽不一样，但是，总的讲能够突显专业频率识别特征的、符合传媒特性的、有个性的，而且能够称得上是频率骨干支撑的这样一些栏目，还是不够。交通台做得比较好，具有上述几个要素的栏目比较全，分设在频率的几个黄金时段，构成拉动收听的支撑性构架，所以这个频率深受老百姓喜欢，能够使相当一部分听众锁定这个频率，比如《路况信息》、《欢乐正前方》，它的这几个因素都具有了，既是专业的，又具有新闻性，提供大量信息，有独特的个性魅力，难以替代，而且是反复出现的，铸就了交通台得到成功。但相对来讲，听经济广播的时候，它给我最强烈的东西是股票、保健品，缺少在黄金时间的经济要闻或百姓经济新闻，如果这些新闻、栏目能够成为系列的话，那么这个频率的专业化和对受众的吸引程度就要大幅度提高。如果我们从产业发展的角度来看这个问题，产业链的建立，链接的核心是以内容生产作为真正的链条，以专业化频率作为产业发展的带动力量，在一个相对的地区，形成一个专业化产业发展族群，围绕频率播出进行生产，因为播出频率既是市场，又是一个播出平台，既是买方，又是面向听众的卖方。这是我的第一个想法。

第二，提到精品栏目个性化的节目，

我认为广播栏目在内容设计和编播理念上，应该符合传媒的本质特征。无论文艺频率也好，还是音乐频率也好，文艺音乐节目与舞台的、院团演出相比最根本的区别是，你是传媒文艺。因此对于传媒来讲，要了解受众接受心理，受众对传媒文艺有一个最基本的需求，就是在传媒中得到最快、最及时、最新的新闻信息，当然还有一些其他资讯类的信息。所以我觉得我们的频率应该发展和频率定位相一致的与专业化有关的新闻，仅仅用新闻频率提供的新闻不大够，因为受众有这种需求，这是社会细分的一个必然结果。比如王长田这几年的发展，不就是从娱乐报道开始的吗，而且他连带的滚动出来了10档节目，就是瞄着去办一个专业化频率。再比如，同样是音乐频率，在跟中央台的竞争中，我们的谈话与语言的成分在节目中大体占到7%左右，中央台也差不多。可是你谈什么，怎么谈，就大不一样了。如果在谈的过程中能够给大家提供与你频率定位、所播音乐相一致的新闻信息，那就可能吸引更多的听众。

第三，就是关于受众，以往我们在研究频率专业化发展的时候，研究内容的时候多一点，是内容的专业化，而研究受众的少一些，实际上受众需求是多元的，有一个受众的分流，但是这种分流严格讲是由于技术的发展，创造出了不同经营模式的经营者，这些经营者把受众不断进行细分，带有某种强制性。作为一个专业频率，要去争取更多的听众，要去满足受众的多元性需求，但是这种多元的需求应该是和有限的时空相结合，即小综合，要综合到多大的范围，综合些什么，另外怎么限定综合的大与小，这些问题，还应该根据不同的传媒的性质，当你是公益性的或者是公共性的频道、频率时，综合的范围要宽泛得多。纯粹的专业化、窄众的频道、频率，应该是收费频道。如果说我们是按照专业化运营的方式，但实际上我们是带有公益性质的传媒的时候，某种程度上，可能确实面临着有一个大专业、小综合的问题。

用科学发展观做好广播受众服务

赵多佳

2004年，“科学的发展观”成为我们党、我们国家、我们社会各行各业做好本职工作、推进事业前进的思想准绳。树立和落实科学的发展观已成为我们广播人全面贯彻“三个代表”重要思想、提升广播媒体竞争实力、保持可持续发展的先决条件。它对于我们正确把握和深化广播受众的研究、审时度势做好广播受众的服务意义重大。

用科学发展观做好广播受众服务是历史的要求

专家认为：科学发展观是对传统发展思路的历史性反思。那什么是科学的发展观，它的本质与内涵又是什么，它与广播受众的服务有着什么样的联系。

党的十六届三中全会对科学发展观有过鲜明阐述："以人为本是科学发展观的核心与本质。全面、协调、可持续发展是科学发展观的基本内容"。强调以人为本，反映了我们党全心全意为人民服务的宗旨和立党为公、执政为民的本质要求。坚持以人为本，就是要求从人民群众的根本利益出发不断满足最广大人民群众日益增长的物质和文化需求。发展，是我们党执政兴国的第一要务，也是广播事业蓬勃向上不断进取的第一使命。众所周知，受众是当今大众传媒信息的终端接受者。近年来，由于中国媒体受众观发生了巨大变革，"你播我听"的时代已过去，尊重与服务受众取代了过去的硬性灌输。广播，作为大众传媒领域的一种表现形态，作为党和政府领导下的新闻舆论工具，无论从哪个层面看，尊重受众的社会价值，了解受众的人格尊严，把受众的根本利益作为做好广播工作的最终目标，不仅能够有效发挥党的宣传舆论功能，增强传播效果，而且还能很好体现人民群众在社会发展进程中的主体地位和决定作用。只有真正将广大受众的利益作为广播传播的出发点和归宿点，我们为广播受众的服务才能经得住实践的检验和历史的考验，广播发展才会永保生命力。

"以人为本"——提高广播受众服务质量

平心而论，"以人为本"办广播并非这一两年的事，伴随着中国传媒业受众观的变化，早在几年前这一思想就已悄然渗透在大部分广播工作者的脑海中。北京电台从频道细分、内容专业化，到目标听众、核心听众、高端听众，整个发展过程无一不显示广播人在频率建设上与受众之间发生的换位思考，显示了广播人不断走向受众、不断贴近受众的心理路程。如果说20年前，媒介和受众的关系是主动与被动的关系，那今天这种关系被彻底颠倒过来了。作为信息传播的接收者——受众，在广播人的心目中已不仅仅是听者，他们与广播的发展命运息息相关。尽管如此，我们在认真反思为广大受众服务的过程中，仍然会找出许许多多的空白点，在贴近性、服务质量上仍然有很多的不足。并不是所有的频率都是以"为人民服务"的思想确立频率定位和主持风格的。以自我为中心的办台、办节目、办栏目理念，以及对受众理想化的表现方式都是困扰我们多角度、全方位做好广播受众服务的障碍。

据北京美兰德公司（CMMR）一项《北京市区广播收听状况（2003）》报告显示：在各媒体普及、广泛渗透的北京市区，仍然有超过五成的京城百姓在收听广播。而且，代表着未来社会走向的年轻人和极具消费能力的都市白领正在逐步形成当今的广播主体。这份报告显示：北京市区广播听众规模达到373.5万人，占市区总人口的53.9%。其中收听频次在每周三天以上的稳定听众群更是达到了298.2万。2003年8月4日17点，这个时间被京城媒体称为足以定格在北京交通发展的历史上。此时此刻北京市机动车保有量突破200万辆，其中私人机动车128万辆，占总数的64%。到目前为止，这一数字再次被突破。本市机动车保有量已接近240万辆。回顾历史，1955年，北京市机动车不过1万辆。1980年，本市机动车保有量突破了10万辆。而从100万辆到200万辆北京市只用了六年半。根据新生代调查的一份资料显示：2002年北京听众在家收听广播的比例为80.1%，而在车里收听广播的比例为14.3%，到2004年，在家收听广播的比例为74.7%，而在车里收听广播的人上升为23.1%。室内收听比例逐渐下降，移动收听呈上升趋势。与此同时，在户外收听广播的听众也从2002年的4.5%上升为12.5%。

罗列上述数字的目的是为说明近十年来广播的主流受众随城市的发展也在发生着飞速的变化。特别是广播已成为移动人群获取信息的主要来源时，怎么满足和适应这一变化，用“以人为本”的思想作指导，提高广播受众的服务质量成为我们在同业竞争中的当务之急。

“专业化”是我们这几年广播改革、以“内容为王”进行频率调整提到的最多的词。它以“窄播”为立意，以“受众对象化”为前提，以满足人的差异性和个性为需求，向广播受众提供各种各样的“专属性”服务。这种“专属性”服务提高了受众对广播的依赖度和信息传递的有效性（像路况信息、股票、外汇资讯、音乐排行榜等最为典型，不过受频率资源条件限制，这种专属性服务在广播界还不是很明显）。这种“专属性服务”的独占表现和“特供服务”，也为频率在受众中的影响力打下坚实的基础。表现最为突出的一次，是今年7月10日傍晚的一场瓢泼大雨，北京许多路面因积水过深而造成交通堵塞，有些地面甚至出现交通瘫痪，此刻北京交通广播停下原有设定的所有栏目，全台上下就北京当时的交通状况加大了路况信息的播出频次，连续四小时“一路畅通”节目直播，通过具体路况分析和一些轻松的娱乐内容把“一路畅通”“陪伴”的定位发挥得淋漓尽致。为当时乘车人和开车人提供了最好的“专属性服务”。

然而，当各种专业频率越来越多、独家和垄断性内容越来越淡化，特别是在频率资源有限的情况下，你会发现任何一个频率没有娱乐内容不行，没有音乐歌曲不行，没有新闻资讯更不行。于是，“小综合”出现了。“大专业、小综合”不仅是广播发展思路上的演进，而且使广播的服务触角更全面、细致、周到，在对广播受众服务的质量上更加人性化。美国学者威尔伯·施拉姆在《大众传播学》中这样解释：“受众参与传播就好像在自助餐厅就餐，媒介在这种传播环境中的作用只是为受众服务，提供尽可能让受众满意的饭菜。”从这一理论延伸我们也会发现在商业企业中一些大中型专业商场发生的定位转换。一些大排档式的餐饮业、超市进入高档商厦。而像国华商场这家老国营百货商店，如今蔬菜水果各种各样的小食品都堂而皇之摆在了商场柜台，这样的变化只有一种理念——方便消费者。当频率“专属性服务”使目标听众满意度、忠诚度不断提高后，方便受众收听，提高受众接受水平就成了改变媒体服务质量的另一重要环节。这两年，北京台很多频率在这方面已经开始下了工夫。

作为以娱乐内容为主打的北京文艺台，今年跟《信报》合办在早间八点前开了一档新闻资讯类节目《信报早读》。短短六、七分钟30多条咨询使很多喜欢娱乐内容的受众不换台就在上班前了解了最新的重要新闻。这档节目好吃不贵，开办不到半年就进入北京台前十名栏目。如今傍晚的《法制晚报时间》和《信报早读》已形成文艺台早晚两档相互呼应、方便喜欢文艺的受众获取新闻资讯的重要栏目。另外，将服务栏目娱乐化、娱乐栏目注入服务元素成为方便受众接受的重要广播形式。像近年一些台新开办的《彩玲乐翻天》、《短信江湖》、《1039欢乐派》、《生活三十六计》等等栏目都让受众在欢乐中得到服务，在服务中享受欢乐。虽然这些栏目在内容与形式上都还有不完美之处，但从受众接受的速度上都可以说明节目开办的立意是成功的（这些栏目基本开办半年就在频率内排名中等偏上，有些还进入总台前一百名栏目）。有人曾认为，欣赏类节目不用强调服务属性，其实不然。在欣赏中表现时尚、个性是恰到好处的服务，把单纯的欣赏内容融进更多的服务内涵更能体现广播人对受众的人文关怀。喜闻明年音乐广播将开办《中歌榜大家帮》（暂定名）栏目，相信“音乐服务类”节目也必将成为广播大宴中的一道美味佳肴。

“以人为本”——多角度、全方位形成广播服务链

新世纪，媒体除资源、内容、表现形式的竞争外，更重要的就是服务意识、服务手段的竞争。许多环节和细节，都体现了广播工作者是否把受众的喜怒哀乐放在了第一位，对受众是否真正做到“以人为本”。所有这些条件都是我们参与媒体竞争的重要因素。有意识，手段才会跟进，竞争就有优势。当北京交通广播将“平民化”的频率风格写入2005年广播节目调整方案时，这就向广大听众昭示了这样的一个概念：我们和受众之间零距离。

今天的传媒业，单一、传统的表现形式已不复存在。立体化、多元性是当今传媒发展中的一大特点。对广播而言，线性和伴随性的特点确定了他们更适合今天这种多元化的挑战。随着网络、移动通信等行业的普及，广播为受众服务的平台越来越宽广，服务的出口也越来越多。音频、视频、平面（报纸、杂志）、短信、社会活动、网络互动，同一内容在电台有了多种表现出口，广播以往传统的听播传递方式有了突破性的改变。据北京广播网统计，到目前为止，今年，由广播网参与北京台各频率的节目、活动，在网上进行音视频播出的达到60多场，300多小时的网上直播。最高一次点击量达到512万人次，最长的一次直播纪录为24小时。其中“2004北京国际金融论坛”、“人大交通听证会”、“京港洽谈会”、“奥运圣火传递”“国际马拉松移动式现场转播”……都是在京城媒体中首家实现音视频同步直播。网上视频传递不仅改变了广播只听看不到的局限，而且使北京台突破了地域的界限，例如：奥运的报道，港澳地区有近1万人、国外近3万人访问了直播活动。另外，像《百姓TAXE》杂志与交通广播在内容与经营上的互补：《欢乐正前方》栏目从“1039购车指南”、“1039行车手册”、“1039服务手册”各种与栏目互动的纸质手册出台；《音乐周刊》、《动感音乐频道》与音乐广播间的“读、看、听”关系，都从不同方面改变了广播受众的服务面，使广播为受众的服务又有了新的支撑点，也体现了当今广播人在服务理念、服务意识上的进步。文字、数据、图像、声音融为一体的多媒体信息服务链打破了广播原有技术的局限，通过各种传媒形态的整合完善了广播自身的竞争实力。立体、多元化的服务也扩大了受众对广播的忠诚面、依赖度。据央视—索福瑞9月15日至22日对北京城八区居民收听广播满意度的调查，听众对北京人民广播电台整体的满意度：均值4.01（满分为5分）。

利用现代技术和不同的传播手段，完善、强化广播的服务功能，是对社会发展和人性价值的理解、尊重，虽然北京电台在各项服务功能上已经走在全国同业的前面，但就目前现状而言，在满足受众政治、经济、文化、教育等方面的诉求上我们的服务

还远没有做到位。广播人不仅是声音的传递者,更是心灵的沟通者。我们不能把对受众的服务仅停留在帮助的浅层,如何把服务的内涵更多引向倡导和引领的深层,让受众的知情权、监督权、参与权在我们的服务过程中得到满足,我们还有很多工作要做,还有很多问题需要深入思考。

强化质量管理　保证受众服务可持续发展

北京电台作为一个竞争整体，不论是从整体市场份额、日到达率，还是听众收听时间长短，在北京广播市场都占有了绝对优势。请看一组数据：

1. 七个频率占据了北京广播市场70%—75%的份额。

2. 平均每个广播听众每天花46分钟收听北京电台的节目。

3. 平均每天有300多万人收听北京电台的节目。

（数据来源:央视—索福瑞2004年4月至9月，由于外语广播刚成立数据还没有出来。）

夏秋季北京广播市场份额分布

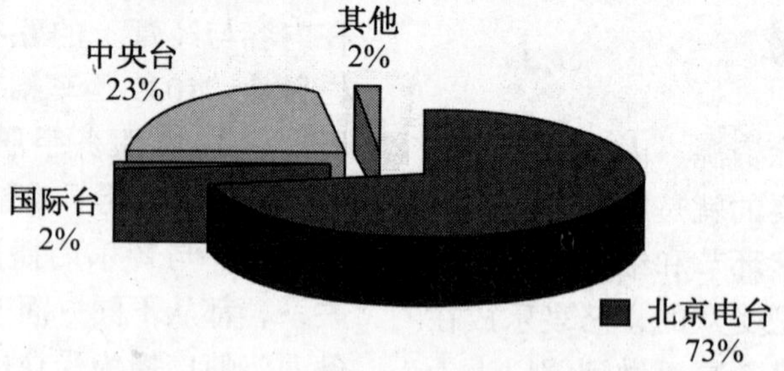

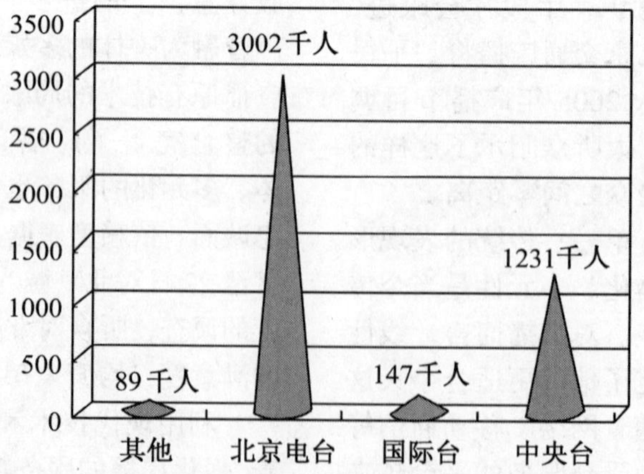

数据寓意着现实中北京电台的辉煌，但并不表明今后的市场走向。新生代的一项调查数据显示：2002年、2003年、2004年秋季北京听众经常收听的电台排名中除北京交通广播三年都有大幅增长外，中央人民广播电台的“中国之声”、“音乐

之声”的增长幅度，都超过了北京台其余六个频率的增幅。这说明同业的竞争是相当激烈残酷的。我们除了在传播形式、表现内容上不断求新求变外，还要在队伍建设、强化管理上狠下内功。用科学发展观作指导，才能保持我们对受众的服务有一个可持续发展的态势，保证北京电台在整个北京地区广播市场上始终占有强势份额。

2003年，北京电台通过了ISO9001质量管理体系认证。在2004年《质量手册》中有一个32字的质量方针：“导向正确，引导有力、保障及时、服务到位、注重实效、提高效率、顾客满意、持续改进。”在《质量手册》管理承诺的一款中，还有这样醒目的一条规定：以顾客为关注焦点。对这点，质量管理条例还作了如下的说明：“为促进广播事业的不断发展，北京电台必须了解和掌握国际广播传媒的发展趋势、国内广播传媒发展的现状以及北京电台在满足北京地区听众需求方面存在的不足，争取提供满足或超越听众期望的广播服务。”

北京电台出台的《质量手册》不是一本放在办公桌上供炒作而用的文案，里面所有的条款标志着电台全体同仁对受众价值的认可，标志着广播为受众服务坚持“以人为本、求真务实”的态度，也是电台管理工作科学化、规范化的标志。但从目前听众对我们工作提出的各种批评建议中不难看出，我们离《质量手册》中的各项要求还有很多距离。特别是在“满足或超越听众希望的广播服务”上我们还有很多做得不到位。比如：栏目时间调整我们没有及时通知听众；有些节目活动广告，活动已经结束但广告还没有撤；一些专业内容的节目播出时间经常不准时；至于主持人把个人观点强加于受众，或对受众的要求置之不理的现象屡见不鲜。服务是一项非常细致的工作，也是竞争时代一项重要的软性指标。对商家而言，当硬件设施旗鼓相当，最后同业打拼的就是软性服务了，服务到位品牌提升。对广播受众而言，他既是传播的“受者”也是“传者”，是我们广播赖以生存的宝贵资源。如何利用好这笔宝贵的资源，把广播服务工作做深做细，这决不是哪一级领导或某一部门的事，提高广播服务质量，涉及管理的各个环节，只有每一个员工的质量意识提高了，北京电台的整体服务水平才会有新的飞跃。

今年，北京电台在2002年建起一支节目考评监督队伍的基础上，听众服务工作又有了新举措。例如成立了“听众服务中心”，先后开通了“听众服务热线——65158131”，北京广播网建立了“听友之家”、“听众短信平台”，在台内网上开辟了“听众反映速递”，北京新闻广播还在全国首家开通了一条免费的听众热线。这些举措不单是在形式上拉进了我们和受众的距离，更主要的是在管理上让受众服务有了制度和纪律的保证。

丰子义先生在《前线》杂志上刊登过一篇文章，在提到制度创新上他说：“只有在制度上创新，才能保证发展上的超越。离开了制度支撑，即使有再多地投入和技术发明，也很难变为巨大的现实生产力，很难达到经济上跨越发展。”制度管理是强化广播受众服务的基础，也是保持广播受众服务可持续发展的先决条件。服务工作越深入、细致、精确，由服务带来的附加值也会越来越高。记得不久前一位政协委员在评价《一路畅通》节目时这样说：“路堵，声音不堵，心不会堵。”短短的一句话，以最朴素的方式高度赞扬了这档节目的编播人员“为民服务高于一切”的意识。它让我们广播“贴近、贴近、再贴近”变为完美的现实。

大众传播学对受众的认识经历了一个漫长、曲折的发展过程，广播受众在频率内容专业化的改革中也经历了听众——目标听众核心听众——高端听众的认知过程，但无论社会如何变革，受众永远是大众传播的真正动力和目的，广播为受众服务的宗旨任何时候都不会改变。只要我们认真领会“科学发展观”的精髓，广播受众服务一定会进入一个新的发展阶段。

以实际行动投身党的执政能力的建设

——学习党的十六届四中全会精神的一点体会

亢亚志

“牢牢把握舆论导向，正确引导社会舆论。”这是党的十六届四中全会《决定》中提出的要求。《决定》明确指出：“坚持党管媒体的原则，增强引导舆论的本领，掌握舆论工作的主动权。坚持团结稳定鼓劲、正面宣传为主，引导新闻媒体增强政治意识、大局意识和社会责任感，进一步改进报刊、广播、电视的宣传，把体现党的主张和反映人民心声统一起来，增强吸引力、感染力。重视对社会热点问题的引导，积极开展舆论监督，完善新闻发布制度和重大突发事件新闻报道快速反应机制。高度重视互联网等新型传媒对社会舆论的影响，加快建立法律规范、行政监管、行业自律、技术保障相结合的管理体制，加强互联网宣传队伍建设，形成网上正面舆论的强势。”这一要求，为我们新闻广播事业的从业人员明确了努力的方向，我们必须认真学习领会，坚决贯彻执行。

新闻广播工作者要做到“牢牢把握舆论导向，正确引导社会舆论”，首要的任务是学习好十六届四中全会精神，自觉把自己的思想和行动纳入到四中全会精神上来，把自己的智慧和精力，凝聚到实现四中全会精神上来，牢牢把握加强党的执政能力建设主题，高举邓小平理论伟大旗帜，全面贯彻“三个代表”重要思想，继往开来、与时俱进，为我国全面建设小康社会，加快推进社会主义现代化，为开创中国特色社会主义事业新局面贡献自己的全部力量。

新闻广播工作者要“牢牢把握舆论导向，正确引导社会舆论”，特别要加深对“不断提高建设社会主义先进文化的能力”的理解。不仅因为我们是新闻广播工作者，同时也是文化事业工作者，更重要的是，作为加强党的执政能力建设的一部分，“先进文化”在当今社会和未来，已被赋予了更为广泛、更为重大的内涵和意义。在当代中国，发展先进文化，就是发展面向现代化、面向世界、面向未来的，民族的科学的大众的社会主义文化，以不断丰富人们的精神世界，增强人们的精神力量。为此，必须牢牢把握先进文化的前进方向，必须坚持马克思列宁主义、毛泽东思想、邓小平理论在意识形态领域的指导地位，用“三个代表”重要思想统领文化建设。

新闻广播工作者要“牢牢把握舆论导向，正确引导社会舆论”，必须落实在本职工作上，落实在自己的岗位上。要坚持团结稳定鼓劲，正面宣传为主，唱响主旋律。要进一步加强和改进新闻宣传，不断增强吸引力、感染力。要增强政治意识、大局意识和责任意识，遵循新闻宣传规律，努力使新闻报道具有亲和力，让广大受众爱读、爱听、爱看。要加强和改进舆论监督，提高舆论监督的公信力。要高度重视互联网等新兴媒体对社会舆论的影响，积极抢占宣传舆论阵地的制高点。要通过富有成效的工作，形成积极健康向上的主流舆论，引导和激励亿万人民，最大限度地达成共识，使不同行业、不同阶层的人们的意志和行动，紧紧吸引在中国特色社会主义文化的伟大旗帜下，并将亿万人民的行动统一于改革开放和社会主义现代化建设的伟大实践中。

“加强党的执政能力的建设”的要求不是抽象的，而是具体的，不是遥远的，而是现实的，它需要每一个党员干部以“三个代表”重要思想为指导，立足本职，干好工作。每个人工作岗位尽管不同，但都与改革、发展、稳定的大局，与四化大业，与完成党的三大历史任务，实现中华民族的伟大复兴紧密相关，密切相连。贯彻《决定》的要求，关键在实践，在实干；在于从自身做起，从现在做起；在于进一步增强实践“三个代表”的意识，创新实践“三个代表”的环境，提高实践“三个代表”的本领，注重实践“三个代表”的实效。

作为广播电视工作者特别是党员、干部，认真落实“加强党的执政能力的建设”的要求，重要的一点是工作中要率先垂范，积极地、主动地、创造性的实践“三个代表”，搞好本职工作，搞好本部门的工作，具体体现在工作成果上，体现在贡献上，体现在一个共产党员的形象上。身体力行“三个代表”，作为我们广播人来说，就是要认真调查研究，满足受众需求，做出一流节目，把最好的精神食粮奉献给广大听众。“一流”的节目，就是贴近实际、贴近生活、贴近群众，思想性强，突出主旋律，广大听众喜闻乐听，而且差错率降到最低；要使社会效益与经济效益双赢，做到领导满意、听众满意，我们自己满意。总之，就是要以饱满的热情、创新的精神、务实的作风，创造性地开展工作，不断开创宣传思想工作新局面。

当前，北京电台的改革已经取得了令人瞩目的成绩。如何贯彻中央关于深化文化体制改革的精神，走广播产业化经营的新路子，把广播改革引向深入；如何应对国内外的激烈竞争，扩大电台影响力，提高市场竞争力；如何保持我们的发展势头和领先地位等，这些问题都尖锐地摆在了我们的面前。为此，我们要与时俱进，知难而进，开拓进取，勇于创新，结合电台发展实际，坚定不移地走专业化办台之路；以听众为关注焦点，努力搞好“三贴近”；树立品牌意识，加强品牌效应；强化现代管理，提高管理水平；搞好人才培训，使好用好人才；抓好广告创收，促进产业发展；确立并推广良好的企业文化；关注社会效益和经济效益的均衡发展。解决好上述问题，处理好上述问题之间的关系，是电台实现可持续发展的关键，也是贯彻十六届四中全会精神，加强党的执政能力建设的具体体现。

三、重要会议

市委宣传部在我台召开“北京交通广播宣传工作座谈会”

1月8日，市委宣传部在我台召开“北京交通广播宣传工作座谈会”，来自全市各主要新闻单位的负责人齐聚北京交通广播，一起交流交通广播的办台经验。

座谈会由市委宣传部副部长肖培主持，北京电台台长汪良和副台长王秋分别介绍了交通广播近年来在宣传工作上所取得的成绩，主持人刘思伽代表交通广播的主持人汇报了按照“三贴近”原则办节目的实践体会。

肖培副部长结合交通广播所取得的工作经验，重点传达了市委副书记龙新民和市委常委、宣传部长蔡赴朝元月7日在北京电视台视察工作时所作的指示精神。

座谈会前，与会代表参观了北京电台新落成的现代化的技术楼、交通广播直播室和交通信息处理中心。

我台举行庆祝建台55周年暨2004年春节联欢会

1月18日下午，我台隆重举行建台55周年暨2004年春节联欢会。国家广电总局副局长胡占凡，北京市委副书记龙新民，市委常委、宣传部长蔡赴朝，北京市政协副主席满运来，北京市副市长孙安民，北京广播电视局党组书记、北京广播影视集团党委书记马朝军等有关领导以及北京电台历任台领导、离退休人员和职工代表400余人参加了这一活动。

庆祝活动由北京电台总编辑陆莹主持。北京电台台长汪良在讲话中回顾了北京电台55年所走的光辉历程，他说：跨入21世纪，广播正面临着难得的机遇和挑战，展望未来，我们这一代广播人充满信心。刘淇同志寄语交通广播时说要“手把红旗不放”。龙新民同志指示我们要“扎实工作，再创佳绩”。我们要精诚团结，同心同德，努力工作，不辜负广电总局、市委市政府和集团领导的期望，不辜负一代又一代老同志打下的良好基础，认真贯彻落实十六大精神，以“三个代表”重要思想为指针，按照“三贴近”的原则，努力办好节目，多出精品，积极推进广播产业化的进程。为实现北京电台的“国内一流、亚洲领先、世界前列”的目标和理想而奋斗。

国家广电总局副局长胡占凡代表徐光春局长对北京电台建台55周年表示热烈的祝贺，并希望北京电台不断前进，更上一层楼。

龙新民同志在讲话中说：北京电台55年来，写下了辉煌的历史。希望北京电台继续巩固已经取得的成果，进一步深化改革，为“新北京，新奥运”和首都的文化产业发展作出贡献，进一步贯彻“三贴近”的原则，提高节目质量，丰富节目内容，为人民群众提供更多更好的广播节目，培养出更多的名记者、名编辑、名主持人。

蔡赴朝部长和马朝军书记也对北京电台建台55周年表示了热烈的祝贺。

我台隆重举行建台55周年广播论坛

为纪念建台55周年，我台于2月2日下午在北京饭店举办了以“迎接时代挑战 促进广播发展”为主题的广播论坛。论坛由陆莹总编辑主持。市委宣传部常务副部长王学勤，北京市广播电视局局长、北京广播影视集团管委会主任赵东鸣，北京电台台长汪良出席论坛并发表了热情洋溢的讲话。

论坛上，来自中国人民大学、北京广播学院、中国广播电视学会的专家、学者结合国际、国内广播发展现状以及北京电台55年来的发展实际，就广播媒体未来发展趋势，特别是北京电台未来发展走向阐述了各自的意见。北京电台科级以上干部及10余家新闻单位同仁近200余人聆听了专家、学者的讲演。千龙网对此次论坛进行了网上直播。

我台召开2004年工作会议

2月6日，我台在北京饭店召开2004年工作会议，全台副处以上干部参加了总结会。北京市广播电视局党组书记、北京广播影视集团党委书记马朝军出席会议并做了重要讲话。

会议由总编辑陆莹主持。汪良台长从宣传、技术、思想政治、服务管理和经营创收等五个方面，全面总结了我台2003

年度的各项工作。

马朝军书记在听取电台工作总结后做了重要讲话，认为北京电台取得这些成绩的主要原因在于："基础稳固"，有团结的领导班子，有战斗力极强的干部职工队伍，各项管理工作准确到位； "行为规矩"，坚定不移地执行党的各项方针政策，保证了宣传工作不出现差错； "作风扎实"，思想路线务实，工作作风务实，注重工作的实际效果；"员工敬业"，电台广大干部职工对改革认同度极高，面对市场竞争的举措多种多样。

在分组讨论中，与会人员对我台2004年的工作安排提出了很多建设性的意见和建议，主要有：

建立"听众服务中心"，培育忠实听众、目标听众群；筹办外语广播，做好筹划和包装工作；尽快开展"首席编辑、记者、主持人"的评定工作，并明确标准及任务要求。

加强网络建设，真正实现资源共享；不断丰富我台外网的内容，加快更新速度，以吸引更多的网民。

尽快完成机房的搬迁工作，并做好21层的改造工作；尽快完成对774的改频实验工作。

在广告经营中，严格制度管理，减少"跑、冒、滴、漏"；在广告管理上要强调科学化，减少人为因素的影响。

我台召开2003年认证审核总结会

2月13日上午，我台召开2003年ISO9001认证审核总结会。台领导、全台各部门一把手和内审员以及认证中心的指导老师出席了总结会。

总结会由副总编辑亢亚志主持。我台管理者代表原副总编辑马仕存对我台2003年认证审核工作进行了全面总结。各部门的代表也就本部门在认证工作中存在的问题进行了总结。方圆标志认证中心总监苏慎之老师向与会人员介绍了我国的ISO9000族标准、开展认证的情况以及相关知识，并希望北京电台通过认证工作，真正提高管理水平。

汪良台长最后发表了重要讲话，他说：我们要将遵循规章制度融化在血液之中，要以严谨的态度将贯彻标准形成工作习惯。北京电台目前在全国广播同行中处于先进的地位，但是先进并不意味着没问题，再好的制度也要靠人来执行，因此大家必须在思想上高度重视，在行动上自觉执行，只有这样才能使我们的管理水平提升到更高的层次。

我台召开专业化办台研讨会

4月23至24日，我台召开专业化办广播研讨会。台领导、各专业广播、国际部、研究室、信息资料中心、总编室、广告部的领导共29人参加会议。会议进一步统一了专业化办台的思路，明确了前进的方向。台长汪良、总编辑际莹参加会议并讲话。

这次研讨会的主题是“大专业与小综合”。围绕这一主题，结合我台专业化办广播以来的实际，七个专业广播分别作了主题发言。与会者就专业化广播战略构想、专业广播定位等展开了热烈的讨论，一致认为：没有专业化办广播，就没有北京电台的今天，专业化办广播的路要继续走下去，“大专业、小综合”的思路，得到了大家的认同。大专业（指专业广播）是分割市场，为了突出频率个性；小综合（因为广播是大众媒体，听众也要了解专业之外的重要信息）是为了满足听众需求，为巩固扩大被分割的市场。大专业与小综合相辅相成，关键是把好度。

汪良台长在讲到大专业与小综合的关系时指出，“大专业、小综合”的思路是与时俱进的，二者之间不矛盾。广播由综合到专业，如果太专业了听众绝对数量就会减少，绝对数量少了，没人来做广告不行，所以，还得有小综合。通过综合内容来调适，努力减少排他性，巩固扩大专业广播的市场。他在讲话中还对加强互联网建设、广告经营、产业化发展问题提出了要求。

我台专业化办广播研讨会是从1998年开始的，每年举行一次，让大家敞开思路，各抒已见，相互沟通，达成共识。每次研讨会之后，由于明确了方向，专业化办广播就前进一步。

北京电台举行“听众喜爱的名牌栏目”评选活动揭晓新闻发布会

6月6日下午，北京人民广播电台在京瑞大厦举行“听众喜爱的名牌栏目”大型评选活动揭晓新闻发布会，总编辑陆莹宣布评选结果。《空中笑林》（文艺广播）、《中国歌曲排行榜》（音乐广播）、《全球华语歌曲排行榜》（音乐广播）、《人生热线》

（新闻广播）、《零点乐话》（音乐广播）、《法制天地》（新闻广播）、《校园民谣》（音乐广播）、《一路畅通》（交通广播）、《北京新闻》（新闻广播）、《欢乐正前方》（交通广播）10个栏目被评为“听众喜爱的名牌栏目”。《今夜私语时》等20个栏目被评为“听众喜爱的优秀栏目”。

新闻发布会上还公布了260名幸运听众产生情况。其中一等奖10名，二等奖50名，三等奖200名。

6月12日下午，“听众喜爱的名牌栏目评选颁奖大会”在海淀剧场隆重举行。

我台召开2004年下半年广告招标会

6月8日上午，北京电台2004年下半年广告招标会在西苑饭店举行。会议由广告部主任张树荣主持，台长汪良、副台长王秋及各专业广播和相关部门的领导出席了招标会。拍卖会场气氛异常热烈，经过两个多小时紧张激烈的竞标，有40多个标版、栏目招标成功，最终以总额4970.4万元收锤。参加拍卖会的共有41家广告代理公司的300多人。

为了配合此次招标会，5月25日下午，广告部举办了音乐广播、文艺广播、新闻广播和交通广播的广告推介会，目的是为了增进广告公司对四个专业广播节目设置和听众构成的了解，让大家的投标行为更加理性、更加有效。四个专业广播的领导分别介绍了各自最新的节目设置和听众构成情况。会上，央视索福瑞国际商务总监 Matt Brosenne 作了题为“从收听率数据解读北京电台四频率”的演讲。30多家广告公司的负责人及广告客户80余人参加了推介会。

我台召开2004年优秀广告作品颁奖大会

8月12日下午，“2004北京电台优秀广告作品颁奖大会”隆重举行。来自35家广告公司、部分广告客户及七个专业台的代表约80余人出席了颁奖大会。市广电局党组书记、广电集团党委书记、北广传媒董事长马朝军，北京电台台长汪良、总编辑陆莹、副台长王秋，中国广告协会专职副秘书长赵凯，北京市药品监督管理局副局长卢爱丽和北京市工商管理局、朝阳区工商管理局的有关领导出席了颁奖大会并为获奖者颁奖。

马朝军在讲话中说：经过十几年专业化办台的运作，北京电台无论是舆论导向还是经济效益都始终走在全国的前列。北京电台广告经营能走到今天的高度，既得益于中国整体经济的高速增长，也离不开电台的领导和同志们以及全体广告公司共同做出的努力。

汪良台长在讲话中指出：通过这次大会，我们要更加重视广播广告的制作，用准确生动的语言增加表现力，用完美的广播音响效果增强感染力，要把广告制作当作节目一样对待，要下力量搞好公益广告，提高北京电台在社会上的整体形象，扩大影响力，每个人都有这份责任。

主管经营的副台长王秋指出：我们对广告评奖的最终目的，是为了促进电台收益最大化，保障电台在深化改革中可持续健康发展。北京电台的发展速度在全国是领先的，但是广告制作水平与目前的发展并不完全和谐，与全国优秀的广告作品相比，我们的工作仍存在着一定差距，我们要以这次评选活动为契机，在今后的工作中善于根据市场需求，开发广告市场，创作更多更好的广告精品。

我台举行 2005 年上半年广告招标会

11 月 8 日上午，北京电台 2005 年度上半年广告招标会在北京新闻大厦举行。经过两个多小时紧张激烈竞标，交通广播、音乐广播、文艺广播共有 64 个标版、知名栏目，最终以6 573.6万元收锤，交通广播的路况信息 4 个标版首次每条超过了 500 万元，为 2005 年全台广告经营创收工作奠定了基础。

王秋副台长在招标会上讲话，她代表汪良台长、陆莹总编辑感谢各家代理公司及客户多年来对电台的支持和对明年广告经营政策的理解。她说：北京电台将通过高品质的节目和优质的服务为广告客户打造精准投放的平台，让大家得到预期中的回报。

参加招标会的共有 65 家客户及广告代理公司的 300 多人。

我台召开"有奖征集广播剧剧本"活动颁奖发布会

11月15日下午，北京电台在京瑞大厦召开"有奖征集广播剧剧本"活动揭晓暨颁奖发布会。在广播剧界沸沸扬扬的"10万重奖征集广播剧剧本"活动落下帷幕。在近30部应征作品中，6部作品入围，分别是：北京作者王兴东（笔名苍耳）的《儿子》、北京作者高克芬的《山村喇叭》、安徽作者齐法海的《青山不会忘记》、河南作者杨欣元的《天堂拒绝弱者》、北京作者马世德的《玉镯的故事》、北京作者开新的《一个艺术家的非常死亡》。

尽管这次征集活动来稿不乏力作，但真正思想性、艺术性、欣赏性俱佳，具有实力冲击最佳奖的作品依旧没有出现。经评委会协商，最终决定最佳奖空缺，只设立最佳提名奖。北京作者王兴东的作品《儿子》荣获这一荣誉，获得5万元人民币的奖励，其他5部入围作品分别获得2万元人民币的奖励。

发布会上，获奖作者还与我台文艺广播当场签署了著作权使用合同，所有入围的作品版权归北京电台所有。同时，文艺广播也承诺将这些入围作品倾力打造成为精品广播剧。对于没能获奖的作品，也将整理归档，以备未来合作使用。

四、规章制度

北京电台技术设备采购管理规定

（RB/JSZX—GL—001）

京广播技字［2004］1号

一、总 则

第一条 为了加强电台采购管理，规范采购行为，提高采购质量，促进资源合理配置和资金的有效使用，防止设备采购中的漏洞，根据电台的具体情况，特制定本规定。

第二条 北京电台技术设备采购管理规定，适用于电台所有部门。因不可抗拒或其他不可预见因素导致直接影响节目播出需要紧急采购除外。

第三条 电台采购应当遵循公开、公正、公平和诚实守信的原则。

第四条 电台采购实行统一领导、分项集中采购的管理体制与运行机制。

二、组织与职责

第五条 电台成立技术设备采购监审小组（以下简称监审小组），由总工任组长，小组成员由计财部、技术中心、总工办、台审计员及办公室固定资产管理科的相关人员组成。

第六条 监审小组的主要职责：审定采购计划，制定采购工作程序和规则，配合政府采购和招投标工作、确定供应商资格及范围，确定采购价格、采购人员及采购办法，搜集采购相关资料、建立采购供应商及价格系统，管理采购文件等。

第七条 申请购买单位有提出购买计划、设备报价、参与采购活动、督促采购进度、履行货物验收等职责。

三、供应商资格认定

第八条 法人供应商必须具备下列条件：

（一）具备法人资格，有独立承担民事责任的能力；

（二）依法经营，无不良债务和违约记录，商业信誉良好；

（三）具有履行采购合同的能力；

（四）财政部门规定的其他条件。

第九条 参与电台采购的代理机构必须符合下列条件：

（一）具备法人资格，有独立承担民事责任的能力；

（二）具有符合招标投标业务需要的专业人员；

（三）具有采用现代科学技术手段完成采购招标代理工作的能力；

（四）财政部门规定的其他条件。

四、采购方式

第十条 电台采购根据具体情况可采取分散和集中的方式。采购方法可采取政府采购、招标采购、询价采购、单一来源采购等多种形式。

第十一条 分散采购是指单件、小批量的零星采购，一般包括单位价格或批量价格在1000元（含1000元）以下的无需纳入电台固定资产管理范围的采购业务，使用单位可自行组织采购。

第十二条 集中采购是指单位价格在1000元以上，纳入电台固定资产管理范围的，都必须按本规定办理，如遇特殊情况需要自行采购的，必须得到技术监审小组的同意方可采购。

第十三条 需要进行政府或招标采购的项目，按上级有关部门批准的采购方式进行采购。

第十四条 采购合同应当采用书面形式。

第十五条 采购人员不得擅自改变或提高采购标准（包括数量和价格）。

第十六条 符合招标采购条件，但技术要求特殊，价格弹性不大的设备，可以采取询价议标采购形式。

第十七条 符合招标采购条件的项目，属于下列情形之一的，可以采取单一来源采购形式：

（一）只能向特定供应商采购，或者供应商拥有专有权，无其他合适替代设备的；

（二）采购后的维修、零配件供应、更换或者扩充，只能由原供应商提供的。

五、采购程序

第十八条 具体采购实施程序：

1．购置技术设备的部门填写《技术设备采购申请表》（在台内办公网的公共数据中质量认证一栏里下载），填写内容包括所购置设备名称、规格、数量、主要用途或购置原因，以及向供货商咨询的价格，并由部门领导签字后交到总工办。

2．总工办根据《技术设备采购申请表》中申请的内容请技术中心和固定资产管理科进行询价，然后总工办汇总三方报价情况，提交监审小组讨论。

3．监审小组对设备厂商提供的设备技术指标和报价进行审核。同时对所申请的项目、设备规格、性能、数量、价格以及供货商、经办人等情况签署意见。审批过程详见我台ISO9001质量体系《设备管理控制程序》。

4．《技术设备采购申请表》签署意见后，按照我台当年《经济管理办法》规定经相关台领导审批。

5．总工办根据申请购置设备审批的结果要求专人办理购货事宜并履行经办手续，经办人按有关规定让被选定的供货单位提供相关资质证明并填写供方综合评价表。

6．经办人履行完以上手续后，由总工与供方签署购置设备的合同并在总工办盖章。然后携带批件和合同到计财部办理相关手续。

7．在履行合同期间，经办人负责办理货物到货后的一切手续。包括填写设备开箱单，设备验收合格后，填写设备安装移交验收单并按有关规定履行入库和固定资产登记手续。

8. 总工办将所有厂商的报价、合同、资质和供方综合评价表留档备查。

9. 领导审批后的《技术设备采购申请表》复印件交购置技术设备的申请单位，申请单位有权了解和监督审批及执行情况。

六、采购监督

第十九条 采购工作须接受审计、财务和群众监督。

第二十条 采用招、投标方式的采购项目，监审小组要积极配合采购机构的采购工作。

第二十一条 供应商有下列情形之一的，则视为采购行为无效，应责令其改正，给电台造成损失的，应当追究其经济及法律责任：

(一) 提供虚假材料，骗取采购供应商资格的；

(二) 提供虚假投标材料的；

(三) 与采购部门违规串通的；

(四) 向采购招标领导小组、采购人员行贿或者提供其他不正当利益的；

(五) 其他违纪违规的行为。

第二十二条 监审小组和招标采购工作人员，不履行本规定，徇私舞弊，玩忽职守的，可按党纪、政纪有关规定处理，情节严重构成犯罪的，移送司法机关依法追究刑事责任。

七、紧急情况采购程序

第二十三条 紧急情况采购是指由不可抗拒或其他不可预见因素导致直接影响节目播出需要进行紧急采购。

第二十四条 紧急情况采购由技术中心播出部门直接操作，其他部门无权参与。

第二十五条 紧急情况采购必须由技术中心主任或技术中心授权的人员直接向总工汇报情况，提出紧急采购的理由，总工同意后方可执行。事后由技术中心向监审小组汇报情况，监审小组签署意见后，报台长审批。

八、附　　则

第二十六条 本规定未尽事宜，按国家有关法律法规执行。

第二十七条 本规定由电台技术采购监审小组负责解释。

第二十八条 本规定自颁布之日起施行，原有的相关文件与本规定不符的按照本规定执行。

二〇〇四年二月四日

北京人民广播电台内部会计控制及财务管理规定汇编

（试行）

（RB/JCB—GL—002）

京广播财字［2004］1号

第一章 总 则

第一条 为了进一步加强、规范电台内部会计控制，达到降低成本、提高效益的目的，根据财政部内控规范相关规定、国家各项经济政策、中华人民共和国《会计法》、《预算法》、《政府采购法》等各项法律法规及上级主管部门的相关规定，结合电台整体工作方针，特制定本规定。

第二条 “内部会计控制”的目标是做到一个提高，一个保护，一个确保。即：

（一）提高会计信息质量，规范内部会计行为，保证会计资料真实、完整。

（二）保护电台国有资产安全完整，加强事前事中监控，防漏纠错，严禁舞弊行为。

（三）确保国家相关法律法规和电台内部规章制度的贯彻执行。

第三条 内部会计控制的原则

（一）单位负责人（指法定代表人）对电台内部会计控制的建立健全及有效实施负责。单位负责人要重视内控制度的检查工作，由专门机构或内部审计人员具体负责内控制度执行情况的监督检查，确保内控制度的贯彻实施。

（二）内控制度约束电台内部涉及会计工作的所有人员，任何人都不得拥有超越内控制度的权力。

（三）内控制度涵盖电台内部涉及会计工作的各项经济业务及相关岗位，对各项经济业务的关键环节，要将控制点落实到决策、执行、监督、反馈等各项内容。

（四）内控制度应做到机构、岗位合理设置，责任合理划分，不相容职务相互分离，确保不同机构和岗位权责分明，相互制约与监督。

（五）内控制度坚持成本效益为前提，合理控制成本达到最佳控制效果。

（六）内控制度随国家相关政策法规的变化、电台的实际情况不断修订与完善。

第二章 内控制度的内容、方法与要求

第四条 内控制度的内容主要包括：货币资金、固定资产、对外投资、工程项目、采购、资金筹集、合同与收款、成本费用、贷款担保等业务的会计控制。

第五条 内控制度的方法主要包括：不相容职务相互分离控制；授权批准控

制；会计系统控制；预算控制；国有资产保全控制；风险控制；电子信息技术控制；内部报告控制等等。

(一) 不相容职务主要包括：授权批准、业务经办、会计记录、财产保管、稽核检查等。

(二) 授权批准控制：明确规定涉及会计或经济业务及相关工作的授权批准范围、权限、程序、责任等内容，各部门管理人员必须在授权范围内行使职权、承担责任，经办人员也必须在授权范围内办理业务。

(三) 会计系统控制：依据《会计法》、《预算法》、《政府采购法》和事业单位会计制度，制定适合电台具体情况的经济管理办法和规章制度，实行会计人员岗位职责与工作量化考核责任制，充分发挥会计监督职能。

(四) 预算控制：加强预算编制、审定、执行、分析、考核各环节的管理，严格预算要做到：明确项目，建立标准，规范编制，严格审定，及时下达，认真执行，定期分析，采取措施，改进不足，确保预算计划真正执行。

(五) 财产保全控制：建立资产使用条例，做到未经授权人员同意不得随意动用相关财产，严格执行验收、记录、盘点、处置等制度，确保电台财产的安全完整。

(六) 风险控制：树立风险意识，建立有效的风险管理系统，通过对风险的预警、识别、评估、分析、报告等措施，对财务风险和经营风险进行全面防范与控制。

(七) 电子信息技术控制：运用电子信息技术手段建立内部会计控制系统，减少和消除人为错误操纵行为的发生。

(八) 内部报告控制：建立和完善内部报告制度，全面反映经济活动情况，增强内部管理的时效性与针对性，增强经济业务的透明度。

第六条 内部会计控制要求

(一) 对货币资金的收支及保管等相关业务要建立严格的授权批准制度，对办理此项业务不相容岗位要分离，做到相互制约，确保货币资金的安全。

(二) 建立实物资产管理办法，实施岗位责任制度，要对验收、入库、领用、发出、盘点、保管及处置等关键环节进行控制，防止实物资产被盗、毁损和流失。

(三) 建立规范的对外投资决策机制与程序，实行重大投资决策集体审议联签等责任制度，加强项目立项、评估、决策、实施等环节的会计控制，严格控制投资风险。

(四) 建立规范的工程项目决策程序，明确相关机构和人员的职责权限与范围，加强工程项目的招投标、预算、质量管理、工程决算等环节的会计控制，防止决策失误及工程发包、承包、施工、验收等过程中的舞弊行为。

(五) 全面推行政府采购制度，建立完善合理的采购制度与监督审查机构，加强购置的申请、审批、合同签订、采购、验收、付款等各环节的会计控制，堵塞购置环节中可能发生的漏洞，降低采购风险。

(六) 加强对资金筹集的会计控制，合理确定筹资规模和结构，准确选择筹资方式，降低筹资成本，防范和控制财务风险，确保所筹资金的合理、有效使用。

(七) 建立成本费用控制系统，结合部门预算，做好成本管理的各项基础工作：制定标准，分解指标，控制执行中的偏差，考核成本指标完成情况，建立与落实奖罚制度，降低成本，提高效益。

（八）加强对担保业务的会计控制，建立担保决策程序和责任制度，明确担保原则、标准、条件、责任与相关内容，加强对担保合同签订的管理，随时了解和掌握被担保单位的经营和财务状况，防范潜在风险，避免和减少可能发生的损失。

第三章　收入的控制管理

第七条　计财部是全台唯一的收入管理部门，各项收入必须纳入预算管理，在取得收入的当天一律到财务办理交款手续，任何单位和个人都不准以任何名义自行留用，不准以任何理由变相私设小金库。

第八条　我台的收款项目包括：财政补助收入、上级补助收入、事业收入、附属单位缴款、其他收入。

第九条　我台取得的各项收入应按事业单位会计制度的规定，严格按照收入项目收款，依法纳税，凡未取得市政府或市财政局、上级主管部门关于“此收入视同财政拨款”批件的任何收入均按收入额缴纳流转税等。

第十条　事业收入的控制管理

（一）我台的事业收入包括广告收入、合办收入、录制收入、信息咨询收入。

（二）全台广告收入和合办收入采取统一管理、灵活经营、分别核算的办法。

（三）总台广告管理部负责全台广告与合办创收的管理、合同的审查管理、广告播出的监督、奖罚。

（四）总台广告经营部按总台要求负责组织创收代理公司或创收业务员依法进行创收经营活动。负责办理的项目包括：

1. 创收合同的审核；

2. 广告（合办）收入退款的审核；

3. 结转风险抵押金的审核；

4. 负责在交款同时提供合同；

5. 预开收入发票的控制管理；

6. 无合同收入的处理。每年11月20日前清理完毕；

7. 预收账款结转收入的审核。

（五）广告和合办收入应严格按相关规定签订合同，一律持合同到计财部交款，如交款时无合同，一律计入总台收入。

（六）录制、咨询、挂失等收入是电台收入的一部分，按相关规定逐步签订合同，严禁将上述收入自行处理。

第十一条　附属单位缴款的控制管理：加强对附属单位的管理，保证按合同或协议规定及时缴款。

第十二条　其他收入的控制管理

其他收入包括：对外投资收益、固定资产出租收入、捐赠收入（包括：钱、物）、房屋租金收入、利息收入以及零星杂项收入、用于专题节目的补助收入等等。

其他收入在入账时应提供相关资料。

第四章　支出的控制管理

第十三条　全台各项费用开支审批权限一律按“北京电台经济管理办法”的总体要求控制。在严格执行预算计划的前提下，控制费用的开支。禁止无预算的随意性支出。

（一）全台有签字权的领导在授权范围内慎重审签；

（二）全台核算员协助领导把好第一关；

（三）费用归口管理部门在预算计划内严格把关，在规定时间内按时归集成本费用；

（四）计财部要认真把关，严格执行

审批规定与权限，对被授权人超越授权范围审批办理的业务，经办人员有权拒绝办理，并及时向授权人或部门领导报告，不得擅自决定与处理。

第十四条 每年度1月20日前，总台领导及各部门（专业台）一把手要将签字或印章字样送财务备案，未进行重新确认的部门，不得办理支出事项。凡经各级领导授权行使批准权的应提供授权书（另行设计）。

第十五条 个人费用的控制审批

（一）凡发给个人的费用统一执行国家、总台及专业台的有关规定：包括效益工资、节目制作费、加班费、值班费、过节费以及一切发给个人的费用，一律由人事部按相关规定、总台会议决定或台长指示控制发放。

（二）客座工资、临时工资等要如实填列，人事部审签后财务才可支付。

（三）专业台、国际部、总编室、信息中心的临时性个人费用，在“客座工资”中支付；其他部门临时人员费用在“临时工资”中支付。

（四）根据税务机关的有关规定，完善个人所得税的申报工作，凡是对外发放个人劳务费，必须注明取得收入者的真实姓名，有效身份证件号码，外籍人员需提供国籍及护照号码。

（五）住房公积金的支取由计财部和办公室共同把关，每人每年支取一次。

第十六条 公用费用的控制审批

（一）台长直接控制审批项目：

1. 出国费：各专业台、部门人员出国一律持台长批准的书面报告办理借款、报销手续，支出超过借款部分由台长加批。

2. 业务招待费：总台（专业台除外）所有对外招待费用由各部门根据实际提出申请，主任签字并报台长同意，再由办公室安排。

3. 礼品费：总台各部门（专业台除外）为工作而必须支付的此项费用，需上报台长审批后才能购买。

4. 风险抵押金的结转及退广告费，按审批权限审批。

5. 超标准手机费的报销。

（二）主管台领导控制审批项目

1. 按职责权限行使控制审批权。

2. 总台部门人员出差、考察类活动的费用在审批限额内一律由主管台领导审批；各专业台副处以上人员需经主管台领导审批。

3. 部门一把手的费用报销一律由主管台领导审批。

4. 大项开支，按监督机构审查结果和台长的授权审批。

5. 专业台免提修购基金。

6. 风险抵押金的结转及退广告费，按审批权限审批。

（三）办公室负责办理项目

1. 全台行政设备的购置：凡纳入政府采购目录的项目一律按政府采购方式控制办理；未纳入政府采购的大宗开支项目按北京电台经济管理办法（以下简称经济管理办法）的规定要以集体采购的方式完成。

2. 基建、装修修缮等工程项目按经济管理办法的规定要以招标形式办理。

3. 保险费、汽油费、修车费2004年参加政府统一采购（具体操作方法待上级相关文件下发后另行通知，如暂时无文件，按原方法办理）。

4. 办公费：全台各部门使用办公用品原则在台办公室领用，由办公室按使用情况每月进行结算。

5. 电话费、名片费、打字费、复印

费：按办公室分摊一览表列支。

6. 取暖费、物业管理费、驾驶员年审费及体检费、验车费、大宗订阅报刊费（信息中心除外）、养路费、绿化费、邮资费、鲜花租摆费、餐费以及其他相关费用由办公室按相关规定及审批权限负责办理。各使用部门（台）按实际金额分摊支付各项费用。

7. 上述费用由办公室统一安排，核算员每月20日前为财务提供划账明细单。

8. 负责职工购房等事项的办理，随时提供办公用房面积的变动明细。

9. 提供报销移动电话费、呼机服务费、总台可报销交通费的人员名单以及报销金额。

10. 负责办理全台固定资产的验收、入库、报损等基础工作。

11. 负责办理经台长批准的招待费结账工作。

12. 电台对外宣传的事项。

13. 其他需要办理事项。

（四）总编室负责办理项目

1. 全台向新华社交纳的2、5、7路稿费及相关费用。

2. 全台性评奖费用的办理。

3. 全台大型业务宣传活动。

4. 协会、学会、研究会的会费交纳。

5. 对一些全台性共用项目与相关部门协调办理。

6. 负责提供出国人员的换汇批件。

7. 其他需办理的事项。

（五）技术中心负责办理项目

1. 全台专业技术设备的购置：凡纳入政府采购目录的项目，一律按政府采购方式控制办理；未纳入政府采购的大宗开支项目按“经济管理办法”的规定要以集体采购的方式完成。

2. 按相关规定审查并办理大项专业技术工程的预、决算等。

3. 电费：负责每月与供电局对账，各部门、专业台按房屋面积分摊余额支付。

4. 中央塔维护费、发射台电费、安全播音奖惩。

5. 专业技术设备的维修。

6. 对一些全台性共用项目与相关部门协调办理。

7. 负责信息服务费（网费）的支付与费用分摊工作。

8. 其他需办理的事项。

（六）人事部负责办理项目

1. 全台人员培训费用、培训用资料费由人事部按相关规定或提出计划上报台长审批。

2. 退休人员费用由人事部按国家和总台有关规定办理。

3. 每月向财务提供全台应缴纳的各项社会保障费用明细单。

4. 负责全台个人费用的审核，每月15日前提供效益工资明细，每月25日前提供工资变动明细。

5. 每月20日前根据办公室提供的手机费扣款明细，提供扣款通知单。

6. 每月25日前提供当月临时工人数。

7. 提供全额报销医药费人员名单，审查医药费报销内容。

8. 其他需办理的事项。

（七）党办负责办理项目：

党建活动经费；党费的支付；政治学习材料；党委教育活动费；纪检、审计及相关费用；处级以上干部出差请销假的审批等。

（八）信息资料中心负责办理项目

全台所有书籍、光盘、阅览室书刊等的购置一律由该中心负责审查、签字、验收（不包括党务教育资料、培训专用资料）。一些全台性共用项目与相关部门协调办理。

（九）工会负责办理的项目

1. 全台文体活动经费由工会按年度预算开支。

2. 职工福利性开支，由台福利小组讨论并提议，工会负责上报台长审批并负责办理具体事务。

3. 负责办理职工献血补助、职工困难补助等相关事项。

（十）研究所负责办理的项目

负责全台性调查费用及相关费用的管理。

（十一）各部室主任负责办理项目

1. 本部门负责办理项目限额内审核签字,超限额上报主管台领导、台长批准。

2. 证件照片、胶卷、彩扩、刻字、电池、看病号等各部室主任本着节约的原则自行掌握审批（暂定）。

第十七条 预算控制审批规定

（一）凡按规定交纳的税金、文化和教育基金；上缴财政专户款；发放全台工资、效益工资；统一缴存职工住房公积金、社会保险缴费、上缴党费；支付大塔发射费、发射台电费、水费等固定支出项目在征得领导授权的前提下，不需每次再由领导审批，由主管部门与计财部按有关规定办理。

（二）凡纳入政府采购项目的支出，（包括行政、技术项目、专项活动等）预算计划与实施由监督机构负责审查，每个项目均由监督机构将审查结果报总台领导（或台务会、党委会）签批后，财务方能付款。

（三）凡经台领导或台务会、党委会或集体采购委员会审查签批的支出项目，每次办理支票领用及发票报销时，在项目预算内只需具体实施部门领导签字即可，无需主管台长或台长加签。

第五章 采 购

第十八条 认真落实预算法、政府采购法，建立有效的采购方式，降低成本，提高质量。按采购方式将采购项目分为四类：

（一）2004年必须参加政府统一采购的项目:车辆维修费、车辆保险费、汽油费(具体操作方法待上级相关文件下发后另行通知,如暂时无文件,按原办法办理)。

（二）采取招标方式进行采购的项目

财产保险、医疗保险、基建工程、大型装修修缮工程。

（三）采取询价集体采购方式进行采购的项目

1. 符合固定资产标准的行政、技术设备购置；小型装修修缮工程等。

2. 大型专题活动、宣传品印刷、礼品奖品制作、办公用品采购等原则上要采取询价集体采购方式。

（四）其他项目，由归口管理部门采购或由使用部门自行采购。

第十九条 政府采购的控制管理

2004年度必须参加政府统一采购的项目，台长加批后，按实际支付金额，由相关部门与计财部共同按北京市财政局的有关规定办理。

第二十条 询价集体采购的控制管理

（一）根据工作性质，成立两个集体采购监督委员会：一个负责技术设备的监督；一个负责行政用品及其他项目的监督。两个监督委员会的组成原则是：财务、审计、办公室固定资产管理科的人员两个委员会都参加，工会只参加行政委员会。委员会内设主任、副主任、委员。

主　任：项目主管台领导担任　王季平、尤士成

副主任：技术、行政部门主任担任　常青、孟立

委　员：财务　张秀勤

审计　李爱卿、柴修杰

工会　吉立同

技术、行政的专业人员　章通、张国强、王亚伟、付昱

（二）采购监督委员会的职责

1. 严格遵守法律法规，认真执行《会计法》、《预算法》、《政府采购法》及电台内部管理规定。

2. 了解市场行情，具有所审查项目的专业知识。

3. 对立项、合同、协议、报告书、计划书、预算书、决算书等进行审查，确定真实可信性，并对审查结果提出书面意见，将具体意见报请台长审批。

4. 对至少三家的报价、厂家、质量进行审查，确保物美价廉，坚实耐用。

5. 对购买、付款环节进行审查，保证资金的使用效果，杜绝舞弊行为发生。

6. 对验收、入库、领用环节进行审查，保证物资安全完整，减少浪费。

7. 对工程招投标全过程进行审查，严防舞弊行为。

8. 对工程付款、工程成本、施工质量进行审查，提高质量，降低成本。

9. 对违规行为提出处理意见并上报台领导。

10. 规范固定资产的分类。

11. 对资产的处置提出意见。

（三）采购监督委员会操作程序

1. 凡询价集体采购项目，均需三方报价和相关资料齐全后才可召开监督委员会工作会议。

2. 使用部门在提出申请的同时先自行询价，购置申请与询价资料一并上报管理部门。

3. 管理部门（指总工办、办公室）接到申请后，要了解需求详细情况，并根据需求进行询价并通知固定资产管理科进行询价，三方询价资料收齐后再上会讨论。

4. 管理部门要将各申请项目情况进行介绍，供监委会成员审查，合规后各成员签字。

5. 每次会后，管理部门要将已签字的购置申请进行整理，编制汇总表，连同各项资料按审批权限上报主管台领导、台长审批。

6. 审批通过的购置申请由管理部门分类编号，确定承办人。购置金额在20万元以上且需要多次支付费用的，应作为项目管理，指定专人负责整个项目的实施。购置实施前，须将购置申请批件及汇总表一套，送计财部、办公室固定资产管理科备案，以备领取支票、入库时先核对再办理。

7. 年度终了时，管理部门要将年内监督审查项目汇总成册，包括申请单位、项目、金额等内容，向监督委员会成员公布，送计财部一份备查（核对账目），并上报主管台领导、台长审阅后存档。

第六章　项目管理

第二十一条　预计支出金额在20万元以上（含20万元）的修缮工程、专项购置、专项活动，需要多次支付费用的，一律在账务系统中单独设置项目予以核算。

第二十二条　项目申请报告除经必要的审核和批准外，还必须附有详细的预算。

第二十三条　项目由实施部门和计财

部共同把关，并实行专人负责的管理方式，即由实施部门指定专人负责到计财部办理与该项目相关的领款、报销、决算手续。项目负责人不得随意变更，如确需变更，应做好交接工作并通知财务。

第二十四条 项目管理应按如下程序执行：

（一）初次持报告到计财部办理手续时，应由银行出纳在台账中登记，再将报告复印件转交计财部项目核算人员设立项目并在报告上注明项目名称。

（二）以后每次到计财部办理手续时，应在支票领用单或发票上注明项目名称，并对照预算说明支出的内容；银行出纳应在台账中查询项目的累计已支出金额，随时掌握项目进度。

（三）如发生项目预算之外的支出或出现超支现象，财务可拒绝付款，由项目负责人提请审批机构决定是否改变或追加预算，待批准后再持相关报告办理财务手续。

（四）项目完成后，项目负责人应及时通知财务，由财务提供项目明细账，总结项目实施效益并填写《项目决算表》。

第二十五条 如项目被取消、中断、暂缓或跨年度进行，项目负责人应及时通知财务。

第七章 结余资金的管理

第二十六条 继续执行1998年财政部颁布实施的事业单位会计制度规定。实行收支统管，统一核算的办法，对收支相抵后的结余资金加强管理。

第二十七条 根据会计制度规定和北京广播电视局［1997］139号文件“关于事业单位专用基金提取及使用办法”的规定，每年收支相抵后结余的40%提取“职工福利基金”，用于职工福利和集体福利支出；其余部分作为“事业基金”用于事业发展或弥补以后年度收支差额（即弥补亏损）。

第二十八条 各专业台的结余按月结算，并实行半年考核利润的办法，按当月结余的一定比例对专业台长发放结余奖励（具体奖励办法与“经济管理办法”和人事部相关规定一致），其余部分收归总台参与整体调控。

第二十九条 如果当月结余为赤字，要用下月或以后各月的结余进行弥补，然后再按补亏后的实际结余计算专业台长的效益工资。

第八章 专用基金管理

第三十条 根据现行会计制度和北京市广播电视局的文件精神，我台设置的专用基金包括：修购基金（设备购置费）、职工福利基金、补充医疗保险基金、住房基金（事业支出中只计提列支数，支出数一律在专用基金——各明细科目中核算）。

第三十一条 修购基金提取及使用的控制

专业台按创收额（事业收入）的8%提取设备购置费，用于各台的设备购置、设备维护和房屋修缮等费用。具体提取使用方法如下：

1. 凡购置设备与修缮项目一律在修购基金中列支，一般性消费支出不得在此列支。

2. 不得随意中止修购基金的提取，具体要求执行“经济管理办法”。

3. 如修购基金不能满足设备购置资金的需要，要将此项开支在事业支出中直接列支。

4. 总台的设备购置费由专业台参与

分配后收回的修购基金构成，当此基金不足时，直接在事业支出中列支。

5. 修购基金余额可参与结余分配，分配后的余额收归总台。

第三十二条 职工福利基金提取及使用的控制

职工福利基金的来源有两个：一是按月职工人数计提；二是按年度事业结余的40%提取。福利基金主要用于职工的集体福利事业。

第三十三条 补充医疗保险基金提取及使用的控制

按工资总额的4%提取，在“事业支出—社会保险缴费”中列支，用于支付职工及退休人员医疗费补贴、保险公司的医保费。

第三十四条 住房基金提取及使用的控制

按事业收入的2%提取，用于支付房改后的住房补助支出，当此基金不足时，直接在事业支出中列支。此项基金金额不能参与结余分配。

第九章 货币资金的控制管理

第三十五条 货币资金指单位所拥有的现金、银行存款和其他货币资金。

第三十六条 建立货币资金业务岗位责任制，明确职责权限，确保不相容岗位相互分离、制约和监督。

（一）出纳人员不得兼任稽核、会计档案保管、收入、支出、债权债务账目的登记工作。

（二）单位不得由一人办理货币资金业务的全过程。

（三）办理货币资金业务的人员要具备良好的职业道德，忠于职守、廉洁奉公、遵纪守法、客观公正，并同时具备大专以上学历、初级职称资格。

（四）为确保单位资金的安全完整，必须严格执行现金和银行存款的管理规定。

第三十七条 现金业务的控制

（一）严格执行现金管理规定，不得挪用、坐支现金，不得白条抵库。

（二）严格控制现金流出量，100元以上的开支，使用支票结算，如遇特殊情况，发票金额在1000元以上的现金要经计财部负责人批准后才能报领。

（三）出差、会议等借现金，必须提前预约备款。凭相关领导签字的批件填写专用借款单，并在归来之日起一周内到财务办理结算手续，如未按期报销又无特殊情况，财务将停止该部门相关费用的支付；副处以上干部除上述要求外，还要持党办批件才可办理借款、报销事宜。

（四）持公款现金要妥善保管，如丢失或被盗，直接责任人负责赔偿。

（五）严禁私人借用公款。

（六）要做到日清月结，每天出日报表，做到账款相符，并及时将超库存限额的现金送存银行。

（七）保险柜内不得存放无关物品。

（八）POS机报销视同现金管理。

第三十八条 POS机主要用于现金业务的报销，具体规定如下：

（一）POS机的使用必须在部门领导直接授权下，由专人（现金出纳和核算员）负责日常操作和管理。

（二）必须严格执行操作规定，认真完成每次操作，避免发生差错，如发生差错又无法弥补的，所造成的损失由责任人自行承担。

（三）每月至少更换一次操作密码，以保证POS机操作的安全，如因未及时更换密码出现问题或造成损失，由责任人承担责任和赔偿。

（四）每次用POS机报销现金，核算员（或经办人、现金领款人）必须在POS机打印的操作清单上签上本人的姓名，以备日后查验。

（五）保管好设备，严格按照使用说明操作，如发生丢失和人为损坏，由直接责任人负责赔偿。

（六）注意POS机日常的保养和清洁，如发生通讯或操作故障要及时与银行或计财部联系，及时解决问题。

（七）计财部在办理费用报销时，每笔业务都必须由核算员、制单、出纳、审核等人员共同把关，经办人要在当日POS机凭证上签字，审核人员对此要认真审核，发现问题，及时解决。

（八）计财部现金出纳、专业台核算员要认真保管好POS机清单和银行对账单，定期装订成册，送交档案管理员；每日对账，发现问题，及时报告领导予以解决，同时备计财部随时审核。

（九）POS机只进行现金报销，不允许进行收取广告费等其他操作，如发现部门用POS机进行违规操作，由部门领导和直接责任人承担责任，并予以一定金额的罚款。

（十）计财部现金出纳，及时向POS机划拨款项，保证足够余额，不得影响正常报销。

（十一）每月检查每台POS机存款余额督促及时将报销款项刷到个人账户，发现问题要及时报告部门领导。

第三十九条 银行存款业务的控制

（一）银行存款只能用于单位正常工作需要，任何单位或个人不得借用公款办私事。

（二）银行出纳要严格审核支票领用手续，按审批规定办理支票借用手续。对凭报告领用支票且分多次支付的，一律按报告编号建立台账登记，防止超预算支出。

（三）借用支票的报销规定

1. 借用支票一周内必须到财务办理报销手续，凡超过5张支票未报的单位，计财部停止签发支票。

2. 每月结账日一周内不再签发远期支票，当月开出的支票，要求在当月结账日前返回发票。

3. 年末借用支票时要持发票借支票，且不得签发远期无限额支票。年终决算期间，支票日期一律控制在规定时间内，减少未达账。

4. 丢失发票的，应到发票开具单位取得原存根联或记账联的发票复印件，并加盖对方单位的财务章后，持本部门领导签字的丢失证明并由台长加批后方可报销。

5. 凡不符合规定的发票，财务一律不得报销。

（四）对丢失支票造成的经济损失，由直接责任人负责赔偿并承担全部责任。

（五）出纳员要随时掌握银行存款余额，为领导提供资金信息，督促报账，严禁透支。

（六）保险柜内存放的物品要建立登记簿，私人物品、不属于保险柜存放的物品，原则上不得存于单位保险柜内，如确需存放，出纳员要当面点清并登记，同时报计财部领导备案，取走物品时要作注销。

第十章 固定资产的控制管理

第四十条 固定资产是指使用年限在一年以上，单位价值在规定标准以上（一般设备500元以上；专用设备800元以上），以及单位价值虽未达到规定标准，但耐用时间在一年以上的大批同类物资，在使用过程中保持原来物质形态的资产。

第四十一条 计财部作为国有资产管理部门，负责资产的全面管理；办公室负责资产的实物管理。

第四十二条 按固定资产的类别进行管理，具体分类执行国家及我台国有资产管理的有关规定（具体办法另行制定）。

第四十三条 固定资产的计价执行财政部制定的事业单位会计制度的规定。购置时发生的相关费用一并计入原值中，不得将有些附件列入材料或计入其他费用中。

第四十四条 固定资产的计价

（一）新建的固定资产按实际成本记账。办理竣工决算之前发生的借款利息以及有关费用，计入固定资产价值；决算之后发生的相关费用，不计入固定资产价值，只能计入当期支出。

（二）购入、调入的固定资产，按实际支付的买价、调拨价、运杂费、安装费等计价，运杂费、安装费等直接计入固定资产价值中；购置车辆按规定支付的附加费等计入购车价中。购计算机同时安装的网卡、配件及工具等，计入计算机的总价中。投入使用后，发生的相关费用直接列支。

（三）自制的固定资产，按开支的工、料、费计价。

（四）在原有固定资产基础上进行改建、扩建的固定资产，按实际发生的支出扣除改、扩建中的变价收入后的净增加值，计入固定资产价值。但必须注明凭证号码等内容。

（五）接受捐赠的固定资产，按同类资产市场价格或根据提供的有关凭证计价。为此所发生的有关费用应计入固定资产。

（六）盘盈的固定资产，按重置完全价值入账。

第四十五条 固定资产的总账与明细账原则上按使用部门设置，每月结账日前固定资产科要与财务部门核对总账与明细账，保证账账相符，如核对不符，必须及时核查原因，并做相应账务处理。

第四十六条 固定资产的清查

（一）每年10月至12月10日前，资产管理部门必须进行一次全面清查盘点，各专业台、各部门要积极配合，清查后，由办公室列出清单送计财部，进行账实核对。

（二）清查内容包括：固定资产实有数与账面结存数是否一致；固定资产的使用、保管、维修等情况是否正常。通过清查盘点，发现、堵塞管理中的漏洞，解决各种问题，制定相应的改进措施，保证固定资产的安全完整，做到账实相符。

（三）每年1月4日前，固定资产科要将固定资产当年增减数、年末原值数，按使用单位报计财部，以备财务决算并计算各项指标的完成情况。

第四十七条 固定资产处置管理

（一）固定资产的报废和调拨，按国有资产的处置办法执行。需由使用部门提出申请，技术部门出具鉴定报告，台长审批后，计财部按规定上报主管部门审批。

（二）处置审批权限：

1. 原值单价或每批次价值不足1万元的由主管台领导审批；

2. 原值单价或每批次价值1万元至3万元以下的由台长审批；

3. 原值单价或每批次价值在3万元以上的报主管局或财政局审批；

（三）申请处置需提供的资料：

1. 部门申请及相关领导批示。

2. 资产价值凭证。

3. 资产报废的技术鉴定。

4. 单位的《中华人民共和国国有资

产产权登记证（行政事业单位）》复印件。

第四十八条 各部门核算员在领导的支持下，要做好设备管理的配合工作，凡内部调拨或损毁、报废的设备要主动到管理部门办理有关手续；设备管理部门也要定期到各台、部进行核查，及时办理调拨与报废的手续。使用部门、管理部门、财务部门要共同把关，保证设备的安全完整和数据的准确性。保证账、卡、物三相符。

第四十九条 计财部要严格执行北京市财政局关于《行政事业单位国有资产处置管理实施办法的通知》规定，及时反映、监督固定资产管理情况。

第十一章 对外投资的控制管理

第五十条 认真落实《北京市国有资产评估项目抽查办法实施细则》和京广电发［2002］127号文件："关于印发《北京广播影视集团国有资产评估项目备案管理暂行办法》的通知（讨论稿）"，逐步理顺国有资产管理中存在的问题。

第五十一条 利用台内资金进行投资，无论金额大小，要充分论证其经济效益，一律报请党委会、台务会集体讨论通过，并指定专人负责，建立责任人制。投资项目经台党委会、台务会讨论批准后，按规定报主管部门、国有资产管理部门和财政部门批准或备案后执行。任何单位和个人不得擅自做主或未经批准办理财务手续。

第五十二条 对投资运作状况要定期进行汇报、检查，电台有权检查被投资方的债权债务情况，如在一定期限内不能完成利润指标和上交任务，总台将视情况进行整改或进行相应处理。

第五十三条 对电台借出的资金要签订协议，确定还款期限，对长期不能获利及无法偿还借款的单位，财务要将情况向主管领导汇报，并提出处理意见。

第十二章 会计业务控制管理细则

第五十四条 全台核算员负责所在台、部的收支业务，计财部不对个人办理有关收支报销业务（退休人员除外）。

第五十五条 对收入业务的控制要求

（一）凡本台广告、合办、录制等各项收入，一律开具正式发票，发票所有联次必须一致，单位名称必须与支票印章或汇款单中汇款单位名称一致。

（二）广告、合办收入在交款的同时，将合同单其中一联交给财务收款员，如无合同或按规定时间未提供合同单，所收款项不能计入当期收入。

（三）原则上不得预开收入发票，如遇特殊情况，需持广告经营部主任签字的保证书办理预开手续，如不能在规定时间内送回支票或还回发票，又没有任何说明，财务将暂停该部门的费用支付，直到支票（或发票）交回为止。

（四）对收入已入账，中途要求退款的，经办人需持有广告经营部和广告管理部联合签字的退款申请报告，经专业台长、主管创收副台长、主管台领导及电台台长签字确认后，持原广告费发票办理有关手续。

（五）将风险抵押金结转收入的，经办人需持有广告经营部和广告管理部联合签字的申请报告，主管创收副台长、台长签字确认后，到财务办理有关手续。

（六）预收款结转收入的，结账日前专业台核算员根据计财部提供的当月收入和预收款明细单，提交各专业台台长签字的结转预收款明细单，经广告经营部主任或主管创收副台长签字后，到计财部办理有关手续。

（七）每月结账前，计财部需与广告经营部核对进账情况，加强收入的控制管理。

第五十六条 领取支票的要求

（一）根据银行规定，使用支票的起点是100元，凡超过100元以上的业务内容，应使用银行支票（差旅借款除外）。

（二）领取支票时，要按审批权限及费用归口管理的要求持部门负责人或主管台领导签字的支票领用单及相关批准报告和文件。

第五十七条 原始发票的审核

（一）经办人员取得发票时必须按税务、物价及财政规定审核发票。

（二）原始发票必须是符合国家规定的正式、合格发票，不得使用非财、税局监制的发票（部队、使馆除外）及已禁止使用的发票，严禁使用假发票，如查实使用假发票，有关责任人将承担全部责任；若部门核算员知情并使用，将取消核算员的任职资格。

（三）取得外部的发票的单位名称应填写“北京人民广播电台”或“北京电台”。

（四）发票的用途填写应清楚、正确。

（五）发票的大小写金额必须一致，单价、数量应填写齐全。

（六）发票的年、月、日及开票人应填写完整。

（七）发票上除有“税务局”或“财政局”的印章外，还须加盖财务专用章或单位公章等。

（八）原始发票文字部分有涂改时，在修改处必须加盖与原发票公章一致的印章；如金额写错或有涂改，此发票必须重开，金额涂改后虽加盖公章仍视为无效票据。

（九）原始发票不合规的，财务有权不予受理。

第五十八条 原始发票报销前要做到以下几点：

（一）原始发票的填写内容

1. 经办人员签字，不得使用播音名或其他不真实姓名。

2. 开支用途——所购物品是工作用还是活动用等称为用途。

3. 具有审批权的领导签字。

4. 属于固定资产、图书、音像资料等还要到费用分管部门办理相关手续。

5. 以上签字一律在发票的右上角。

（二）下列项目报销时原则上应附清单

1. 大宗办公用品、礼品、奖品。

2. 资料费包括图书、报刊、CD盘。

3. 印刷费、宣传费、咨询费报销时附清单或说明。

4. 支付制作费原则上要有制作公司的合同。

（三）开支费用涉及多个部门的，报销之前要将费用按部门进行分摊，涉及到专业台的，专业台长在分摊表上签字。

（四）租车费、停车费、通行费、差旅费等需填写汇总表的报销项目，报销时每张发票上只需有使用人签字，领导只在汇总表上签字。

（五）借出或报销差旅费、会议费时，需持差旅费申请表、会议费预算表、相关领导批件，副处以上干部还需事先到党办办理请销假手续，再办理借款或报销手续。

（六）出国办理财务手续时，需持申请报告或市政府的批件及台长批示，关于出国的各项费用开支标准，可参见因公出国换汇结汇有关规定。

（七）凡享受在台内报销医药费的人

员（包括计划生育费用），一律先到人事部办理手续，审查内容为：住院要有医务室或医院通知；出院报销时要持医院清单并由医务室确认自费项目，自费部分要交回现金，财务根据人事部审查后的通知单办理报销事宜及结算手续。

（八）发票金额大于支票领用单金额时，应重办支票领用审批手续，超出审批权限的，按审批权限审批后办理报销手续。

第五十九条　票据的填写与粘贴规范

（一）开具发票或填写自制的费用发放表时，大小写金额应规范。具体如下：

壹、贰、叁、肆、伍、陆、柒、捌、玖、拾、零。

万、仟、佰、拾、元、角、分、整。例如：

伍拾万捌仟玖佰壹拾元陆角肆分

叁仟柒佰贰拾元整。

又如：

小写：100，500.00。

大写：壹拾万零伍佰元整。

只要尾数不是分的，大写金额要加"整"字。

（二）凡交财务的一切单据（包括支票领用单及粘贴纸上项目、说明或报告）一律使用钢笔或签字笔填写，如填写有误请重填，不得涂改。

（三）单据报销时需按自左至右，从上到下的顺序沿粘贴线整齐粘贴在粘贴纸上。一张粘贴纸上的发票一般不超过十张。

（四）粘贴单据时，应按类别分别粘贴整齐。如：办公用品、礼品、制作费、租车费、通行费和停车费、劳保用品、文体用品等。

第六十条　结账日要求

（一）每月 25 日为财务结账日，25 日前要将应属于本月的收入、支出单据，提前送往计财部。25 日当天收取的款项，应于下午 4 点以前送交财务，以便财务人员及时前往银行办理结算手续。费用分管部门核算员每月 20 日前必须将各专业台长已签字的分摊一览表送财务列支，以保证成本费用的准确性。

（二）每年的 12 月为年终结账时间，具体结账日期要根据上级主管单位通知确定，一般确定为 12 月 25 日或 26 日。结账日当天下午 4 点前要将应属于本年的款项，送往计财部，便于财务人员把应属于我台的收入划进账内，使全台的收款数与实际到账数在时间上保持一致。

第六十一条　外发稿费的发放管理

（一）发放稿费需填写"台内稿费演播费付款凭证"（以下简称付款凭证）。付款凭证要填写齐全、完整。

（二）外发稿费的规定

1．"付款凭证"要注明收款人的地址、邮编、身份证号码，无特殊原因，外发稿费一律不准提取现金。

2．填写"付款凭证"同时填写邮局汇款单或录入"大宗大用户系统"。所填列稿费单的收款人姓名、地址必须与"付款凭证"填列项目一致，如有不一致的地方财务有权退回不予发放。

（三）外发稿费的扣税规定（劳务费也适用此规定）

税费金额	扣税计算公式
1 000 元以内（含 1 000）	发稿金额 × 3%
1 000 – 4 000 元（含 4 000）	（发稿金额 – 800）× 20%
4 000 – 20 000 元（含 20 000）	发稿金额 ×（1 – 20%）× 20%

第十三章　发票使用的控制管理

第六十二条　根据事业单位会计制度、“中华人民共和国发票管理办法”（1993.12.23财政部发布）、《北京市行政事业单位银钱收据管理规定》（京财综［1998］1292号）、《北京市地税局关于实施发票改革有关问题的补充通知》（京地税征［2002］450号），电台开展业务活动，依法通过各种渠道取得的收入，都必须开具正式发票，规范操作，严防漏洞。

第六十三条　事业收入发票的使用

（一）广告收入、合办节目收入、录音录像制作收入、信息咨询服务收入，一律到财务交款，开具机打发票，发票统一使用“北京市服务业、娱乐业、文化体育业专用发票”，所开项目分别为“广告费”、“录音录像制作费(合办)”、“录音录像制作费(录制)”、“信息咨询费”项目。

（二）挂失广告费、点歌费等，由于每次金额较小，正式发票用量上无法保证，所以采取内部控制的办法，具体程序如下：

1. 凡以上收入统一到计财部领取加盖财务专用章的“复写收据”。

2. 每日下班前，将所收款项与“复写收据”记账联一并交到计财部，由财务开具“北京市服务业、娱乐业、文化体育业专用发票”，所开项目分别为“录音录像制作费（点歌）”、“广告费（挂失）”。“复写收据”作为附件附在“正式发票”后面，正式发票的发票联与“复写收据存根联”一并保存，此项收入与其他各项收入一起参加当期的核算。

3. 复写收据每本用完后到计财部换领。

（三）电台所有收入一律在计财部办理手续，任何单位和个人不得以任何名义私自办理收费业务，对外所开发票上除“北京人民广播电台结算财务专用章”或“北京人民广播电台发票专用章”以外的任何印件均无效。

第六十四条　行政事业单位银钱收据的使用

（一）银钱收据的使用范围：

1. 行政事业单位内部的银钱往来；

2. 行政事业单位内部的各种代收、代垫；

3. 行政事业单位及个人之间和行政事业单位与企业之间的非行政事业收费的银钱往来；

4. 行政事业单位、社团组织的各种会费收入。

（二）专题节目拨款、节目经费等收入统一开具“北京市行政事业单位统一银钱收据”，取得以上收入需同时取得市政府、市财政局、税务机关“视同拨款”的批件，否则财务按税务规定正常纳税。

（三）取得的经营、服务性收入，不得使用银钱收据。

第六十五条　严格执行发票管理办法，凡在具体操作中不按规定办理，由此而产生的一切责任、后果与损失均由经办人员及相关部门领导负责。总台将视情况按有关规定给予所收金额1—5倍罚款。

第十四章　因公出国换汇、结汇的规定与管理

第六十六条　出国的基本要求

（一）要认真贯彻落实国务院关于严格控制出国团组和人员的精神，组织出国团组必须少、小、精，讲求实效。凡出国人员一律持有效批件到财务办理相关手续。

（二）各出国团组在国外期间不得擅自改变预定的任务、时间、地点。临时出国人员要选择经济合理的路线，尽可能购往返机票和乘坐中国民航班机，不得随意更改路线、增加停留点或绕道旅行。

第六十七条 具体规定要求

（一）个人国外零用费

按离抵我国国境之日计算，每次每人出国在10天以内的，发给50美元，超过10天，从第11天起，按天计算，每人每天发给5美元。

（二）出国人员旅费

出国人员乘坐国际列车，国内段按国内差旅费的有关规定执行，国外段超过6小时以上的按自然天数计算，每人每天补助10美元。

（三）出国伙食费用

如果外方负担膳食的，不得再报销伙食费；出国伙食费可按标准凭原始单据，在标准内据实报销。

（四）公杂费：是指市内交通费、邮电费、办公用品费和必要的小费等，出国人员的此类费用应在规定的标准内据实报销。

（五）住宿费：按所去国家或地区的标准内据实报销。

（六）城市间交通费：出国人员在国外行程超过10天（含10天）且涉及两个以上（含两个）城市的，可根据实际情况，申请一定数额的城市间交通费（最高每人不超过500美元），在标准内据实报销。

（七）回国一周内必须到财务办理报销手续，各种报销凭证用中文注明日期、品名、数量、用途、币种和金额，并由经办人和证明人签字，金额较大的还应由团、组负责人签字，凡违反规定者一律不予报销，凡因长期不报账而造成的外汇损失，由出国人负责赔偿。

（八）出国人员随出国团、组一起出国，并已付费，本单位不再办理出国换汇，费用由组织者负责办理；如出国人员在国外的费用是由邀请方负担的，外汇管理部门不再批准换汇。

（九）出国人员赴欧元区地区，其住宿费、伙食费、公杂费，开支标准均以欧元为单位。

（十）出国人员在有出国（境）任务的每一公历年度内，每人可一次性自费购买外汇400美元，由组团单位统一办理（因私出国可自行购汇2000美元）。

（十一）因公临时赴香港、澳门、台湾地区的人员，均执行本办法。

（十二）支付外方个人劳务费等，确实无法取得发票的，必须有文字证明，并由取得收入者、出国团全体成员签字，台长加批后方可报销。

（十三）以上所提“标准”参照财政部、外交部印发的《临时出国人员费用开支标准和管理办法》的通知（财行[2001] 73号文件）执行。

第十五章　人员管理

一、财务专管员管理细则

第六十八条 财务专管员由计财部会计人员组成，在认真完成本职工作的前提下，按分工完成相关管理工作。

第六十九条 财务专管员负责对预算执行情况进行监督、分析，协助并指导各专业台核算员对收、支、余运作状况和预算执行情况进行分析，并对核算员的分析与预算执行的实际状况进行核对，分析清楚费用升、降原因。

第七十条 财务专管员要在费用归口管理的基础上，对所分管项目的预算执行情况进行分析，每季度至少一次。阐明费用升降原因和具体控制办法。

第七十一条 在不影响工作的前提下，财务人员实行轮岗制；原则上每月召开一次财务业务例会。

第七十二条 财务专管员的分工要求：根据工作量，业务能力等综合情况，确认分工。

（1）七个专业台；

（2）个人收入款项的归集、统计、每月出表；

（3）总台系列、总台调控、退休费用的分析；

（4）信息资料中心、技术中心、发射台、国际部、广告经营部；

（5）专用基金与所有往来账的管理；

（6）全台收入、支出、利润的管理与分析。

二、核算员管理细则

第七十三条 核算员必须熟知《中华人民共和国会计法》、《事业单位会计准则》、《事业单位会计制度》，熟知电台的经济管理办法及各项规章制度，熟悉电台内部会计控制制度及财务核算规程、会计核算方法，以及会计科目应用、相关会计报表的核算内容。所有专业台核算员必须持《会计证》上岗，每年必须参加会计人员继续教育培训。

第七十四条 核算员负责本部门所有会计事务的补审工作，电台计财部只对核算员办理业务。核算员到财务办理报销事务，必须按规定事先做好一切准备工作。如：将单据按核算类别粘贴整齐、汇总金额、凭单张数、按要求签字齐全后送交计财部。

第七十五条 核算员要按成本核算项目建立台账，每一笔收支款项在登记台账的同时，在原始单据上加盖本人人名章，台账要定期与财务账核对；还要建立支票领用登记簿，内容包括：支票领用人、用途、金额、领用日期、归还日期等项目，并负责自领用之日起，五日内返还发票（需办理入库登记的，要按时办理）。

第七十六条 各专业台核算员每周要向本台领导提供目前收支情况；按月写一份当月经济活动状况，交给本台领导，以供领导及时掌握收支情况，真正当好领导的参谋与助手。

第七十七条 各专业台核算员原则上每季度要写一份本台经济活动分析。分析增减变动情况及原因、介绍成功经验、提出今后改进的措施与办法。计财部视情况予以抽查。

第七十八条 全台核算员，要按规定要求完成成本核算的具体工作。

第七十九条 专业台核算员也要逐步实行轮岗制，可根据情况参加财务例会。

第十六章 内控制度的检查

第八十条 单位法定代表人要重视内控制度的检查工作，由专门机构或由内部审计人员具体负责内控制度执行情况的监督检查，确保内控制度的贯彻实施。职责是：

（一）对内部会计控制的执行情况进行检查和评价。

（二）写出检查报告：对涉及会计工作的各项经济业务、内部机构和岗位在内部控制上存在的不足提出改进建议。

（三）对执行内部会计控制成绩显著的内部机构和人员提出表彰建议，对违反内部会计控制的内部机构和人员提出处理意见。

第八十一条 定期或不定期对电台各项经济行为进行内部审计和社会审计。电台可根据情况聘请中介机构或相关专业人员对内部会计控制的建立健全及有效实施进行评价，接受委托的中介或人员要对电台建立与执行中的重大缺陷提出书面报告。

第十七章 附 则

第八十二条 本规定与国家或上级相关规定不一致时，执行国家或上级规定。

第八十三条 本规定由计财部负责解释，自公布之日起执行。

第八十四条 京广播财字［2003］1号文件同时废止。

二〇〇四年二月六日

关于印发《北京人民广播电台内部审计工作暂行规定》的通知

（RB/DB—GL—001）

京广播台字［2004］6号

台属各部门：

《北京人民广播电台内部审计工作暂行规定》已经台党委研究通过，现印发给你们，请认真贯彻执行。

二〇〇四年二月十三日

北京人民广播电台内部审计工作暂行规定

第一条 为建立健全内部审计制度，强化内部审计工作，促进党风廉政建设，确保事业健康发展，根据《中华人民共和国审计法》、《审计署关于内部审计工作的规定》等有关法律、法规、规章，结合本台实际，制定本规定。

第二条 北京人民广播电台纪检监察审计办公室（以下简称台审计办）为本台内部审计机构。

第三条 台审计办在台长直接领导下开展工作，履行下列职责：

（一）对本台及所属部门、单位（含占控股地位或者主导地位的单位，下同）的财务收支及其有关的经济活动进行审计；

（二）对本台及所属部门、单位预算内、预算外资金的管理和使用情况进行审计；

（三）对本台所属部门、单位领导人员的任期经济责任进行审计；

（四）对本台及所属单位基本建设、技术设备更新改造等固定资产投资项目进行审计；

（五）对本台及所属单位经济管理和效益情况进行审计；

（六）对本台及所属单位内部控制制度的健全性和有效性以及风险管理进行

评审；

（七）对本台及所属部门、单位专项资金及外汇的管理和使用情况进行审计；

（八）对本台行政拨付给台工会的经费使用情况进行审计；

（九）对已审项目进行后续审计，配合和督促有关部门、单位落实整改措施；

（十）配合上级审计机关做好对本单位的审计工作；

（十一）法律、法规规定和台长要求办理的其他审计事项。

第四条 台审计办具有下列权限：

（一）要求被审计部门、单位和个人按时报送与实施审计相关的报表、文件、资料等；

（二）参加本台有关会议，负责召开与审计事项有关的会议；

（三）参与研究制定本台有关的规章制度，提出内部审计规章制度；

（四）检查有关生产、经营和财务活动的资料、文件和现场勘察实物；

（五）检查与财务管理、会计核算有关的计算机系统及其电子数据和资料；

（六）对与审计事项有关的问题向有关部门、单位和个人进行调查，并取得证明材料；

（七）对正在进行的严重违法违规、严重损失浪费行为，作出临时制止决定；

（八）对可能被转移、隐匿、篡改、毁弃的会计凭证、会计账簿、会计报表以及与经济活动有关的资料，经台长批准，有权予以暂时封存；

（九）提出纠正、处理违法违规行为的意见以及改进经济管理、提高经济效益的建议；

（十）对违法违规和造成损失浪费的部门、单位和人员，给予通报批评或者提出追究责任的建议。

第五条 台审计办每年应向台长提出年度内部审计工作报告；每次专项审计结束后，应及时向台长提出审计报告。

第六条 台审计办履行职责所必需的经费列入本台财务预算，并予以保证。

第七条 根据工作需要，台审计办经台长批准，可委托社会审计组织进行审计，并负责对其监督和管理。

第八条 内部审计人员办理审计事项，应当严格遵守《内部审计人员职业道德规范》，忠于职守，做到独立、客观、公正、保密。

第九条 对认真履行职责、忠于职守、坚持原则、做出显著成绩的内部审计人员，由本台给予精神或者物质奖励。

对滥用职权、徇私舞弊、玩忽职守、泄露秘密的内部审计人员，由本台依照有关规定予以处理；构成犯罪的，移交司法机关追究刑事责任。

第十条 台审计办依照法律、法规和台长的要求履行职责，任何部门、单位和个人不得打击报复。

第十一条 被审计部门、单位和个人不配合内部审计工作、拒绝审计或者提供资料、提供虚假资料、拒不执行审计结论或者报复陷害内部审计人员的，坚决予以查处；构成犯罪的，移交司法机关追究刑事责任。

第十二条 本规定由台审计办负责解释。

第十三条 本规定自发布之日起施行。北京人民广播电台 1995 年 3 月 14 日印发的《审计工作规定》（台字［1995］10 号）同时废止。

关于印发《北京人民广播电台基本建设审计实施细则（试行）》的通知

（RB/DB—GL—002）

京广播台字［2004］7号

台属各部门：

《北京人民广播电台基本建设审计实施细则（试行）》已经台党委研究通过，现印发给你们，请认真贯彻执行。

二〇〇四年二月十三日

北京人民广播电台基本建设审计实施细则（试行）

为加强对固定资产投资项目的管理，提高基本建设资金的使用效益，确保全台基本建设工程成为廉洁、优质、高效的“阳光工程”，根据国家有关法律、法规、规章和《北京人民广播电台内部审计工作暂行规定》，制定本实施细则。

一、审计机构

北京人民广播电台纪检监察审计办公室（以下简称台审计办）为本台内部审计机构，依本实施细则履行对全台基本建设项目进行审计的职责。根据工作需要，并经台长批准，台审计办可委托社会审计组织进行审计。

二、审计范围

凡属本台基本建设项目（含新建、改建、扩建、维修、装修工程项目及技术改造工程项目，下同），不论投资额大小，均纳入审计范围。其中，工程概（预）算100万元（含）以上的建设项目，实行全过程控制和跟踪审计；工程概（预）算100万元（不含）以下的建设项目，原则上只进行开工前审计和工程决算审计。

三、审计内容

（一）开工前审计

1．审查建设项目资金落实情况。主要审查建设项目是否列入年度基建计划和财务预算，年度投资是否落实。同时，对国家财政拨款、银行贷款、利用外资、单位自有资金等建设资金来源进行审核，确认其是否合法。

2．审查建设项目立项情况。包括审查初步设计方案、建设标准及规模。

3. 审查执行建设程序情况。主要审查建设项目的审批手续是否完备、合法；工程设计、施工和监理队伍的选择及相关材料、设备的采购是否按规定进行了公开招标，招标程序是否规范，招标结果是否合理；按规定不需要公开招标的建设项目，拟使用的工程设计、施工和监理队伍的资质是否合格，拟采购的有关材料、设备是否通过比价的方式确定。

4. 审查工程概（预）算。主要审查工程量计算是否准确，各种收费是否符合规定。

（二）工程在建审计

主要是对建设项目造价进行全过程控制，包括土建、安装、室内装修、市政道路工程、绿化等，重点审查概（预）算的工程量计算是否准确，各种收费是否符合规定（包括定额、费率、税率、定额与收费之间是否配套）。

（三）工程决算审计

1. 审查竣工决算编制。主要审查竣工决算编制的依据是否符合国家规定，各项清理工作是否全面、彻底，遗留问题处理是否合规。

2. 审查项目计划和设计概算执行情况。查明有无超支和超支原因，有无概（预）算外项目和超标准、超规模建设。

3. 审查交付使用的资产和在建工程情况。主要审查交付使用的资产是否真实、完整，是否符合交付条件，移交手续是否齐全、合规，成本计算是否正确，有无挤占成本、提高造价、转移资金的问题；查明在建工程未能及时建成和交付使用的原因，并核实其投资额。

4. 审查建设投资使用情况。主要审查转出投资、应核销投资、应核销其他支出和摊资的分摊依据是否充分，手续是否完整，内容是否真实，核算是否合规。

5. 审查尾留工程情况。根据工程总概（预）算和形象进度，查明尾留工程的未完工程量及是否留足建设资金。

6. 审查结余资金情况。核实结余资金（包括库存物资、结算资金和货币资金）的真实性，结余资金的处理是否合规；查明物资积压和债权债务未能及时清理的原因。

7. 审查基建收入及其处理情况。查明基建收入及其处理是否合规，核算是否真实、完整。

8. 审查竣工决算报表。查明各种竣工决算报表是否真实、完整、合规。

四、审计程序

（一）开工前审计

1. 工程开工前，台基建管理部门及时向台审计办提出审计申请，并提供工程可行性报告、初步设计、施工图、概（预）算、招投标书、承包合同、各种审批件等有关文件、资料。

2. 台审计办接到审计申请后，一般在20天内完成审计，并作出审计报告，经主管基建工作的台领导签署意见后，报送台长。

（二）工程在建审计

1. 对应实行全过程控制和跟踪审计的建设项目，台审计办派专职审计人员介入工程建设、管理的全过程，独立开展工作。

2. 台基建管理部门应根据台审计办的要求，及时提供实施审计所需要的相关文件、资料。

3. 根据工程工期长短，台审计办定期或不定期提出审计报告（工程工期6个月以上的，原则上每两个月提出一次审计报告），经主管基建工作的台领导签署意见后，报送台长。

（三）工程决算审计

1. 台基建管理部门视工程量的大小，于基建项目建筑安装工程竣工前一至三个月，通知台审计办准备进行工程决算报价审计，并于施工单位送达建筑安装工程决算报价一周内将工程承包合同、工程决算报价、工程竣工图、工程变量签证单、工程形象进度、施工日记、甲供设备和材料清单等提供给台审计办。

2. 台审计办组织审计人员和有资格的专业审价人员组成审计小组，进行工程决算报价审计。审计小组一般应在 30 天内提出工程决算报价审计意见（经台长批准，较大或较复杂的工程可以延长提出审计意见的期限），征求台基建管理部门意见并报台长同意后，发送施工单位。必要时，该审计意见可以经具有建筑安装工程审价资格的社会中介机构验证后再发送施工单位。

3. 工程决算报价的审计意见提出后，由台审计办牵头，与台基建管理部门及委托的审价中介机构一起，同施工单位就审计意见进行商谈，取得一致意见后，由台审计办、台基建管理部门和施工单位共同签章确认（当商谈无法取得一致意见时，可以报请审价仲裁部门进行仲裁）。台基建管理部门应按审计意见确认的数额与施工单位进行工程价款的结算。

4. 当建筑安装工程决算报价通过审计，且整个基建项目按设计全部建成并通过初验、各项结余资金已清理盘点完毕、财务清理工作也已完成、竣工决算报表和文字报告已编出初稿时，台基建管理部门通知台审计办进行项目竣工决算审计。

5. 台审计办组织成立审计小组，进行竣工决算审计。审计小组一般应在 30 天内提出包括建筑安装工程决算报价审计情况的项目竣工决算审计报告（经台长批准，较大或较复杂的工程可以延长提出审计报告的期限），主要内容包括：建设项目基本情况；工程决算报价审计中核减或核加工程价款的主要内容和原因；在项目竣工决算审计中发现存在的问题和处理意见；对建设项目管理中存在的薄弱环节提出的改进建议。

6. 项目竣工决算审计报告经主管基建工作的台领导签署意见后，报送台长。

五、审计结果的运用

（一）未通过开工前审计的基建项目，台计财部不得拨付工程建设资金，台基建管理部门不得组织开工。

（二）在工程建设过程中，对台审计办定期或不定期审计报告中提出的问题和建议，台基建管理部门应认真对待，如无正当理由，必须按期改进，否则，台审计办可通知台计财部暂时冻结工程建设资金。

（三）未通过工程决算报价审计的基建项目，台计财部不得与施工单位进行工程价款的决算。

（四）对在基建审计过程中发现的违法、违规行为，台审计办可视情节轻重，对相关责任人给予通报批评，或向台长提出移交纪检、监察及司法机关处理的建议。

六、附　则

（一）本实施细则由台审计办负责解释。

（二）本实施细则自下发之日起施行。

北京人民广播电台建设工程招投标管理办法

（RB/BGS—GL—004）

京广播台字［2004］14号

第一条 为了加强我台建设工程招投标工作的管理，有效控制建设投资，确保工程质量和进度，努力从源头控制腐败问题的发生，遵照《中华人民共和国建筑法》、《中华人民共和国招投标法》和北京市的有关规定，本着“公平、公开、公正”的原则，制定本办法。

第二条 凡由我台投资的新建、改建、扩建、装修和技术改造工程项目的施工，除某些不适宜招标的特殊项目，均应按此办法实行招投标。

第三条 招标的原则和方式。

工程造价100万元（含100万元）以上的建设项目，必须在政府建设行政主管部门监督和主持下公开招标，按照国家规定的招标程序和方法进行。工程造价10万元以上100万元以下的项目，由工程办及有关部门组织按程序自行公开招标，由台招投标领导小组成员并根据需要邀请专业人士参加评标。工程造价10万元（含10万元）以下的项目，由工程办负责公开招标或邀请招标，会同财务、审计部门议标，将结果报台长批准。

第四条 组织机构及职责。

为了公平、公正地开展建设工程招投标工作，形成管理、执行、监督相结合的管理机制，组建由台长任组长，主管工程的副台长任副组长，总工、计财部、审计、办公室以及工程报建部门负责人为成员的招投标领导小组，工程办在招投标领导小组的领导下负责办理工程招投标的组织工作。

1．招投标领导小组工作职责：

（1）决定招标原则和招标范围；

（2）审定招标文件及有关招标要求；

（3）确定投标入围单位；

（4）确定评标委员会成员；

（5）主持开标和评标；

（6）确定中标单位。

2．工程办招标工作职责：

（1）组织编写招标文件、评标办法及有关要求，报招投标领导小组审定后执行；

（2）发布招标信息；

（3）发出招标邀请书，组织投标报名工作；

（4）发放招标文件及相关资料；

（5）组织招标答疑和勘察现场；

（6）验收并封存投标文件；

（7）组织开标、评标工作；

（8）在监督人员的监督下，统计评委评分结果；

（9）发中标通知书及未中标通知书；

（10）组织审查工程预算；

（11）组织合同签订工作；

（12）负责有关招标资料的归档；

（13）与招标有关的其他工作。

第五条 招标程序（自行公开招标）

1. 公布招标信息。在台内网上公开发布招标公告,公布项目情况和报名条件。

2. 报名。投标单位填写报名登记表，提交报名资料（资质、业绩、信誉、获奖情况）。

3. 确定投标入围单位。由台招投标领导小组对投标单位进行资格审查，确定投标入围单位，投标入围单位原则上不得少于四家。

4. 向投标入围单位发放招标文件。招标文件包括：投标须知、项目概况、招标内容和范围、承包方式及相关要求等。

5. 组织投标单位进行现场勘察和解答投标疑难问题。

6. 接收投标文件和相关资料。投标单位的投标文件必须密封提交，投标文件应包括设计方案（必要时附效果图）、施工方案、主要材料样板、工程报价、对招标要求的相应措施等。

7. 开标。

（1）开标会应按招标文件规定的时间、地点举行。

（2）开标会由招投标领导小组组长或其委托代理人主持。

（3）开标会进行以下内容：

①宣读评标原则和评标办法。

②投标单位代表出示法人委托授权书。

③工作人员和投标单位代表验证投标文件，确认投标文件密封的完整性和有效性。

④按抽签顺序由投标单位向评委宣读投标文件。

8. 评标。

（1）评标委员会。由招投标领导小组成员和外请有关专家组成。评标委员会对投标单位的投标文件进行评比、评分、投票，推荐预备中标单位或中标单位。

（2）评标办法。评标办法要根据工程的规模、特点制定，在招标条件相对成熟，工程资料齐全时宜采用量化打分的方法进行评定。

（3）评标办法的制定。

①经济标占 60 分。主要评审投标报价的合理性。

②商务标占 10 分。主要评审投标单位的企业资质等级、综合实力、工程质量管理体系及社会信誉。

③技术标占 30 分。重点评审整体方案的合理性和技术的先进性，是否符合国家有关规范要求；是否满足使用功能要求，注重使用功能;建材的选用是否适当，能否以经济的材料达到高品位、高档次的效果;是否能与周边环境、办公家具相呼应等因素。鼓励新材料、新工艺的运用。

9. 定标。招投标领导小组根据评标委员会推荐的中标单位和预备中标单位，确定中标单位。

10. 签订合同。根据国家法律、法规的有关规定和招标文件、投标文件的有关内容，经协商达成一致，由双方法人代表签订工程合同或协议。

第六条 经台长或台务会同意的工程合同或协议，施工中途如有变动、洽商，应事先以文字形式报台长同意后再调整原预算。

第七条 纪检、审计部门对工程招投标整个过程进行监督，发现违纪违规问题应及时予以纠正，并按有关规定处理。

第八条 本规定自印发之日起实行。

二〇〇四年三月二十三日

关于加强《北京新闻》管理的规定

（RB/ZBS—GL—002）

京广播宣字［2004］4号

电台作为党和政府的喉舌，《北京新闻》是最重要的新闻舆论监督阵地，收听率高，各级领导关注，因此，带班人员责任重大。为加强对《北京新闻》的管理，明确带班人员职责，经台编务会研究，就有关问题规定如下：

一、带班人员范围

1. 新闻台台长、副台长；

2. 台长、总编、副总编；

3. 退居二线副总编。

二、统一编辑思想

1. 严格落实节目方针和质量要素要求；

2. 新闻台制定审稿原则；

3. 根据需要，编务会增加协调《北京新闻》内容，届时新闻台台长参加。

此规定自2004年4月1日起执行。

二〇〇四年三月十五日

关于加强广播节目预告的管理规定

（RB/ZBS—GL—003）

京广播宣字［2004］5号

广播节目预告是听众收听广播的指南，是听众及时了解电台播出节目的一个重要渠道，同时也是电台服务听众、沟通听众的一个重要举措。为进一步加强电台的自我宣传，密切与听众之间的联系，更好地为听众服务，现就做好节目预告工作规定如下：

一、各专业广播、国际部要认真贯彻《质量手册》，把“以顾客满意为关注焦点”的原则落到实处，划定专门时间预告节目，确定专人抓节目预告工作。

二、各专业广播每天早晨开播要预告本频率当天上午播出的主要节目内容(包括:栏目名称、邀请的嘉宾、具体话题等)。中午要预告下午播出的主要节目内容。晚上要预告当天播音结束前的主要内容。

三、每档节目在结束时要预告下一时段的节目名称、内容。

四、访谈直播节目结束时，要预告第二天（下一次）播出节目的话题，邀请的嘉宾（特殊情况除外）。

五、各专业广播的重点节目提前一周交总编室，酌情在我台网站和《广播之友》节目中预告。

六、各专业广播推出的重大系列报道等，除提前一周在本频率作预告外，经台领导批准，其他频率必须预告。

七、要积极利用报刊，特别是利用北京广播电视报进行节目预告宣传。

八、总编室对广播节目预告落实情况每月检查一次，并向全台通报。

本规定于2004年4月1日开始执行。

二〇〇四年三月二十九日

关于在节目中举办征文活动的管理规定

（RB/ZBS—GL—004）

京广播宣字［2004］6号

在节目中举办征文活动，是电台吸引听众参与广播的一种方式，征文活动不仅可以丰富节目内容，也是电台联系听众的一个窗口。为了规范征文活动，贯彻执行著作权法的有关规定，保证参与征文人员的合法权益，树立电台的良好形象，经编务会研究决定，对在节目中开展征文活动作如下规定：

一、凡是开展征文活动的节目，事先必须由所在专业广播填写《征文活动申报表》，并将“申报表”和征文活动的“启示”一并报总编室，经编务会批准后方可公布实施。

二、举办征文活动要有始有终，确定专人负责。

三、播出征文稿后要按照我台的规定及时支付撰稿人的稿费，除了事先另有明确书面约定的外，不得以任何理由拒绝支付稿费。

四、举办征文活动，如果设奖，须在“征文启事”中向听众公示设立的奖项、数额和奖励标准，并及时予以兑现。

五、征文活动向公众宣布以后，要严格按“征文启事”执行。未按“征文启事”执行，或未经申报擅自开展征文活动，一经发现，按乱开乱办节目论处，并视情节轻重对所属专业广播负责人及直接责任者进行通报批评及经济处罚。

本规定于2004年4月1日开始执行。

二〇〇四年三月二十九日

北京人民广播电台“人才派遣”人员管理暂行办法

（试行）

（RB/RSB—GL—002）

京广播台字［2004］16号

为深化我台人事制度改革，探索新的用工形式，规范用工行为，保障电台和工作人员双方的合法权益，特制定本办法。

第一条 本暂行办法所指人才派遣，又称“人才租赁”，是指具有独立法人资格的人才派遣机构，安排其职工到指定工作单位（即实际用人单位）从事社会劳动，并取得相应劳动报酬的行为。用人单位依据工作需要，通过租赁方式使用人才派遣机构职工的用工方式。

第二条 暂行办法适用人员范围为我台在本办法实施后新使用的人员、客座人员中的二类人员（专职客座）和以完成我台某个项目为目标而使用的人员，对于复转军人按国家有关规定办理。

第三条 利用人才派遣的形式用工是解决我台使用事业编制外员工及员工本人享受社会保险福利待遇的有效途径，同时也是我台用工受法律保护、派遣人员权益受到合法保护的有效方式。

第四条 本办法实施前，我台与人才派遣机构签订派遣员工协议，确立劳务输出输入关系；本办法实施后，凡我台利用人才派遣使用的工作人员（以下简称“派遣人员”），均由派遣人员与人才派遣机构签订劳动合同，确定劳动关系后，派遣至我台工作。派遣人员在我台工作期间不与我台形成劳动合同关系，只形成岗位工作关系。

第五条 对派遣人员我台实行岗位管理，并向其下发岗位责任书作为对派遣人员考核的主要依据。

第六条 派遣人员由人才派遣机构统一管理，我台负责对派遣人员的使用和日常管理，同时对其进行必要的岗位和技能培训，并为派遣人员提供符合国家规定的劳动条件和劳动保护。

第七条 派遣人员应恪守职业道德、热爱广播事业，严格遵守国家的法律法规及本台的各项规章制度，维护电台声誉，保守电台秘密，未经人才派遣机构和我台批准同意，不得在本台或其他单位从事第二份工作或临时兼职工作。

第八条 根据工作需要，我台有权随时调整派遣人员的工作岗位，并按照新的岗位要求确定新的岗位责任。对不服从岗位调整的，电台将与其终止岗位工作关系，并退回人才派遣机构。

第九条 派遣人员的组织关系、职称评定、出国（境）等手续及各种劳动人事证明的开具由派遣机构办理，社会保险由派遣机构统一缴纳，单位缴纳部分由电台支付，个人缴纳部分由派遣机构从个人收入中直接扣除。

第十条 派遣人员的个人收入（即工资）由人才派遣机构发放并代扣代缴个人所得税，派遣人员的存档费和管理费由电台支付。

第十一条 派遣人员派遣期满我台不再继续使用或因违反有关规章制度、不能适应岗位要求等被退回派遣机构的，由电台通知其本人和派遣机构。派遣人员被退回派遣机构，结束与电台的工作关系时，应及时交回电台为其配备的办公用品及办理的所有证件。未能按时交回的由人才派遣机构按有关规定予以处理，造成损毁或损失的由派遣人员本人承担全部责任。

第十二条 派遣人员严重失职、渎职，给电台声誉造成恶劣影响或造成严重经济损失的，利用工作之便营私舞弊、贪污受贿的，电台将解除与派遣人员的劳务关系，并通知派遣机构，由派遣机构按有关规定予以处理。

第十三条 派遣人员须符合我台的用人规定，满足岗位要求，具备岗位所需的各种职业（执业）资格或技能证书。

第十四条 各部门对派遣人员的选择应严格按照京广播电字［2003］9号《关于在推行聘用合同制工作中人员聘用与管理的有关规定（试行）》中有关用人条件和用人程序进行，并严格控制在台内下达的各部门用人指标内（含内部编制内指标和内部编制外指标）。

第十五条 派遣人员应按要求参加台里组织的各项政治和业务学习，并按要求参加台里举办的活动。

第十六条 派遣人员在我台实行岗位工资制，岗位工资依据岗位重要性由用人部门依照岗位评价的原则确定，总台核准。

第十七条 关于派遣人员的福利待遇，我台将专门作出规定。但在该专门规定出台之前，暂按下列原则执行：(1) 对于内部编制内使用的派遣人员在人员管理上视同正式在聘人员管理，可享受台内的一般性福利待遇，包括劳保费、食堂补助、过节费、美容美发券以及行政、工会等相关部门临时发放的福利、劳保用品，住房公积金由派遣机构为之建立。(2) 对于内部编制外使用的派遣人员除按规定缴纳社会保险外，不享受台内其他的任何福利待遇。

第十八条 在内部编制内使用的派遣人员，可申请参加我台工会组织，享有工会会员的权利，履行工会会员的义务。会费由电台从个人收入中扣除。

第十九条 派遣人员的休假按照台人字［1999］2号文件的规定执行。

第二十条 派遣人员的计划生育应根据《中国人口与计划生育法》、《北京市计划生育条例》以及我台的相关规定执行。派遣人员在我台工作期间应自觉遵守计划生育的有关规定，一旦违反规定其责任和经济性制裁由派遣机构处理。

第二十一条 对内部编制内的派遣人员在本台连续工作两年以上的，可依据国家新闻出版总署、国家广电总局和我台有关记者证申领或换发的有关要求，并根据其岗位需要办理记者证。

第二十二条 对于各部门使用的内部编制内派遣人员工作成绩卓著的，经本人申请，台聘用委员会讨论通过，经人才派遣机构同意，派遣人员可以转签我台聘用合同，纳入正式聘用人员的管理（具体条件另行规定）。

第二十三条 派遣人员涉及被正式派遣到我台工作前的社会保险问题由个人与派遣机构协商解决。

第二十四条 本暂行办法中所涉及的

所有需要单位承担的费用均由电台内各用人部门承担。

第二十五条 本暂行办法自发布之日起试行。

第二十六条 本暂行办法由人事部负责解释。

二〇〇四年四月八日

北京人民广播电台技术区使用管理规定

（试行）

（RB/BGS—GL—006）

京广播台字［2004］22号

技术区是我台广播节目编审、发稿、录音、制作、演播、传输、播出的重要场所。为了确保正常的广播宣传工作，维护良好的工作秩序，规范技术区各项环境管理，特制定如下规定：

一、技术区是指本台技术楼内（不含“广告街”、墨岚画馆）与广播宣传直接关联的办公、节目编审、发稿、录音、制作、演播、传输的区域，其中五层楼内为重点要害播出区域。凡进入以上区域人员均需执行本规定。

二、凡进入技术区人员应保持肃静，不要大声喧哗、打闹、激烈运动，不得有干扰广播节目制作播出的行为。

三、未经批准不得在技术区内张贴、摆放、刻画、设置各类宣传品、装饰品和装饰物等，保持技术区整齐环境严肃。

四、禁止在播出区用餐(四楼大厅为指定用餐场所)、存放食品、饮料、易燃易爆、剧毒品、强腐及易燃化妆品；严禁在直播机房饮用饮料，工作人员可在导播间饮水，但不得饮用有糖分及酒精的饮料。

五、禁止在播出区会客、聊天、长时间逗留、无关人员留宿及做与播出无关的事情，除因节目需要未成年人不得进入播出区（允许进入的未成年人必须由工作人员带领），节目播出结束后工作人员与嘉宾应尽快离开播出区，不得随意到其他直播机房及主控机房逗留；不得穿行主控机房。

六、播出区各专业广播机房内卫生清理由物业中心指定专人负责打扫；花卉摆放由总台统一管理并维护。禁止将手机带入直播机房，不得在播出区、机房及公共区域存放杂物。

七、严禁使用电炉子、电暖气、电加热器等；禁止在播出区、录音区使用电饮水机，其他区域使用微波炉必须有专人负责，无人时务必关闭电源；不得在技术区内擅自插接电源线；不得超负荷使用电器设备。凡摄影、摄像、卫生清理不得擅自使用技术区内电源。

八、严禁在播出区吸烟、乱扔烟头，其他区域吸烟必须到指定吸烟点吸烟。不得在技术区动用明火作业；爱护公共设施，未经批准不得进行各类装修、装饰工程施工作业。

九、凡违反上述规定对责任人和部门进行全台通报批评，并对部门及责任人予以经济处罚，视情节轻重罚款 100 元至 5 000元不等。

十、本规定自下发之日起开始执行。

十一、本规定由办公室、技术中心负责解释。

二〇〇四年六月

关于党支部外出活动问题的若干规定（试行）

（RB/DB—GL—001）

京广播党字［2004］12 号

近年来，我台各党支部按照台党委的要求，紧紧围绕全台的中心工作和本部门的主要任务，积极组织党员群众开展各种形式的活动，活跃了党的组织生活，调动了党员群众的积极性，增强了党支部的凝聚力和战斗力，促进了电台建设和发展。为使党支部外出活动更加规范、有效，进一步推动党支部和党员队伍建设，特作如下规定：

一、党支部外出活动，指按照党支部年度工作计划安排、有明确的活动主题和具体内容、由党支部负责组织实施、到电台以外（包括外地）采取实地学习、参观、社会调查等形象直观教育形式进行党员教育的各种活动。

二、党支部外出活动，首先要征得本部门行政领导和主管本部门工作的台领导同意，然后党支部填写外出活动审批表（附后），报台党委办公室及主管台领导审批。出北京市活动和活动经费超过 10000 元以上的要报台长审批。

三、党支部外出活动原则上在北京市范围内、以早出晚归的方式进行。到外地活动应严格控制，各党支部每年组织到外地活动不超过一次。

四、党支部外出活动经费严格按下列标准掌握；专业台党支部按照部门现有在职职工人数计算，每人每年不超过 1500 元；行政、技术等部门党支部按部门现有在职职工人数计算，每人每年不超过 1000 元；内退和退休职工党支部按现有人数计算，每人每年不超过 1000 元。每次活动经费按实际参加人数计算，超过部分由个人自理。在标准范围内的经费，专业台自行保障，行政、技术等部门和内退、退休职工党支部由总台负责保障。

五、党支部每次外出活动要有具体的内容，要紧紧围绕加强党的建设，紧密结合本支部党员、群众思想实际和本部门工作特点，以充分调动党员群众工作积极性、激发工作热情、促进部门工作和电台建设为宗旨，防止变外出活动为旅游观光。党支部活动不能影响电台宣传、创收、技术保障等各项工作。

六、党支部书记对本支部外出活动要认真组织，尤其要制定并落实好安全保障措施，防止发生各种事故。

七、党支部每次活动之后，要将活动情况通过内网及时报台党委办公室。

八、本规定从下发之日执行。

二〇〇四年六月一日

北京人民广播电台
新入台及客座人员使用管理规定

（RB/RSB—GL—003）

京广播人字［2004］11号

随着广播事业改革的深化，我台实行了人才派遣、聘用合同制等灵活的用人制度，新的用人制度的推行为我台事业的发展提供了强大的人才保障。为了进一步规范管理我台新入台及客座人员，提高人才选聘的有效性，保证播出的导向正确、宣传有效，保护员工的合法权益，现对新入台及客座人员作如下规定：

一、本规定适用于2004年6月1日后各部门新使用的派遣人员及客座人员，包括各种渠道经考核具备条件的来台实习人员。

二、人事部是全台新入台及客座人员的管理部门，负责新入台及客座人员的审核、考核、手续办理和入台培训等工作。

三、根据各部门工作任务及实际情况，人事部确定各部门人员聘用编制数及客座人员编制数，报台务会审定后执行，各部门要严格按照编制数使用人员。

四、总台成立招聘测试委员会，成员由台长、总编辑、人事部、总编室及有关语言文字专家等组成，负责对新入台及客座人员的考试和面试工作。

五、新入台及客座人员的考试使用程序：

1. 各部门拟使用人员填写《北京人民广播电台客座人员审批表》或《派遣人员审批表》，经部门领导同意后报人事部。

2. 人事部将视人员情况定期组织考核考试，对采编播人员重点进行普通话、专业知识及外语水平等方面的测试。

3. 测试通过的人员人事部将统一组织招聘测试委员会成员进行面试。

4. 根据面试结果拟定使用人选。经台长审批后，由人事部办理相关手续。

六、人事部负责对新入台及客座人员进行统一培训，包括“三项学习教育”、台史教育、宣传管理教育、质量管理体系教育、主持人技术上岗证培训和有关规章制度教育等内容。其中宣传管理教育、质量管理体系教育和主持人技术上岗证培训由人事部和总编室、办公室、技术中心共同组织完成。

七、新入台及客座人员经统一培训后，各用人单位凭其考试合格通知，方可安排其上岗工作。

八、各部门应严格控制来台实习人员，对在校学生的实习须按第五条规定的程序进行。时间安排在每年的 7－12 月份，每年 1－6 月份无特殊情况各用人部门一般不得安排毕业生的实习。

九、对于各部门目前正在使用的客座人员，人事部将适时组织统一考核或考试，对于不符合条件的人员各部门不得私自留用。

十、本规定自下发之日起执行。

二〇〇四年六月四日

关于印发《中共北京人民广播电台委员会议事规则（试行）》的通知

（RB/BD—GC—009）

京广播党字［2004］14 号

各党支部：

现将《中共北京人民广播电台委员会议事规则（试行）》印发你们，望认真遵照执行，并监督台党委落实。

中共北京人民广播电台委员会

2004 年 6 月 23 日

中共北京人民广播电台委员会议事规则（试行）

为认真贯彻执行民主集中制，完善党委内部的议事和决策机制，提高党委的决策水平和工作效率，增强党委的凝聚力和战斗力，根据中央和市委有关精神，结合我台实际，制定本议事规则。

一、党委会议的召开

（一）党委会议原则上每月召开一次，遇有特殊情况或工作需要可随时召开。

（二）党委会议由党委书记主持。书记不能参加会议时，可委托副书记主持。

（三）党委会议议题由党委书记确定。

（四）党委会议必须有三分之二以上委员到会方能举行。

（五）台党委办公室主任参加党委会议，负责会议记录和表决时的计票工作。

二、党委会议议事范围

（一）电台贯彻落实党的路线、方针、政策和国家的法律、法规及上级有关指示、决定的具体计划或措施。

（二）电台事业发展规划、年度工作

计划和各项重大改革方案。

（三）电台宣传、技术、经营、管理等方面的重大事项。

（四）电台党的建设、领导班子和干部队伍建设、党风廉政建设、精神文明建设、思想政治工作及工会、共青团工作中的重大问题。

（五）电台所属各部门、各单位党的组织的设立、撤销、调整、换届选举及其负责人的任免事项，对党员的纪律处分事项。

（六）电台所属各部门正、副处级干部和电台直属或控股、参股企业单位领导人员的推荐、提名、考核、任免、奖惩、培训以及处级后备干部的确定、调整等干部工作事项。

（七）电台正、副处级内设机构的设立、调整、合并、撤销、更名及人员编制和领导职数的确定、调整事项。

（八）电台各项工作中需由党委讨论决定的其他事项。

三、党委会议决策程序

（一）确定会议议题

1. 凡应由党委讨论决定的事项，有关部门需向党委写出书面请示，报党委办公室，由党委办公室汇总报党委书记确定是否列为党委会议议题。

2. 各部门上报党委讨论决定的事项，如有按职责分工需有关职能部门承办的，党委办公室要及时送交有关职能部门研究，并提出处理意见，然后报党委书记确定是否列为党委会议议题。有关职能部门在承办过程中，如与呈报部门意见不一致，可先同呈报部门协商，并将协商结果反馈给党委办公室，由党委办公室报党委书记确定是否提交党委会议讨论。

3. 党委委员提出的议题，可直接报党委书记。

4. 对需要党委决策的涉及经营、基本建设、技术设备更新改造等方面的重大问题，呈报部门或有关职能部门要在调查研究的基础上提出具体方案，有的问题应提出两个以上可供比较的方案，并在征求有关方面意见或经专家、学者论证评估后，再确定是否列为党委会议议题。

（二）预报会议议题

党委会议议题和召开时间确定后，如无特殊情况，党委办公室至少要提前1天通知到各位委员，会议有关材料一并送达。

（三）开会讨论

1. 党委会议讨论的问题，应是会前确定的议题，无特殊情况，不得搞临时动议。

2. 党委开会讨论问题时，与会委员要畅所欲言，充分发表个人意见。委员因故不能参加会议，其意见可用书面形式表达。

3. 根据需要，党委会议主持人可确定有关人员列席会议。列席人员主要参与有关议题的讨论或作相关内容的汇报，不参加会议表决。

（四）形成决议

1. 党委会议对所列议题进行充分讨论后，根据讨论事项的不同内容，可分别采取口头、举手、无记名投票或记名投票方式进行表决，形成党委决议。表决时，赞成票超过应到会委员人数的半数为通过。未到会委员的书面意见不计入票数。

2. 党委委员如对重要问题发生争论，赞成与不赞成人数接近，除在紧急情况下必须按多数意见执行外，应暂缓作出决定，进一步调查研究，交换意见，下次会议再表决；在特殊情况下，也可将争论情况向集团党委报告，请求裁决。

3. 党委会议决定多个事项的，应逐项表决；推荐、提名干部和决定干部任免、奖惩事项，应逐个表决。

4. 党委会议讨论决定的事项，由党委办公室负责编发会议纪要，并督办落实。

四、会议纪律

(一) 党委委员要按时参加会议，如因特殊情况不能到会，应提前向会议主持人请假。

(二) 党委委员、列席人员和会议工作人员，对应该保密的会议内容、讨论情况和表决结果，必须严守秘密，不得泄露。

(三) 党委委员要认真贯彻执行民主集中制，党委会议一旦形成决议，都要坚决执行，任何人不得各行其是；如对集体决议有不同意见，可以保留或通过正常渠道向上级组织反映，在上级组织未作出答复前，必须认真执行，不得犯自由主义。

北京电台技术设备购置的补充规定

(RB/JSZX—GL—002)

京广播技字［2004］2号

为加强技术设备购置的管理，提高设备的使用效率，在执行原有“技术设备采购管理办法”之前，要执行以下程序：

1. 购置技术设备的部门要书面提出“技术设备采购申请”，在申请中要详细写明购置设备的名称、规格、数量；详细说明购置设备的原因、用途和购置设备的价格。

2. 购置部门领导要严格控制购置的数量和金额，必须购置的设备需签字确认后将“技术设备采购申请”通过台办公室秘书科交总工程师和台长批准后按“技术设备采购管理办法”执行。

二〇〇四年七月六日

北京电台行政值班员工作职责

（RB/BGS－GL－008）

京广播台字［2004］31号

总台值班员肩负着我台非工作时间与上级各有关单位联络的重任，特别是负责接收市委宣传部等上级部门随时传达的宣传精神，因此，值班员坚守值班岗位具有重要意义。在此，我们就值班员的职责规定如下：

一、总台行政部门科级以上干部担任值班员，其中，安排男同志值夜班，女同志值节假日白班。

二、值班员交接班时间为：夜班17：00，白班8：30，不得延误。

三、值班时值班员应坚守岗位（五楼值班室），保证在值班室就餐和休息。

四、值班员如有特殊情况需离开值班室时，务必将值班电话65159125呼叫转接到其他固定电话或手机上（一定要自行确认），并务必保证线路通畅（操作说明在值班室）。值班电话呼叫转移到手机时，不允许关机，也不允许持手机在信号不稳定的场所，如地下室等。

五、值班员值班时有免费工作餐，送餐时间为12：00和18：00。周三、周四总编辑、台长值班，值班员请将另一份工作晚餐送到总编辑（周三）、台长（周四）办公室。

六、值班时接到上级单位来电、传真或从上级单位取回密码电报后，必须及时按联络程序通知到各有关人员，并做好有关记录。

七、宣传精神传达范围是：主管副总编辑、各专业广播主管宣传副台长、国际部和信息资料中心负责人（电话号码在值班工作夹内）。

八、值班员如有特殊情况，不能值班或与他人换班后，务必及时与办公室秘书科联系，联系电话：65159092；内线3195，联系人：潘宗锰。

九、值班员完成值班任务，由总台定期发放值班费（打入工资卡中）。

十、如果在值班过程中出现问题，如空班、脱岗、未能及时接听电话、收取传真、从有关单位取回文件等，除扣发当事人值班费并全台通报批评外，视造成后果的严重程度追究行政责任。

二〇〇四年八月

关于印发《北京人民广播电台党支部工作量化考核暂行办法》的通知

（RB/DB—GL—002）

京广播党字［2004］15号

各党支部：

现将《北京人民广播电台党支部工作量化考核暂行办法》印发给你们，望认真贯彻落实。原《北京电台党支部工作考核验收办法及评定标准（试行）》（京广播党字［2002］9号）同时废止。

中共北京人民广播电台委员会
2004年8月23日

北京人民广播电台党支部工作量化考核暂行办法

党支部是党的最基层组织，是党的全部工作和战斗力的基础。抓好党支部建设，对保证我台完成党的宣传任务、加快自身事业发展，具有十分重要的意义。为了明确党支部工作的具体内容及考核标准，建立党支部工作激励机制，纠正过去存在的党支部工作缺乏“硬指标”的问题，进一步提高我台党支部建设水平，特制定本办法。

一、考核原则

党支部工作量化考核要坚持以下基本原则：

1. 内容全面。考核内容涉及党支部工作的各个方面，既有党支部书记的业务素质和工作能力，又有党支部具体工作，还要把党支部工作与其他工作有机地结合起来。

2. 操作性强。考核内容均以打分的方法进行，标准明确，易于验收操作。

3. 实事求是。统一标准，统一衡量，公平公正地考核验收，客观真实地反映党支部工作的实际情况。

4. 发扬民主。有些项目的考核，须通过民主测评的方法进行，尽量走群众路线，让职工广泛参与。

二、考核内容和评定标准

根据党支部工作的范围和重点，从十七个方面进行考核，每项均以打分的方法予以评定。其中1—15项量化考核扣分标准以该项规定为准，扣完为止，不扣负分；16项为奖励加分；17项为从总分中扣分。1—15项综合相加，各专业台和技术部门党支部满分为100分，职能部室党支部满分为95分。1—17项综合相加，总分达90分（含）以上为优秀，60—90分为合格，60分（不含）以下为不合格。具体考核内容和给、扣分标准如下：

1.党支部按时制定年度工作计划和党员目标管理责任制，并于3月1日前上报党办，6分。不按时上报的，扣3分；不上报的，全部扣除。

2.党支部每月至少组织一次学习或其他党的活动（“三会一课”算活动内容），全年共12分。少组织一次，扣1分。

3.党支部的每次学习、活动均有记录，5分。少记录一次，扣0.4分；一次不记录的，不给分。

4.党支部上半年、下半年各召开一次民主生活会（民主生活会算支部活动内容），5分。少召开一次，扣2.5分。

5.党支部按标准、时间收缴党费（每月10日前交党办），全年共6分。不按标准、时间收缴，每延误一个月，扣0.5分。

6.党支部按时（每年12月31日前）上报年度工作总结，6分。不按时上报的扣3分；不报总结的，全部扣除。

7.党支部依党委规定，按时给党员过党龄生日（生日人数多的，可按月或季集中组织进行），全年共5分。不按时过的，扣2分；全年一次也不过的，全部扣除。党支部没有党员过党龄生日的，不扣分。

8.重视新党员发展工作，支部有计划、有分工，对发展对象认真培养，安排发展对象按时参加总台或上级组织的培训，确保发展质量，6分。不重视新党员培养、发展工作，无计划、无分工、不按时参加培训，每缺一项，扣2分；部门职工全是党员、无发展任务的，不扣分。

9.党支部坚持电台规定的“四必谈”（职工利益受到影响、职工受到批评处分、职工有了思想情绪、职工之间有了矛盾必谈）、“五必访”（职工生病住院、职工家庭发生意外、职工婚丧生育、职工家庭发生纠纷、职工长期出差在外必访）制度，以支部记录或向党员、群众了解为准，5分。坚持不好的，扣2—4分。

10.党支部积极配合本部门行政领导开展工作，5分。配合不好的，扣2—3分（以征求部门行政领导意见确定；行政领导兼任党支部书记的，以征求部门其他同志的意见确定）。

11.党支部委员会讨论，做出决定，并由党员大会通过树立先进典型的（典型不仅限于本支部的党员或群众），5分。不树学习典型的，扣3分。

12.党支部班子团结，部门风气正，没有突出的矛盾和问题，6分。风气不正、有突出矛盾和问题的，扣3—4分（以向主管台领导征求意见和向本部门职工调查的方法确定）。

13.党支部（部门）工作成绩明显，如宣传、管理等工作顺利进行，经营创收按计划完成任务，专业台（含外语台）、技术中心和804发射台13分；职能部室8分。在一个年度考核内，专业台（含外语台）依据总编室制订的《关于加强宣传管理对播出差错的处罚办法》为扣分标准，每出现一次一般性差错扣1分，出现一次严重性差错扣6分，出现一次重大性差错扣13分；技术中心、804发射台依据《安全播音管理规定》和《各种事故统计分类及界定标准》为扣分标准，每出现一次停播在30秒至1分钟（含）之内的事故扣1分，出现一次停播在1分钟至3分钟（不含）之内的事故扣6分，出现一次停播超过3分钟（含）以上的事故扣13分；职能部室，以质量管理体系考核部门进行的顾客满意度调查为标准，满意度达到100%的为8分，每降低一个百分点扣0.1分，满意度达不到50%的，全部扣除。

14. 党支部书记按时参加台及上级单位组织的有关会议和培训，5分。党支部书记因故不能参加会议的，须事先向党办请假，并指派替代人员参加；未经请假批准，每缺席一次，扣1分。

15. 党支部书记的工作能力、工作方法、工作作风、工作效果，以民主测评的方法确定，本支部党员群众100%满意的，10分。满意率每降低一个百分点，扣0.1分。

16. 党支部重视探索、创新、总结工作方法和工作经验，其方法、经验在集团范围内推广、交流的，加3分，在市委宣传部系统推广、交流的，加6分，在省部级以上推广、交流的，加10分；被集团、市委宣传部、省部级以上评为先进单位（授予荣誉称号）的，分别加5分、10分、15分。

17. 党支部（部门）当年有党员群众出现严重违法违纪现象、受到党纪政纪等处分的，扣10分。

三、考核方法和奖励

1. 成立党支部工作考核小组。由主管此项工作的党委副书记任组长，组员由党办主任、台纪检副书记、编采部门2人、技术部门1人、职能管理部门1人组成。

2. 考核小组成员统一分工、培训，按规定项目和评定标准，逐项检查评定。

3. 考核时间定于翌年第一季度进行。

4. 考核结果以适当方式通报各支部，并将考核结果作为评选先进党支部的重要条件。

关于建立台领导接待群众来访日制度的决定

（RB/DB－GC－010）

京广播党字［2004］16号

各党支部、各部门：

为改进台领导班子的工作作风，密切干群关系，拓宽沟通渠道，掌握干部职工的思想动态，听取干部职工的意见、建议、解决电台改革发展中干部职工关心的重要问题，促进电台建设和发展，台党委决定自2004年10月起，建立台领导接待群众来访日制度。

一、接待群众来访时间

每月第二周的星期三上午 9：00—11：00，下午 2：00—5：00（逢节假日顺延）。具体日期和负责接待的台领导，由台党委办公室负责安排并公告全台。

二、接待群众来访地点

台领导各自办公室。

三、接待群众来访内容

1. 有关电台改革与发展方面的问题和建议；

2. 有关领导班子建设、干部队伍建设及思想政治工作方面的问题和建议；

3. 有关干部廉洁自律和违法违纪方面的问题；

4. 有关内部管理方面的问题和建议；

5. 本部门工作中出现的突出矛盾和问题；

6. 个人在思想、工作、生活中遇到的重要问题；

7. 其他需要向台领导反映的意见、建议。

四、注意事项及要求

1. 全台干部职工向台领导反映问题、提出意见和建议，应事先与值班台领导联系预约，由值班台领导具体安排接待时间。

2. 值班接待的台领导要认真接待来访的干部职工，对于干部职工反映的重要问题，提出的意见、建议，要认真听取并做好记录，对当时能够答复解决的问题，要及时答复解决或责成有关部门处理；对当时不能答复解决的问题，应耐心做好解释工作，待研究后，将处理意见予以反馈。

3. 轮流值班接待的台领导如遇特殊情况不能值班时，应提前告知台党委办公室，由台党委办公室负责协调安排其他台领导值班。

4. 台党委办公室指定专人负责汇总接待来访的有关情况，督办落实有关事项。

5. 各部门对台领导交办处理的事项，要认真办理，并将处理结果报告交办的台领导或台党委办公室。

中共北京人民广播电台委员会
2004 年 8 月 26 日

关于印发《北京人民广播电台处级后备干部工作暂行规定》的通知

（RB/DB－GC－003）

京广播党字［2004］17号

各党支部、各部门：

现将《北京人民广播电台处级后备干部工作暂行规定》印发给你们，望认真贯彻落实。

中共北京人民广播电台委员会
2004年8月26日

北京人民广播电台处级后备干部工作暂行规定

第一条 为认真贯彻执行干部队伍革命化、年轻化、知识化、专业化的方针，建立科学规范的处级后备干部工作制度，培养造就一支政治上可靠、业务上精通、领导管理能力强、年轻优秀、有发展潜力的处级后备干部队伍，确保电台事业后继有人、持续发展，根据《党政领导干部选拔任用工作条例》、《党政领导班子后备干部工作规定》及市委有关精神，结合本台实际，制定本规定。

第二条 处级后备干部工作必须坚持《党政领导干部选拔任用工作条例》规定的有关原则，同时应当做到：

（一）注重发展潜力，重视培养提高；

（二）坚持备用结合，实行动态管理；

（三）根据工作需要，统一调配使用。

第三条 处级后备干部应具备下列基本条件：

（一）政治思想素质好。认真学习马列主义、毛泽东思想、邓小平理论和“三个代表”重要思想，具有较好的政策理论水平，坚决贯彻执行党的路线、方针、政策，立场信念坚定，自觉在政治上同党中央保持一致。

（二）有较强的组织领导能力和业务能力。有一定实际工作经验，有发展潜力，基本具备履行岗位职责所需要的组织能力、文化水平和专业知识。

（三）事业心、责任感强。热爱广播事业，勤奋敬业，解放思想，开拓进取，求真务实，大胆管理，工作中做出一定实绩。

（四）全局观念、纪律观念强。认真贯彻执行上级指示、决定，工作作风民主、扎实，善于听取不同意见，善于团结带领群众工作。

（五）廉洁自律、勤政廉政。树立正确的价值观、利益观、权利观，以身作则，自觉接受组织和群众的监督。

第四条 处级后备干部应具备下列基本资格：

（一）正处级后备干部，一般应当是现职副处级干部。特别优秀、发展潜力大的正科级干部，也可列为正处级后备干部。

（二）副处级后备干部，一般应当是现职正科级干部。特别优秀、发展潜力大的副科级干部，也可列为副处级后备干部。

（三）具有大学本科以上学历。

（四）正处级后备干部，男不超过45岁，女不超过40；副处级后备干部，男不超过40岁，女不超过35岁。

（五）身体健康。

（六）中国共产党党员或党员发展对象。

第五条 处级后备干部数量按照现职正副处级职位1:1的比例确定。其中条件比较成熟、近期可提拔使用的人选，一般不少于同级后备干部总数的三分之一。女干部应占一定比例。

第六条 选拔处级后备干部按照下列程序进行：

（一）按照台党委统一安排，由党支部在充分发扬民主的基础上自下而上地推荐，党支部委员会和本部门行政领导共同研究，提出处级后备干部推荐名单。

（二）台党委办公室汇总各支部推荐情况，向台党委提出处级后备干部建议名单，台党委研究确定后备干部考察对象。

（三）台党委办公室对考察对象的德、能、勤、绩、廉以及发展潜力、工作特长等进行认真考察，考察结果报台党委，由台党委研究确定后备干部名单。

（四）台领导班子成员按照分工同处级后备干部谈话，提出要求。

（五）台党委以适当方式向党支部、部门反馈处级后备干部名单。

第七条 处级后备干部确定后，要有计划、有目的地进行培养和锻炼。培养锻炼的形式主要为：

（一）组织培训。台党委每年举办一期培训班。同时组织参加上级单位举办的有关培训。

（二）选送到国内外有关媒体、院校学习深造。

（三）安排急、难、险、重工作任务或选派到环境复杂、条件艰苦的岗位锻炼。

（四）安排担任专业台台长助理、职能部门主任助理或临时性机构及某一专项工作负责人，进行实际岗位锻炼。

（五）选派到总台需要的其他岗位锻炼。

第八条 凡台党委安排担任上级职务锻炼的处级后备干部，在担任上级职务期间，效益工资享受相应职务待遇。

第九条 对德才兼备、实绩突出、经培养锻炼各方面条件比较成熟的后备干部，台党委鼓励其积极参与竞争上岗，或根据工作需要适时予以任用。

第十条 处级后备干部每年要进行一次考核、调整、充实。凡有下列情况之一者，应当调整出后备干部名单：

（一）政治思想、道德品质、廉洁自律等方面发现问题的；

（二）工作失职，造成较大损失或者不良影响的；

（三）工作实绩不突出，发展潜力不大的；

（四）年度考核不称职的；

（五）作风不实，威信不高，群众有明显意见的；

（六）由于健康原因不能担负繁重工作任务的；

（七）超过规定的处级后备干部年龄的；

（八）因其他原因不适宜继续作为处级后备干部的。

第十一条 加强对处级后备干部的管理。建立同后备干部谈话制度，即：每年的后备干部考核工作结束后，由台领导班子成员按照分工同后备干部谈话，反馈考核情况，指出问题，提出改进方向。建立后备干部档案，内容主要包括：后备干部简要情况登记表、考察材料及培养方案、民主推荐情况、民主评议情况、考核情况、培养和奖惩情况等。

第十二条 台党委每年对处级后备干部工作进行一次研究，听取有关情况汇报。

第十三条 处级后备干部选拔、管理教育等日常工作由台党委办公室具体负责。

第十四条 本规定由台党委办公室负责解释。

第十五条 本规定自发布之日起施行。

关于印发《北京人民广播电台处级干部竞争上岗实施办法》的通知

（RB/DB－GL－004）

京广播党字［2004］18号

台属各部门：

《北京人民广播电台处级干部竞争上岗实施办法》已经台党委研究通过，现予印发施行。望认真组织广大干部职工学习。在执行中有何问题、建议，请及时反馈。

中共北京人民广播电台委员会

2004年9月14日

北京人民广播电台处级干部竞争上岗实施办法

第一条 为认真贯彻执行党的干部路线、方针、政策，进一步规范处级干部竞争上岗工作，努力建设一支高素质的干部队伍，保证我台各项宣传任务的圆满完成和广播事业的顺利发展，根据中央、市委关于深化干部人事制度改革的精神和集团党委的有关规定，制定本办法。

第二条 处级干部竞争上岗工作，必须坚持下列原则：

（一）党管干部原则；

（二）任人唯贤、德才兼备原则；

（三）群众公认、注重实绩原则；

（四）公开、公正、平等、择优原则；

（五）民主集中制原则。

第三条 本台内设机构的正、副处级领导职位遇有下列情况，原则上需通过竞争上岗的方式确定人选：

（一）职位出现人员空缺；

（二）机构改革、调整、重组，需要进行人员调整；

（三）在现职位任职的人员需要进行交流。

下列职位不以竞争上岗的方式确定人选：

（一）台党委办公室、人事部、纪检监察审计部的正、副主任；

（二）属于选举产生人选的职位；

（三）台党委根据工作需要决定直接任免的职位。

第四条 处级干部竞争上岗主要在本台范围内进行。对某些专业性较强、本台无合适人选的职位，可在集团范围内或面向社会公开选拔。

第五条 竞争处级领导职位的干部，应当具备下列基本条件：

（一）思想政治素质好。具有履行职责所需要的政治理论水平，自觉实践“三个代表”重要思想，认真执行党的基本路线和各项方针、政策，立场坚定，政治上同党中央保持一致。

（二）领导能力和业务能力强。有实践经验，具备履行岗位职责所必需的组织能力、文化水平和专业知识。

（三）事业心和责任感强。锐意改革，开拓进取，爱岗敬业，求真务实，勇于负责，敢于管理，在工作中做出实绩。

（四）全局观念强。认真贯彻民主集中制，坚决执行台党委的各项指示、决定，作风民主，善于集中正确意见，善于团结同志。

（五）自律意识强。熟悉并遵守国家的有关法律法规和本台的各项规章制度，清正廉洁，联系群众，自觉接受党组织和群众的监督。

第六条 竞争处级领导职位的干部，应当具备下列资格：

（一）具有 5 年以上工龄且在本台连续工作 2 年以上。

（二）竞争正处级领导职位的，应是现任正处级职务或任副处级职务满 2 年以上的干部；竞争副处级领导职位的，应是现任正、副处级职务或任正科级职务满 2 年以上或任副科级职务满 13 年以上的干部。

（三）具有大学本科以上文化程度。现任处级职务且具有高级职称或正在攻读大学本科以上学历及研究生课程班在读的干部，可放宽到大专。

（四）竞争同级或下级职务的，男性年龄不超过 56 周岁，女性年龄不超过 51 周岁；竞争上级职务的，男性年龄不超过 55 周岁，女性年龄不超过 50 周岁。

（五）近两年年度考核均在合格以上等次。

（六）身体健康。

（七）中国共产党正式党员。

特别优秀的年轻干部或工作特殊需要的，经台党委批准，可破格允许参加竞争上岗。

第七条 有下列情况的干部，不得参加竞争上岗：

（一）纪检、监察和司法机关立案、审查，尚未作出结论的；

（二）受党纪、政纪处分，尚未解除或在规定时效内的。

第八条 处级干部竞争上岗工作在台党委统一领导下进行，竞争上岗工作办公室具体负责组织实施。竞争上岗工作办公室由主管台领导和台党委办公室、人事部、纪检监察审计部的同志组成。

第九条 成立由台领导和集团有关部门负责人组成的竞争上岗考评委员会，负责对参加竞争上岗演讲答辩的干部进行考评。

第十条 处级干部竞争上岗工作，按照下列程序进行：

（一）公布职位。对台党委确定的竞争职位，以文字形式予以公布，并做好宣传动员工作。

（二）公开报名。符合竞争上岗条件和资格的干部，根据本人实际情况，选择职位报名（每人不超过 2 个职位）。

（三）资格审查。竞争上岗工作办公室根据本办法第六、七条的规定，对报名者进行资格审查。

（四）组织考试。对资格审查合格者进行考试，主要内容是履行竞争职位职责所必备的基本知识和能力。

（五）演讲答辩。考试成绩合格者在一定范围内首先进行演讲，然后就考评委员会和答辩现场干部职工提出的问题进行答辩。演讲答辩顺序和必答题目以抽签方式确定。每人演讲和答辩的时间各为 15 分钟。演讲的主要内容包括介绍本人基本情况、主要业绩、对竞争职位的认识、工作思路、任职目标等。

（六）民主测评。对参加了竞争上岗演讲答辩的干部，在一定范围内以无记名方式进行民主测评。

（七）确定考察对象。台党委根据干部考试成绩、演讲答辩情况和民主测评结果，择优确定考察对象（正处级职位的考察对象，需与集团组织部门沟通后确定）。

（八）组织考察。按照干部管理权限，正处级职位的考察对象，报集团组织部门考察；副处级职位的考察对象，由台党委办公室负责考察。考察内容包括德、能、勤、绩、廉五个方面。考察后需形成考察材料。

（九）决定聘任。根据考察结果，台党委集体研究确定聘任人选，其中，正处级职位人选报集团党委研究决定。竞争上岗干部属于提升任职的，实行公示制和试用期制，即：聘任人选确定后，在全台范围内公示 7 天，公示结果不影响任职的，试用一年。试用期满经考核胜任现职的，按干部管理权限办理正式聘任手续（其职级时间从试用之日算起）；不胜任现职的，免去试任职务，另行安排工作。

第十一条 当某一职位无人报名竞争时，仍按原干部聘任制的有关规定办理。

第十二条 竞争上岗干部每一个聘任期一般为 2 年，聘任期满经考核称职的，可继续聘任同一职务（正处级干部除工作特殊需要外，连续聘任同一职务不得超过 6 年），但距台党委规定的处级干部退出领导岗位年龄不满 1 年的不再续聘。

第十三条 本办法实施中的具体问题，由台党委办公室负责解释。

第十四条 本办法自公布之日起施行。《北京人民广播电台处级干部竞争上岗暂行办法》（京广播党字［2003］9 号）同时废止。

北京人民广播电台首席记者、编辑、播音员、主持人评聘管理办法

（试行）

（RB/RSB - GL - 004）

京广播台字［2004］32号

第一章 总 则

第一条 为加强我台记者、编辑、播音员、主持人队伍的建设，促进我台节目质量的提高，多出精品，扩大影响，结合我台实际，制定本办法。

第二条 总台在全台记者、编辑、播音员、主持人队伍中实行首席制度。

第三条 总台设立首席记者、首席编辑、首席播音员和首席主持人。

第四条 首席记者、编辑、播音员、主持人属一定有效期的业务荣誉职位称号，通过一定程序评选产生，同时予以聘任。

第二章 评选资格及条件

第五条 首席记者、编辑、播音员、主持人应同时具备下列资格：

（一）与本台签订一年以上聘用合同，且在本台从事新闻工作五年以上（不含现职正、副处级干部）。

（二）具有大学本科以上学历（特别突出的可放宽到大专）。

（三）具有中级以上本专业专业技术职务任职资格。

（四）取得岗位所要求的资格证书或执业资格证书。

（五）身体健康。

第六条 首席记者、编辑、播音员、主持人应同时具备下列条件：

（一）具有较高的政治理论水平，能正确理解党的路线、方针和政策，努力学习并实践“三个代表”重要思想，在采访、编辑、节目播报及主持中能正确把握舆论导向。

（二）熟练运用各种宣传报道体裁，并不断创新，积极落实“三贴近”原则，采编播主持的节目受到听众欢迎。

（三）模范遵守新闻工作者职业道德准则，有良好的业务素质及敬业精神，在近五年的节目采、编、播、主持活动中未出现严重违章违纪行为和严重政治差错。

（四）具有较高的思想觉悟，敬业精神强，在工作中能身先士卒，吃苦耐劳，有较强的开拓创新精神。

（五）近五年来在本台《宣传业务》发表论文不少于五篇（首次评选可放宽到三篇）、省级以上正式出版的刊物上（含《北京广播电视》）发表过三篇以上的业务论文（每篇论文字数不少于3000字，但

在正式出版发行的刊物上不少于一篇）或有学术性专业著作出版。

（六）近五年来，采访编辑、播音、主持的作品须获得如下奖项之一：

1. 获得国家一类或国家二类一等奖一次以上；

2. 获得国家一类或国家二类二等奖两次以上；

3. 获得三类一等奖两次以上；

4. 获得三类一等奖一次、国家一类或二类二等奖一次以上。

同一作品多次获奖的只按最高奖项计算。

在全国、本台及社会听众喜爱的栏目和主持人评选中获奖的作为首席评选时获奖的参考依据。

在中国广播电视协会各专业委员会评奖中获得的奖项以及全国专项评奖获得的奖项作为首席评选时获奖的参考依据。

在国际、国内及其他评奖中获得的奖项也作为首席评选时的参考依据。

（七）采访、编辑、播音、主持的节目在社会或本行业或听众中具有良好的社会影响和知名度。

（八）经总台认定具有其他重大业务贡献。

（九）采访、编辑、播音、主持的节目具有直接且较好的经济效益。

（十）各类首席还应具备下列条件：

1. 首席记者具有较敏感的洞察力，采访形式上能够灵活运用深度报道和连续报道，其作品具有社会影响力，能够参加重大宣传报道。具有双语采访的能力（目前评选暂不要求）。

2. 首席编辑能够编辑重要稿件，撰写重要言论，解决编辑过程中遇到的问题。

3. 首席播音员能出色系统掌握播音理论和专业知识，掌握播音创作规律，能够完成各类节目的播音和直播任务。

4. 首席主持人应有较强的语言表达驾驭节目的能力，在节目中能抓住重点、调节气氛、控制场面、把握导向，其节目连续两年以上听众调查排名在本专业广播前五名。

第三章　评选程序

第七条　首席记者、编辑、播音员、主持人评选采用个人申请和组织推荐两种方式进行。

第八条　符合评选资格和条件的人员个人申请：

（一）填写《北京人民广播电台首席记者、编辑、播音员、主持人评选申报表》；

（二）提交本人毕业证书、已发表论文论著及获奖证书的影印件一份；

（三）提供能证明本人业绩及社会影响力的其他材料。

第九条　个人申请总台首席职位的将申请材料直报总台评选办公室。

第十条　各专业广播领导班子可直接推荐本部门符合评选资格和条件的人选，推荐名额不限，所需材料同第八条。

第十一条　总台评选机构对上报人员进行资格审核和综合命题测试，最后由评选委员会以无记名投票的方式产生总台首席的拟定人选。

第十二条　拟定人选产生后在全台范围内进行公示，公示时间为10天。

第十三条　公示结束后，由台党委确定正式首席职位人员。

第十四条　各类首席评选不受数额限制但坚持宁缺毋滥的原则。

第四章 首席职位管理

第十五条 对各类首席总台分别授予“北京人民广播电台首席记者、首席编辑、首席播音员、首席主持人”称号，并颁发聘书，签订聘约。

第十六条 各类首席实行动态管理，每届有效期为两年，期满后个人可申请连任，按第三章规定的程序重新评选。但上次评选时已使用的获奖作品和论文虽在五年之内也不再有效。

第十七条 各专业广播要保证各类首席工作的权利，依据首席的特长优先安排其工作，与之签订《岗位协议书》并报总台首席评选办公室备案。

第十八条 各类首席在称号有效期内，如担任副处以上干部，双重身份保留至行政职务首聘期满或称号期满，但待遇不重复享受，继续担任副处以上干部的不再参加下一届首席评选。

第十九条 各类首席在称号有效期内除完成本部门的本职工作外，同时要完成下列工作：

（一）服从总台工作安排，完成总台交办的一切任务。

（二）发挥传帮带作用，在本专业广播或其他专业广播培养 2 名以上的学生且经总台考核学生进步明显。

（三）有两篇以上的业务论文在省级以上刊物（不含《北京广播电视》）发表，或在全国性的业务研讨会上交流。

（四）其采、编、播的作品或负责、主持的节目有一件以上获得国家二类以上的奖励。

（五）首席记者每月撰写评论至少一篇，首席编辑每月撰写评论至少两篇，且每年有一组以上的新闻编排获总台奖励。

（六）策划、编辑或主持的节目在社会上具有良好的影响且直接经济效益显著（不含首席记者）。

（七）首席记者、编辑、播音员、主持人到其他媒体参与、制作节目需经总台批准，参与的节目要有利于本台业务开展，同时首席在参与、制作节目时需标明北京人民广播电台首席身份。

第五章 首席职位考核

第二十条 总台对各类首席每半年考核一次，各类首席在称号有效期内发生下列行为时由总台对其首席称号和待遇分别予以撤销、退出和停止处理。

1. 发生下列情况之一时，撤销首席称号，解除聘约，并从撤销之日起，停发首席津贴：

（1）严重违背新闻工作者职业道德准则的；

（2）严重违反总台及各专业广播有关规定的；

（3）违法乱纪，受到行政处分或触犯刑律的；

（4）出现政治性差错或导向差错，并在社会上造成恶劣影响的；

（5）在社会上发生不端行为，给电台造成不良影响的；

（6）没有参与作品创作，而在作品中署名的；

（7）未经总台批准私自外出参与、制作节目或在外兼职、兼薪的。

2. 发生下列情况之一时，要退出首席职位并停发首席津贴：

（1）因工作需要，首席人员离开采编播及主持岗位，以管理工作为主的；

（2）个人申请退出首席的；

（3）调离北京人民广播电台的；

（4）未能完成本职工作的；

（5）在社会调查中，节目排名未进入本专业广播节目三分之二以内的。

3. 出现下列情况之一时，从离开工作岗位之日起只保留首席称号，停发首席津贴，待首席人员恢复正常工作后，恢复其相应的待遇，纳入正常考核：

（1）个人申请，组织批准外出学习超过一个月的；

（2）组织派出学习超过一个月的。

第六章　首席职位待遇

第二十一条　首席记者、编辑、播音员、主持人在称号有效期内进行采访、编辑、播报或主持节目时有权表明其首席身份。

第二十二条　各类首席在参加社会活动及出席有关会议时也可表明其首席身份（印制名片时标明首席身份）。

第二十三条　总台及各专业广播优先推荐各类首席参加与本专业有关的全国性社会活动、学术研讨会、交流会及出国进修、考察、培训等。

第二十四条　在称号有效期内，总台每月给予首席津贴15000元。

连续三届评为首席且届满，无论本人是否继续申请参评，总台给予一次性重奖。

第二十五条　各类首席在晋升高一级专业技术职务时总台予以优先推荐。

第七章　组织领导

第二十六条　总台成立首席评选领导小组，该小组在台党委的领导下负责首席评选的组织领导工作，下设评选办公室和评选委员会。

第二十七条　评选办公室由人事部和总编室的有关人员组成，负责受理个人申请及评选的具体组织工作（组成人员另定）。

第二十八条　评选委员会由总台领导和有关社会专家组成，负责各类首席的评选工作（组成人员另定）。

第八章　附　　则

第二十九条　本办法由评选办公室解释。

第三十条　本办法自发布之日起试行。

附件一：北京人民广播电台首席评选委员会组成及工作办法（试行）

附件二：首席评选获奖分类目录

附件三：北京人民广播电台首席评选申报表

附件四：北京人民广播电台首席传帮带考核表

二〇〇四年九月十五日

附件一：

北京人民广播电台
首席评选委员会组成及工作办法
（试行）

为加强首席评选工作，保证首席评选的客观性、公正性，根据《北京人民广播电台首席记者、编辑、播音员、主持人评聘管理办法（试行）》特制定本办法。

第一条　评委会组成

首席评选委员会由11人组成，台长任评选委员会主任，总编辑任评选委员会副主任，成员为副总编（3名）及外聘专家。

第二条　评选委员会下设评选办公

室，办公室主任亢亚志，副主任郑金诗、王福全，成员为人事部、部编室的有关人员。

第三条　首席评选范围为经评选办公室资格及条件审查合格人员。

第四条　评委会开会时，到会人数达到9人方可开会。

第五条　首席评选采取由评选委员会委员无记名投票的方式进行，凡得票超过实到会人数3/4的均可当选为首席拟定人选。

第六条　评选委员会开会时因故缺席的委员不得委托他人代为投票。

第七条　评选委员会开会时，可吸收首席候选人所在部门的领导列席会议，凡列席会议人员要接受评选委员会委员的询问，如实解答委员提出的问题，列席人员无投票权。

第八条　投票结束后，评选委员会委员要确认投票结果，并分别签字。

第九条　评选委员会委员在评选首席时要坚持客观、公正的原则，不得营私舞弊。

第十条　本办法由评选办公室负责解释。

第十一条　本办法自发布之日起试行。

附件二：

首席评选获奖分类目录

奖项级别、名称、系列	国家级奖项		北京市级奖项
	第一类	第二类	第三类
新闻社教	1. 韬奋奖（含提名奖） 2. 范长江新闻奖（含提名奖） 3. 中国新闻奖	1. 全国百佳新闻工作者 2. 中国广播电视新闻奖 （1）广播新闻奖 （2）广播社教节目奖 （3）广播彩虹奖 3. 中国国际新闻奖	1. 北京新闻奖 2. 北京广播电视奖
广播电视艺术	1. “五个一工程”奖	1. 中国广播文艺奖 2. 中国广播剧奖 3. 中国国际广播音乐节“编钟奖”和“节目展播奖”	1. “十个一工程”奖
播音主持		1. 中国播音与主持作品奖	

（注：附件三、附件四略）

关于认真贯彻各专业台办台方针的通知

（RB/ZBS－GL－005）

京广播宣字［2004］8号

各专业台：

为了使广播更好地发挥党、政府和人民群众的喉舌和纽带作用，更好地发挥各专业台的优势和充分体现北京人民广播电台的整体效益，我台于1994年下发了《关于认真贯彻各专业台办台方针的通知》。随着广播改革的不断深化，在总结我台创办系列化专业台实践经验的基础上，为进一步规范专业台的节目设置，突出专业台节目特色，提高节目质量，增强竞争能力，2001年总台对各专业台办台方针进行了修订。经过两年多的运行，部分专业台的定位又发生了变化，有的甚至发生了较大的变化。2004年9月总台讨论通过了经过修改的各专业台的办台方针，现打印下发，请各专业台认真贯彻执行。

附：各专业台办台方针

二〇〇四年九月二十七日

附件一：

北京人民广播电台新闻台
办台方针

北京人民广播电台新闻台以（以下简称新闻台），对外呼号：北京人民广播电台新闻广播。使用频率：中波828千赫、调频100.6兆赫、有线调频90.4兆赫。

新闻台是北京人民广播电台以新闻和新闻性谈话为特色的专业台，也是主体台。

新闻台作为党的重要新闻媒体，坚持党和人民喉舌的根本性质；坚持贯彻新闻工作为社会主义服务、为人民服务的基本方针；坚持以正面宣传为主的原则。

新闻台的主要任务是努力宣传马列主义、毛泽东思想、邓小平理论；宣传“三个代表”重要思想；准确、及时、深入地宣传党的基本路线和方针政策；报道新闻，传播信息，反映并正确引导社会舆论。同时，为听众提供知识、服务和娱乐，满足人民群众多方面的需求，努力为社会主义物质文明、精神文明和政治文明建设服务。

新闻台的节目设置以新闻和新闻性谈话为主体。

附件二：

北京人民广播电台经济台
办台方针

北京人民广播电台经济台（以下简称经济台），对外呼号：北京人民广播电台经济广播。使用频率：中波1026千赫、调频107.3兆赫、有线调频91.9兆赫。

经济台以关注首都人民群众物质生活状态为主，兼顾精神生活需求，为人民群众提供生活经济信息服务，营造人性化的交流平台，帮助人民群众提高生活品质。

经济台坚持党和人民喉舌的根本特性，坚持和贯彻新闻宣传工作“三贴近”的原则，宣传党和政府的经济政策，为人们提高生活品质提供广播服务。

经济台面向的听众主要是希望通过合理消费和正确理财实现提高生活品质愿望的人群。经济台的口号是“用声音服务生活”。

以经济的眼光观察生活，以生活的需要解读经济。经济台的节目紧紧贴近人们的生活，围绕生活经济，确定了节目的五种功能，分别是：消费参谋、理财助手、维权后盾、交流窗口、娱乐平台。

经济台的节目框架由 5 大类节目构成：消费信息类节目；消费新闻性专题类节目；消费服务娱乐类节目；百姓经济新闻类节目；百姓经济服务类节目。

附件三：

北京人民广播电台首都生活台办台方针

北京人民广播电台首都生活台（以下简称首都生活台），对外呼号：北京人民广播电台首都生活广播。使用频率：中波 603 千赫、有线调频 89.1 兆赫。

首都生活台是以名人谈话节目为主要特色、以反映首都生活状态为主要内容的专业台。

首都生活台的基本任务是：围绕首都人的个性特点，通过社会文化名人与听众的互动交流，全面解读转型期的社会热点、文化现象、人际关系、两性情感，及时传递、交流和评介都市最新文化、生活资讯。满足首都市民的生活信息需求和精神文化需要，努力促进市民社会公德、职业道德、家庭美德的培养和提高。

首都生活台的节目设置以平等交流的谈话节目、解忧解压的咨询节目、实时服务的资讯节目为主，以娱乐互动节目为辅。

附件四：

北京人民广播电台交通台办台方针

北京人民广播电台交通台（以下简称交通台），对外呼号：北京人民广播电台交通广播。使用频率：调频 103.9 兆赫、有线调频 95.6 兆赫。

交通台是以移动人群作为主要收听群体、以交通宣传为主要内容的专业电台。

交通台以宣传、疏导、服务、娱乐为办台的根本宗旨和基本手段；以维护首都交通秩序，促进首都交通事业的建设和发展，增强全民的交通法律意识，提高首都交通的社会效益和经济效益为目标。

交通台的主要任务是：以“三贴近”为原则，认真宣传首都交通方面的方针、政策和法规，报道交通新闻，传播交通信息，疏导交通，提供交通知识和交通服务，满足主要收听群体对广播的需求，促进首都交通事业的发展。

交通台的节目设置以交通新闻、交通信息、交通专题和交通服务节目为主，以文艺娱乐节目为辅。

附件五：

北京人民广播电台文艺台办台方针

北京人民广播电台文艺台（以下简称文艺台），对外呼号：北京人民广播电台文艺广播。使用频率：调频 87.6 兆赫、有线调频 93.8 兆赫。

文艺台是北京人民广播电台专门从事文艺宣传的专业台。

文艺台是党的文艺宣传的重要舆论工具。文艺台坚持以邓小平理论和“三个代表”重要思想为指导，坚持为人民服务、为社会主义服务的方向和“百花齐放、百家争鸣”的方针，突出文化娱乐，加强信息服务，强调艺术欣赏。

文艺台的主要任务是宣传党的文艺方针、政策，传播文化信息，提供文化娱乐和艺术欣赏，活跃群众文化生活，弘扬和发展民族文化和经典艺术。以优秀的作品鼓舞人，正确引导文化消费，活跃群众的精神文化生活，满足人民群众日益增长的精神文化需求，更好地体现最广大人民群众的根本利益。

文艺台现有两套有线调频频率：文学影视频率（有线调频 104.3 兆赫）和戏曲曲艺频率（有线调频 105.1 兆赫），24 小时播音。

附件六：

北京人民广播电台音乐台
办台方针

北京人民广播电台音乐台（以下简称音乐台），对外呼号：北京人民广播电台音乐广播。使用频率：调频 97.4 兆赫、有线调频 94.6 兆赫。

音乐台是北京人民广播电台以音乐服务于社会的专业电台。

音乐台作为党的宣传工具，坚持为人民服务、为社会主义服务的方向，坚持“百花齐放、百家争鸣”的方针。

音乐台的品牌核心是：有社会责任感的，以青年听众为主要对象的，引导时尚的现代化音乐电台。树立品牌形象是音乐台一切工作的出发点与目标。

音乐台坚持以节目立台为宗旨，提倡高雅艺术，弘扬民族文化，反映时代风貌，力求丰富多样；注重欣赏性、娱乐性、服务性；加强信息服务，体现人文关怀；强调严肃音乐通俗化，通俗音乐艺术化，环球音乐旋律化，综合节目音乐化，以受众需求为己任。

音乐台现有 4 套有线调频频率：古典音乐频率（有线调频 98.6 兆赫）、通俗音乐频率（有线调频 97.0 兆赫）、轻音乐频率（有线调频 107.5 兆赫）、亚洲流行音乐频率（有线调频 106.5 兆赫）；还有一套数字广播：爵士音乐频率；一套数字电视：动感音乐频道。

附件七：

北京人民广播电台体育台
办台方针

北京人民广播电台体育台（以下简称体育台），对外呼号：北京人民广播电台体育广播。使用频率：中波 927 千赫、有线调频 92.7 兆赫。

体育台是以体育爱好者为主要听众群、以体育宣传为主要内容的专业台。

体育台以“体育立台，竞技健身并举”为办台的根本宗旨，以宣传、参与、服务、娱乐为基本手段。以宣传北京奥运为己任，以弘扬奥林匹克精神和爱国主义、促进中国体育运动和全民健身运动发展为最高目标和行动指南。

体育台的主要任务是：以快捷的反映追踪竞技体育和北京筹办 2008 奥运会的脚步，报道体育新闻，传播北京筹办奥运的信息，普及竞技运动、全民健身、健康知识，提供相应的咨讯服务。

体育台的节目设置以体育新闻、体育专题、赛事直播、全民健身和健康专题为主，以知识类娱乐类节目为辅。

附件八：

北京人民广播电台外语台办台方针

北京人民广播电台外语台（以下简称外语台），对外呼号：北京人民广播电台 Radio 774。使用频率：中波 774 千赫、有线调频 97.8 兆赫。

外语台作为北京市的重要外宣媒体，立足大外宣，兼顾市民学习外语的需求，是一个特色鲜明的都市外语台。

外语台坚持党的对外宣传政策和方针，坚持外宣“三贴近”的原则。牢牢把握好对外宣传报道的口径，坚持以我为主的宣传原则。兼顾北京市民学习外语的需求和外国人学习中文的需要。

外语台以在北京的外国人、特别是喜爱中国文化的听众为收听主体人群，通过各具特色的小栏目将北京的发展变化、文化生活、风土人情呈现给听众，从而传播中国文化，宣传北京的变化。立足打造成感受北京的窗口、信息服务的帮手、语言提高的助手、海外听众的朋友。

外语台的主要任务是加强北京市的对外宣传力度，力争在北京营造一个良好的多语种的外语语言环境；在海外，进一步加强我台节目的海外落地播出，树立北京的良好形象；同时满足广大学习英语的受众需求，提高他们的语言水平。

外语台节目设置以双语为主，多语种发展。

外语台现有一套教学广播（Classroom on the Air）使用频率：有线调频 99.4 兆赫，每天播音 18 小时。

关于加强宣传管理严格按专业台办台方针设置节目的规定

（RB/ZBS－GL－006）

京广播宣字［2004］9 号

为了更好地发挥各专业台的优势，充分体现我台宣传的整体效益，确保节目的播出效果和质量，使我台宣传改革沿着健康的方向不断深入发展，现就节目设置中一些具体问题作如下规定，望各专业台遵照执行。

一、各专业台的节目必须按照总台确认的办台方针设置（包括与社会企事业、机关单位合办的节目、购买的节目）。各专业台调整节目或增设新的节目（栏目），需提前一个月报总编室，需要临时变更的节目要提前一周报总编室，经编务会讨论同意后方能实施。不经编务会讨论同意，任何专业台不得开办新节目（栏目）。

二、各专业台所有节目（栏目），必须制定明确的节目方针，经编务会研究同意后，严格按节目方针办节目。各专业台所有节目方针需报总编室备案，并由总编室检查、监督执行。

三、各专业台除按本专业宣传范围设置节目外，为了丰富广播内容，活跃节目，调节气氛，根据各自的特点和需要，可适当安排文艺类节目，但必须经编务会批准。

四、关于几个具体节目设置的规定

1. 经济台、首都生活台、体育台和新闻台可适当安排保健品节目（栏目），每天不得超过总台规定的时间。文艺台根据经营的规定设置保健品小专题。

2. 除音乐台之外，其他专业台不得开办歌曲排行榜节目，不得请流行音乐歌手进行音乐访谈。

3. 各专业台开办幸运抢答节目要按照专业台办台方针确定抢答内容，抢答内容要健康，要有益于听众增长知识、开阔眼界、活跃生活。幸运抢答节目每个专业台只允许设立一个，时间不得超过 60 分钟。

4. 体育节目以体育台为主体。新闻台可播报体育新闻，其他台不得办体育节目。交通台可以转播全国足球甲 A 比赛实况。

5. 金融节目、房地产及装饰装修节目、商业节目在经济台举办，新闻台可做房地产、装饰装修节目。

6. 法制节目可由新闻台、经济台、交通台、首都生活台举办，但要突出本专业台专业特色。

7. 性教育节目由首都生活台举办。

8. 交通节目由交通台主办，音乐台的《974 爱车音乐时间》要办成音乐节目，其他各专业台可播报路况，但不要办成社教节目。

五、以上规定望各专业台认真贯彻执行，并定期进行检查，发现问题要认真对待，严肃处理。凡不经总台批准擅自开设节目的，一经发现立即责令停办，并追究当事人责任。凡播出的内容有悖于节目方针的，视情节轻重，给予通报批评、经济处罚、直至行政处分的处理。总台每季度全面检查一次。

六、本规定于 1995 年 1 月 1 日起颁布执行，2001 年 12 月 31 日修订；2004 年 9 月再次修订，10 月 15 日起执行。在执行中遇有不明确的问题，报总编室由编务会统一研究答复。

二〇〇四年九月二十七日

关于采编播部门安全播音的规定

（RB/ZBS－GL－007）

京广播宣字［2004］10 号

安全播音是确保广播电台准确、及时地完成党的宣传任务的一项重要工作，采、编、播、录是安全播音的重要环节。为此，特制定采编播部门安全播音的规定，望各有关部门遵照执行。

一、采访、编辑

1. 记者采写稿件，要深入现场采访，认真调查研究，尽可能掌握第一手材料。稿件完成后注意履行必要的送审手续。

2. 记者、编辑、通讯员的来稿，特别是时效性较强的重要动态性新闻稿，对于稿件中涉及的新闻事实以及时间、地点、人名、数字，一定要核实清楚才能发稿。

3. 根据文件、简报或其他材料编辑的稿件，必须重新核对事实，并征得有关部门同意，才能发稿。

4. 无论是记者还是通讯员，在新闻事实发生之前，不得事先发稿。如遇特殊情况，事先写好的稿件，不经重新核对，亦不能发稿。播发预告性消息也必须对事实负责。

5. 记者采编的稿件，字迹要清楚、工整、无错别字，标点符号要准确，多音字要注明准确读音。对于字迹潦草或多处修改难以辨认的稿件，节目编辑有权退回重新抄写。

6. 记者采制录音报道或口头报道，音响必须真实、准确，不得弄虚作假。

7. 编辑应善于根据党的方针、政策和上级宣传精神，分清稿件的轻重缓急，严格把关，及时处理，不得延误有较高新闻价值的稿件。

8. 编辑所编稿件（节目）必须是成品，文字通顺，观点正确。遇有稿件中涉及的新闻事实可否报道或宣传口径把握不准时，应及时请示报告，不得敷衍，不得擅自做主发稿。

9. 编辑发给播音员（节目主持人）的稿件（节目），应按规定留出足够的备稿时间。遇有特殊情况，编辑和播音员（节目主持人）应密切配合，保证安全播出。

10. 需要事先录音的节目，录好后，必须审听，未经审听、批准的节目，不能直接发送传音机房播出。

11. 录播节目录制完毕，核对播出日期、时间无误后才能发送到传音机房。发完后要与传音员核对。

12. 重播节目，责任编辑必须重新审听，方可发送传音机房。

二、播音、主持

13. 播音员、节目主持人应按规定的班次坚守岗位，尽职尽责，不得擅离职守。

14. 播音员、节目主持人要树立高度的主人翁责任感，对播出的每一篇稿件负责，把好最后一道关。播音或主持节目时，要精力集中，感情充沛，努力避免差错，在实践中不断增强广播宣传的“窗口”意识和为广大听众服务的意识。

15. 播音员、节目主持人对稿件有疑点或发现差错，要及时向责任编辑提出，责任编辑应认真解释或处理。

16. 直播节目，节目主持人应在播出前 15 分钟到岗并做好各项准备工作。

三、录音、制作

17. 凡需录音员制作的节目，记者（或编辑）原则上应写出完整的文字稿，并经主管部门领导签发后才能制作。

18. 节目制作过程中，撰稿者必须自始至终负责到底。节目制作完毕必须审听，必要时还应送主管领导审听。

19. 制作节目要注意广播特点，正确运用音响素材。凡音响效果不佳、影响听众收听的，不宜勉强制作带音响的节目。

20. 制作和发送节目的录音员，必须按照新闻节目录制播出应急方案的规定，提前做好各项应急准备工作。新闻节目制作传送岗必须严格遵守上岗时限，不得中途脱岗。

四、处罚

按京广播宣字［2004］13号《关于对播出差错的界定及处罚办法》执行。

本规定1993年8月1日起执行；2001年12月31日修订；2004年9月再次修订，10月15日起执行。

二〇〇四年九月二十七日

关于热线直播节目管理的规定

（RB/ZBS－GL－008）

京广播宣字［2004］11号

根据国家广电总局《关于加强群众参与广播电视直播节目的管理意见》的要求，结合我台实际，特制定我台关于热线直播节目的管理规定。

1.全体采编播人员要充分认识广播是党和政府的喉舌，是国家的要害部门，必须牢固树立政治意识、大局意识和责任意识，在工作中一丝不苟，确保广播节目不出政治性差错。

2.热线直播节目要提前报送选题，经有关领导审批签字后方可播出。所报选题如有改变，须重新经主管领导审批签字，才能播出。

3.热线直播节目的主持人必须由我台的合同制职工担任，客座主持人不得单独主持热线直播节目。

4.严格执行保健品类直播访谈节目不许开热线等有关规定。

5.导播是热线直播节目播出的重要工作环节，各专业台必须重视导播工作，并加强对导播人员的管理和教育，导播必须由本专业台的编播人员担任。特殊情况由台长、总编辑批准。

6.导播必须严格按《导播工作程序》操作。（附导播工作程序）

7.热线直播节目话题确定后，主持人事先要深入采访，与所邀嘉宾面对面商讨在直播中要讲的内容，未经商讨，嘉宾不得进直播室直播。

8.热线直播节目的主持人在主持节目时要严格把好政治关，如嘉宾和参与热线的谈话出现导向问题，主持人必须及时纠正、表明观点、批驳错误，以正视听。对固执己见、坚持错误观点者立即中断谈话人参与节目的资格。

9.热线直播节目要使用延时器，在直播室设两部热线电话，一律安装“来电显示电话”，并加装“恶意呼叫追踪”功能。

10.各台机房必须设立一部紧急工作电话，简称“红机”（该电话机一律采用红色），便于各级领导指挥使用。值班、导播人员严禁使用“红机”。特殊情况，通话时间不得超过3分钟。

11. 敏感时期热线直播节目可开可不开的一律不开，必须开热线的要采取反打电话或递条子的方式，确保安全播出。敏感时期起止时间根据上级精神由台编务会确定，总编室通知。

12. 凡违反上述规定，根据总台《关于对播出差错的界定及处罚办法》进行处罚。

本规定于1999年10月19日开始执行；2001年12月31日修订。2004年9月再次修订，10月15日起执行。

二〇〇四年九月二十七日

附件：

导播工作程序

导播是电台众多工作环节中的非常重要的工作岗位，它不仅是电台联系听众的窗口，也是广播直播节目的重要把关人，在保证电台安全播音方面负有重大责任，为此，导播人员必须是本专业台的编播人员，在工作时导播必须严格执行如下导播工作程序：

1. 机房的电话一律使用“来电显示电话”，电话铃响后，导播拿起电话说：“您好，这里是某某台某某热线直播节目。”

2. 确认对方是参与节目者后说：“欢迎您的参与，请问您准备谈（问或提）什么问题?”

3. 认为对方谈得不错，可以说：“您贵姓?”记下姓氏和电话机上显示的号码并告诉对方：“我们需要核实一下您的电话号码。”如对方说的电话与显示的号码一致，可以直接接到机房。如参与者使用的是公用电话或是所说电话与显示的不一致，一律不准接进机房；如果是外地打来的电话，也不要接进机房，导播应在电话中表示：“感谢您的积极参与。”并记下他的意见后将纸条送进直播室；如果是谈话类节目，应告诉对方：“过一会儿我们给您打电话，以节省您的等候时间和电话费用。”然后挂机。

4. 根据节目进展情况，再用热线电话播叫听众电话，核实、确认是刚才打来电话的人后，再接进直播室。

关于审定稿件的规定

（RB/ZBS－GL－009）

京广播宣字［2004］12号

广播电台是党和政府的喉舌，必须坚持“政治家办报”的原则，正确把握舆论导向，严格审稿制度。为确保广播宣传准确及时地贯彻执行党的各项方针政策，更好地为广大听众服务，特制定本规定。

一、各专业台、节目部必须严格执行审稿制度，记者、编辑采编的稿件，如需送上级领导部门审阅的，必须按规定送审。本台内部执行部主任、专业台台长、总编辑三级审稿制度。各专业台播出的稿件

（节目）必须坚持首先由部主任或节目牵头人审阅签字，然后送主管台长审阅签发后才能播出，如部主任、主管台长审稿量过大，可指定有副高以上职称的同志审稿。各专业台拿不准的报主管总编辑审定。

二、审定稿件，是具有主任编辑、主任记者以上新闻专业技术职务人员的重要岗位职责之一，有关人员都应服从安排，遵守宣传纪律，严肃认真地履行自己的岗位职责。审定稿件的范围包括单篇稿件、整套节目和带班。由于各部门担负的节目和条件各异，不担任行政职务的主任编辑、主任记者是否参加审定稿件工作由专业台台长酌定。

三、录播节目（含外购节目）、直播节目在播出前，一律按规定的权限履行审稿制度，即记者、编辑采编的稿件（节目）或外购的节目，首先由部主任或节目牵头人审阅（审听），然后由专业台台长（或带班台长）审定签发。直播节目如无稿件，必须写出详细主持提纲送审。重要稿件（包括评论、重大题材报道、敏感问题报道、重要的批评报道）和宣传口径把握不准的稿件须送主管总编辑审定。

四、未经审定的稿件一律不得播发。如发生播出未经审定的稿件（节目），视情节轻重分别给予当事人扣发本月的效益工资、通报批评、行政记过直至调离本岗位的处分。

五、各级领导在审定稿件时要严肃认真，恪尽职守，严格把握宣传精神。对因审稿不认真，甚至不审就签字播出而造成事故者要追究审稿人责任，同时追究上一级主管领导责任，分别给予扣发当月效益工资、通报批评、行政记过直至调离本岗位的处分。

六、凡在本台各频率播出的节目都要有稿笺，电脑里审稿，要有签发人。各专业台的各个节目都要健全和完善播出节目登记制度，每个节目每天播出的内容都要逐条进行登记，认真填写《播出日志》，各专业台可根据自己的实际情况设计格式。年底将各节目栏目登记软盘交信息资料中心存档。

本规定于1993年8月1日起执行；2001年12月31日修订；2004年9月再次修订，10月15日起执行。

二〇〇四年九月二十七日

关于对播出差错的界定及处罚办法

（RB/ZBS－GL－010）

京广播宣字［2004］13号

为进一步加强宣传管理，最大限度地避免播出差错，确保全台所有节目安全优质播出，根据我台在宣传中出现差错的实际情况，现就差错的分类与定性及处罚办法规定如下：

一、差错的分类与定性

1. 一般差错。

由于责任者工作马虎，或技术环节上出现问题，在社会上造成的影响不大的差错，视为一般差错。

出现下列情况，可定为一般差错：

（1）一般的人名、地名、单位名称、时间、数字差错。

（2）节目的内容局部不准确或因用语不当造成的一般事实性差错。

（3）节目中出现读错字、读错字音或出现影响所要表达内容语病等情况。

（4）录播节目因填错日期、填错播出时间而造成播出险情的。

2. 严重差错。

由于责任者工作中的疏忽或过失，直接造成的重要播出差错，且在社会上造成不良和负面影响较大，或给节目播出造成重要险情的差错，视为严重差错。

出现下列情况，可定为严重差错：

（1）重要人物（省部级以上领导干部）的名字、职务差错，重大活动、事件的时间、地点差错，国家和北京市发布的重要统计数字差错。

（2）节目内容中的重要内容失实。

（3）生活服务、社会教育、知识介绍、文化娱乐类节目出现的有悖于伦理道德、科学规律，带有导向性错误宣传内容或格调低下的问题。

（4）空播、错播节目或未按重播重审规定播出节目而出现的重要差错。

（5）违背职业道德和宣传纪律，未经审查私插乱播节目并造成恶劣影响的。

3. 重大差错。

因责任者在工作中的严重失职或违反宣传纪律而造成的违背中央宣传精神、宣传口径的播出错误，在社会上造成重大影响的，视为重大差错。

出现下列情况，可定为重大差错：

（1）否定马列主义、毛泽东思想、邓小平理论的指导地位，造成恶劣的社会影响；

（2）违背党的路线、方针、政策，出现严重的政治性错误；

（3）泄露国家秘密，危害国家安全，损害国家利益；

（4）违反民族、宗教政策，危害民族团结，影响社会稳定；

（5）宣扬凶杀、暴力、色情、迷信和伪科学，引起思想导向错误；

（6）传播谣言，编发假新闻，干扰工作大局；

（7）上级领导和宣传管理部门认定的其他严重错误。

二、责任界定

1. 记者对采制节目中的事实及稿件中涉及的人名、地名、单位名称、数字等事实性差错负全责；

2. 责任编辑对在节目编辑环节中出现的差错负全责；

3. 编辑、播音员对播音中出现的差错负同等责任；

4. 部主任、专业台长、当班总编辑对节目中出现的差错负把关责任；

5. 如对出现的差错有异议报总编室由编务会裁定。

三、对各类差错的处罚

1. 一般差错责任人每人每次扣发效益工资不低于20元；

2. 严重差错责任人（包括审稿人、

部门主任、专业台台长），每人每次扣发效益工资不低于200元，主要责任人须做书面检查，全台通报批评；

3．重大差错责任人（包括审稿人、部门主任、专业台台长和总台主管领导），每人每次扣发效益工资不低于1000元。视情节轻重，责任大小，分别给予通报批评、警告、行政记过、降职使用（包括专业技术职务）、撤职（或解除合同）等处理。一年内出现两次重大差错的专业台、部门，专业台长、部门主任要受到戒免处理。出现三次重大差错的专业台，总台要撤换该专业台台长。

上述宣传中的各类差错，除一般差错外，各部门要及时提出处理意见并报总编室，重大差错由编务会或台务会作出处理决定，总编室和人事部具体落实。

为切实加强管理，总台和各宣传部门要加大监听力度，及时了解和掌握播出情况。全体编播人员，要十分重视安全优质播出工作，避免出现各类差错。各级领导要把此项工作作为一项重要的、经常性的工作来抓，确保党的各项宣传任务的顺利完成。

各宣传部门可参照此规定，结合本部门实际制订具体执行办法。

本规定从1998年10月1日起开始执行。根据《中央宣传部、新闻出版署关于建立违纪违规报刊警告制度的意见》于2000年5月30日修订；根据市委宣传部、市新闻出版局制订的《北京市关于对新闻单位违纪违规处理的意见》于2001年12月31日再次修订；2004年9月进行第三次修订，10月15日起执行。在执行中遇到的问题由总编室负责解释。

二〇〇四年九月二十七日

关于严防“法轮功”的破坏活动确保安全播音的有关规定

（RB/ZBS－GL－011）

京广播宣字［2004］14号

“法轮功”对广播电视进行攻击破坏活动，其手段十分恶劣，反动气焰十分嚣张。为此，国家广播电影电视总局安全播出指挥部发出通知，要求各级广电部门要高度重视，全面部署，严加防范。

根据广播电影电视总局领导和安全播出指挥部的指示精神，结合我台广播宣传实际，经编务会研究决定：采取严格措施，本着谁主管谁负责的原则，实行责任追究制，确保全台安全播音。规定如下：

一、全体干部职工务必以高度的政治意识、大局意识和责任意识，高度重视安全播音工作。提高警惕，严防“法轮功”的破坏活动。

二、严格各项规章制度，加强重点岗位、重点时段值班制。

三、各专业广播节目制作部门要严格把关，因全台联网，要做好节目加密。

四、对外请嘉宾的政治态度须有全面的了解。对请来的嘉宾要做到“三不进”，即不了解嘉宾对所谈话题的基本观点不进直播室，不规定好谈话内容范围不进直播室，不交代好有关宣传口径不进直播室。

五、对邀请来台参加直播节目的嘉宾严格审批手续，须征得嘉宾单位意见。特殊嘉宾应有主管台领导审批。要提前到保卫部办好进直播区手续，谁接待谁负责。嘉宾进入直播区必须有台内工作人员带领。

六、各专业广播对客座主持人进行严格管理，严防“法轮功”分子混入要害部位。

七、各专业广播的热线直播节目，凡可开可不开的，一律停开直播热线；非开不可的，一定要使用延时器；播出时要全神贯注，发现问题，要果断采取措施，必要时要立即中断广播，决不允许“法轮功”的语言出现在广播中。

八、外出现场直播，必须经台长、总编辑批准。直播人员要尽可能远离人群，重大活动专业广播台长或副台长要在现场，一般性直播可指定负责人，但须经总台领导批准，并采取延时器等有效措施，以确保不出问题。

九、保健品节目停止异地电话播出办法，实在不能来电台的，可采取录播方式。

十、音乐广播全国卫星音乐广播网和经济广播全国旅游广播网以及其他全国联网直播类型节目，要采取措施，确保不出问题。

十一、遇到问题，包括播出安全、舆论导向等，要及时向台领导汇报请示。

十二、所有进直播机房的人员，要遵章守纪，不发生人为责任造成的停播事故。

十三、本规定自下发之日起，实行责任追究制，如发生因管理不当出现“法轮功”攻击得逞事故，领导要负有相关连带责任，首先停止发生事故单位的直接负责人的工作，然后进行认真调查，并酌情进行严肃处理。

望各专业广播认真学习、贯彻、落实本规定，严肃宣传纪律，采取有效措施，共同努力，确保安全播音。

本规定于2003年8月起颁布实施，2004年9月进行修订，10月15日起执行。

二〇〇四年九月二十七日

关于外事外宣管理工作的若干规定

（RB/ZBS GL－012）

京广播宣字［2004］15号

为进一步规范我台因公出国，赴港澳台执行公务的手续办理，明确同外国驻华使馆交往和接待境外人员来访应注意的事项，以及对外交往和宣传中应注意的问题，根据上级有关文件精神，结合本台实际，规定如下：

一、组织领导与管理

1. 全台外事外宣工作实行统一领导和归口管理。

2. 外事外宣领导小组为全台外事外宣工作的领导机构。领导小组由台长、总编辑、主管副总编辑、总编室主任、人事部主任、外语台台长组成。台长任组长，总编辑任副组长，总编室主任主管外事工作，人事部主任负责政审工作，外语台台长负责日常外宣工作。

3. 总编室作为全台外事外宣工作的归口管理机构，设外事兼职管理干部，在外事外宣领导小组的领导下，外事干部负责承办全台与国外及港澳台地区广播机构之间的业务往来事宜；负责国外及港澳台地区有关人员来台访问、记者采访的接待工作；承办全台公派出访人员手续办理等有关事宜。

二、出访团组的确定、出访人员的审批及相关事项

1. 严格控制出国（境）团组和人员；做到“少、小、精”，讲求实效。严格禁止持因私护照执行公务。

2. 各部、室、专业台人员出国访问，须事先写报告。报告内容包括出访任务、出访时间、人员组成及经费来源等。出访报告经本部门领导集体讨论同意，经主管台领导签署意见，于出国前两个月报总编室。台长审批并签署意见后，连同境外邀请函一起交总编室办理具体事宜。

3. 参加外单位组团出访的，须事先报总编室。经台长同意后，由总编室报集团国际联络部审批同意后才能告知组团单位，否则不予办理有关手续。

4. 没有市外办或上级主管部门下达的正式出访任务批件，人事部不予办理出国人员的政审手续。

5. 出国人员接到正式出访任务批件后，应根据合理路线预订机、车票，凭任务批件到财务部门办理申请出国所需外汇。

6. 出国人员出访前，由总编室外事干部组织学习有关文件，进行出访前教育。

7. 出访任务结束后，必须按期返回，不得私自滞留国外，亦不得绕道返回（坚决杜绝先斩后奏），违规者不予报销绕道费用，并予以处理。回国后要在10日内将出访总结和护照交总编室外事管理干部。

8. 如出现因公护照丢失、被盗等情况，遗失护照人员要立即向所在单位和公安机关报告；在国外遗失护照，应向我驻外使、领馆报告，回国后在一周内将护照丢失的详细情况以书面形式报总编室，并附公安、驻外使、领馆及外国公安部门出示的证明材料、临时旅行证和遗失护照人的书面检查等。

三、同外国驻华使馆交往应注意的事项

1. 外国驻华使馆是其本国政府派驻我国的官方代表机构，任何部门与个人同其交往，应视为重要的涉外活动，必须持十分慎重的态度。

2. 我台各部门邀请外国驻华使馆人员参加本部门举办的各种活动，各部门需要派员前往外国驻华使馆洽谈业务，均应事先报告总编室，待主管台领导同意后报集团国际联络部审定。

3. 外国驻华使馆为本国重要节日和纪念日举行招待会、庆祝会等，如邀请我台人员参加，须经主管台领导同意才能出席。

4. 外国使馆以“文化中心”、“文化委员会”、“图书馆”、“资料中心”、“联谊会”、“协会”一类名义邀请我台部门或个人参加活动，均应婉言谢绝，不得参加。以上述名义捐赠的款物也不得接受，并应及时将情况报总编室。

5. 外国驻华使馆为庆祝本国重大节日，配合本国领导人来访或其他活动，要求通过我台发表讲话、播发文章、播放音乐等，一般应婉拒。如遇特殊情况，由总编室报集团国际联络部研究决定。

6. 外国驻华使馆举行记者招待会，如邀请我台记者参加，出席与否由总编室报集团国际联络部决定。

四、接待境外人员来访应注意的事项

1. 接待境外人员来访是做好对外宣传工作的一部分。既要多做工作，提供方便，积极引导，使其正确了解我台、宣传我台，又要加强管理，防止可能产生的消极作用，做到“内外有别”。

2. 境外记者来台采访，须出示外交部新闻司核发的常驻北京“外国记者证”，临时来华采访的境外记者如采访我台须告之直接与市外办联系。无论是常驻北京的境外记者，还是临时来华采访的境外记者，在来台采访前均须事先以书面形式告我来台采访记者的姓名、国别、需要采访的内容及时间，经总编室报主管台领导同意后才能答复可否来台采访。

3. 临时来华的旅游者及以旅游身份来华的外国记者要求来台采访的，一律婉言谢绝，不予接待。

4. 接待境外记者采访应按事先商定的内容进行，临时提出的采访项目一般不予安排。接待境外人员来台工作须事先到保卫部办理有关手续，接待境外团组来台采访、参观须事先报保卫部共同做好安全保卫工作。

5. 境外摄影、摄像记者一般不得进入直播机房拍摄。

6. 与境外合作，不经上级批准，一律不得签订合作协议或合同，必要时可签订合作意向书。

五、严格宣传纪律应注意的问题

1. 不得邀请境外人士作为嘉宾或主持人直播节目。如特殊需要，须按规定逐级上报批准。

2. 不得擅自邀请海外主持人主持录播节目。如特殊需要，须事先按规定逐级上报批准，未经批准的海外主持人不得以任何形式在节目中出现。

3. 不得直接采用或转播境外广播节目，包括境外广播机构寄送或交流的节目。如要采用，须经审查批准，才能播出。

4. 严禁向境外租让广播频率时段，禁止境外各种节目制作公司和音像制品生产商，有偿或无偿使用我台频率播出其制作的节目和音像制品。

本规定于1995年9月起执行；2001年12月31日修订；2004年9月再次修订，10月15日起执行。

二〇〇四年九月二十七日

关于开展节目质量考评的实施办法

（试行）

（RB/ZBS－GL－013）

京广播宣字［2004］16号

为进一步贯彻“严守宣传纪律，把握正确导向，深化专业办台，提高节目质量”的工作方针，推动全台宣传改革健康深入发展，促进宣传报道水平全面提高，在总结我台多年宣传管理实践和学习兄弟台经验的基础上，特制定本办法。

一、从2002年1月1日起，总台对全台节目进行全面质量考评。

二、总台成立节目质量考评委员会，考评委员会由总编辑、副总编辑、总编室主任组成。总编辑任主任。下设考评委员会办公室，总编室主任任办公室主任。总编室成立节目质量考评科，具体负责对节目质量的考评工作。

三、考评办法：考评科每月对每一个节目（栏目）抽出三次进行逐一审听，根据每个节目的质量要素达标情况进行打分，评定出应得分数。取三次考评分数之和的平均值作为每个节目当月质量结果。

四、节目质量要素由各专业台参照总台《关于确定节目质量要素的意见》进行确定，每年调整节目时，除提供节目表、节目方针外，同时提供每个节目的节目质量要素。

五、考评质量结果分为三档：达标节目、基本达标节目和不达标节目。

各档节目质量的标准是：每个节目的最高得分为100分。得分80（含80）分以上的节目为达标节目；得分60分（含60）分以上的节目为基本达标节目；得分低于60分的为不达标节目。

六、考评科根据考评质量结果，每月分别写出七个专业台的考评报告，制作出节目质量考评排序表，提供节目质量考评明细表，一并报考评委员会审核。经考评委员会同意后印发各专业台。

七、各专业台不达标节目每月不得超过10%，如超过10%，总台扣发业务副台长当月效益工资5%；如不达标节目超过15%，扣发当月效益工资10%；如当年累计三个月不达标节目均超过10%，总台除扣发台长、业务副台长当月20%效益工资外，还要通报批评。

八、各专业台调整节目（栏目），包括广告小专题，报编务会的报告要有专业台台长的签字，经主管总编辑签署意见后，再报编务会批准。未经批准就开设节目（栏目），视情节轻重处罚业务副台长200～1000元。当次节目被视为不达标。

九、未经资格认定的播音员、主持人主持节目，处罚专业台业务副台长200～1000元，当次节目被视为不达标。如因此造成损失和影响，将按本台《关于播音员主持人持证上岗的管理规定》处罚。

十、涉及经济处罚，经节目质量考评委员会讨论确认，主任签字后，由人事部执行。

十一、考评科在考评节目过程中，如发现节目有重大导向错误，该节目本月被视为不达标节目。节目如有导向错误或其他严重问题，要及时报总编室查处。年度节目质量考评结果作为总台评选名牌节目的重要依据。

十二、节目中其他差错的处罚标准按照《关于对播出差错的界定及处罚办法》执行。

本办法于2001年11月15日颁布执行；2002年6月17日修订；2004年9月再次修订，10月15日起执行。

二〇〇四年九月二十七日

关于确定节目质量要素的意见

（试行）

（RB/ZBS－GL－014）

京广播宣字［2004］17号

节日质量要素是节目必备的条件和对节目的基本要求。一档节目只有各项质量要素都合格，该节目才能称得上是达到基本要求的达标节目。此次总台决定对全台节目进行全面质量考评，中心任务是考核每个节目的质量要素是否符合要求。为了统一标准和各专业广播在确定节目质量要素时有所遵循，特提出关于确定节目质量要素的意见。

一、通用节目质量要素

通用节目质量要素，适用于全台所有节目，也是考评科考评节目的重要依据和标准。主要包括以下内容：

1. 坚持团结、稳定、鼓劲、正面宣传为主的方针，牢牢把握正确的宣传舆论导向。

2. 牢固树立政治意识、大局意识和责任意识，认真贯彻执行党的各项理论、路线、方针和政策。

3. 新闻报道必须遵守真实的基本原则。

4. 开办新节目（栏目）须经编务会审核批准。未经编务会审批，任何部门和个人不得乱开新节目（栏目）。

5. 任何节目所播内容都必须符合该节目的节目方针，不允许随心所欲、乱播乱放。

6. 播音员、节目主持人必须经过资格认定，持证上岗，主持节目时要报名字。播音员、主持人在播音或主持节目过程中要避免出现读错字音、断错句子、磕巴的现象。主持人须用普通话主持节目，不得用港台腔，杜绝脏话和不符合大众审美的语言出现在广播中。

7. 节目主持人及嘉宾在节目中的谈话和所发表的观点，必须和党、政府的政策相一致、相吻合，不得以发表个人观点为由，发表与党和政府主张相对立的错误言论。

8. 嘉宾的选择要考虑代表性、典型性和权威性。嘉宾参与的节目，对嘉宾的主要思想和观点必须清楚，在节目播出之前，要告之嘉宾节目意图、导向及有关宣传要求。不得片面追求名人效应，更不允许邀请上级已明确规定不允许邀请的人当嘉宾。

9. 严格遵守宣传纪律，准确把握宣传口径。各类专题节目（包括音乐、文艺），每期节目要有完整策划和明确的主题。

10. 严格遵守我台安全播音规定，节目播出声音要清晰、连贯，不得出现声音失真、劣播或空播等现象。

11. 严格遵守我台规定的审稿及节目重播重审制度。

12. 节目播出要准时、完整，严格按时间表运行，不允许提前或推迟开始，也不允许提前或推迟结束。

13. 语言性节目插播或补充音乐、放节目（栏目）曲及播自身广告，不得超过节目时间的 20%，主持人报名字不得过于频繁。

14. 所有播出节目不得涉及国家秘密、商业秘密和个人隐私。

15. 互动节目在使用短信时要选择健康向上、诙谐幽默的内容，不得播出低俗、调侃的短信。

二、分类节目质量要素

按照通行的分类方法，节目大致可分四类，即：新闻性节目、社教性节目、文艺性节目和服务性节目。根据我台节目实际和工作上的方便，还可以分为主持人直播节目、娱乐性综艺节目、文摘节目、评论性节目。

下面分别提出上述八类节目质量要素要求：

1. 新闻性节目

（1）每组新闻所发条数的要求。

（2）每组新闻所发自采稿件（指本台记者或本台记者与通讯员合采的）的要求。

（3）每组新闻带音响报道和口播报道的数量要求。

（4）每组新闻播出 24 小时以内新闻的数量要求。

(5)每组新闻所播出评论的数量要求。

（6）对带音响报道节目质量和音响质量的要求。

（7）对热线新闻追踪报道所占比例及编后话数量的要求。

（8）新闻报道类节目，对消息的来源要有明确的交代。

2. 社教性节目

（1）每档节目每天播出栏目数量的要求。

（2）每档节目编辑和自采稿件（指本台记者或本台记者与通讯员合采的）所占比例的要求。

（3）每档节目带音响报道的数量及质量要求。

（4）对选题的要求，如选题的重要性、时宜性，是否社会关注、群众关心等。

（5）对语言的要求，如播出节目是否使用普通话，是否符合广播语言的要求等。

（6）对整组节目编排的要求，如整组节目主题是否突出，搭配是否得当，过渡是否自然流畅等。

3. 文艺性节目

（1）编辑工作应认真贯彻思想精深、艺术精湛、制作精良的指导思想。

（2）节目应寓教于乐，尽可能增强节目的可听性、欣赏性和时代感。

（3）专题文艺节目应讲究编辑艺术，如要有明确的主题，内容要充实，搭配要得当等。

（4）欣赏性文艺节目应有适当的背景和相关的知识介绍。

（5）赏析性文艺节目应有必要的采访或权威的相关知识介绍。

（6）每档节目应有明确的栏目数量要求。

（7）剪辑节目强调节目的连贯性和完整性，不得播出无头无尾的节目。

（8）音乐节目播出的歌、曲名称及大意应该清楚，不得播出格调低俗节目，严禁播出禁播歌、曲及低级的粗口歌。

4. 服务性节目

（1）服务性节目的编辑工作应贯彻科学性、大众性和实用性的原则。

（2）每档节目播出的栏目数量应有明确的要求。

（3）每档节目带音响的报道数量及质量应有明确要求。

（4）服务性节目发布的信息应是真实的或是权威部门认可的，未经核实和权威部门认可的信息不得播出。

（5）对节目播出语言要有明确的要求，如是否采用普通话播出，是否符合广播语言的要求等。

5. 主持人直播节目（包括谈话类节目）

（1）节目是谈话体的，主持人对所谈话题的结论要有明确的认识，要清楚。主持人必须使用普通话主持节目。

（2）整组节目主持人的语言比例要得当，要体现主持人驾驭节目话题的能力。

（3）主持人主持节目要体现与听众或与嘉宾的交流。

（4）主持人在话筒前要注意自己的形象，要体现大气、正派、有修养和首都台的风范。

（5）主持人的语言要精练、准确、规范，不得使用粗俗语言，避免有损形象的语病。

（6）主持人主持节目时配有音乐，搭配要适当，不得配乐声过大。

6. 娱乐性综艺节目

（1）主持人不得胡编乱造，随意调侃，要坚持思想性、艺术性、娱乐性和可听性高度统一的编辑原则。

（2）坚持高品位、高格调，反对媚俗，坚决制止播出色情、凶杀、暴力、愚昧、迷信及其他格调低下的内容。

（3）每档节目要有播出栏目数量的要求。

（4）对编排艺术的要求，如节目重点是否突出，内容搭配是否合理，整体串联是否连贯等。

7. 文摘节目

（1）每组文摘稿件要有数量上的要求。

（2）每组文摘既要体现内容丰富多彩，又要重点突出，表现明确的编辑思想。

（3）文摘所选稿件要报道最新信息，反映最新理论观点、最新方针政策、最新思想理念。

8. 评论性节目

（1）立论要明确，观点要鲜明，论据要充分，说理要透彻，文风要朴实。

（2）该长则长，该短则短，提倡短小精悍，不拘一格。

（3）充分发挥音响的优势，提倡搞录音评论。

三、几点说明

1. 收费保健品节目、二类广告节目不在考评之列。

2. 电大、电中及外语教学节目不在考评之列。

3. 英语新闻节目不在考评之列。

4. 专业广播提出不参加考评的节目，经编务会同意后，不列入考评之列。

5. 各专业广播在确定节目质量要素时，可不列通用要素，只按分类节目质量要素要求确定节目质量要素即可。

6. 同一个节目如有若干栏目，应根据栏目所播内容，属于哪一类节目，就按哪一类节目要求确定节目质量要素。

7. 节目名称、方针、质量要素一经编务会批准，不宜频繁变动。确须改变的，需提前一周报编务会审批，自批准之日起生效。

本意见于 2001 年 11 月 15 日颁布执行；2002 年 6 月 17 日修订；2003 年 5 月 12 日再次修订；2004 年 9 月再次修订，10 月 15 日起执行。

二〇〇四年九月二十七日

关于节目质量考评的扣分细则

（试行）

（RB/ZBS—GL—015）

京广播宣字［2004］18 号

根据京广播宣字［2004］17 号《关于确定节目质量要素的意见》（试行）和京广播宣字［2004］16 号《关于开展节目质量考评的实施办法》文件精神和要求，考评节目打分总的原则是：严格以通用节目质量要素、分类节目质量要素和节目方针为准绳，对播出节目的各项指标进行考评。考评打分采取扣分办法，节目满分为 100 分。考评按下列标准扣分（一至十五条指通用节目质量要素）：

一、出现下面问题之一的节目，本月考评为 0 分：

1. 违反第一条，发生严重舆论导向问题。

2. 违反第二条，严重违背党的理论、路线、方针和政策。

3. 违反第三条，播出假新闻。

4. 违反第七、八、十四、十五条严重违反宣传纪律，造成恶劣影响。

二、违反下面其中一条，至少扣 41 分。

1. 违反第四条，未经批准开办新节目（栏目）。

2. 违反第五条，节目内容严重违背节目方针要求。

3. 违反第六条，主持人未经资格认定而上岗。

4. 违反第七条，节目中发表与党和

政府的方针、政策不一致的错误言论。

5. 违反第八条，邀请上级不允许邀请的人当嘉宾。

6. 违反第十条，出现 3 分钟以上空播等现象。

7. 违反第十一条，因未严格遵守审稿和节目重播重审制度，而造成严重播出差错。

8. 违反第十五条，短信内容胡编乱造，低级媚俗。

三、有下面情况之一的，至少扣 21 分。

1. 违反第二条，出现一般性方针、政策性差错。

2. 违反第九条，未能准确把握宣传口径而造成差错。

3. 违反第十条，节目出现声音不清晰、不连贯，导致声音失真、劣播。

4. 违反第十一条，不遵守审稿规定及节目重播重审制度，出现日期、时间等一般性差错。

5. 违反第十四条，出现一般性泄密。

四、违反第六条，主持人不报名字，扣 5 分。

五、违反第六条，因读错字音、音调，读白字，断错或读错句子，不影响语意，一次扣 3 分，影响语意，一次扣 5 分。

六、违反第六条，磕巴。直播节目：以 5 分钟为一个计算单元，磕巴超过 2 次（不含 2 次），每一次扣 0.5 分。以此类推。录播节目：磕巴 1 次，扣 5 分。

七、违反第十二条，节目播出不准时（特殊情况除外），提前或推迟 2 分钟以内开始或结束，扣 5 分，2 分钟（含 2 分钟）以上，扣 10 分。

八、违反第十二条，节目播出不完整，有头无尾或有尾无头，扣 10 分，无头尾扣 21 分。

九、违反第十三条，补充音乐等超过节目时间的 20%，扣 5 分。

十、违反第三条，出现人名（省部级以上领导和知名人士）、地名等事实差错，扣 41 分；一般人名等事实差错扣 10 分，节目中对一个人的称谓混乱扣 10 分。

十一、违反第五条，节目内容偏离节目方针，至少扣 20 分。

十二、违反分类节目质量要素，根据问题的大小和重要程度，每一项扣 5—21 分。

十三、违反第九条，未能准确把握宣传口径，出现不妥当的称谓，扣 3—5 分。

十四、违反新闻性节目质量要求（8），新闻来源不明，扣 5 分。

十五、违反文艺性节目质量要素（8），出现差错，视情节按第一、二、三的有关条款处理。

十六、违反主持人直播节目质量要素（4），有损形象的语病，扣 5 分。

十七、违反主持人直播节目质量要素（6），配乐声音过大，扣 3 分。

十八、违反娱乐性综艺节目（1）及其他相关节目，调侃与节目内容无关的话题超过一分钟，扣 10 分。

十九、同一节目，当月考评时出现上月考评报告中指出的同样问题，按上月扣分的二倍扣分。

本细则于 2002 年 1 月 9 日颁布执行；2002 年 6 月 17 日修订；2003 年 5 月 12 日第二次修订；2004 年 9 月第三次进行修订，10 月 15 日起执行。

二〇〇四年九月二十七日

关于对《节目质量考评报告》中指出的问题进行回复的规定

（RB/ZBS—GL—016）

京广播宣字［2004］19号

自开展节目质量考评工作以来，每月的《节目质量考评报告》都指出若干问题，各专业台对这些问题都十分重视，及时处理。为便于了解全台情况，便于各专业台之间沟通和交流，经考评委员会研究决定，对“报告”中指出的有些问题，各专业台要及时给予回复。具体要求如下：

一、对涉及舆论导向、宣传口径、重大播出差错、格调低俗等重要问题的，需要回复。

二、需要回复的问题要说明经核实，是否属实。如有异议，可说明理由进行复议；如属实：

1. 说明问题发生的原因。

2. 说明对问题是如何处理的。

3. 对此类问题的整改措施。

三、考评办公室及时将各专业台的回复汇总，并编辑《考评问题回复通报》，随下月考评报告一起下发。

四、各专业台的回复及复议时间为每月20日之前。需要回复的问题，请看节目质量考评报告中的说明。

二○○四年九月二十七日

关于年度优秀节目的评选办法

（RB/ZBS—GL—017）

京广播宣字［2004］20号

为进一步促进我台的节目创优，鼓励采编播人员多出精品，我台对年度全台优秀节目评选规定如下：

一、参评项目

参评项目与中国广播奖评选项目接轨，分为五类：

1．新闻类。包括短消息、长消息、系列报道和连续报道、评论、专题、新闻编排、现场直播。

2．社教类。包括对象性节目、公众性节目、知识性节目、对台港澳节目、特别节目。

3．文艺类。包括音乐节目、文学节目、戏曲·曲艺节目、长篇连播、综艺节目、广播剧。

4．播音与主持作品。包括广播播音作品和广播主持作品。

5．对外广播节目。

二、评奖办法

1．年度评选由评委会评定。评委会由有关专家和总台台长、总编辑、副总编辑和专业台台长及有关部门领导组成。

2．各专业台推荐的参评节目，须经本专业台初评确定。

3．评奖工作由总编室具体组织实施。

三、评奖数额及奖励标准

全台年度推荐参评的数额为110篇左右，设一等奖15篇，奖金600元；二等奖30篇，奖金400元；三等奖45篇，奖金200元。

本办法于2001年12月28日颁布执行；2004年9月修订，10月15日起执行。

二〇〇四年九月二十七日

关于举办论文评选活动的办法

（RB/ZBS—GL—018）

京广播宣字［2004］21号

为进一步鼓励全台职工钻研业务，在全台范围内创造更加浓厚的业务研讨氛围，从而促进广播节目质量、管理水平的提高，台务会决定，自1996年起，每年举办一次论文评选活动。具体评选办法如下：

一、参评范围

凡在评选年度内刊登在本台《宣传业务》及《北京广播电视》、《中国广播电视学刊》、《中国广播》等学术研究刊物上的论文、经验总结、体会文章、调查报告均可参加评选。

二、设奖及奖励标准

每年评定获奖作品15篇，其中一等奖3篇，二等奖5篇，三等奖7篇。一等奖奖励1 500元，二等奖奖励1 000元，三等奖奖励600元。获奖作品均颁发获奖证书。

三、评选办法

评选工作由自我推荐、总编室初选、评委会评定三步完成。每年1月份开始自我推荐（刊登在《宣传业务》上的稿件均视做推荐稿件），在此基础上由总编室初选25篇左右推荐给评委会，由评委会评选出一、二、三等奖。

四、评委组成

为便于了解情况，促进各专业台各部门业务研讨工作的开展，评委会由总台有关领导、专业台台长、总编室、信息资料中心主任组成。评选的具体工作由总编室负责。

本办法于1996年12月26日起执行；2001年12月31日修订；2004年9月再次修订，10月15日起执行。

二〇〇四年九月二十七日

关于举办名牌节目（栏目）评选活动的办法

（RB/ZBS—GL—019）

京广播宣字［2004］22号

名牌节目是新闻媒体的标志和象征。创办名牌节目是推动全台节目质量提高的重要举措，是扩大电台社会影响、吸引广大听众的有效途径。为了进一步推动我台创办名牌节目（栏目）工作的深入开展，经编务会研究决定，今后每年进行一次名牌节目的评选工作。评选办法如下：

一、参评条件

1. 参评节目必须是连续播出一年以上的节目，且每周播出至少一次。

2. 参评节目必须是本专业台（部门）重点创办的节目，有明确的节目方针，有固定的播出时间、固定的采编播人员和固定的节目主持人（播音员）和包装形式。

3. 参评节目为受众所熟悉和欢迎，在社会上有较大影响，并为广播界有关专家学者所公认。

二、评选标准

1. 体现为人民服务、为社会主义服务、为全党全国工作大局服务的方向，体现团结、稳定、鼓劲，正面宣传为主的方针，有很好的社会效果。

2. 内容丰富，贴近实际、贴近生活、贴近群众，时代感强，受众欢迎，有较大的社会影响。

3. 导向正确，品位高雅，采访深入，编辑制作精良（评选年度内出现过重大差错，不得参评）。

4. 形式新颖，特色鲜明，生动感人，听众反映好。

三、评选程序与要求

1. 名牌节目的评选，由各专业台、各部

门首先进行初评，然后推荐到总台参与定评。

2. 报送材料要求：①年度工作总结（1000字以内，含栏目改版创新、安全播出等内容）；②栏目所覆盖地区收听率或目标听众占有率、满意度排名等社会调查情况；③送年度播出的10次节目的选题（包括播出日期、播出内容）；④代表作，上、下半年各一篇代表作的录音带或CD；⑤填写《参评节目推荐表》；⑥听众对节目评议的来信2篇（复印件）。

参评节目代表作须是原作，不得为参评而重新编排节目。

3. 由总台领导和专家组成定评委员会进行评选。

四、推荐数量

新闻台、经济台、交通台、音乐台、文艺台各报4—6个；首都生活台、体育台各报3—5个；外语台可报2—3个、总编室报1个。

五、评奖数量

名牌栏目10个，优秀栏目20个。

六、奖励标准

名牌栏目：按参与名牌节目（栏目）的主创人员计算，每个名牌节目（栏目）每人奖励人民币2000元，但每个栏目最多不超过人民币4万元。

优秀栏目：按参与优秀节目（栏目）的主创人员计算，每个优秀节目（栏目）每个奖励人民币1000元，但每个栏目最多不超过人民币2万元。

荣誉栏目：连续三年被评为名牌栏目，可保持荣誉称号三年。保持称号期间，每年需复审，但不占名额，奖金照发。如不符合名牌栏目标准，取消荣誉栏目称号。

七、奖励的有关具体要求

名牌栏目和优秀栏目的奖励为每个栏目全年直接参与节目采编播、主持的主创人员（不包括审稿的总编、副总编、专业台台长、副台长、不参与节目采编主持的监制以及服务性人员，如录音制作、导播、打字、处理信件、提供资料者等）。

领取奖金的人员个别情况按如下规定办理：

1. 本台签约人员（正式人员）工作变动的可根据从事本栏目的工作时间长短按比例领取奖金。

2. 客座人员凡干满一年的可给予奖励；兼职客座视其完成岗位工作的比例发放奖金。

3. 本岗位人员按栏目的定员计算，如果两个人或多个人从事一个人额定的工作，应按一个人算，只能几个人分一个人的奖金额。

4. 凡属于制作公司制作的栏目，不分人数多少，名牌栏目奖励人民币2万元，优秀栏目奖励人民币1万元。

本办法于2001年9月起执行，2004年9月修订，10月15日起执行。

二〇〇四年九月二十七日

关于开展“听众喜爱的名牌栏目”评选活动的办法

(RB/ZBS—GL—020)

京广播宣字［2004］23号

名牌栏目是新闻媒体的标志和象征。创办名牌栏目是推动全台节目质量提高的重要举措，也是电台扩大社会影响、吸引广大听众的有效途径。为此，我台决定从2004年起，每两年举办一次“听众喜爱的名牌栏目”评选活动。

具体办法如下：

一、参评资格

1. 参评栏目原则上是连续播出一年以上、正在开办、每周播出至少一次且还将继续办下去的栏目。节目调整较大的专业广播新开办的栏目也可参评，但要严格控制。

2. 参评栏目必须是本专业广播（部门）重点创办的栏目，有明确的节目方针，有固定的播出时间、固定的采编人员和固定的节目主持人（播音员）。

3. 参评栏目为受众所熟悉和欢迎，在社会上有较大影响，并为广播界有关专家学者所公认。

二、参评条件

1. 以邓小平理论和党的基本路线为指针，体现为人民服务、为社会主义服务、为全党全国工作大局服务的方向，体现团结、稳定、鼓劲，正面宣传为主的方针，有很好的社会效果。

2. 内容丰富，贴近实际，贴近生活，贴近群众，时代感强，受众欢迎，有较大的社会影响。

3. 导向正确，品位高雅，采访深入，编辑制作精良，近一年内未出现过重大差错。

4. 形式新颖，特色鲜明，生动感人，听众反映好。

三、推荐数量

新闻广播、经济广播、交通广播、音乐广播、文艺广播各报5—7个；首都生活广播、体育广播各报4—6个；外语广播可报2—3个；总编室报1个。

四、参评要求

1. 名牌栏目的评选，由各专业广播首先进行初评，然后推荐到总台参加社会评选。

2. 参评栏目需填写《参评栏目推荐表》和1000字以内的栏目简介，报送栏目有关人员的工作照片一张。

五、评选方法

1. 评选前在有关报纸、网站、电视和本台播发消息，向社会介绍评选活动。

2. 在有关新闻媒体和网站上介绍候选栏目的情况，引起社会和群众的关注，动员群众参与评选活动。

3. 栏目评选采取网上、短信、信件和电话等投票方式，扩大参与评选群众的范围。

4. 根据听众投票结果评选出“听众喜爱的名牌栏目”，前10名为“听众喜爱的名牌栏目”，随后的20名为“听众喜爱的优秀栏目”。

六、奖励标准

1. 入选为“听众喜爱的名牌栏目”，按参与名牌栏目的主创人员计算，每个名牌栏目每人奖励人民币3000元，但每个栏目最多不超过人民币4万元。

入选为“听众喜爱的优秀栏目”，按参与优秀栏目的主创人员计算，每个优秀栏目每人奖励人民币2000元，但每个栏目最多不超过人民币2万元。

2. 对参与投票的听众设一等奖10名，二等奖50名，三等奖200名，在投票的听众选票中抽奖。奖励标准：一等奖2000元、二等奖800元、三等奖300元。

七、奖励的有关具体要求

名牌栏目和优秀栏目的奖励为每个栏目全年直接参与节目采编播、主持的主创人员（不包括审稿的总编、副总编、专业台台长、副台长、不参与节目采编主持的监制以及服务性人员，如录音制作、导播、打字、处理信件、提供资料者等）。

领取奖金的人员个别情况按如下规定办理：

1. 本台签约人员（正式人员）工作变动的可根据从事本栏目的工作时间长短按比例领取奖金。

2. 客座人员凡干满一年的可给予奖励；兼职客座视其完成岗位工作的比例发放奖金。

3. 本岗位人员按栏目的定员计算，如果两个人或多个人从事一个人额定的工作，应按一个人算，只能几个人分一个人的奖金额。

4. 凡属于制作公司制作的栏目，不分人数多少，名牌栏目奖励人民币2万元，优秀栏目奖励人民币1万元。

八、评选后在有关媒体上公布评奖和抽奖结果，并召开颁奖大会

九、对评选活动的全过程均请公证处公证

本办法于2004年2月起执行，2004年9月进行修订，10月15日起执行。

二〇〇四年九月二十七日

关于开展"听众喜爱的主持人"评选活动的办法

（RB/ZBS—GL—021）

京广播宣字［2004］24号

为了给主持人提高业务水平创造一个良好的氛围，扩大主持人在听众中的影响力，努力培养一批在社会上立得住、叫得响的名牌主持人，编务会研究决定，从2003年起每两年开展一次"听众喜爱的主持人"评选活动。

一、参评资格

1. 参评者须是北京电台播音主持管理委员会认定的主持人。

2. 参评主持人须在我台具有三年以上主持经历，且目前正在我台主持节目。

3. 每周主持节目不得少于一次。

同时具备上述三条要求者具有参评资格。

二、参评条件

1. 坚持正确的舆论导向，模范遵守宣传纪律，对社会和受众有强烈的责任感。

2. 有良好的语言、文字基本功和较高的综合素质；能通过主持人个性与节目宗旨的有机统一形成为受众喜闻乐见的主持风格；有较强的节目驾驭能力；认真钻研、勇于探索，在主持人业务或理论研究方面有一定成果。

3. 主持人在受众中拥有较高知名度，所主持的节目得到受众和专家的好评，并有较高的收听率；遵守职业道德，社会形象良好。

三、推选比例

按各专业广播现有主持人的25%左右的比例推荐参评。

四、参评要求

1. 填写《参评听众喜爱的主持人登记表》，单位领导签字。

2. 提交一张2寸正面免冠照片和一张5寸艺术照（供宣传、上网用，数码照片也可以），照片背面注明姓名和播音主持名。

3. 提交一份个人简介，300字以内，重点介绍本人的基本情况、主持经历、正在主持的节目特点、业绩等情况（发到内网总编室邮箱：ZBS）。

五、评选办法

1. 在有关报纸、电视上刊发消息，向社会介绍评选活动。

2. 在有关新闻媒体和网站上介绍候

选主持人情况，引起社会和群众的关注，动员群众参与评选活动。

3. 采取网上、短信、信件和电话等投票方式，扩大参与评选群众的范围。

4. 根据听众投票结果评选出“听众喜爱的主持人”30名，前10名为“听众喜爱的最佳主持人”，随后的20名为“听众喜爱的优秀主持人”。

5. 对参与投票的听众设一等奖10名，二等奖50名，三等奖200名。

6. 对听众投票的统计和听众一二三等奖的抽取均请公证处公证。

六、奖励标准及办法

1. 对获奖听众颁发奖金，一等奖2000元，二等奖800元，三等奖300元。

2. 向获奖主持人颁发奖金、奖杯和证书，其中最佳主持人每人奖励5000元，优秀主持人每人奖励2000元。

七、举办“听众喜爱的主持人”节目展播

10名最佳主持人和20名优秀主持人要拿出自己最好的节目参加“听众喜爱的主持人”节目展播，在7个专业广播中安排播出，号召听众参加评议，来稿刊登在《听众反映专辑》上。

当选主持人提供参加展播的代表作要求如下：

1. 当年播出过的时效性不强的节目，也可以是获奖主持人专门为展播特意制作的节目。

2. 代表作应为主持人节目，界定标准为：传播者在节目中以主持人的身份出现；能体现出主持人对节目的驾驭能力；语言表达方式以谈话体为主；具有直接的话语交流情态。

八、评选后在有关媒体上公布评选和抽奖结果，并召开颁奖大会

本办法于2003年6月颁布执行，2004年9月进行修订，10月15日起执行。

二〇〇四年九月二十七日

关于创办《内部参考》的几点意见

(RB/ZBS—GL—022)

京广播宣字［2004］25号

为了更好地发挥新闻媒体的社会监督作用，及时反映来自基层的真实情况，为上级领导研究部署工作提供决策参考依据，经编务会研究，本台决定创办《内

部参考》。

一、《内部参考》刊发的内容

《内部参考》属机密性内部刊物。刊登内容主要包括以下几方面：

1. 可能影响首都稳定的突出问题；

2. 群众反映比较强烈的问题；

3. 不同阶层不同职业的人们一段时间以来的不同心态；

4. 群众对市委、市政府各方面的批评意见；

5. 各界人士对国内外重大事件具有代表性的看法；

6. 对解决本市难点问题具有参考价值的建议。

二、《内部参考》稿件的要求

1. 以报道问题为主，反映深层次的动向性问题，特别是要反映来自基层的真实情况，以便领导及时了解社情民意。

2. 报道方式既可以是文字稿也可以配有录音磁带（配有录音磁带须是录制完成的完整报道）。

3. 文字稿最好限制在千字左右，录音报道最好不超过 10 分钟。

4.《内部参考》实行三级审稿制度，各专业台送交的稿件须经专业台台长审定。

三、创办《内部参考》的组织落实

1. 总编室负责《内部参考》的组织、编辑、校对、出刊工作。

2. 编辑、记者提供内参稿件纳入各专业台制定的工作指标。

3. 被采用的内参稿件每条稿费标准为 200 元至 400 元，重大稿件酌情增加。

本意见于 1998 年 4 月 22 日开始执行；2001 年 12 月 31 日修订；2004 年 9 月再次修订，10 月 15 日起执行。

二〇〇四年九月二十七日

关于节目监听工作的管理办法

（RB/ZBS—GL—023）

京广播宣字［2004］26 号

为适应广播改革不断深化的需要，加强宣传管理，促进我台舆论引导水平和节目质量的提高，经台务会研究决定，在总编室设退休人员节目监听组，加大对全台节目的监听力度。具体要求及管理办法如下：

一、监听工作的任务

监听本台各专业台的节目；每两周出

一期《监听报告》，如没有可出内容，可视情况适当延长《监听报告》的出版周期。

二、监听节目的重点

开通热线、短信的直播节目；谈话类节目、新闻及新闻性专题节目；综艺类节目，视情况和监听工作需要扩展到其他节目。

三、监听节目的标准

1. 所播出的节目是否有导向问题或严重差错；

2. 所播出的节目是否符合办台方针及节目方针；

3. 所播出的节目在贯彻执行党的有关宣传方针、政策及把握宣传口径等方面的情况如何；

4. 有无人名、地名、单位名、数字、日期差错或事实差错；

5. 有无录音质量问题，是否空播、误播、超时等；

6. 节目质量是否符合播出标准。

四、监听工作的原则

精讲成绩，细挑毛病，善提建议，重点分析。重点是挑毛病。

五、严格报告制度

1. 监听人员对所监听的节目要及时填写监听记录，包括专业台、播出时间、栏目名称、主持人、节目内容、差错情况等，发现重要差错要及时报告总编室有关领导。

2.《监听报告》一般是在周四编前会上发到各专业台。各专业台要根据《监听报告》刊登内容及台领导的意见，对本专业台问题进行查处，并将重要差错的处理及改进情况及时写出“监听回复”交总编室。

本规定于 1995 年 8 月 1 日起执行；2001 年 12 月 31 日修订；2004 年 9 月再次修订，10 月 15 日起执行。

二〇〇四年九月二十七日

关于播音主持管理委员会工作的意见

（RB/ZBS—GL—024）

京广播宣字［2004］27 号

为了适应广播改革发展的需要，更好地贯彻落实国家广播电影电视总局关于《播音员主持人持证上岗规定》，促进我台播音、主持的业务建设，加强我台对播音员、主持人的管理，经研究，根据实际需要，调整播音主持管理委员会组成人员，明确机构的性质及其职责。现通知如下：

一、机构性质

播音主持管理委员会是我台对播音主持业务进行研究和对播音员、主持人进行管理的业务管理组织。属于非正式建制。

二、机构组成

主　任：汪良

常务副主任：陆莹

副主任：亢亚志、王福全、郑金诗、杜敏

委　员：梁言、冉迪、陶津、李秀磊、沈弘、孙萱北、李彦平、季燕

三、机构任务

1. 协助台领导把好进人关，保证播音主持人员的标准水平。

今后所有进台担任播音、主持工作的人员，一律要经过播音主持管理委员会进行资格审查认定。

2. 组织全台播音员、主持人进行业务交流。

3. 对全台播音员、主持人进行业务培训。

4. 组织协调普通话水平测试。

5. 组织协调播音员、主持人上岗证书培训考试与认证管理。

6. 组织协调各级播音主持作品奖和播音主持论文奖参选作品的筛选与推荐。

7. 随着形势的发展，为播音、主持专业技术岗位的确认或评定提供参考意见。

8. 根据专业台需要，协助专业台对播音员、主持人进行管理与培训。

四、工作方式

1. 各专业台、各部门选用播音员主持人时，各专业台的播音主持管理委员会委员要参与意见。

2. 播音主持管理委员会对申报人员逐一核查（审听），经讨论后，采取无记名投票方式对所申报的播音员、主持人资格进行认定。

3. 日常工作的实施与管理由总编室、人事部负责。

本意见于2004年10月15日起执行。

二〇〇四年九月二十七日

关于对外统一联络的有关规定

（RB/ZBS—GL—025）

京广播宣字［2004］28号

随着广播改革的不断深入，我台各项事业都有了飞跃的发展。为了减少与外界联系的环节，有效合理地利用各种资源，做到资源共享，节约开支，经研究，就有

关对外统一联络的相关事宜规定如下：

一、关于天气预报

凡属开办节目、栏目需与气象台联系气象信息，不论是公共气象信息，还是个性需要的专业信息，均须将意图报总编室，由总编室、广告部统一协调对外洽谈。

二、关于刊登彩页专版

凡属自我宣传需要，拟在外部媒体刊登彩页专版，均需事先报办公室备案，并经台领导批准方可实施。

三、关于订阅内部参考资料

鉴于《内部参考资料》类别、形式繁多，且分属于不同级别，仅供参考，不能用于节目播出，因此要严格控制。如果确属需要，须事先报总编室，经领导批准后，由信息资料中心联系订阅，并留存信息资料中心共享。

四、关于新华社稿件

我台采用的新华社稿件由总编室、技术中心统一对外联络订制。凡属于办节目或搞好宣传战役有新的要求，均须将意图报总编室，由总编室协调联络办理。

以上规定自 2002 年 10 月 23 日开始执行；2004 年 9 月修订，10 月 15 日起执行。

二〇〇四年九月二十七日

关于主持人短信互动平台使用的管理规定

（RB/ZBS—GL—026）

京广播宣字［2004］29 号

北京人民广播电台主持人短信互动平台是为了适应广播发展的需要，推动广播数字化及增加电台与听众之间的互动性而建立的，其目的就是为主持人与听众的实时沟通提供崭新便捷的渠道，使节目形式多样，增加吸引力，扩大电台节目的品牌优势与竞争力。为使手机短信互动平台在各专业广播节目中发挥应有的作用，保证安全、可靠地运行，特制定本规定。

第一条 北京人民广播电台主持人短信互动平台的建设、开发、运行和维护由信息资料中心负责，网络节目科具体负责实施。

第二条 北京人民广播电台特服号码移动 08821；联通 8821。总台与专业广播之间采用子服务代码方式，具体分配如下：

新闻广播：移动 08821828
联通 8821828
经济广播：移动 08821026
联通 8821026
首都生活广播：
移动 08821603
联通 8821603
交通广播：移动 08821039
联通 8821039
体育广播：移动 08821927
联通 8821927
音乐广播：移动 08821974
联通 8821974
文艺广播：移动 08821876
联通 8821876

第三条 鉴于我台已有短信特服号，本着“统一服务，统一管理”的原则，各专业广播开办的短信互动节目一律使用本台短信特服号，不得再与台外公司签订短信合同

第四条 各专业广播开办的短信节目代码由信息资料中心统一设置，如需增添新栏目须报信息资料中心，同相关业务人员确定业务方式后再由技术人员根据申请开通栏目，设置用户管理权限，通知开通日期和用户名、密码。

第五条 如遇有特殊需求，使用者须提交详细需求说明，由本台短信业务人员和软件开发人员制定开发方案并进行开发。

第六条 北京人民广播电台主持人短信互动平台的域名为 http：//sms.bpbs.cn/zhuchi/login.php。

第七条 主持人和网络管理人员不得对外透露手机用户的任何资料，无权利用群发功能向手机用户下发任何带有广告性的信息。

第八条 主持人和网络管理人员不得对手机用户进行强制和恶意定制，由此引起的客户投诉由当事人负责并处以罚款。

第九条 管理和使用人员要提高网络安全意识，在网络建设中必须加强安全技术和手段的应用，对信息系统的安全进行随时监控，对操作系统、数据库系统和应用系统进行安全加固等。

第十条 系统管理员要定期对短信平台进行数据备份，防止系统发生意外造成数据丢失。

第十一条 管理和使用人员不得对外泄露短信平台的网址、密码和用户手机资料等重要内容。

第十二条 本台短信听众参与节目单条收费 0.5 元，包月和其他形式的收费标准另行制定。如需变更收费标准须报台领导，批准后方可实行。

第十三条 本规定由信息资料中心负责解释。

第十四条 本规定自 2003 年 11 月起实行，2004 年 9 月进行修订，10 月 15 日起执行。

二〇〇四年九月二十七日

关于网上播出节目的管理规定

（RB/ZBS—GL—027）

京广播宣字［2004］30号

北京人民广播电台网站（简称“外网”）是我台对外宣传的重要窗口之一。将各专业广播播出的音频节目压缩上网以及将部分节目的文字内容上网，是扩大节目传播渠道、弥补广播稍纵即逝之不足的重要措施。

电台网站的规划、建设、管理是我台信息资料中心的重要职责之一，节目上网工作由信息资料中心网络节目科具体负责。为规范节目上网流程，理顺与各部门及各专业广播的接口环节，加强对节目上网的管理，特制定本规定。

一、音频节目上网

（一）上网的音频节目来源是：电台已播出的节目。

（二）音频节目在规定的频道上播出。频道的设置应根据需要及时调整。

（三）广播节目的网上直播由电台音频压缩工作站完成，音频压缩工作站的软、硬件维护由本台技术中心负责。

（四）信息资料中心网络节目科负责监视音频节目的播出，发现问题及时处理。

（五）有关音频压缩工作站的软、硬件更新等重大问题由信息资料中心和技术中心共同协商解决。

二、节目文字内容上网

（一）上网的节目文字来源：各专业广播指定的网络管理员送交的已播出节目稿件；各专业广播网站已发布的精彩节目稿件。

（二）上网的节目文字内容发布在“新闻播报”、“DJ特区”、“专题报道”、“互动栏目”等频道和栏目中。

（三）节目文字内容上网的具体操作过程由信息资料中心网络节目科完成。

1．由专人负责与各部门、各专业广播网络管理员的联系、沟通，并对所提供、发布的稿件进行记录、统计。

2．由专人负责稿件选择，选择标准为本台自采的各类新闻、专题、直播访谈节目，社会关注程度高、影响面大的事件报道，以及与百姓生活相关的服务性节目。

3．对稿件的修改仅限于：注明稿件的播发时间、来源；纠正稿件中明显的错字、错词；为新闻制作标题，在长消息和专稿中增加小标题或关键词；统一字体、字号、颜色、格式等。

4．由专人负责稿件的录入、校对和发布，文字录入准确率须达到99%以上。

5．网络节目科科长负责上述四方面

工作的监督、检查并签发《网络节目稿签》。

（四）由于音频播出的节目已经专业台审批，上网时节目的文字内容不再重新批准。各专业广播和有关部门网络管理员应及时向网络节目科提供节目文字稿件，网络节目科负责当天上网。网络节目科对节目文字上网过程实施控制。

本规定自2003年11月起实行，2004年9月进行修订，10月15日起执行。有关内容由信息资料中心负责解释。

二〇〇四年九月二十七日

关于新闻资料采购的管理规定

（RB/ZBS—GL—028）

京广播宣字［2004］31号

新闻资料是编辑记者主持人从事新闻业务活动时必需的原材料，主要包括图书、报刊及其电子版数据、音像制品等。新闻资料采购是本台的重要支出项目之一。为了更好地规范采购流程，最大限度地实现资源共享，尽可能地节约电台资金，特制定本规定。

第一条 全台新闻资料的采购工作由电台信息资料中心负责，由中心主任、副主任组成的采购监审小组具体负责实施。

第二条 信息资料中心每年年底制定第二年的年度采购预算计划，并报主管台领导审批。

第三条 信息资料中心按年度预算计划实施新闻资料的采购，并对每批采购填写相应的《采购计划单》、《采购验收单》和《不合格产品记录单》。

第四条 信息资料中心每年对产品供方资质进行重审，并填写《供方综合评价表》和《合格供方名单》。

第五条 信息资料中心主任对新闻资料采购的审批限额为5000元。5000元至1万元（不含5000元）的采购计划报主管台领导审批。1万元以上的采购计划报总台台长审批。

第六条 各部门、各专业广播的新闻资料采购需求随时以口头、书面、电话、电子邮件等形式告知信息资料中心采购监审小组，由其填写《顾客需求登记表》，并适时纳入采购计划。

第七条 各专业广播可进行零星（10盘/册以内）的新闻资料采购，但事先必须填写《采购计划单》，经本部门领导和信息资料中心主任审批后方可实施。发票与实物一并交信息资料中心主任进行审核、签字。

第八条 由各专业广播出资购买的音像资料、外台节目带等可由各台自行保管、使用，信息资料中心未收藏的音像制品各专业广播须及时交信息资料中心音响资料科进行复制、上网。但个别珍贵的音像制品原版须交信息资料中心保存。

第九条 如果发生专业广播不按照上述规定执行的情况，信息资料中心有权终止对该台资料采购的审批。

第十条　本规定由信息资料中心负责解释。

第十一条　本规定自2003年11月起实行，2004年9月进行修订，10月15日起执行。

二〇〇四年九月二十七日

关于外网的管理规定

（RB/ZBS—GL—029）

京广播宣字［2004］32号

北京广播网是我台对外宣传的重要窗口之一,为扩大北京广播网的影响,规范我台网上资源的对外合作,充分利用网上资源优势,促进网站的进一步发展,特制定本规定。

第一章　组织机构

第一条　北京广播网的建设、管理、网络、运营由信息资料中心负责。

第二条　北京广播网及各专业广播网站中英文域名的申请、变更、撤销统一由信息资料中心管理。

第三条　各专业广播要设专职网络管理员（有一定策划、编辑能力，掌握网络知识）负责网络工作。除维护好自己的网站之外，还应及时将节目信息、节目内容、重大活动等提供给广播网，随时收集专业广播对广播网的反馈信息，以便广播网工作的改进。北京广播网负责定期对网络管理员进行业务培训。

第二章　网站宣传

第四条　各专业广播应加强对北京广播网的宣传力度，十大名牌栏目在节目结束前要统一加“详细内容请点击北京广播网 www.bjradio.com.cn”的内容。各专业广播在印刷名片、宣传品、纪念品时，应在显著位置标明北京广播网的网址。

第五条　各专业广播应及时提供最新的信息：文字、照片、录音等，丰富网站内容。各专业台记者同时又是网站记者，应为北京广播网写稿，拍照片，提供录音报道，重大突发性事件及时在网站发布，有些不适合在广播中播出的内容，经有关领导批准，可以在网站刊出。北京广播网将发放一定数量的稿酬（稿费发放标准另行制定）。

第六条　各专业广播策划的重大活动和直播，北京广播网应作为主办方参与前期的策划及活动、直播方案的确定。

第三章　网上资源管理

第七条　网上资源的范围包括：北京人民广播电台及新闻广播、经济广播、文艺广播、交通广播、体育广播、音乐广播、首都生活广播、外语广播等专业广播所拥有的一切声音、视频、图片、标识、新闻、素材、传记、介绍文章以及带宽、技术设备、网站系统、短信、彩信、彩铃、声讯、网络广告等。

第八条 网上资源的合作对象包括：北京人民广播电台以外的各政府部门、新闻媒体网站、商业网站、咨询公司、计算机软硬件公司等。

第九条 北京人民广播电台网上资源合作的主体是北京广播网，各专业广播不得与北京电台以外的合作对象擅自合作。如各专业广播确需与北京电台以外的合作方合作，北京广播网又不具备资质或技术条件，其合作由北京广播网负责项目监督管理。

第十条 网上资源的合作流程

1. 项目立项

根据网上业务的发展需要，总台和各专业广播如需开展网上资源业务，首先与北京广播网联系，进行项目论证，确立初步实施方案。如北京广播网不具备资质和技术条件，由北京广播网、专业广播共同与合作方进行论证，确定初步实施方案。

2. 项目审批

项目实施方案确立后，报总台领导和台务会审批。

3. 签署合作协议并实施

项目审批后，北京广播网和各专业广播签署合作协议，进入正式实施。如果有第三方合作，签署的协议报总台审批后方可实施。

第十一条 由北京人民广播电台网上资源再利用所产生的收益，统一归总台财务管理，或经台务会批准，按分成比例归各专业广播和北京广播网使用。

第四章 附 则

第十二条 本规定自2004年8月18日起实行。9月进行修订，10月15日起执行。

第十三条 本规定由北京广播网负责解释。

二〇〇四年九月二十七日

关于内联网使用的管理规定

（RB/ZBS—GL—030）

京广播宣字［2004］33号

北京人民广播电台内联网是顺应现代信息交流多元化的发展趋势，为创造更完善的办公环境而建立的电台内部局域网。其宗旨是：资源共享、服务宣传、辅助管理、提高效率。为保证内联网安全、可靠地运行，特制定本规定。

第一章 组织机构

第一条 北京人民广播电台内联网的

建设、运行和维护由信息资料中心负责，信息处理科具体实施。技术中心负责提供网络环境和全面技术支持。各专业广播和各职能部室设专人负责与信息资料中心联系，并负责本部门主管栏目的日常管理工作（包括本部门上网内容的收集、整理、审查、更新和栏目的日常维护工作）。

第二章　网页内容的发布、审批、管理

第二条　内网信息发布员由各部门及各专业广播副处级以上领导确认，信息资料中心为其设置权限并备案。

第三条　凡加盖“北京人民广播电台”公章的各种文件、规章制度、重要公告等，须经总台领导审批，由办公室统一录入，并发布到相应的栏目中，各部门不得私自发布。

第四条　一般性的公文、公告及部门信息，经各部门副处级以上领导批准后由内网信息发布员利用采编发系统发布。

第五条　《宣传业务》、《广播简报》、《听众反映专辑》、《传媒动态》等内部刊物，由主管领导审批后，将电子版文档传送到信息资料中心信息处理科信息发布员的内网邮箱中，由其统一发布。

第六条　公告栏由信息资料中心定期对其维护。对有长期保存价值的信息，如文件、规章制度、公文，将转发到相应的栏目中或放入数据库，以便日后查询。

第七条　网站服务、资料库、特别推荐、公用数据等栏目由信息资料中心维护和更新。

第八条　必须注意内联网各栏目上网信息的时效性和准确性，及时更新上网内容。所发布的信息必须有发布的日期和部门名称。

第九条　内联网各栏目内容由各部门领导负责审批。

第十条　各部门如需增加栏目须报信息资料中心，经主管台领导批准后，由信息资料中心为其开设。

第三章　网站运行维护

第十一条　内联网的域名为 http://www.bpbs.oa，bpbs 代表北京人民广播电台，oa 代表内部办公网；IP 地址为 172.16.1.1。推荐将内联网上计算机的浏览器主页地址设定为此地址。

第十二条　电子信箱供部门或者工作人员个人使用，其开设、维护和撤销，统一由信息资料中心负责。任何个人不得私开用户信箱。

第十三条　系统管理人员和信箱管理员不得对外透露用户的任何资料。

第十四条　内网采编发系统由信息资料中心管理和维护。

第十五条　各部门要经常检测网站的运行情况，发现问题及时与信息资料中心和技术中心联系。信息资料中心和技术中心也要经常监测内联网，发现问题及时通知各部门。

第四章　网站安全

第十六条　内联网管理和使用人员要提高网站安全意识，技术中心负责安全技术和手段的应用，信息资料中心对操作系统、数据库系统和应用系统进行安全加固等。

第十七条　系统管理员要定期对网站进行数据备份，防止系统发生意外造成数据丢失。

第十八条　管理和使用人员不得对外

泄露内联网的网址和网上内容。

第十九条 本规定由信息资料中心负责解释。

第二十条 本规定2001年6月27日发布，2004年9月进行修订，10月15日起执行。

二〇〇四年九月二十七日

关于在社会评比中获奖人员台内奖励管理办法

（RB/RSB—GL—005）

京广播台字［2004］35号

随着我台改革的不断深入，全台员工在各自的岗位上勤奋工作，取得了优异成绩，因此一些部门和个人在社会上不同层次的评比中被授予荣誉称号或业务获奖，这对扩大我台社会影响力起到了积极作用。为鼓励全台员工爱岗敬业，勤奋钻研业务，促进我台事业发展，根据国家对优秀人才予以激励、突出人才予以重奖的有关精神，特制定本办法。

第一条 由于目前各类社会评比范围不同、层次不同、称谓不同，因此台内奖励分为行政系统性、技术性、新闻业务性和广告行业四个部分。

第二条 为了体现对重大奖项给予重奖的精神，台内奖励只限于国家级和省市级的有关奖励。

第三条 行政系统性社会评比奖励

行政系统性社会评比分为国家和北京市组织的评比和系统组织的全国性评比。其中系统性的评比仅限于由国家人事部审批实施的全国系统性评比，这些评比多为授予称号式的精神奖励。

1．获得全国劳动模范、先进工作者称号或享受全国劳动模范待遇的奖励30000元。

2．获得省、市级劳动模范、先进工作者称号或享受省、部级劳动模范待遇的奖励20000元。

第四条 技术性评比奖励

1．获得中华人民共和国技术发明奖、中华人民共和国科技进步奖、国家最高科学技术奖、国家自然科学奖一等奖奖励30000元，二等奖奖励15000元，三等奖奖励10000元。

2．获得国家广电总局广播节目技术质量奖、技术维护奖、科技进步奖一等奖奖励15000元，二等奖奖励10000元，三等奖奖励5000元。

3．获得全国广播电视技术能手奖一等奖奖励8000元。

第五条 新闻业务性评比

新闻业务性评比奖励分为对个人和作品两种。

（一）对个人的奖励

1．获得范长江新闻奖、韬奋新闻奖奖励30000元，提名奖奖励15000元。

2. 获得全国优秀新闻工作者称号的奖励15000元。

3. 获得全国百佳新闻工作者称号的奖励10000元。

（二）对作品的奖励

1. 获得中宣部“五个一工程”奖（本台改编并制作）奖励15000元。

2. 获得中国新闻奖一等奖奖励30000元，二等奖奖励15000元，三等奖奖励8000元。

3. 获得中国广播奖、中国广播文艺奖、中国广播剧奖、中国播音与主持作品奖、中国彩虹奖（对外广播）、中国国际广播音乐节编钟奖、节目展播奖、中国国际新闻奖一等奖的奖励15000元，二等奖奖励8000元，三等奖奖励5000元。

第六条 广告行业评比奖励

中国广告协会组织的评比中，本台编辑、制作的广告作品获得一等奖的奖励10000元，二等奖奖励8000元，三等奖奖励4000元。

第七条 个人获得奖励的，奖金发给本人，个人所得税自理，属集体获奖的，由主创人员根据每个人贡献大小进行分配。

第八条 台内奖励属一次性奖励，除国家规定之外在本台内不与其他待遇挂钩。但属专业技术方面的奖励，在职称评定过程中，可优先向上一级评审委员会推荐，特别突出的可破格推荐。

第九条 台内奖励资格认定依据其发奖公章:新闻业务方面由总编室负责，报编务会确认，台务会审定，其他奖励由人事部与相关职能部室确认，报台务会审定。

第十条 台务会审定需要台内奖励的，由主管部门制单，人事部审批，台长加批后，由计财部发放。

第十一条 同一件作品多次获奖的，以最高奖项奖励，不重复计算。

第十二条 全台各部门社会评比中获奖的人员，在接到评比结果后要及时将有关材料及证书复印件送人事部，由人事部按档案管理规定归集入档。

第十三条 本办法由人事部解释。

第十四条 本办法自2004年10月15日起执行，原人字［1999］10号，人字［2000］19号文件同时作废。

二〇〇四年九月二十七日

北京人民广播电台关于保护无形资产的规定

（RB/YJS—GL—001）

京广播台字［2004］38号

为了保护我台无形资产，避免知识产权的流失，规范我台无形资产的使用，根据《中华人民共和国商标法》及其《实施细则》、《中华人民共和国著作权法》及其《实施细则》、《中华人民共和国专利法》及其《实施细则》等法律、法规，结合本台实际情况，经台务会研究决定，对我台无形资产保护作如下规定。

一、北京人民广播电台台名、台标及各专业台台名、台标、节目（栏目）名称以及节目独有的原创形式，都是北京人民广播电台的无形资产，其所有权为电台所有，任何单位、组织、个人（包括本台在职职工和离退休职工）不得以抄袭复制、商标注册、专利申请、版权登记等任何形式据为已有，侵害电台利益。

二、在北京人民广播电台工作的员工（含正式聘用、人才派遣、客座）及本台退休职工在职期间单独或集体策划、设计的与本台宣传、各类社会活动有关的栏目（节目）、图标、标版乐等，均属在职职务行为，一经电台采用，其作品知识产权归电台所有，不经电台同意，任何单位、组织、个人不得以任何形式在电台以外或与电台无关的场合使用。

三、北京电台所有文字资料、音像资料、电脑、工作站以及所有技术设备、行政办公设备，均属电台财产，只能用于电台宣传、管理及其他与电台有关的工作，不经电台同意，任何人不得用于与电台无关的经营或工作。

四、未经北京人民广播电台同意，以商标注册、专利申请、版权登记、抄袭复制等形式侵害电台利益、将电台无形资产据为已有，属社会单位或个人者，电台通过法律手段解决；属电台职工（包括离退休职工）者，经劝说无效，电台将根据情节轻重损失大小给予经济处罚，必要时诉诸法律手段解决。未经电台同意，使用电台无形资产或有形资产从事与电台无关的经营或工作，要劝说其改正，经劝说无效者，要视情节轻重给予纪律处分、经济处罚直到解除劳务合同、追究法律责任。

五、为了有效保护电台知识产权，成立北京人民广播电台知识产权保护领导小组，台长任组长，总编辑任副组长，其他台领导均为组员。领导小组下设工作小组，工作组由有关部门负责人组成，由一名副总编任组长、研究室主任任副组长。研究室安排专人做具体工作。工作组的职责是负责无形资产保护的日常工作，建立无形资产档案数据库，处理与知识产权保护有关的问题。

六、无形资产是电台财产的一部分，保护无形资产是每个员工应尽的责任和义务。每位员工都要提高无形资产保护意识和依法使用意识，如发现对电台无形资产的侵权行为，任何职工都有权向无形资产保护工作组反映和提交有关资料。由无形资产保护工作组进行查处。

七、本规定从发布之日起生效，在执行中如有问题，研究室负责解释。

二〇〇四年十一月一日

关于印发《北京人民广播电台处级领导干部考核工作规定（试行）》的通知

（RB/DB—GL—005）

京广播党字［2004］22号

各党支部、各部门：

现将《北京人民广播电台处级领导干部考核工作规定（试行）》印发给你们，望认真贯彻执行。

中共北京人民广播电台委员会

二〇〇四年十一月二十九日

北京人民广播电台处级领导干部考核工作规定（试行）

第一条 为全面、客观、公正、准确地考核领导干部的政治业务素质和履行岗位职责的情况，加强对领导干部的管理与监督、激励与约束，根据《党政领导干部选拔任用工作条例》、《党政领导干部考核工作暂行规定》和上级有关干部管理工作的要求，结合本台实际，制定本规定。

第二条 考核工作必须坚持以下原则：

（一）党管干部原则；

（二）客观公正原则；

（三）注重实绩原则；

（四）群众公认原则。

第三条 本规定适用于本台内设机构中的正、副处级领导干部。

第四条 台党委办公室负责全台处级领导干部考核的组织实施工作。

第五条 考核的主要内容：

（一）思想政治素质。学习马列主义、毛泽东思想、邓小平理论、“三个代表”重要思想，学习党和国家的方针政策，掌握基本原理和精神实质，学以致用，不断提高理论、政策水平的情况；执行党的基本路线，在事关方向、原则、大局问题上的立场、观点、态度，在政治、思想和行动上与中央保持一致的情况；实践全心全意为人民服务的宗旨，正确行使权利，密切联系群众，自觉为群众谋利益的情况；襟怀坦白，公道正派，坚持原则，严守法纪，谦虚谨慎，克己奉公，遵守社会主义道德，在精神文明建设中发挥表率作用的情况。

（二）组织领导能力。运用马克思主义的立场、观点、方法，分析、研究、解决实际问题的能力；管理协调、科学决策、开拓创新的能力；发现人才、培养干部、知人善任的能力。

（三）工作作风。落实民主集中制，维护领导班子团结，发扬民主，虚心听取不同意见，勇于开展批评与自我批评的情况；深入群众，深入实际，调查研究，求真务实的情况；勇于改革，敢于负责，严谨细致，勤奋敬业的情况。

（四）工作实绩。在履行岗位职责、完成年度和任期目标过程中所提出的工作思路、采取的措施、发挥的具体作用以及所取得的绩效等。

（五）廉洁自律。保持和发扬艰苦奋斗的优良传统，遵守领导干部廉洁自律的各项规定，清正廉洁，以身作则，自重、自省、自警、自励情况；落实党风廉政建设责任制的情况。

第六条 考核的主要方式分为平时考核、定期考核和任前考察。

第七条 平时考核是对处级领导干部所进行的经常性考核。台党委办公室通过检查工作、个别谈话、专项调查、派人参加考核对象所在部门的相关会议和活动等多种形式和渠道，了解考核对象的有关情况。

平时考核一般不形成书面考核材料。

第八条 定期考核包括年度考核、任期考核和试用期考核。年度考核于每年的11月下旬至12月中旬进行，考核的程序按照北京市人事局有关事业单位年度考核的规定执行。任期考核于干部任期届满前60天内进行，考核的基本程序是：

（一）考核准备。台党委办公室制定考核工作方案，成立考核组，并将考核安排通知考核对象及其所在部门；考核对象撰写个人述职报告，准备相关资料。

（二）述职。考核对象在有本部门全体干部职工参加的述职会上作个人述职报告。述职报告要根据考核内容实事求是地汇报本人的情况，不扩大成绩，不隐瞒缺点或错误，事实清楚，简明扼要。

（三）民主测评。民主测评工作由考核组主持，在述职会后进行。参加民主测评人员的范围与参加述职会人员的范围一致，人数一般不少于考核对象所在部门干部职工总数的80%。

（四）个别谈话。个别谈话人选由台党委办公室根据下列原则确定：

1．考核对象所在部门人员较多且下设科级部门的为全体科以上干部，其他部门为全体干部职工；

2．考核对象本人；

3．台内其他了解考核对象情况的人员。

（五）调查核实。根据需要和台党委决定，考核组可采取下列方法调查核实考核对象的有关情况：

1．查阅资料。查阅考核对象所在部门的年度工作总结、各类会议记录、各种规章制度和考核对象本人的年度述职报告、在有关会议上的讲话、发表的文章、读书笔记、个人重大事项报告表，个人收入申报表等。

2．采集核实有关数据，从本台有关职能管理部门采集、核实涉及考核对象工作实绩的数据。

3．审计。委托本台审计部门对考核对象进行任期经济责任审计。

4．专项调查。对一些群众反映较大、情况较复杂或意见分歧较大的问题，由考核组进行专项调查，写出专题报告。

（六）撰写考核材料。考核组在综合分析的基础上，写出考核材料。考核材料要实事求是地反映干部的情况，主要内容包括：

1. 优点和取得的成绩；

2. 主要缺点和不足；

3. 民主测评情况；

4. 对评定考核等次的建议。

（七）确定考核结果。台党委办公室研究提出对考核对象的评定意见，报台党委决定。

（八）反馈。台党委办公室将考核结果通知考核对象。考核对象和对考核结果有异议，可向台党委提出申诉。

试用期考核于干部试用期满前 30 日内进行，考核的程序基本同任期考核。

第九条 任前考察于台党委确定拟任人选后，按照干部管理权限进行。其中，对正处级领导职务拟任人选的考察需报北京广播影视集团党委同意后，根据集团干部部门的安排进行。副处级领导职务拟任人选考察的基本程序是：

（一）台党委办公室制定考察工作方案，成立考察组，并通过适当方式发布干部考察预告。

（二）考察组采取个别谈话、发放征求意见表、民主测评、查阅资料、专项调查等多种方式，广泛深入地了解考察对象的情况。个别谈话、征求意见和民主测评一般在考察对象所在部门进行，具体范围由台党委办公室确定。考察对象是通过竞争上岗方式产生的，可视情况不再进行民主测评。

（三）考察组在综合分析的基础上，形成书面考察材料。考察材料必须全面、准确、清楚地反映考察对象的情况，主要内容包括：

1. 德、能、勤、绩、廉方面的主要表现和主要特长；

2. 主要缺点和不足；

3. 民主推荐、民主测评情况。

（四）台党委办公室根据考察情况并征求考察对象拟任职部门主要领导和主管台领导意见后，提出任用建议，报台党委。

第十条 定期考核结果一般分为优秀、合格、不合格三个等次；平时考核和任前考察结果不评定等次。

第十一条 经考核，全部项目达到下列标准者，可评定为优秀等次：

（一）思想政治素质高；

（二）组织领导能力强；

（三）密切联系群众，工作作风好；

（四）工作实绩突出；

（五）清正廉洁；

（六）民主测评优秀和合格率在 85%（含）以上，其中优秀率超过 60%（含）。

处级领导干部年度考核评定为优秀等次的，最多不超过现有处级领导干部总数的 15%（含）。

第十二条 经考核，多数项目符合下列标准者，应评定为合格等次：

（一）思想政治素质较高；

（二）组织领导能力较强；

（三）能够联系群众，工作作风较好；

（四）能够完成工作目标，成绩较明显；

（五）能够做到廉洁自率；

（六）民主测评优秀和合格率在 60%（含）以上，且不合格率不超过 30%（含）。

第十三条 经考核，存在下列情况之一者，应评定为不合格等次：

（一）思想政治素质方面存在突出问题；

（二）组织领导能力差，不能胜任现职领导岗位；

（三）在领导班子中闹无原则纠纷，影响领导班子团结或工作作风存在严重问题；

（四）有以权谋私行为，存在不廉洁

问题；

（五）事业心不强，给本部门或全台造成较大损失或恶劣影响；

（六）连续两年未完成年度工作目标，工作实绩差；

（七）民主测评优秀和合格率低于60%（不含）或不称职率超过35%（不含）。

第十四条 经考核，既不符合合格等次评定标准，也未达到不合格等次认定条件，民主测评不合格率超过30%（不含）未到35%（含）者，不评定考核等次。

第十五条 要把考核结果作为干部选拔任用、职务升降、工资调整、奖惩、培训等重要依据。

（一）选拔担任上一级领导职务的人选，要从考核中被评定为优秀、合格的干部中产生。

（二）在任前考察中发现干部有明显问题或民主测评赞成率未达到60%（含）以上的，不得提拔任用。

（三）在平时考核中发现干部在政治思想、改造职责、工作作风、道德品质、廉政勤政等方面存在问题，但情节较轻，尚不够纪律处分的，或在定期考核中未予评定考核等次的，对其实行诫勉或延长其试用期（延长的试用期限比照台党委有关诫勉期限的规定执行），也可视情况调整其领导职务。

（四）在定期考核中被评定为不合格的，一般予以免职（含不再续聘现任职务）或降职处理，但个别政治思想素质好、事业心强、工作成绩明显，因缺乏领导工作经验导致民主测评优秀和合格率较低（不低于50%）的，可视情况对其实行诫勉或调整其领导职务。

（五）在年度考核中被评定为不合格的，不发放年终奖金；未予评定考核等次的，发放50%的年终奖金；连续三年被评定为优秀的，增发一个年度的年终奖金（接第三年标准执行）。

第十六条 在考核工作中，考核组成员、考核对象、有关部门和人员必须遵守以下纪律：

（一）不准凭个人好恶了解或反映情况；

（二）不准借考核之机谋取私利；

（三）不准泄露考核机密；

（四）不准故意夸大、缩小、隐瞒、歪曲事实；

（五）不准搞非组织活动；

（六）不准干扰或妨碍考核工作；

（七）不准弄虚作假、向考核组提供虚假数据；

（八）不准对反映问题的人打击报复。

第十七条 对违反第十六条规定的，视其性质、情节轻重，给予批评教育或党纪、政纪处分。

第十八条 本规定由台党委办公室负责解释。

第十九条 本规定自下发之日起施行。凡过去规定与本规定不符者，按本规定执行。

关于印发《北京人民广播电台处级领导干部诫勉制度（试行）》的通知

（RB/DB—GL—006）

京广播党字［2004］23号

各党支部、各部门：

现将《北京人民广播电台处级领导干部诫勉制度（试行）》印发给你们，望认真贯彻执行。原《中共北京人民广播电台委员会关于建立领导干部诫勉制度的意见》（党字［2000］1号）同时废止。

中共北京人民广播电台委员会

二〇〇四年十一月二十九日

北京人民广播电台处级领导干部诫勉制度（试行）

为进一步加强和规范对领导干部的监督管理，促进领导干部的思想政治建设，不断提高领导干部队伍的整体素质，根据《党政领导干部选拔任用工作条例》和《中国共产党党内监督条例（试行）》，参照《中共北京市委组织部关于建立领导干部诫勉制度的意见》，结合本台实际，制定本制度。

一、指导思想

对干部实施诫勉，是教育管理干部的一种手段和方式，不是对干部的处分。

实行领导干部诫勉制度，要以邓小平理论和“三个代表”重要思想为指导，全面贯彻执行党的十六届四中全会精神和党的干部路线、方针、政策，坚持从严治党，对领导干部严格要求、严格管理、严格监督；坚持实事求是，客观公正，与人为善；坚持教育为主，惩戒为辅，使领导干部始终处于党组织的教育、管理和监督之下，努力做到自重、自省、自警、自励、自律，不断提高自身的思想政治素质和履行岗位职责的能力。

二、适用范围

本制度适用于本台内设机构中的正、副处级领导干部。其中，正处级领导干部的诫勉需报北京广播影视集团党委批准。

三、诫勉对象和期限

凡存在下列情形之一者，可确定为诫勉对象：

（一）在政治思想、履行职责、工作作风、道德品质、廉政勤政等方面存在问题，但情节较经，尚不够纪律处分的；

（二）在定期考核中，民主测评不合格率超过30%（不含）未到35%（含）的；

（三）因自身的问题而未完成当年年度工作目标的；

（四）存在其他问题，台党委研究认定需要诫勉的。

诫勉期限一般为6个月，最长不超过12个月。

四、诫勉实施程序

（一）确定诫勉对象。台党委办公室通过年度考核、任期考核、任前考察、平时了解及群众反映等途经，发现并确认干部存在问题，即可提出诫勉意见，填写《试勉审批表》，报经台党委研究确定后，属于副处级领导干部的，由台党委办公室向干部所在部门的主要负责人和党支部通报情况，并向干部本人发出《诫勉通知书》；属于正处级领导干部的，需先报集团党委批准，然后履行通报、通知程序。

（二）实施诫勉谈话。被诫勉者是正处级领导干部的，由台主要领导或其委托的其他台领导负责谈话；被诫勉者是副处级领导干部的，由主管干部工作的台领导负责谈话。谈话内容包括诫勉原因、整改要求。台党委办公室负责人参加谈话，并负责谈话记录。

（三）监督管理教育。被诫勉者接到《诫勉通知书》后，要正确对待组织的诫勉，认真找原因，制定整改措施，并在10个工作日内将整改措施书面报台党委办公室和所在部门党支部。被诫勉者所在部门党支部要认真履行帮助教育和监督管理的职责，及时向台党委办公室反馈被诫勉者的表现和整改情况。

（四）跟踪考察。台党委办公室要对被诫勉者进行跟踪了解，随时掌握其思想和工作情况，有针对性地做好帮助教育工作。

（五）解除诫勉。诫勉期满前10个工作日内，被诫勉者以书面形式向台党委办公室和所在部门党支部报告本人在诫勉期间的表现情况和整改措施落实情况，提出解除诫勉申请；台党委办公室对被诫勉者进行考察，并听取其所在部门主要负责人和党支部意见，然后提出解除诫勉或其他处理意见，报台党委审批（对正处级领导干部的处理意见，需报集团党委批准）。

被诫勉者在诫勉期间没有明显改进或又出现其他问题的，可视情况延长诫勉期限；经教育仍无转变的，给予降职或免职。

对诫勉期间进步明显、工作表现突出的干部，可提前解除诫勉。

对在任期考核后被诫勉的干部，暂不办理续聘手续，继续履行原岗位职责。诫勉期满被解除诫勉或提前解除诫勉的，办理续聘手续，续聘期与原聘任期相衔接。根据诫勉期间的表现，应予免职的，不再办理解聘手续，其原职级任职时间计算到原职务聘任期满之日；予以降职使用的，其原职级任职时间计算到新任职务时间的前一日。

干部被诫勉期间，在本台内不能提拔、调动和参加各类先进个人的评比。

《诫勉审批表》和相关材料归入台党委办公室的文书档案。

关于计算机网络及服务的管理规定

（修改稿）

（RB/JSZX—GL—003）

京广播技字［2004］3号

一、总　则

第一条　为规范我台计算机技术的应用，保障计算机网络系统的正常运行，合理使用台内、外的各种资源，有效地发挥全台计算机网络的作用，更好地为全台各部门服务，特制订本管理规定。

第二条　全台计算机发展规划由总工办与技术中心共同制订，由技术中心负责执行。

二、设备及网络

第三条　全台的计算机网络设备（包括网络对外接口线路）由技术中心负责管理和维护。

第四条　终端设备管理

1. 终端设备是指：计算机及其附属设备、打印机、扫描仪、可移动设备、调制解调器等以及连接计算机或网络的其他设备；

2. 未经允许不得使用任何互联网接入设备；

3. 未经允许不得将私人设备与终端设备相连；

4. 未经允许不得拆卸、更改、添加终端设备；

5. 未经允许不得更改网络连线；

6. 终端设备不得连续24小时开机，下班时必须关闭电源。需要长期开机的设备要报技术中心备案；

7. 不得更改终端设备的物理位置；

8. 音频网计算机的光驱、软驱、USB接口、及各类串、并行接口禁用；

9. 笔记本式音频工作站禁止直接通过网线接入音频网。

第五条　终端设备使用

1. 必须使用个人用户名密码登录计算机及网络，严禁使用管理员身份登录计算机及网络；

2. 使用者有义务保证自己的用户名、密码的安全，不得泄漏，严禁将密码贴在办公场所；

3. 使用者不得安装任何软硬件及更改计算机配置，尤其不得更改计算机名及IP地址；不得更改重装计算机操作系统；

4. 严禁使用BT、edonkey等大量占用网络带宽的软件；

5. 禁止在计算机上玩网络游戏；

6. 不得在音频网计算机上使用光盘、软盘、闪存盘、移动硬盘或其他存储介质；

7. 凡音频工作站装有刻录机的部门，必须明确专人使用，专人负责，只允许刻录音频格式光盘，不得用于其他用途。

第六条 服务器及网络设备管理及操作

1. 服务器不得连接互联网（有特殊需求的除外）；

2. 服务器不得安装非必要软件；

3. 定期更换服务器和网络设备的管理员口令；

4. 定期检查服务器操作系统补丁更新情况；

5. 系统测试不得在服务器中运行；

6. 不得擅自进行添加服务器账号、共享等威胁网络安全的操作；

7. 定期做数据备份（账户信息、安全配置信息等）。

第七条 计算机设备（包括服务器、磁盘阵列柜、计算机主机、打印机、扫描仪、调制解调器、不间断电源、交换机、路由器等与计算机网络有关的设备）的购置由技术中心根据使用部门的需要统一购置，非统一购置的计算机设备需经技术中心验收，合格后才能在计算机网络上运行。

第八条 不属于北京电台的计算机设备不允许在我台的计算机网络上运行。

三、软　　件

第九条 在计算机网络上禁止使用盗版软件。

第十条 在计算机网络上运行的系统软件、应用软件由技术中心负责安装、管理和维护。

第十一条 由软件制作商为我台开发的应用软件，在开发前期应由使用部门、技术中心与软件开发商共同协商具体技术细节，软件编制结束后经技术中心验收合格后方可使用。软件开发商必须提供相关的使用说明书、技术支持及软件升级服务。

第十二条 价值1万元以上的软件要纳入固定资产管理。

四、文　　档

第十三条 计算机设备的全部资料（包括使用说明书、技术文件、随机的光盘、保修单）由总工办负责保存，技术中心保留副本。

第十四条 系统软件和应用软件的原版及资料由技术中心负责保存。

第十五条 计算机网络的设备由技术中心统一编号，绘制网络系统图并负责保存。全台计算机网络的系统图每季度更新一次。

第十六条 技术中心要对全台计算机及网络设备的系统配置文件保留一份文字资料和一份电子资料，每季度更新一次。

第十七条 在网络上操作的使用者必须具有全国计算机等级考试1级B类的合证书。

五、安　　全

第十八条 网络的防病毒软件由技术中心统一购置、统一安装。

第十九条 网络上的计算机设备未经技术中心同意，不得随意挪动。

第二十条 各部门的数据必须要有备份措施，原则上每星期至少进行一次，重要数据每天都要备份。备份数据一式两份，异地保存。

第二十一条 禁止在计算机上进行未经授权的文件复印、软件安装等操作。

六、其　他

第二十二条　本管理规定由总工办监督执行。

第二十三条　本规定自批准之日起执行。本规定是在原总工字［2000］4号《关于计算机网络的管理规定》、总工字［2000］5号《音频工作站使用规定》、京广播技字［2003］2号《关于音频工作站和音频网使用管理补充规定》三个文件的基础上进行修改后制定的。因此，上述三个文件停止执行。

二〇〇四年十二月十三日

五、宣传工作

2004年，北京电台的新闻宣传工作全面贯彻党的十六大、十六届三中、四中全会精神和“三个代表”重要思想，求真务实，努力使新闻报道贴近实际、贴近生活、贴近群众，为北京各项事业的发展，发挥了广播特有的舆论导向作用。

（一）深入做好十六大、十六届三中全会、四中全会精神和“三个代表”重要思想的宣传

2004年，北京电台把宣传贯彻十六大精神和“三个代表”重要思想作为全年宣传的首要任务，力求“三贴近”，将重要的理论与工作实践相结合，在新闻广播中推出系列成就报道——《北京故事》，对本市成就进行了全面的报道。内容涉及2003年60件实事的落实、财税收入的增加、再就业援助活动的启动等。经济广播制作了特别节目《实事求是，为民排忧》，介绍了北京市政府今年要办理的56件实事，并在全国15家电台播出。

为深入宣传十六大、十六届三中全会和四中全会的精神，北京电台从4月至6月在新闻广播、经济广播、首都生活广播中联合推出“系列访谈——十六届三中全会百姓读本”，每周一期，共播出了12期。此次理论宣传的指导思想是：以全面贯彻十六届三中全会精神为主题，围绕《中共中央关于完善社会主义市场经济体制若干问题的决定》，结合国内与北京市改革建设的实际，宣传深化经济体制改革的重要性和紧迫性，宣传完善社会主义市场经济体制的目标、任务，宣传《决定》提出的新观念、新举措。

邀请嘉宾就“社会主义发展观的新阶段”、“从2008奥运会会徽说非公经济的发展”、“社会与经济”、“农民与就业”、“收入分配”、“扩大就业”、“发展文化产业”等问题进行了访谈，节目强调理论联系实际，强调访谈的权威性和现实意义。话题以百姓生活视角切入，通俗易懂，由浅入深。节目播出后取得了良好的收听效果。

同时，围绕贯彻胡锦涛总书记国庆期间考察北京工作的重要讲话精神这条主线，在《北京新闻》节目中共播出报道26篇，其中录音报道17篇。加强执政能力建设的报道，是新闻单位一项长期的宣传任务，记者深入各部门、各区县采访，以录音报道为主，《北京新闻》每周播出三至四篇，四中全会召开以后，在《北京新闻》节目中开设了“贯彻十六届四中全会精神，加强党的执政能力建设”的专栏。

（二）做好新中国成立55周年的宣传报道工作

为庆祝新中国成立55周年，我台制作了一系列特别节目。

大型访谈录《我和我的祖国·命运的交响》从9月开始在七个专业广播播出。这部大型访谈录通过55个家庭的命运、55位艺术家的艺术人生和55位与时代共命运的风云人物的特殊经历，合奏出一组不同旋律的《命运的交响》，从中反映共和国成长的脚步，展示我国在政治、经济、文化、科技等方面取得的成就。大型访谈录《我和我的祖国·命运的交响》共三个部分。第一部分“家和国兴篇”通过公开向社会征集的方式，挑选出55个有代表性的家庭，讲述家庭故事，展示家庭才艺个性，感受时代风云的变幻，昭示55年来国家兴旺、社会进步和家庭幸福的历史现实。第二部分“百花争艳篇”——55位艺术家专访，通过访谈王立平、关学增、海岩、于魁智、谢芳、刘欢、王姬、陈祖芬等文学、音乐、戏剧、戏曲、美术等各个门类有代表性的艺术家，反映改革开放的

大好形势下文艺界的繁荣景象。第三部分“风云人物篇”通过访问55位个性鲜明、引领社会进步的风云人物，回顾与共和国共同成长的岁月和经历。

除以上大型访谈录外，各专业广播根据各自的专业特色从不同的角度进行宣传报道，新闻广播在《北京新闻》中开设“国庆成就报道专栏”；体育广播推出了“新中国体育发展”的系列专题，交通广播在《汽车天下》节目中推出系列成就报道“北京汽车工业”，《一路畅通》、《警法时空》联合播出系列报道“北京的55位优秀民警”，讴歌了新中国成立以来北京警察为维护首都的稳定所作出的贡献。音乐广播、文艺广播联合推出“新中国成立55周年优秀文艺作品展播”，文艺广播《小说连播》栏目播出了周梅森的长篇小说《我主沉浮》，同时还推出了30集系列小专题《共和国文化的足迹》，集中报道新中国55年来文化建设和发展方面所取得的成就。

（三）纪念邓小平诞辰100周年的宣传丰富多彩

2004年是邓小平同志诞辰100周年，为纪念改革开放的总设计师邓小平和他创建的有中国特色社会主义理论的伟大功绩，北京电台推出了一系列宣传报道。

在新闻节目中，加大了对小平纪念活动的新闻报道，《北京新闻》播出了追寻小平足迹系列报道，“焦点透视”栏目，记者采制了录音综述，记述小平在改革开放过程中，对建设有中国特色社会主义理论的重大贡献。《新闻天天谈》报道了“小平百年诞辰”红色旅游热；经济广播与上海台、哈尔滨电台联合制作“改革开放论发展——纪念邓小平诞辰100周年”专题节目。

新闻广播还与四川、重庆、广西、广东、广安电台联合策划推出大型系列报道《追寻小平足迹》，以“我是中国人民的儿子，我深深地热爱着我的祖国和人民”为主题和小平同志的生平感人故事为背景，反映小平同志的崇高精神境界和平民意识，突出小平同志的言行和思想对人们的深远影响，阐述邓小平理论为中国带来的变化。节目形式为录音报道，每集5分钟，共48篇。

首都生活广播推出了9集大型访谈节目《沿着小平足迹，踏上小康之路》。节目紧紧围绕一个“富”字，从历史背景、观念冲突、理论分析、生活实践等方面，阐述了邓小平的富民理论及其意义。

全台除了新闻、专题、评论、访谈等形式外，还通过丰富多彩的文艺形式展现邓小平光辉伟大的一生。文艺广播联合上海、广西、山西、深圳、江西六家电台，制作了专题文艺节目《岁月的回声　时代的足迹》，播出反映邓小平同志一生各个时期的文艺作品。新闻广播转播了8月22日《邓小平诞辰100周年纪念大会》，文艺广播、音乐广播现场直播了“永远的春天——纪念邓小平诞辰100周年大型征歌颁奖晚会”等一系列纪念演出。

（四）精心策划、认真组织，打破常规报道形式，圆满完成本市和全国两会的宣传报道工作

为做好北京市两会宣传工作，北京电台成立了以总编辑为组长的两会报道组，制定了两会的宣传报道思想：以贯彻落实十六大精神，加快首都发展步伐为主线；以记录两会历史进程、解读政府工作报告、展示代表委员风采为核心；以大容量、多视点、同步传播的现场直播和直播访谈为特色；全方位报道两会盛况。

2004年两会报道，以新闻广播为主，

经济广播、首都生活广播、交通广播、体育广播、文艺广播、音乐广播根据自己的特点给予充分的报道。新闻广播从2月初开始播出系列报道《来自新闻发言人的声音》和《倾听两会足音》，其他各专业广播根据各自的专业特点，对北京各方面的成就进行了集中报道，共发各类报道199篇，为两会召开营造了良好的舆论氛围。两会开始后，各台分别开设了“两会传真”、“两会人物”、“两会快递”、“两会特别报道”等30多个专栏，专访代表、委员99人次。据不完全统计，“两会”期间全台播发的消息、录音新闻、录音特写、录音报道、专访、评论等各类报道达到468篇。其中新闻广播180篇，交通广播66篇，经济广播25篇，首都生活广播140篇，体育广播22篇，音乐广播15篇，文艺广播20篇。总结今年两会报道工作，在报道规模和报道形式上都有所突破，主要体现在以下几个方面：

1.组建队伍、形成声势。为保证报道声势和力度，我台调集了七个专业广播的人力，组成了强有力的报道队伍，使得两会的声音迅速地同时传播。从稿件的播出数来看，今年的发稿量比去年“两会”增加40%，达到468篇。

2.主题鲜明、形式新颖。在五洲大酒店代表驻地，我台搭建了透明玻璃直播机房，每天有代表进机房直播访谈，同时电台的声音第一次接到代表的住地，每天三次播放我台的节目，让代表在用餐时段即时收听到电台两会的报道，这在历次两会报道中没有过。

此次两会报道再一个特点是：各专业广播充分调动广播手段，把广播特色发挥到了极致。其中，选举王岐山任北京市市长的报道就是其中一例。从王岐山当选市长到播出不到30秒，在所有媒体中，这条消息我台是最早报道出去的。

在全国两会的报道上，我台派出两名记者进行报道，每天至少保证两条录音报道，北京团有较大活动时，每天还有一条文字稿。这样的报道力度，既保证了对全国人大北京团活动的报道，也创造了北京电台报道全国两会的新纪录。初步统计，直接报道两会的文字稿7篇，录音报道22个，现场报道2个。各专业广播针对百姓关心的问题及时深入地作了报道。

（五）进一步加强“三农”问题的报道

对“三农”方面的宣传报道，除继续做好中央1号文件的宣传和“三农”的动态报道外，加大了深度报道的力度。在6月中旬推出了面向农村的大型系列报道——“实话三农”，每周在《北京新闻》中播出两期，深入的反映三农问题，展示农村改革成果，在三农问题上不做表面文章，真心实意地为农民办实事。

围绕北京市郊区工作会议，自采了7篇录音报道，从会议中提炼了7个农民朋友最关注的热点，进行了深入采访。另外，还推出了与农民中粮补贴发放、增产、增收有关的报道，从财政投资、道路建设、教育发展、农村医疗、土地承包等方面进行了深入的报道，共45篇。

（六）加大对未成年人思想道德建设的宣传力度

为了认真贯彻中共中央、国务院《关于进一步加强和改进未成年人思想道德建设的若干意见》，我台加大了对未成年人思想道德建设的宣传，新闻广播在《北京新闻——新闻热线》里增设“人生的忠告”栏目，旨在思想道德建设方面及时给人们提个醒。首都生活广播推出一档面向

14岁～18岁青少年的新节目《男孩女孩》，每周六、日13：30——15：00播出。节目采取直播互动的方式，潜移默化，通过专家、老师、家长与青少年的沟通交流，从发现和探讨未成年人在日常学习、生活中的道德细节入手，给未成年人以思想道德方面个性化、人性化的启发和引导。文艺广播在每天的16：30恢复专为少年儿童开办的《爱星满天》节目，通过儿童故事、儿童歌曲、童话剧等多种形式，使孩子们从小接受爱的熏陶。同时配合中共北京市委宣传部、首都精神文明办公室等单位在本市开展的宣传推广普及《新童谣》活动，从10月开设《童谣伴我快乐成长》小栏目，每天播出一至五首新童谣。

（七）做好各项重大活动、重大工程的宣传报道工作

1．做好纪念人民代表大会召开50周年的报道。我台在《北京新闻》中开辟纪念北京市人民代表大会召开50周年特别报道：《半个世纪的风雨兼程，半个世纪的上下求索》，包括“感言北京人大50年风雨历程”、“从等额选举到差额选举”等10集。同时，北京广播网对人大座谈会进行了网上直播。

2．配合中共北京市九届七次全会，开辟专栏——“落实科学发展观，推进首都全面发展”。每期采访一至两位工作在一线的基层领导，就如何落实科学发展观、理解以人为本等问题发表看法。

3．加大对国企改革的宣传力度。推出了8集系列报道“数时代风流，展国企新姿”，对北京的国企改革先进典型进行了宣传。

4．做好“南水北调中线行”的报道。派记者参与了“南水北调中线行”的活动，并进行了深度报道。在活动期间，共发录音新闻4篇。

（八）关注体育，关注奥运，作好雅典奥运会和重大赛事、大型活动的宣传报道

在体育报道方面，我台除及时转播国内外重大体育赛事外，还把报道重点放在雅典奥运会和大型体育活动直播的报道上。

雅典奥运会于8月13日开幕，我台对这届盛会进行全方位的关注和多角度、深层次的报道。奥运会期间，全台共播出有关奥运会的消息、口播新闻、录音报道、访谈等达767篇（条），其中本台记者从雅典发回的报道有220条。

1．开辟新节目（栏目），全方位报道奥运。

为报道好雅典奥运会，我台第一次派出前方奥运报道组，为听众发回了最及时、鲜活的消息。同时，为适应奥运报道的需要，我台在奥运会期间，各专业广播对节目进行了相应的调整，及时播报奥运信息、最新赛事等内容。尤其是体育广播，开设了奥运之光、眺望雅典、快乐奥运、奥运看台、奥运烽火、奥运星空栏目，以声音的速度传递新闻，以奥运赛事为核心，融合新闻、知识、娱乐等多方面内容，强调及时、准确、权威、贴近、互动。

2．与听众互动，品牌效应提升，收听率稳步提高。

奥运期间，体育广播短信量达到31593条，平均每天1755条。听众调查显示：通过对比奥运会开赛两周年数据，体育广播在北京广播市场的表现非常出色，市场份额提升了68%，收听率提升了67%。

3．广播与网络联手，多手段报道奥运会。

为作好奥运报道，北京广播网首次对这一赛事进行了全面的报道。网络日志统计数字显示，奥运页面浏览量为2 000多

万人次，点击视频直播页面为 35 万多人次。其中港澳地区有近 1 万人、国外近 3 万人访问了直播活动的页面。平均每天视频直播 12 小时，共计 200 多个小时，点击率为 35 万人次。发布新闻10 789条，图片 500 多幅。

在全面报道奥运的同时，我台还对重大活动进行了直播。4 月 11 日我台独家现场直播了北京国际接力马拉松赛，这是我台首次移动直播，从不同角度报道了马拉松比赛的进程，同时又穿插采访大量中外运动员和群众，体现了北京作为现代化国际大都市的风采和全民健身的热烈场面，烘托出“全民呼唤奥运”的主题。我台北京广播网也首次网上现场音视频直播。赛事当天，网络日志统计数字显示，马拉松专题页面浏览量达 8 万人次。点击率快速攀升，当天的点击率由日常的 150 万人次翻了一番，超过了 300 万人次。

在音视频同步移动直播马拉松赛的成功基础上，6 月 9 日，我台体育广播、文艺广播、北京广播网首次音视频同步全程移动直播了雅典奥运火炬传递活动。开创了中国广播史现场直播时间长达 10 小时的纪录。同时新闻广播进行了全程跟踪报道，共播发口播新闻 20 条，文字消息 1 条，现场录音报道 7 条，专题 5 篇。

我台主持人梁言作为一名火炬手，充分展现了北京电台主持人良好的精神风貌。在 10 小时的节目中，除直播机房和移动直播车上的主持人进行轮换的直播外，在各接力点和群众庆祝活动上还有现场记者发回最鲜活的内容，第一时间进行目击式的现场报道，北京广播网同步进行了音视频直播，拍摄照片2 000多张，发布图片 500 多幅，相当于前两次的三倍多。根据统计数字显示，当天圣火传递的点击率达到 512 万人次，是日常 150 万人次的 3 倍多，专题页面的浏览量为 30 万人次，点击直播页面 5 万人次，同时在线收听收看的达到5 200多人次。其中港澳地区近 200 人，国外近 400 人访问了直播页面。

10 月 17 日，体育广播、北京广播网全程音视频直播了北京国际马拉松赛，北京广播网在 4 个多小时的音、视频直播过程中，共整理文字33 011余字，拍摄照片 200 余张，其中发布到网上的精选照片 50 组共计 100 张，当天网页总点击率为 353 万人次，视频的点击率为 4.7 万人次。本次马拉松比赛与以往不同的是：这次转播采取全程体验式转播方式，邀请国家健康指导专家赵之心边跑边说。在整个赛程中，赵之心每隔 20 分钟通过手机边跑边往直播机房发回现场报道和感受，生动感人。同时体育广播派出了五路记者，在各赛点随时为直播现场发回口播报道，大大丰富了转播内容。专家点评和外语广播记者的英语同期翻译，双语播出，使得转播特色独特、鲜明。整个转播历时 4 个小时，全程体验式报道马拉松在国内媒体还是第一次。

这些重大体育活动的报道和直播在技术、协调组织、音视频三个方面有重大的突破，既锻炼了队伍，又为 2008 年奥运会的宣传报道打下了基础。

（九）圆满完成北京国际广播电视周三项活动的承办任务

经过紧张筹备，2004 北京国际广播电视周在中华世纪坛举行。电视周期间，我台共播发消息、口头报道、录音报道、专题报道等 278 篇，并在现场和台内的直播间对展会及节目推介情况进行了直播。

同时，“广播影视传媒人才招聘会”也隆重举行。作为广播电视周的项目，吸引了 160 多家国内外传媒机构和广告公司、营销机构、传媒院校、投资集团，应聘人员一万多人，共收到简历5万多份。

广播论坛于17日举行。这次论坛的主题是“广播节目的专业制作和市场营销”，全国电台台长、节目制作公司围绕广播节目市场，从不同角度讨论了广播节目市场的现状和发展走向。

（十）加大对大型活动的宣传和直播，以此树立电台的形象，扩大电台在社会上的影响力和知名度

1. 直播2004北京国际金融论坛。5月19日，“2004北京国际金融论坛”在人民大会堂隆重举行。这是一次高层论坛，在现场众多媒体中，我台经济广播和北京广播网第一次在人民大会堂对论坛实现了音视频全方位的直播，成为这次高层论坛报道的一个亮点。

这次直播首次将中国人民银行高层人士——金融稳定局局长谢平请进直播间，不仅介绍了演讲嘉宾的背景，而且对嘉宾的演讲进行了点评，增强了节目的权威性。网上直播音视频达8小时30分，拍摄图片近900张，在网上发布图片150张，现场文字直播8.1万字。论坛当天，网络日志统计数字显示，“北京金融论坛”专题页面浏览量15万多人次，点击直播页面的有2万人次，网站点击率当天达到396万人次，是日常点击率的近两倍，同时最高在线收看的有2 100人次。

2. 直播第七届中国北京科博会。我台新闻广播、经济广播、首都生活广播对第七届中国北京科博会进行了全面报道，并在现场搭建了直播室，进行了近14个小时的现场直播，共播发文字消息、口头报道、专题报道达82条（篇），其中音响报道有40篇。此外，经济广播制作了6集录音报道《不一样的科博会》，反映了科博会知名度的扩大、境外影响力的提升、组织者务实精神的提高等内容。

3. 成功报道京港洽谈会。我台及北京广播网联合香港电台中文台直播了在香港会展中心举行的第八届北京、香港合作研讨洽谈会暨奥运经济市场推介会。这是我台首次多部门联合跨地区的直播活动。在洽谈会期间，有22位嘉宾走进演播室，北京广播网共进行了6小时视频直播，拍摄照片500余张，其中精选照片54组共计105张发布到北京广播网上，收集、整理、发布相关资料106条。此外，还播发了录音新闻8篇，文字消息6篇，口播新闻8篇，现场转播了“京港同心、共迎奥运”文艺晚会。此次京港洽谈会的宣传报道取得了圆满成功，与以往的报道相比在组织宣传上有很多亮点：精心策划、全新的组织形式、视频直播和专题网页内容比以往更加丰富。

4. 全球华语歌曲排行榜颁奖典礼首次在台湾举行。中国内地歌手在台湾公开演出的零纪录于9月4日在台湾大学体育馆举行的“第四届全球华语歌曲排行榜颁奖典礼”上被打破，内地歌手历史性第一次站在台北的舞台上登台演唱，展示了内地歌手的雄厚实力。我台音乐广播作为这次活动的组织者之一，对演出进行了现场转播。

全球华语歌曲排行榜以其权威性和公正性享誉华语乐坛，台北之行对开创两岸文化交流的新局面起到积极的推动作用，促进了两岸民间文化的交流与合作，这也是全球华语歌曲排行榜的意义所在。

5. 与中国青年创业国际计划签署战略合作备忘录。中国青年创业国际计划北京首批获资助创业青年名单揭晓新闻发布会暨我台经济广播与中国青年创业国际计划战略合作备忘录签署仪式9月16日举行。我台经济广播、北京广播网对发布会进行了音视频现场直播。

中国青年创业国际计划（简称 YBC）全国办公室，在经过严格选拔后，北京首批 2 名创业基金获得者产生，他们将获得由 YBC 提供的 5 万元创业启动资金和导师指导。YBC 是一个旨在帮助中国青年创业的国际合作项目，通过借鉴和利用英国青年创业国际计划的项目模式、先进经验和国际资源，探索符合中国国情和文化特点的创业扶助模式，帮助 18～35 岁的中国青年走上创业的成功之路。

6. 成功转播国际旅游文化节的重头戏——盛装行进表演。我台外语广播、首都生活广播、经济广播连同澳大利亚澳洲广播电台、全国旅游广播网现场直播了在永定门举办的第七届国际旅游文化节的重头戏——盛装行进表演，这是我台与澳大利亚澳洲广播电台首次进行大型直播活动。我台为了成功直播这次盛会，在现场搭建了直播间，直播分为序幕、奥运会旗与北京、异域风情的嘉年华、北京旅游文化节的历程与发展、尾声五部分。

7. 外语广播成功直播北京市民外语游园会。10 月 16 日，外语广播直播了在劳动人民文化宫举行的第三届北京市民外语游园会的开幕式，北京市副市长、市民讲外语活动组委会主任张茅来到我台搭在现场的直播间，接受主持人的英语采访。在直播现场，英语教学专家、华尔街英语的总裁先后为英语爱好者传授英语学习的方法。同时主持人登台亮相，与台下观众互动，掀起了当天的高潮。

（十一）全方位、多侧面、多角度反映首都交通的飞速发展

为配合 2004 年联合国世界卫生日“道路安全”的主题，我台交通广播、国际部和英国广播公司联合制作了大型互动谈话节目——“道路安全与城市交通”。邀请北京市副市长刘敬民、国内外交通领域著名学者、热心市民围绕道路安全、城市规划、奥运交通三大主题展开讨论和交流，增强了海内外听众对北京保证道路安全的工作和改善交通状况的了解。这是我台第一次实现多媒体联合互动的成功尝试。北京广播网与 BBC 中文网、千龙网同步向全球进行了网上直播，当天的点击率达到了 280 万人次，是日常点击率 120 万人次的 2.3 倍，英国 BBC 网上点击率周平均率为 1.2 亿人次。

为配合《中华人民共和国道路交通安全法》实施，我台共播发各类相关的报道 160 多篇（条），其中交通广播还策划了一系列公益活动：《道路交通安全法宣传文艺晚会》，推出了以广播剧形式解析“新法”的普法宣传品——《1039 说新法》，现场直播了宣传《中华人民共和国道路交通安全法》大型活动。

为合作 2004 年北京国际汽车展览会，由交通广播主办、听众投票评选的“汽车消费人气榜”6 月在北京国际展览中心揭晓，交通广播与北京广播网进行了音视频同步直播。广播网首次实现三路视频信号现场切换直播，此次活动，共收到有效选票104 809张，通过评选消费者心目中最喜爱的车型，表现出消费者的理性消费日趋成熟，反映出中国汽车大市场的广阔前景，同时也为汽车企业全面地了解市场、把握市场提供了依据。与此同时，《一路畅通》等栏目在现场邀请国内外知名汽车企业、交管局负责人就中国汽车业的发展、投资环境以及汽车与百姓的生活等话题进行现场访谈，得到了听众的响应。

9 月 3 日，我台新闻广播、交通广播、北京广播网对“北京市交通法规立法听证会”进行了独家音频和网络视频现场直播，千龙网等网站与我台广播网链接，

全程直播了听证会上各方意见的交锋。这次北京市人大首次举行的立法听证会引起了广大市民的关注。为了满足听众、网民的需要，当天直播的合作单位，中国网通增开了千兆独享带宽。据网络日志显示，当天网站的访问量达到498万人次，听证会专题网页的访问量为100多万人次，点击视频直播的达到10多万人次，其中香港约2万多人次，在三个小时的直播过程中，共发布图片50余张，文字4万多字，收到良好的宣传效果。

（十二）加大对外宣传的工作力度，全国首家省级外语广播——Radio 774开播

在加强与境外主流媒体合作方面，我台和BBC英国广播公司在北京联合制作了90分钟大型新闻杂志型英语节目《北京——变化中的城市》；与BBC中文部、BBC中文网站围绕今年世界环境日的主题举办了大型互动直播节目《道路安全与城市交通》。另外，我台继续为中国国际广播电台和海外合作电台提供高质量的中文节目，并开设了一档旅游节目《龙行天下》，向海外华人介绍中国各地风光，此节目在美国休斯敦亚洲之声电台播出后受到了听众欢迎。

与此同时，为了更好地对外进行宣传，我台开办的全国第一家省级外语广播Radio 774于9月17日正式开播。

（十三）繁荣首都文化生活，为首都文化品牌搭建舆论平台

我台在安排播出好丰富多彩的文艺节目的同时，对首都的文化生活作了集中的宣传报道，既丰富了百姓的文化生活，又为首都的文化品牌活动搭建了舆论平台。

1．法国文化周期间，我台派出记者前往法国，每天在早新闻、午间新闻和晚间新闻三大版块中做详细报道，同时在《新闻时间》节目中做滚动的快讯报道。文艺广播、音乐广播也对文化周作了跟踪报道。

2．在第四届相约北京联欢活动暨第二届北京国际戏剧演出季的报道中，我台新闻广播、文艺广播、音乐广播全程进行了跟踪报道，滚动播出戏剧演出季的有关信息，共播发消息482条，录音报道45个，同时文艺广播还邀请《猫》、《北街南院》、《新编刘巧儿传》、《乱打》等剧目的主创人员进行直播。

3．为迎接新中国成立55周年和纪念毛泽东同志《为人民服务》发表60周年，配合影片《张思德》的宣传，我台共播发消息14篇，录音报道12篇，制作专题6篇。新闻广播在《北京新闻》中播发首映式及电影进校园等新闻；文艺广播在《演艺沙龙》、《影视聚焦》、《专题文艺》节目中采访了影片的相关人员，《876资讯》介绍影片演员的情况、拍摄花絮和影片放映的情况；首都生活广播除报道影片的上映情况外，《男孩女孩》节目以“我理解的为人民服务——影片《张思德》观后感”为题，做了一次未成年人的专题访谈节目。

4．配合元旦、春节的宣传，活跃首都的文化活动，增添节日气氛，以录音报道或现场口头报道形式集中宣传了北京市各大文化活动的情况，据统计，全台播出文化生活的消息、录音报道有120多条（篇）。另外我台还制作了《文艺精品贺新岁 欢欢喜喜过大年——2004年北京人民广播电台春节特别节目》，荟萃了音乐、歌曲、相声、小品、评书、戏曲、话剧、小说、诗歌等各文艺门类的精品佳作，极大丰富了听众的节日生活。

六、专辑

（一）纪念邓小平诞辰100周年的宣传丰富多彩

2004年8月22日，是邓小平同志诞辰100周年纪念日，这是全党和全国人民政治生活中的一件大事。为纪念改革开放总设计师邓小平，进一步深入宣传邓小平理论，我台隆重推出了一系列纪念邓小平诞辰100周年的宣传报道。

1. 把邓小平同志诞辰100周年纪念活动与深入贯彻十六大和十六届三中全会精神结合起来，推出大型理论访谈节目——“十六届三中全会百姓读本”

为深入宣传十六大和十六届三中全会精神，我台新闻广播、经济广播、首都生活广播从4月至6月联合推出了大型理论访谈节目——“十六届三中全会百姓读本”。

深入全面贯彻十六大和十六届三中全会精神是2004年宣传工作的重中之重，也是我台的宣传重点，此次理论宣传的指导思想是：以全面贯彻十六届三中全会精神为主题，围绕《中共中央关于完善社会主义市场经济体制若干问题的决定》，结合国内与北京市改革建设的实际，宣传深化经济体制改革的重要性和紧迫性，宣传完善社会主义市场经济体制的目标、任务，宣传《决定》提出的新观念、新举措。

来自各方面的专家分别从2008奥运会会徽说非公经济的发展、社会与经济、农民与就业、资本与上市、应急机制的建立、收入分配、扩大就业、发展文化产业等方面进行了细致的解读。连续三个月的理论访谈节目，强调理论联系实际及访谈的权威性和现实意义，话题以百姓生活视角切入，通俗易懂，由浅入深，取得了良好的收听效果。

2. 多角度、多侧面报道邓小平的丰功伟绩

在新闻节目中，加大了对小平纪念活动的新闻报道，比如各种纪念、展览、邮票发行、文艺演出等，都在《北京新闻》中作了报道。在小平诞辰日当天，《北京新闻》不仅播出了追寻小平足迹系列报道，同时在“焦点透视”栏目中，记者采制了录音综述，记述小平在改革开放过程中，对建设有中国特色社会主义理论的重大贡献。《新闻天天谈》不仅报道了“小平百年诞辰”红色旅游热，还采访了6集口述纪录片《小平百年》总编导阎东、邓小平资助的失学孩子周标亮。《时代杂志》播出了《让小平永驻哈佛》，哈佛有世界最著名的公共管理学科，其教材包括诸多历史上世界政治界精英人物，但唯独没有中国领导人，杨佳是该学院的一名中国学生，她下定决心让邓小平的名字进入哈佛教材，终于，她的毕业论文《邓小平的领导艺术》震惊了学校，得到了哈佛历史上从来没有的高分，从此，没到过哈佛的邓小平，他的名字与领导艺术永远留在了这所学校，节目采访了杨佳，并播出了其论文的精华内容。

除此之外，经济广播与上海电台、哈

尔滨电台联合制作“改革开放论发展——纪念邓小平诞辰100周年”专题节目；交通广播在“新闻直通车”节目中陆续报道了纪念邓小平诞辰100周年的相关活动。

3. 有深度、有气势，推出了一系列专题报道和系列访谈。

为作好纪念邓小平诞辰100周年的宣传，我台陆续推出了一系列大型报道和系列访谈。新闻广播与四川、重庆、广西、广东、广安电台联合策划，从6月份特别推出大型系列报道《追寻小平足迹》。以“我是中国人民的儿子，我深深地热爱着我的祖国和人民”为主题和小平同志的生平感人故事为背景，从多侧面多角度反映小平同志的崇高精神境界和平民意识，突出小平同志的言行和思想对人们的深远影响，阐述邓小平理论为中国大地带来的变化。记者前往小平同志生前生活、战斗过的地方进行深入的采访，节目形式为录音报道，每集5分钟，六台同时异地推出。从6月21日到8月6日共播出报道48篇。由于有气势，有细节，有史料，有回顾，有展望，有综述，播出之后，收到社会广泛好评。

在邓小平波澜壮阔的一生中有着许多令人回味无穷的精彩瞬间，在邓小平博大精深的理论体系中有着众多深刻精辟的著名论断，我台首都生活广播从7月3日开始推出了9集大型访谈节目《沿着小平足迹，踏上小康之路》。节目从一个全新的角度，紧紧围绕一个“富”字，从历史背景、观念冲突、理论分析、生活实践等诸多方面，比较系统地阐述了邓小平的富民理论及其现实意义和历史意义。每集从一个真实的故事开始，来自文献研究室、中央党校、人民大学、清华大学、中国社科院的专家就“怕富年代”、“在公与私之间”、“让一部分人先富起来”、“小康的提出”、“对内搞活”、“对外开放”、“计划与市场”、“共同富裕”、“全面建设小康社会”等话题进行了访谈。节目播出后，在听众中引起极大反响，不少听众来信来电畅谈收听感想、索要文字资料。

（4）体裁丰富，手段多样，制作丰富多彩的文艺节目。

在纪念邓小平诞辰100周年的宣传中，我台除了新闻、专题、评论、访谈等形式外，还通过丰富多彩的文艺形式展现邓小平光辉伟大的一生。文艺广播联合上海台、广西台、山西台、深圳台、江西台六家电台，制作了纪念邓小平诞辰100周年专题文艺节目《岁月的回声　时代的足迹》，按照伟人邓小平一生的光辉足迹，以时间为序，反映邓小平同志在不同的历史时期在各地的革命活动，贯穿伟人光辉的一生。节目选取反映邓小平同志一生各个时期的文艺作品，包括歌曲、音乐、诗、散文等形式。

另外，新闻广播转播了在人民大会堂举行的《邓小平诞辰100周年纪念大会》，文艺广播、音乐广播还现场直播了《中国人民的儿子邓小平——纪念邓小平诞辰100周年大型交响长诗》大型晚会、《永远的春天——纪念邓小平诞辰100周年大型征歌颁奖晚会》、《永远的春天——纪念邓小平诞辰100周年音诗画大型晚会》、《纪念邓小平诞辰100周年专题交响音乐会》等一系列纪念演出。

（二）听众反映

理论联系实际的新探索

——听“十六届三中全会百姓读本”有感

郝　玉

近日，先后三次听了经济广播、新闻广播的系列访谈“十六届三中全会百姓读本”。这是近年来广播电视中理论类节目比较受听的，其特点是理论联系实际，通俗易懂。

5月22日题为“资本与诚信”，5月29日题为“银行与上市”，6月6日题为“建设首都文化产业”。主持人带着群众关心的相关问题，以访谈形式，请专家联系实际讲解这些内容，避免了以往理论节目枯燥乏味和说教的弊端。

笔者仅仅听了三次节目，感觉贴近实际、贴近生活、受启发，这次百姓读本系列访谈类似于对话节目，又区别于对话节目，因为是理论联系实际，不感到有说教味道，感到事情就发生在身边，潜移默化地起到理论指导实践的作用。

不足的地方是经济广播在《首都经济论坛》播讲，时间是一小时，有冗长的感觉。新闻广播每次20分钟比较合适，每讲最长不要超过半小时。每次讲一个问题，中心突出，也容易记住，专家或教师讲的要“活”一些，例子要贴近百姓，主持人提问要“形象”，尽量通俗，理论术语普通百姓还是难以理解的，如果理论术语和当今的事联系起来就容易听懂了，像“不良资产”就该剖析得具体一些。

评《我和我的祖国·命运的交响——风云人物篇》

张惠棠

在新中国成立55周年之际，每一名祖国的儿女都希望表达自己的一份最真挚的祝福。继首都生活广播推出大型访谈录《我和我的祖国·命运的交响——家和国兴篇》之后，新闻广播从9月13日开始陆续推出大型访谈节目——《我和我的祖国·命运的交响——风云人物篇》。

《风云人物篇》虽然是诸如龙永图、荣高棠、郭凤莲等多位个性鲜明、卓尔不群、引领社会进步的风云人物和北京电台主持人的对话，回顾与共和国一起成长的岁月，讲述前进中的坎坷与曲折，但是听起来内容还是十分贴近普通的百姓生活。播出的形式新颖、独特、有韵味。在节目中，这些风云人物共同为听众展现和抒发了华夏儿女喜迎新中国成立55周年的喜悦心情，充分展示了我们的幸福生活。同时，这些节目层次清晰，没有空洞的说教和枯燥的数字。以个人的沉浮与成功的“点”集中反映了伟大祖国55年来建设成就的“面”，以小见大，颇具说服力。他们每个人都是我们这个时代的一个缩影，把他们集合起来，我们就可以看到一组时代的群像，听到一组时代的混响。

讲述成功人士的故事，展现时代的风采，充分体现社会的不断进步，是这档节目的特点，它无疑也是献给祖国55岁生日的一份厚礼。

好的开始

——评《家和国兴》访谈录

谢光莹

首都生活广播推出《家和国兴》大型系列访谈录，给人耳目一新，振奋不已。如第一站采访原国家女排主教练邓若增一家，从他家的多宝阁珍藏的诸多耀眼的奖品、奖章、奖杯……说到他和夫人的职业精神和教练风格，从国家女排五连冠和女排精神，谈到老一辈国家领导人对女排的期望和广大人民群众的支持，一声声坦诚的访谈，唤起听众一阵阵的美好回忆，使人油然想起当年的“女排精神”，不仅为体育界树立了丰碑，成为运动儿女奋勇拼搏的动力和全国人民学习的榜样，而且威震世界，成为中华崛起的象征，让海外华人、华侨引为自豪。今天重提“女排精神”，无疑对即将出发参加雅典奥运会的全体运动员和教练员都具有极大鼓舞和激励的现实意义。

这次访谈，是一次成功的访录，很有意义，很有听头，也很有回味。为使访谈越办越好，提几点建议，供作参考：

1. 通过这次大型系列访谈，使听众再次回顾共和国丰碑的铸造过程，让群众参与交流，共受教育和激励。

2. 要完全发挥首都的人文优势和信息优势，选好各层次、各方面具有代表性的典型家庭采访，不要局限于名人家庭。

3. 节目主持人或记者，在访谈之前，要做好详细的准备工作，做到有的放矢。最好请熟悉被采访家庭情况的人做嘉宾主持，如这次访邓若增主教练，请宋世雄做嘉宾主持，使访谈生动地进入主人公的内心世界，畅谈丰富的人生体验、愿望和美好的未来，使访谈更充实、更有品位。

4. 访谈要抓重点、抓特色、抓有现实意义的话题，不要程式化。

5. 两个小时的访谈，时间太长。《缩编版》少而精，更符合当前快节奏生活方式的需要，很受听众欢迎。

一组使人重燃激情的好节目

——简评《激情岁月》国庆特别节目

怡　远

交通广播《激情岁月》为庆祝国庆制作了每日一个主题的“特别节目”，这是一个较完整的系列节目，由于制作精心，从而收到了很好的效果，有如下的特点：

1. 时间跨度大，涵盖地域广。在一个短短的系列节目中，包括了从国内革命战争时期到改革开放后的今天，从南方到北方，且所选歌曲均是革命历史歌曲、民歌和主旋律歌曲。因此，节目内容丰富，思想性强，艺术品位高。在欣赏节目的同时，也使听众从中得到教益。

2. 制作细致。节目中有对革命老战士的专访，听他们回忆过去，讲今昔对比，还有对所播放歌曲创作背景的介绍，这些都对节目作了“历史的注脚”，更有助于听众对内容的理解。

3. 制作人员的敬业精神可嘉。看来节目组的人员跑了不少地方，想了许多办法去搜集线索，采访、录制，并且在短时间内制作了质量好的节目，这种精神是可贵的。

4. 特别值得一提的是，《激情岁月》是北京电台众多音乐节目中，唯一一档主要针对老年受众群体的音乐节目，因此这也是很值得赞赏的一个举行措。收听这个节目，可以使老年人更好地燃起激情之火，扬起生命的风帆，去度过那人生最美好的夕阳年代。中青年人听了，也会进一步鼓起勇气，坚定意志，为进一步实现小康的宏伟目标作出更大的努力。因此，在平时尤其是在节日里，每每听到这个节目，也从内心产生对交通广播、对节目组同志们的感激之情。

（三）“治多伦一亩沙地，还北京一片蓝天”大型环保公益活动三年来进展情况

由北京人民广播电台新闻广播、北京绿化基金会、内蒙古多伦县人民政府共同开展的“治多伦一亩沙地，还北京一片蓝天”大型环保公益活动，到目前已收到社会各界捐款470多万元，利用各界捐款在内蒙古多伦县浑善达克沙地南缘治理沙地8万亩，初步形成了草、灌、乔相结合的稳固的治沙模式。

3月24日，活动主办三方在北京远洋大厦召开了由捐款单位和捐款个人代表参加的“治还工程”总结汇报会。会上，活动主办三方分别就“治还工程”三年总体情况、工程实施情况、资金运作和工程验收情况向首都市民和捐款单位作了汇报。捐款单位和捐款个人代表发言，对“治还工程”提出了建议，并表示继续参加这项公益活动。

在会上，放映了北京新闻广播制作的“治多伦一亩沙地，还北京一片蓝天”电视专题片。电视专题片记录了三年来的治沙情况，多视角反映了“治多伦一亩沙地，还北京一片蓝天”公益活动的进展。电视专题片得到了与会者的肯定。

“治多伦一亩沙地，还北京一片蓝天”公益活动在社会上产生广泛影响，不完全统计有400多企事业单位和数万个家庭及个人参与了这项公益活动。2002年，这项活动荣获“首都精神文明建设最佳活动”奖。

自2001年6月5日世界环境日正式启动“治多伦一亩沙地，还北京一片蓝天”大型环保公益活动至今，三年来，“治还”活动在多伦县浑善达克沙地南缘的一号沙带内8万亩沙地上，先期实施了围封移民、飞播种草，使得8万亩沙地逐步恢复了草本植被，初步起到了防沙止漠的效果。而后又本着进一步巩固治理效果，形成永久固沙带的原则，“治还”工程实施了万亩林木精品工程。到目前共栽植各类乔、灌木1.4万亩，其中栽植黄柳沙障6000亩，种植樟子松6000亩，杨树、榆树各1000亩，初步形成了草、灌、乔相结合的稳固的治沙模式。治理工程连续三年在内蒙古自治区专家组验收的基础上，由北京绿化基金会专家组再次对工程进行核查、验收，结果表明，飞播、栽植的草、灌、乔木均达到国家规定的标准。在这一地区的植被覆盖率已由30%左右提高到70%以上，治理工程质量被评定为优。

“治多伦一亩沙地，还北京一片蓝天”大型环保公益活动开展三年来，始终得到首都各界人士的积极响应和广泛参与，党、政、军、工、农、医、学、商各界皆施援手，出现了扶老携幼、踊跃捐款的动人场景。一向热衷于社会公益事业的北京大宝化妆品有限公司，企业和个人连续三年率先向“治还”工程捐款总额达150多万元；北京国际电力开发投资公司捐赠

35万元；朝阳区伊斯兰教协会代表全区6万多回族、穆斯林兄弟捐款2万多元；建行北京分行的8 491名员工怀着强烈的首都意识、环境意识、公民意识自愿捐款31.85万元，并把参加这项活动当作贯彻落实《公民道德建设实施纲要》的实际行动；中国航天科工集团的全体人员共捐款60多万元，表达科技人士对北京环境建设的殷殷之情。

值得一提的是，2003年，尽管受到"非典"疫情的干扰，首都各界捐助"治还"工程的热情不减。北京大宝华妆品有限公司及职工、北京中远集团、远洋大厦、深圳发展银行北京分行、太平洋人寿保险公司、红塔兴业投资有限公司、闽发证券有限公司、澳洲会计师工会、工商东亚、中国电信股份有限公司等十几家单位踊跃捐款，积极支持"治还"工程，再次展现了首都各界参与祖国生态环境建设的崇高风尚。

为保证"治还工程"善款的专款专用，北京人民广播电台新闻广播、北京绿化基金会、多伦县人民政府每年都签署资金管理和工程实施合同，明确规定款项由北京绿化基金会全权监管拨付，并负责治理工程的验收；多伦县人民政府建立工程项目的领导小组和财政专户，具体负责项目的实施。北京人民广播电台新闻台代表社会各界对工程进展、资金使用、安排随时进行监督、检查，并及时向社会各界公告。三年来，"治还"工程治理项目共使用资金438万元。在验收合格的基础上，已完整拨付多伦县人民政府396万元，另有42万元待验收合格后拨付。今年将根据剩余资金和捐款情况，与多伦县人民政府签订"治还"工程四期治理协议，继续开展"治多伦一亩沙地，还北京一片蓝天"公益活动的项目治理。

为达到生态环境的良性循环，北京人民广播电台新闻广播、北京绿化基金会、多伦县人民政府决定，2004年继续开展这项活动，并继续以林木精品建设为主，力争将这一治理区建成具有较高档次的治沙生态示范园。在2004年4月3日的首都全民义务植树日活动中，北京新闻广播在京开展义务植树活动，组织市民亲手播种绿色，并推出"治多伦一亩沙地，还北京一片蓝天"大型环保公益活动标识。

七、节目设置

新闻广播节目时间表

（中波 828 千赫、调频 100.6 兆赫、有线调频 90.4 兆赫）

（2004 年 1 月 1 日起实行）

时间	星期一至星期五	时间	星期一至星期五	星期六	星期日
5:30	你早，北京	14:10	健康有约		
5:45	健康有约	15:00	新闻时间		
6:00	环球一刻	15:10	新闻随心动（科技探知）		
6:20	气象服务	15:30	健康有约		
6:30	转播中央人民广播电台《新闻和报纸摘要》	15:57	气象服务		
7:00	北京新闻（早）	16:00	新闻时间		
7:31	焦点透视	16:10	新闻随心动（都市时尚）		
7:42	新闻大视野	16:30	健康有约		
7:55	体育大世界	17:00	新闻时间		
8:00	北京新闻（重播）	17:10	环球一刻（重播）	新闻再现	
8:30	时代杂志	17:30	房产在线		
9:00	新闻时间	17:55	气象服务		
9:10	焦点透视（重播）	18:00	新闻，2004		
9:25	传记文学	19:00	转播中央电视台《新闻联播》		
9:58	气象服务	19:35	作家观察（重播）		议政论坛
10:00	新闻时间	20:00	新闻时间		
10:10	新闻随心动（动感体坛）	20:10	轻松十分		
10:30	祝您健康	20:20	幸运时分		
11:00	新闻时间	20:30	传记文学（重播）		
11:10	新闻随心动（食行天下）	20:55	气象服务		
11:30	法制天地	21:00	听说世界		
12:00	新闻时间	22:00	新闻时间		
12:10	新闻随心动（娱乐前沿）	22:10	人生热线	大方书屋	
12:27	气象服务	23:00	新闻时间		
12:30	新闻天天谈	23:10	星空下的女人（上）	广播之友	七台精彩联播
13:00	新闻时间	23:40	星空下的女人（下）	新闻再现（重播）	
13:10	新闻随心动（文化先锋）	0:00	感受北京（英语）		
13:30	作家观察	1:00	播音结束		
13:58	气象服务	**周四 14:00—16:00 为停机检修时间**			
14:00	新闻时间	**周二 0:00 播音结束**			

新闻广播奥运期间节目时间表

（中波 828 千赫、调频 100.6 兆赫、有线调频 90.4 兆赫）

（到 2004 年 8 月 30 日止）

时间	星期一至星期五	时间	星期一至星期五	星期六	星期日
5:30	你早，北京	14:10	健康有约		
5:45	健康有约	15:00	新闻时间		
6:00	环球一刻	15:10	新闻随心动(科技探知)		
6:20	气象服务	15:30	健康有约		
6:30	转播中央人民广播电台《新闻和报纸摘要》	15:57	气象服务		
7:00	北京新闻(早)	16:00	新闻时间		
7:31	焦点透视	16:10	新闻随心动(都市时尚)		
7:42	新闻大视野	16:30	健康有约		
7:55	体育大世界	17:00	新闻时间		
8:00	北京新闻(重播)	17:10	奥迪 3A 二手车专题		
8:30	时代杂志	17:30	房产在线		
9:00	新闻时间	17:55	气象服务		
9:10	焦点透视(重播)	18:00	新闻，2004		
9:25	传记文学	19:00	转播中央电视台《新闻联播》		
9:58	气象服务	19:30	奥运聚焦		
10:00	新闻时间	20:00	新闻时间		
10:10	新闻随心动(动感体坛)	20:10	轻松十分		
10:30	祝您健康	20:20	幸运时分		
11:00	新闻时间	20:30	传记文学(重播)		
11:10	新闻随心动(食行天下)	20:55	气象服务		
11:30	法制天地	21:00	听说世界		
12:00	新闻时间	21:30	奥运观察		
12:10	新闻随心动(娱乐前沿)	22:00	新闻时间		
12:27	气象服务	22:10	人生热线	欢乐新时空	首都经济论坛
12:30	新闻天天谈	23:00	新闻时间		
13:00	新闻时间	23:10	星空下的女人(上)	广播之友	七台精彩联播
13:10	新闻随心动(文化先锋)	23:40	星空下的女人(下)	普通话沙龙	
13:30	作家观察	0:00	感受北京(英语)		
13:58	气象服务	1:00	播音结束		
14:00	新闻时间	**周四 14:00—16:00 为停机检修时间**			
14:00	新闻时间	**周二 0:00 播音结束**			

经济广播节目时间表

（中波 1026 千赫、调频 107.3 兆赫、有线调频 91.9 兆赫）

（2003 年 7 月 1 日起实行）

播出时间	周一至周五		周六	周日	播出时间
05:20		清晨话养生			05:20
06:30		天气预报　转播中央人民广播电台《新闻和报纸摘要》			06:30
07:00		消费者热线			07:00
07:15		天气预报　节目预告			07:15
07:20		人才信息早报			07:20
07:30		工商银行金融导航、中国银行国际汇市报道(早间版)			07:30
08:00		健康与生活	健康与生活		08:00
09:00	整点资讯	天气预报　财经早九点			09:00
10:00	整点资讯	时尚消费广场	时尚消费广场　（周末版）		10:00
10:30	半点信息				10:30
11:00	整点资讯	非常约会	全国旅游广播网	名人访谈	11:00
11:30	半点信息	股市热线			11:30
12:00	天气预报	畅游天下	首都经济论坛	消费者热线特别节目	12:00
12:30	半点信息			周末话消防·财税周刊	12:30
13:00	整点资讯	天气预报　快乐大转盘	快乐大转盘(周末版)		13:00
13:30	半点信息				13:30
14:00	整点资讯	健康与生活(午间版)			14:00
15:00	整点资讯	投资万事通:股市收盘点评	七台精彩联播	方律师说法	15:00
15:30	半点信息	工商银行国际汇市报道(午间版)	广播之友		15:30
16:00	整点资讯	股市大家谈	股市三人行(京沪粤三地直播)	古今收藏	16:00
16:30				动物家园	16:30
17:00	整点资讯	我爱我家　天气预报	我爱我家　（周末版）		17:00
17:30	半点信息				17:30
18:00		中国财经 60 分(京沪两地直播)	个股点播台	股友家园	18:00
19:00	整点资讯	天气预报　生活帮助热线			19:00
19:45		重播消费者热线节目			19:45
20:00	整点资讯	幸福家园	空中鹊桥		20:00
20:30	半点信息	流动风景线			20:30
21:00	整点资讯	天气预报 投资万事通:投资技巧介绍	开心巧克力	周末音乐热卖	21:00
21:30	半点信息	建设银行国际汇市报道(晚间版)	普通话沙龙	电影空间站	21:30
22:00	整点资讯	招商银行国际汇市报道(晚间版)	汇市大家谈		22:00
22:30		长篇连播			22:30
23:00		天气预报　健康夜话	健康夜话　（周末版）		23:00
0:00		工商银行国际汇市报道(午夜版)	重播首都经济论坛	财经连线(广播版)	0: 00
0:30		重播中国财经 60 分		重播消费者热线特别节目	0: 30
01: 00		播音结束			01: 00

经济广播节目时间表

（中波 1026 千赫、调频 107.3 兆赫、有线调频 91.9 兆赫）

2004 年 6 月 28 日起实行

	周一至周五	周六	周日
5：50	开始曲　预告节目		
5：55	清晨话养生		
6：30	转播中央台新闻和报纸摘要		
7：00	阳光前线之资讯通		
7：30	中国银行国际汇市报道		
8：00	健康与生活		
8：30			
9：00			
9：30	股市热线（15'）		
10：00			
10：30	生活三十六计		
11：00		全国旅游广播网	
11：30	股市热线（15'）		
12：00	消费者热线		
12：30			
13：00	财迷		
13：30			
14：00	健康与生活		
14：30			
15：00	阳光前线之榜中榜		
15：30	工商银行国际汇市报道		理财万事通
16：00			
16：30	股市大家谈	股市三人行	动物家园
17：00	娱乐七十二变		
17：30			
18：00	中国财经 60 分	首都经济论坛	欢乐财经 6+1
18：30			
19：00	三人当家		
19：30			
20：00	人在北京		
20：30			广播之夜
21：00	生活港湾	开心巧克力	七台联播
21：30	建设银行国际汇市报道	普通话沙龙	周末话消防
21：45			财税周刊
22：00	招商银行国际汇市报道	汇市大家谈	
22：30	工商银行国际汇市报道		
23：00	重播消费者热线		
23：30			
0：00	重播财迷		
0：30			
1：00	播音结束		

首都生活广播节目时间表

（中波 603 千赫、有线调频 89.1 兆赫）

（2004 年 1 月 1 日起实行）

<table>
<tr><th>时　段</th><th>周一至周五</th><th>时　段</th><th colspan="2">周六、周日</th></tr>
<tr><td>05:30—06:15</td><td>听话儿——白话你我他
（缩编版）</td><td>05:30—06:15</td><td colspan="2">听话儿——白话你我他
（缩编版）</td></tr>
<tr><td>06:15—07:00</td><td>说事儿——名嘴说天下
（缩编版）</td><td>06:15—07:00</td><td colspan="2">说事儿——名嘴说天下
（缩编版）</td></tr>
<tr><td>07:00—09:00</td><td>找乐儿——亲密接触</td><td>07:00—08:30</td><td colspan="2">找乐儿——亲密接触</td></tr>
<tr><td rowspan="2">09:00—10:00</td><td rowspan="2">亮点（生活版）——时尚零距离</td><td>08:30—09:30</td><td colspan="2">健康假日直播站</td></tr>
<tr><td>09:30—10:30</td><td colspan="2">亮点（生活版）——时尚零距离</td></tr>
<tr><td>10:00—12:00</td><td>亮点（文化版）——天天文化秀</td><td>10:30—12:00</td><td colspan="2">亮点（文化版）——天天文化秀</td></tr>
<tr><td>12:00—14:00</td><td>听话儿——白话你我他</td><td>12:00—14:00</td><td colspan="2">听话儿——白话你我他</td></tr>
<tr><td>14:00—15:00</td><td>品茶——下午茶</td><td>14:00—15:00</td><td colspan="2">品茶——下午茶</td></tr>
<tr><td>15:00—16:30</td><td>阳光茶园</td><td>15:00—16:30</td><td colspan="2">健康假日直播站</td></tr>
<tr><td>16:30—17:00</td><td>新都市主流沙龙（缩编版）</td><td>16:30—17:00</td><td>广播之友</td><td>七台精彩联播</td></tr>
<tr><td rowspan="2">17:00—19:00</td><td rowspan="2">说事儿——名嘴说天下</td><td rowspan="2">17:00—19:00</td><td colspan="2">说事儿——名嘴说天下</td></tr>
<tr><td colspan="2">一周精彩回放</td></tr>
<tr><td>19:00—19:30</td><td>转播《新闻联播》</td><td>19:00—19:30</td><td colspan="2">转播《新闻联播》</td></tr>
<tr><td>19:30—21:00</td><td>聊吧——酷聊地带</td><td>19:30—20:30</td><td colspan="2">聊吧——酷聊地带</td></tr>
<tr><td>21:00—22:00</td><td>新都市主流沙龙</td><td>20:30—22:00</td><td colspan="2">心理家园</td></tr>
<tr><td>22:00—23:30</td><td>私语——今夜私语时</td><td>22:00—23:30</td><td colspan="2">私语——今夜私语时</td></tr>
<tr><td>23:30—00:00</td><td>健康夜话</td><td>23:30—00:00</td><td colspan="2">健康夜话</td></tr>
<tr><td>00:00—01:00</td><td>心情——都市心情</td><td>0:00—01:00</td><td colspan="2">心情——都市心情</td></tr>
</table>

首都生活广播节目时间表

（中波603千赫、有线调频89.1兆赫）

（2004年3月1日实行）

<table>
<tr><th>时　段</th><th>周一至周五</th><th>时　段</th><th colspan="2">周六、周日</th></tr>
<tr><td>5:30—6:15</td><td>听话儿——白话你我他（缩编版）</td><td>5:30—6:15</td><td colspan="2">听话儿——白话你我他（缩编版）</td></tr>
<tr><td>6:15—7:00</td><td>说事儿——名嘴说天下（缩编版）</td><td>6:15—7:00</td><td colspan="2">说事儿——名嘴说天下（缩编版）</td></tr>
<tr><td>7:00—9:00</td><td>找乐儿——亲密接触</td><td>7:00—8:30</td><td colspan="2">找乐儿——亲密接触</td></tr>
<tr><td rowspan="2">9:00—11:00</td><td rowspan="2">亮点(生活版)——时尚零距离</td><td>8:30—9:30</td><td colspan="2">健康假日直播站</td></tr>
<tr><td rowspan="2">9:30—12:00</td><td rowspan="2" colspan="2">亮点(假日版)</td></tr>
<tr><td>11:00—12:00</td><td>亮点(文化版)——天天文化秀</td></tr>
<tr><td>12:00—13:30</td><td>听话儿——白话你我他</td><td>12:00—13:30</td><td>读书俱乐部</td><td>留学咨询会</td></tr>
<tr><td>13:30—15:00</td><td>品茶——下午茶</td><td>13:30—15:00</td><td colspan="2">品茶—下午茶</td></tr>
<tr><td>15:00—16:30</td><td>阳光茶园</td><td>15:00—16:30</td><td colspan="2">健康假日直播站</td></tr>
<tr><td>16:30—17:00</td><td>新都市主流沙龙（缩编版）</td><td>16:30—17:00</td><td>广播之友</td><td>七台精彩联播</td></tr>
<tr><td>17:00—19:00</td><td>说事儿——名嘴说天下</td><td>17:00—19:00</td><td colspan="2">说事儿——名嘴说天下
一周精彩回放</td></tr>
<tr><td>19:00—19:30</td><td>转播《新闻联播》</td><td>19:00—19:30</td><td colspan="2">转播《新闻联播》</td></tr>
<tr><td>19:30—21:00</td><td>聊吧——酷聊地带</td><td>19:30—20:30</td><td colspan="2">聊吧——酷聊地带</td></tr>
<tr><td>21:00—22:00</td><td>新都市主流沙龙</td><td>20:30—22:00</td><td colspan="2">心理家园</td></tr>
<tr><td>22:00—23:30</td><td>私语——今夜私语时</td><td>22:00—23:30</td><td colspan="2">私语——今夜私语时</td></tr>
<tr><td>23:30—00:00</td><td>健康夜话</td><td>23:30—00:00</td><td colspan="2">健康夜话</td></tr>
<tr><td>00:00—01:00</td><td>心情——都市心情</td><td>0:00—01:00</td><td colspan="2">心情——都市心情</td></tr>
</table>

首都生活广播节目时间表

（中波 603 千赫、有线调频 89.1 兆赫）

（2004 年 6 月 1 日起实行）

<table>
<tr><th>时　段</th><th>周一至周五</th><th>时　段</th><th colspan="2">周六　周日</th></tr>
<tr><td>5:30—6:15</td><td>听话儿——白话你我他
（缩编版）</td><td>5:30—6:15</td><td colspan="2">听话儿——白话你我他
（缩编版）</td></tr>
<tr><td>6:15—7:00</td><td>说事儿——名嘴说天下
（缩编版）</td><td>6:15—7:00</td><td colspan="2">说事儿——名嘴说天下
（缩编版）</td></tr>
<tr><td>7:00—9:00</td><td>找乐儿——亲密接触</td><td>7:00—8:30</td><td colspan="2">找乐儿——亲密接触</td></tr>
<tr><td rowspan="2">9:00—11:00</td><td rowspan="2">亮点(生活版)——时尚零距离</td><td>8:30—9:30</td><td colspan="2">健康假日直播站</td></tr>
<tr><td>9:30—10:30</td><td colspan="2" rowspan="2">亮　点
（假日版）</td></tr>
<tr><td>11:00—12:00</td><td>亮点(文化版)——天天文化秀</td><td>10:30—12:00</td></tr>
<tr><td rowspan="2">12:00—13:30</td><td rowspan="2">听话儿——白话你我他</td><td rowspan="2">12:00—13:30</td><td rowspan="2">读书
俱乐部</td><td>科教快讯</td></tr>
<tr><td>留学咨询会</td></tr>
<tr><td>13:30—15:00</td><td>品茶——下午茶</td><td>13:30—15:00</td><td colspan="2">男孩女孩</td></tr>
<tr><td>15:00—16:30</td><td>阳光茶园</td><td>15:00—16:15</td><td colspan="2">健康假日直播站</td></tr>
<tr><td rowspan="2">16:30—17:00</td><td rowspan="2">吃喝玩乐大搜索</td><td>16:15—16:30</td><td colspan="2">吃喝玩乐大搜索</td></tr>
<tr><td>16:30—17:00</td><td>广播之友</td><td>七台精彩联播</td></tr>
<tr><td>17:00—19:00</td><td>说事儿—名嘴说天下</td><td>17:00—19:00</td><td colspan="2">说事儿—名嘴说天下
一周精彩回放</td></tr>
<tr><td>19:00—19:30</td><td>转播《新闻联播》</td><td>19:00—19:30</td><td colspan="2">转播《新闻联播》</td></tr>
<tr><td>19:30—21:00</td><td>聊吧——酷聊地带</td><td>19:30—20:30</td><td colspan="2">聊吧——酷聊地带</td></tr>
<tr><td>21:00—21:45</td><td>今晚 9 点拍案</td><td>20:30—21:45</td><td colspan="2">心理家园</td></tr>
<tr><td>21:45—22:00</td><td>健康夜话</td><td>21:45—22:00</td><td colspan="2">健康夜话</td></tr>
<tr><td>22:00—23:00</td><td>私语——今夜私语时</td><td>22:00—23:00</td><td colspan="2">私语——今夜私语时</td></tr>
<tr><td>23:00—0:00</td><td>健康夜话</td><td>23:00—0:00</td><td colspan="2">健康夜话</td></tr>
<tr><td>0:00—1:00</td><td>心情——都市心情</td><td>0:00—1:00</td><td colspan="2">心情——都市心情</td></tr>
</table>

交通广播节目时间表

（调频 103.9 兆赫、有线调频 95.6 兆赫）

（2004 年 1 月 1 日起实行）

路况信息　7:00—23:00 整点、半点，高峰时段一刻、三刻加播

交通天气预报　全天整点

时间段	周一至周五	周六/周日	整点信息
00:00—01:00	流行经典		
01:00—01:30	星空乐园		
01:30—02:00	音乐榜样		
02:00—03:00	一笑堂		
03:00—04:00	星样年华		
04:00—05:00	听无偏见		
05:00—06:00	音乐早班车		
06:00—06:30	激情岁月		06:00 旅游信息
06:30—07:00	转播《新闻和报纸摘要》节目		
07:00—07:30	交通新闻　今日交通　百姓新闻热线		
07:30—09:30	一路畅通		
09:30—10:00	欢乐正前方		
10:00—11:00	汽车天下		
11:00—11:30	警法时空		11:00 旅游信息
11:30—12:30	百姓 TAXI		
12:30—13:00	长书连播		
13:00—14:30	1039 交通服务热线		
14:30—16:00	车友音乐时空		15:00 旅游信息
16:00—17:00	新闻直通车		
17:00—19:00	一路畅通		
19:00—21:00	动感北京		20:00 旅游信息
21:00—21:30	1039 茶馆	广播之友 七台精彩节目联播	
21:30—22:00	欢乐正前方		
22:00—23:00	蓝调北京		22:00 旅游信息
23:00—24:00	午夜收音机		23:00 旅游信息

文艺广播娱乐调频节目时间表

（调频 87.6 兆赫、有线调频 93.8 兆赫）

（2004 年 1 月 1 日起实行）

<table>
<tr><td rowspan="25">《876资讯》八点至二十三点（除十六点外）逢整点一次，每次两分半钟，共计十五次</td><td colspan="2">时 间</td><td>星期一至星期五</td><td>星期六</td><td>星期日</td></tr>
<tr><td rowspan="4">晚间版</td><td>00:00</td><td colspan="3">午夜拍案惊奇</td></tr>
<tr><td>00:30</td><td colspan="3">子夜柔情</td></tr>
<tr><td>01:00</td><td colspan="3">今夜情调</td></tr>
<tr><td>01:30</td><td colspan="3">节目播音结束</td></tr>
<tr><td rowspan="5">早间版</td><td>05:55</td><td colspan="3">开始曲、清晨有约</td></tr>
<tr><td>06:30</td><td colspan="3">转播中央人民广播电台《新闻和报纸摘要》</td></tr>
<tr><td>07:00</td><td colspan="3">娱乐报道</td></tr>
<tr><td>07:05</td><td colspan="3">空中笑林</td></tr>
<tr><td>08:00</td><td colspan="3">早安！北京</td></tr>
<tr><td rowspan="4">上午版</td><td>09:00</td><td colspan="3">欢乐新时空</td></tr>
<tr><td>11:00</td><td colspan="3">文艺大点播</td></tr>
<tr><td>12:00</td><td colspan="3">小说连播</td></tr>
<tr><td>12:30</td><td colspan="3">评书连播</td></tr>
<tr><td rowspan="5">下午版</td><td>13:00</td><td colspan="3">音乐在线</td></tr>
<tr><td>14:00</td><td colspan="3">876 网络生活</td></tr>
<tr><td>15:00</td><td colspan="3">开心茶馆</td></tr>
<tr><td>16:30</td><td colspan="3">影视聚焦</td></tr>
<tr><td>17:00</td><td colspan="3">一路同行</td></tr>
<tr><td rowspan="7">晚间版</td><td>19:30</td><td colspan="3">评书连播</td></tr>
<tr><td rowspan="2">20:00</td><td rowspan="2">演艺沙龙</td><td>七台精彩联播</td><td>广播之友</td></tr>
<tr><td>专题文艺</td><td>876 书屋</td></tr>
<tr><td>21:00</td><td colspan="3">短信江湖</td></tr>
<tr><td>22:00</td><td colspan="3">小说连播</td></tr>
<tr><td>22:30</td><td colspan="3">广播剧场</td></tr>
<tr><td>23:00</td><td colspan="3">相伴到午夜</td></tr>
</table>

文艺广播节目时间表

（调频 87.6 兆赫、有线调频 93.8 兆赫）

（2004 年 6 月 14 日起试行）

<table>
<tr><td rowspan="35">《876资讯》八点至二十三点（除十六点外）逢整点一次，每次二分半钟，共计十五次</td><td></td><td>时　间</td><td>星期一</td><td>星期二</td><td>星期三</td><td>星期四</td><td>星期五</td><td>星期六</td><td>星期日</td></tr>
<tr><td rowspan="4">晚间版</td><td>0:00</td><td colspan="7">午夜拍案惊奇</td></tr>
<tr><td>0:30</td><td colspan="7">子夜柔情</td></tr>
<tr><td>1:00</td><td colspan="7">今夜情调</td></tr>
<tr><td>1:30</td><td colspan="7">节目播音结束</td></tr>
<tr><td colspan="9"></td></tr>
<tr><td rowspan="5">早间版</td><td>5:55</td><td colspan="7">开始曲、清晨有约</td></tr>
<tr><td>6:30</td><td colspan="7">转播中央人民广播电台《新闻和报纸摘要》</td></tr>
<tr><td>7:00</td><td colspan="7">空中笑林</td></tr>
<tr><td>7:48</td><td colspan="7">信报 876 早读</td></tr>
<tr><td>8:00</td><td colspan="7">早安！北京</td></tr>
<tr><td rowspan="4">上午版</td><td>9:00</td><td colspan="7">欢乐新时空</td></tr>
<tr><td>11:00</td><td colspan="7">文艺大点播</td></tr>
<tr><td>12:00</td><td colspan="7">小说连播</td></tr>
<tr><td>12:30</td><td colspan="7">评书连播</td></tr>
<tr><td rowspan="6">下午版</td><td>13:00</td><td colspan="7">音乐在线</td></tr>
<tr><td>14:00</td><td colspan="7">876 网络生活</td></tr>
<tr><td>15:00</td><td colspan="7">开心茶馆</td></tr>
<tr><td>16:30</td><td colspan="7">爱星满天</td></tr>
<tr><td>16:48</td><td colspan="7">876 法制晚报时间</td></tr>
<tr><td>17:00</td><td colspan="7">一路同行</td></tr>
<tr><td rowspan="9">晚间版</td><td>19:00</td><td colspan="7">影视聚焦</td></tr>
<tr><td>19:30</td><td colspan="7">评书连播</td></tr>
<tr><td rowspan="2">20:00</td><td rowspan="2" colspan="5">演艺沙龙</td><td>七台精彩联播</td><td>专题文艺</td></tr>
<tr><td>876 书屋</td><td>876 书屋</td></tr>
<tr><td>21:00</td><td colspan="7">短信江湖</td></tr>
<tr><td>22:00</td><td colspan="7">小说连播</td></tr>
<tr><td>22:30</td><td colspan="7">广播剧场</td></tr>
<tr><td>23:00</td><td colspan="6">相伴到午夜</td><td>广播之友</td></tr>
</table>

文艺广播有线戏曲曲艺节目时间表

（有线调频 105.1 兆赫）

（2003 年 8 月下旬起试行）

时　间	星期一	星期二	星期三	星期四	星期五	星期六	星期日
0:00—1:30	长安大戏院						
1:30—2:00	梨园金曲						
2:00—3:00	空中曲苑						
3:00—4:00	戏剧空间						
4:00—6:00	评书连播						
6:00—7:00	空中笑林						
7:00—8:30	长安大戏院						
8:30—9:00	梨园金曲						
9:00—10:00	空中曲苑						
10:00—11:00	戏剧空间						
11:00—12:00	空中笑林						
12:00—14:00	评书连播						
14:00—15:00	戏剧空间						
15:00—16:00	长安大戏院						
16:30—17:00	梨园金曲						
17:00—18:00	空中曲苑						
18:00—20:00	评书连播						
20:00—21:00	空中笑林						
21:00—21:30	梨园金曲						
21:30—23:00	长安大戏院						
23:30—0:00	戏剧空间						

文艺广播有线文学影视节目时间表

（有线调频104.3兆赫）

2003年8月下旬起试行

<table>
<tr><th>时　间</th><th>星期一</th><th>星期二</th><th>星期三</th><th>星期四</th><th>星期五</th><th>星期六</th><th>星期日</th></tr>
<tr><td>0:00—0:30</td><td colspan="7">经典音乐故事</td></tr>
<tr><td>0:30—1:00</td><td colspan="7">经典戏剧故事</td></tr>
<tr><td>1:00—2:00</td><td colspan="7">午夜拍案惊奇</td></tr>
<tr><td>2:00—3:00</td><td colspan="7">言情小说</td></tr>
<tr><td>3:00—4:00</td><td colspan="7">广播剧场</td></tr>
<tr><td>4:00—5:00</td><td colspan="7">小说连播</td></tr>
<tr><td>5:00—6:00</td><td colspan="7">电影录音剪辑</td></tr>
<tr><td>6:00—6:30</td><td colspan="4">中国古典诗词</td><td colspan="3" rowspan="2">周末文萃</td></tr>
<tr><td>6:30—7:00</td><td colspan="4">百年文化名人</td></tr>
<tr><td>7:00—7:30</td><td colspan="7">经典音乐故事</td></tr>
<tr><td>7:30—8:00</td><td colspan="7">经典戏剧故事</td></tr>
<tr><td>8:00—9:00</td><td colspan="7">文学博览</td></tr>
<tr><td>9:00—10:00</td><td colspan="7">广播剧场</td></tr>
<tr><td>10:00—11:00</td><td colspan="7">电影录音剪辑</td></tr>
<tr><td>11:00—12:00</td><td colspan="7">小说连播</td></tr>
<tr><td>12:00—12:30</td><td colspan="4">中国古典诗词</td><td colspan="3" rowspan="2">周末文萃</td></tr>
<tr><td>12:30—13:00</td><td colspan="4">百年文化名人</td></tr>
<tr><td>13:00—14:00</td><td colspan="7">言情小说</td></tr>
<tr><td>14:00—15:00</td><td colspan="7">广播剧场</td></tr>
<tr><td>15:00—16:00</td><td colspan="7">文学博览</td></tr>
<tr><td>16:00—17:00</td><td colspan="7">小说连播</td></tr>
<tr><td>17:00—18:00</td><td colspan="7">电影录音剪辑</td></tr>
<tr><td>18:00—18:30</td><td colspan="7">经典音乐故事</td></tr>
<tr><td>18:30—19:00</td><td colspan="7">经典戏剧故事</td></tr>
<tr><td>19:00—20:00</td><td colspan="7">言情小说</td></tr>
<tr><td>20:00—20:30</td><td colspan="4">中国古典诗词</td><td colspan="3" rowspan="2">周末文萃</td></tr>
<tr><td>20:30—21:00</td><td colspan="4">百年文化名人</td></tr>
<tr><td>21:00—22:00</td><td colspan="7">小说连播</td></tr>
<tr><td>22:00—23:00</td><td colspan="7">文学博览</td></tr>
<tr><td>23:00—0:00</td><td colspan="7">午夜拍案惊奇</td></tr>
</table>

音乐广播节目时间表

（调频 97.4 兆赫、有线调频 94.6 兆赫）

（2004 年 1 月 1 日起实行）

时　间	星期一	星期二	星期三	星期四	星期五	星期六	星期日
00:00	浪漫情歌	校园民谣	我的音乐生活	零点乐话	浪漫情歌	校园民谣	零点乐话
00:30							
01:00	网络奇缘						
01:30							
02:00	星期音乐会	设备检修	发烧门诊部	星期音乐会	通俗音乐会	我的音乐生活	银海乐波
02:30							
03:00						游戏空间	校园民谣
03:30	银海乐波		爵士之旅	游戏空间	爵士之旅		
04:00						TALK DA TALK	广播之友
04:30	特别创意		相会 974	特别创意	相会 974		七台联播
05:00	古典也流行						
05:30	您喜爱的歌						
06:00	浪漫晨曲						
06:30	早流行——好歌再现					星期音乐会	
07:00							
07:30							
08:00	康辉漫游世界					相会 974	
08:30	通用时代——动听生活					通俗音乐会	
09:00	974 爱车音乐时间						
09:30							
10:00						名歌金曲	
10:30	974 爱车音乐时间——三奇堂特约播出时段						
11:00	彩铃乐翻天					雪碧原创歌曲榜	
11:30							
12:00	中国歌曲排行榜					360 度看世界	
12:30							
13:00							
13:30							
14:00	中华民歌广播大擂台					发烧门诊部	
14:30	您喜爱的歌						
15:00	我为歌狂						
15:30						银海乐波	
16:00							
16:30							
17:00	古典也流行						
17:30	光彩国际公寓——流行也精彩					星期音乐会	
18:00	东方太阳城——音乐在线						
18:30	音乐礼品卡						
19:00	在流行						
19:30							
20:00						爵士之旅	
20:30	全球华语歌曲排行榜						
21:00							
21:30							
22:00	世界歌曲排行榜					游戏空间	TALK DA TALK
22:30	统一心情世界						
23:00	校园音乐先锋					我的音乐生活	
23:30	BBC 流行乐坛(周一)、相会 974(周二、四)、特别创意(周三、五)						

备注：1.08:30—23:00 的整、半点的 4 分钟为报时、台标、天气及信息网等的标版广告时间。

2. 全国卫星音乐广播协作网通栏节目均为 05 分开始。

有线古典音乐广播节目表

（调频 98.6 兆赫）

播出时间	栏目
00:00	钢琴世界(周一至周日)
01:00	华夏神韵(周一至周日)
02:00	新 CD 橱窗(周一至周日)
03:00	
04:00	HIFI 时间(周一至周日)
05:00	POPS 音乐(周一至周日)
06:00	听室内乐(周一、周二)　现场魅力(周二、周四、周日) 历史回眸(周五)　精品收藏(周六)
07:00	
08:00	交响空间(周一至周日)
09:00	
10:00	歌舞剧场(周一至周日)
11:00	
12:00	钢琴世界(周一至周日)
13:00	华夏神韵(周一至周日)
14:00	新 CD 橱窗(周一至周日)
15:00	
16:00	HIFI 时间(周一至周日)
17:00	POPS 音乐(周一至周日)
18:00	听室内乐(周一、周二)　现场魅力(周二、周四、周日) 历史回眸(周五)　精品收藏(周六)
19:00	
20:00	交响空间(周一至周日)
21:00	
22:00	歌舞剧场(周一至周日)
23:00	

有线通俗音乐广播节目表

（调频97.0兆赫）

播出时间	栏　　目
00:00	世界音乐+电影音乐+NewAge+音乐剧
01:00	
02:00	另类音乐
03:00	
04:00	唱片欣赏（黑胶唱片、经典专辑）
05:00	
06:00	流行音乐（单曲）+电子乐+乡村音乐+轻音乐+舞曲
07:00	
08:00	摇滚（迷幻摇滚、艺术摇滚、金属、Rock等）
09:00	
10:00	爵士乐（Jazz+Blues）
11:00	
12:00	世界音乐+电影音乐+NewAge+音乐剧
13:00	
14:00	另类音乐
15:00	
16:00	唱片欣赏（黑胶唱片、经典专辑）
17:00	
18:00	流行音乐（单曲）+电子乐+乡村音乐+轻音乐+舞曲
19:00	
20:00	摇滚（迷幻摇滚、艺术摇滚、金属、Rock等）
21:00	
22:00	爵士乐（Jazz+Blues）
23:00	

有线轻音乐广播节目表（暂定）

（调频 107.5 兆赫）

0:00—4:00	《轻音乐天地》——世界著名音乐乐队精品集锦
4:00—8:00	《世界音乐》——根据各国民间音乐素材，利用现代配器手法改编的乐曲
8:00—12:00	《名曲“倾听”》——根据中外名歌名曲改编的轻音乐曲
12:00—24:00	重播以上 12 小时内容

有线亚洲流行音乐广播节目表（暂定）

（调频 106.5 兆赫）

0:00—4:00	《韩流地带——韩国最新流行歌曲》
4:00—8:00	《七彩亚洲——亚洲各国最新流行歌曲》
8:00—12:00	《日乐时空——日本最新流行歌曲》
12:00—24:00	重播以上 12 小时内容

体育广播节目时间表

（中波 927 千赫、有线调频 92.7 兆赫）

（2004 年 1 月 1 日起实行）

时　间	整点 5'	周一至周五	周　六	周　日
05:55		**开始播音**		
06:00	体育新闻	**阳光 你好**　阳光晨曲　阳光提示　今日格言　走马京城　时事趣闻连接　全天节目介绍		
07:30		**927 体育世界**　体育快报　体育新闻评论　体育新闻专题　今日赛事预报　时事趣闻连接		
08:30		**健康绿洲**		
09:00	体育新闻	**四季花园** 健康百科　四季养生　专家访谈	**广播之友**	**七台联播**
09:30			**健康绿洲**	
10:00		**健康绿洲**		
11:00	体育新闻	**927 主题公园**　群体信息网　健身俱乐部　群体明星　健身小品		
12:00		**体坛风铃**　新闻快报　专题　评论　记者视点　文摘文萃　体坛趣闻　时事趣闻连接		
13:00 14:00	体育新闻	**快乐无极限**　快乐点歌　百家观点　体育与幽默　百姓也明星		
15:00	体育新闻	**奥林匹克风**　奥林匹克史话　北京奥运之窗　奥林匹克百科		
16:00		**健康绿洲**		
16:30		**咱的幸福生活**　时尚穿戴　置家顾问　行者无疆	**周末广播特写**	
17:00	体育新闻		**咱的幸福生活**	
18:00		**动感穿越**　体育快报　评论　专题　精彩足球		
19:00	体育新闻	**重播奥林匹克风**		
20:00	体育新闻	**重播 927 主题公园**		
21:00		**今日体育**　体育快报　评论　专题		
21:30		**体坛夜话**　焦点话题　球迷热线　短信留言　赛事大家谈		
23:00	体育新闻	**重播四季花园**		
23:55		**播音结束**		

备注：每周四 14:00—16:00 停机检修。遇有赛事直播随时打通节目。

北京外语广播节目时间表

（中波 774 千赫、有线调频 97.8 兆赫和 99.4 兆赫）

（2004 年 9 月 17 日起实行）

星期 时间	星期一	星期二	星期三	星期四	星期五	星期六	星期日
06:00	英语教室						
07:00	感受北京					感受北京周末版	
07:55	汉语起跑线						
08:00	城市节拍(早间版)					环球 60 分(中文)	
09:00						我在北京(中文)	
10:00	美国流行榜				文艺沙龙	中国歌曲榜	
11:00	音乐产业	奥运音乐	健康话题	聊天室	流行新曲推介	英国流行榜	科技时空
11:30	访谈时间	奥运—舞动的北京	访谈时间	774 公益时间	探索		
12:00	感受北京					感受北京周末版	
12:55	汉语起跑线						
13:00	英语教室						
14:00	音乐产业	澳洲音乐	健康话题	机器检修时间	流行新曲推介	英国流行榜	科技时空
14:30	访谈时间	奥运—舞动的北京	访谈时间		探索		
15:00	美国流行榜				文艺沙龙	中国歌曲榜	
16:00	感受北京					感受北京周末版	
16:55	汉语起跑线						
17:00	城市节拍(晚间版)					环球 60 分(中文)	
18:00	感受北京(首播)					我在北京(中文)	
19:00						感受北京周末版	
19:55	汉语起跑线						
20:00	774 新闻网					探索周末版	访谈周末版
20:30	奥运—舞动的北京	访谈时间	774 公益时间	探索	访谈时间	聊天室周末版	
21:00	美国流行榜				文艺沙龙	中国歌曲榜	
22:00	774 新闻网					探索周末版	访谈周末版
22:30	奥运—舞动的北京	访谈时间	774 公益时间	探索	访谈时间	聊天室周末版	
23:00	音乐产业	澳洲音乐	健康话题	聊天室	流行新曲推介	英国流行榜	科技时空
23:30	晚间音乐						
24:00	全天播音结束						

北京人民广播电台教学广播节目时间表

（有线调频 99.4 兆赫）

（2004 年 1 月 1 日起实行）

	一	二	三	四	五	六	日
6:00	古代汉语	现代汉语（一）	现代汉语（二）	语言逻辑学＊	经济应用文写作	现代汉语（一）＊	现代汉语（二）＊
6:40	古代汉语	现代汉语（一）	现代汉语（二）	语言逻辑学＊	经济应用文写作	现代汉语（一）＊	现代汉语（二）＊
7:20	英语 300 句	日语 300 句	德语 300 句	法语 300 句	俄语 300 句	英语 300 句	英语 300 句
7:30	每日一招说英语（25 分钟）						
8:00	语文（电中）	辩证唯物主义（电人）	审计学（电中）	审计学（电中）＊	外国文学	现代汉字学＊	WTO 知识讲座＊
8:40	语文（电中）	辩证唯物主义（电大）	审计学（电中）	审计学（电中）＊	外国文学	现代汉字学＊	WTO 知识讲座＊ 现当代文学专题研究＊ 张道真自学英语（第一期） 英法德 300 句
9:20	语文（电中）	辩证唯物主义（电大）	审计学（电中）	审计学（电中）＊	外国文学	现当代文学专题研究＊	
10:00	初学英语入门						
10:30	空中英语教室（中级版）						
11:00	英语快行线						
11:15	每日一招说英语（10 分钟）						
11:30	每日一招说英语（25 分钟）						美国成语俗语
12:00	美国成语俗语						
12:30	初学英语入门						
13:00	空中英语教室（初级版）						英语快行线
13:30	张道真自学英语（第一册）						
13:50	英语 2008						
14:00	发展经济学	语言逻辑学	广告经营	现代汉字学	WTO 知识讲座	经济应用文写作＊	古代汉语＊
14:40	唐诗宋词选讲	语言逻辑学	广告经营	现代汉字学	WTO 知识讲座	经济应用文写作＊	古代汉语＊
15:20	老年科学健身	老年心理	老年科学健身	老年心理＊	老年科学健身	中国古代文学（上）＊	中国古代文学（下）＊
16:00	每日一招说英语（25 分钟）				16:00	中国古代文学（上）＊	中国古代文学（下）＊
16:30	空中英语教室（中级版）				16:40	中国古代文学（上）＊	中国古代文学（下）＊
17:00	时光之旅			17:20		每日一招说英语（25 分钟）	
17:30	张道真自学英语（第一册）						初学英语入门
17:50	英语 2008						
18:00	语文（电中）＊	辩证唯物主义（电中）＊	审计学（电中）＊	审计学（电中）＊	非言语交际	18:35 英语快行线	
18:40	语文（电中）＊	辩证唯物主义（电中）＊	审计学（电中）＊	审计学（电中）＊	非言语交际		18:50 英语 2008
19:20	语文（电中）＊	辩证唯物主义（电中）＊	审计学（电中）＊	审计学（电中）＊	唐诗宋词选讲＊	非言语交际＊	发展经济学＊
20:00	中国古代文学（上）	中国古代文学（下）	中国古代文学（上）＊	中国古代文学（下）＊	现代汉字学＊	非言语交际＊	外国文学＊
20:40	中国古代文学（上）	中国古代文学（下）	中国古代文学（上）＊	中国古代文学（下）＊	现代汉字学＊	广告经营＊	外国文学＊
21:20	中国古代文学（上）	中国古代文学（下）	中国古代文学（上）＊	中国古代文学（下）＊	现当代文学专题研究	广告经营＊	外国文学＊
22:00	张道真自学英语（第一册）						张道真自学英语（第一册）
22:20	英语 300 句	日语 300 句	德语 300 句	法语 300 句	俄语 300 句	英语 300 句	
22:30	美国成语俗语						
23:00	空中英语教室（初级版）						每日一招说英语（10 分钟）
23:30	空中英语教室（中级版）						
23:59:41	全天播音结束						

备注：1. ＊为重播　2. 英语节目周日三讲联播

北京人民广播电台教学广播节目时间表

（有线调频 99.4 兆赫）

（2004 年 5 月 17 日起实行）

	一	二	三	四	五	六	日
6:00	古代汉语	现代汉语（一）	现代汉语（二）	语言逻辑学＊	经济应用文写作	现代汉语（一）＊	现代汉语（二）＊
6:40	古代汉语	现代汉语（一）	现代汉语（二）	语言逻辑学＊	经济应用文写作	现代汉语（一）＊	现代汉语（二）＊
7:20	英语 300 句	日语 300 句	德语 300 句	法语 300 句	俄语 300 句	英语 300 句	英语 300 句
7:30	每日一招说英语（25 分钟）						
8:00	语文（电中）	辩证唯物主义（电大）	审计学（电中）	审计学（电中）＊	外国文学	现代汉字学＊	WTO 知识讲座＊
8:40	语文（电中）	辩证唯物主义（电大）	审计学（电中）	审计学（电中）＊	外国文学	现代汉字学＊	WTO 知识讲座＊
9:20	语文（电中）	辩证唯物主义（电大）	审计学（电中）	审计学（电中）＊	外国文学	现当代文学专题研究＊	现当代文学专题研究
10:00	张道真《自学英语》第二册						
10:30	空中英语教室（中级版）						张道真《自学英语》（第一册）英法德 300 句 张道真《自学英语》（第二册）
11:00	英语快行线						
11:15	每日一招说英语（10 分钟）						
11:30	每日一招说英语（25 分钟）						
12:00	时光之旅						
12:30	张道真《自学英语》（第二册）						
13:00	空中英语教室（初级版）						
13:30	张道真自学英语（第一册）						英语快行线
13:50	英语 2008						
14:00	发展经济学	语言逻辑学	广告经营	现代汉字学	WTO 知识讲座	经济应用文写作＊	古代汉语＊
14:40	唐诗宋词选讲	语言逻辑学	广告经营	现代汉字学	WTO 知识讲座	经济应用文写作＊	古代汉语＊
15:20	老年科学健身	老年心理	老年科学健身	老年心理＊	老年科学健身	中国古代文学（上）＊	中国古代文学（下）＊
16:00	每日一招说英语（25 分钟）				16:00	中国古代文学（上）＊	中国古代文学（下）＊
16:30	空中英语教室（中级版）				16:40	中国古代文学（上）＊	中国古代文学（下）＊
17:00	时光之旅				17:20	每日一招说英语（25 分钟）	张道真《自学英语》（第二册）
17:30	张道真自学英语（第一册）						
17:50	英语 2008						
18:00	语文（电中）＊	辩证唯物主义（电中）＊	审计学（电中）＊	审计学（电中）＊	非言语交际	18:35 英语快行线	
18:40	语文（电中）＊	辩证唯物主义（电中）＊	审计学（电中）＊	审计学（电中）＊	非言语交际		18:50 英语 2008
19:20	语文（电中）＊	辩证唯物主义（电中）＊	审计学（电中）＊	审计学（电中）＊	唐诗宋词选讲＊	非言语交际＊	发展经济学＊
20:00	中国古代文学（上）	中国古代文学（下）	中国古代文学（上）＊	中国古代文学（下）＊	现代汉字学＊	非言语交际＊	外国文学＊
20:40	中国古代文学（上）	中国古代文学（下）	中国古代文学（上）＊	中国古代文学（下）＊	现代汉字学＊	广告经营＊	外国文学＊
21:20	中国古代文学（上）	中国古代文学（下）	中国古代文学（上）＊	中国古代文学（下）＊	现当代文学专题研究	广告经营＊	外国文学＊
22:00	张道真自学英语（第一册）						张道真自学英语（第一册）
22:20	英语 300 句	日语 300 句	德语 300 句	法语 300 句	俄语 300 句	英语 300 句	
22:30	张道真《自学英语》（第二册）						
23:00	空中英语教室（初级版）						每日一招说英语（10 分钟）
23:30	空中英语教室（中级版）						
23:59:41	全天播音结束						

备注：1. ＊为重播　2. 英语节目周日三讲联播

北京首都生活广播于 2004 年 1月1 日开播

首都生活广播是北京人民广播电台 2004 年在中波 603 千赫、有线调频 89.1 兆赫推出的新频率，每天播音 19.5 小时。

首都生活广播根据都市人的需求和特点，全方位关注首都市民关心的热点，并为都市人的衣食住行、购物、旅游、娱乐及丰富多彩的精神文化生活提供多方面的资讯服务。以轻松幽默的名人谈话、时尚鲜活的都市资讯、视野广阔的时事观察、及时互动的交流沟通，为首都人搭建一个时刻伴随在身边的愉快聊天、轻松交流、有问必答的媒介平台。其特点有：

1. 在全天播出时间中，绝大部分节目都是直播谈话节目，可以及时插播新闻、路况、天气等公共信息，也便于和听众保持每时每刻的互动和交流。

2. 一批有社会影响力的专家、学者、文化名人担当了节目主持人。在《说事儿——名嘴说天下》节目中，徐沛东、毕淑敏、苏叔阳、侯耀华和电台主持人一起与听众共聊社会热门话题。在《听话儿——白话你我他》节目中，郭冬临、孟凡贵、李崎等与电台主持人和听众交流人际关系、处世方法和价值取向。在《亮点（文化版）——天天文化秀》节目中，蔡国庆、李乃文、杨婷和电台主持人一起及时发布、展示、评述都市人所关注的最新文化资讯。在《亮点（生活版）——时尚零距离》节目中，电台主持人邀请汽车、房地产、旅游、留学、餐饮、家电等各行各业的行家里手、权威人士评介都市主流消费趋向和大家关注的问题。《品茶——下午茶》节目由电台主持人与蓝天野、韩善续共同主持，老年听众在这个节目里打开尘封的记忆，讲述他们的人生经历和感悟，与中青年听众一起关注老年人的现实生活、所思所想，同时展示城市老年人的生活风采和他们对更高生活质量的追求。在《私语—今夜私语时》和《心理家园》节目中，电台主持人同马晓年、徐震雷、杨霞、杨凤池、周振基、赵梅等一批专家学者与听众一起探讨情感、婚姻、家庭、两性健康、心理健康等话题。

3. 贴近社会、贴近听众、贴近生活，整体风格新潮时尚、幽默风趣、互动及时。

首都生活广播主要节目（栏目）有：

《说事儿——名嘴说天下》，节目以主持人为中心，请社会名人深度分析城市人所普遍关注的社会新闻和文化热点以及其他相关的热门话题，突出每个主持人的个性特点和谈话风格。下设栏目“吃喝玩乐大搜索”。

播出时间：周一至周五 17：00—19：00首播

次日及周六、日 6:15—7:00 缩编重播

周六、日 17:00—19:00 一周精彩回放

《听话儿——白话你我他》，节目以《中华处事绝学》为编辑蓝本，请相声演员调侃戏说城市人所普遍关心的人际交往、处世方法和价值取向。

播出时间：周一至周五 12：00—14：00首播

次日及周六、日 5:30—6:15 缩编重播

周六、日 12:00—14:00 一周精彩回放

《私语——今夜私语时》，节目广泛涉及城市人的感情、婚姻、家庭和两性健康话题，关爱聆听、帮助指导都市人的两性情感和人生忧虑。下设栏目有：“真情告白——夜的诉说”、“性情杂谈”、“言情空间”、“性健康直播咨询”、“今夜私语时（青春版）”、“谈谈性教育”、“相约星期五”。

播出时间：周一至周五 22：00—23：30

《亮点（文化版）——天天文化秀》，节目集中体现城市广播的频率风格，引领文艺鉴赏品味、提高文化生活品质，以互动交流、重点评价的方式，及时发布、展示都市人所关心、关注的最新文化资讯。内容选取以“新”为标准。该节目是一档开放式广播节目，主要内容是遍访京城文化场所，发布都市文化信息，包括最新的影讯、书讯、演出、展览等文化资讯，享受文化所带来的乐趣，为都市人群提供最新的感受。下设栏目有：“天天文化情报站”、“今日精彩推荐”、“电影排行榜”、“本周主打歌”等。

摇出时间:周一至周五 10:00—12:00

周六、日 10：30—12：00

《亮点(生活版)——时尚零距离》节目是一档开放式资讯、谈话类广播节目。行走京城食俯,推介娱乐、商业场所,走访旅游胜地,传播都市人所需要的休闲方式,绘制欢乐地图,享受生活乐趣,为都市人群提供最新的时尚资讯和生活方式。下设栏目有:“我爱我家”、“饮食男女”、“美丽人生”、“地产风云”、“小管家”、“留学海外”、“IT情缘”、“旅游周刊”、“产品质量红黑榜”、“连线12365”等。

摇出时间:周一至周五 9:00—10:00

周六、日9：30—10：30

《找乐儿——亲密接触》是一档与听众互动的直播节目，内容有短信交流互动，插播路况新闻，幽默开心段子等。下设栏目有：“早报早知道”、“快乐预约站”、“娱乐发动机”等。

播出时间:周一至周五 7:00—9:00

周六、日7：00—8：30

《聊吧——酷聊地带》是一档互动直播节目,都市休闲港湾,短信交流天地。下设栏目有:“心情回归线”、“新闻快车道”、“音乐最美时”、“产品质量红黑榜”等。

播出时间:周一至周五 19:30—21:00

周六、日 19：30—20：30

《心情——都市心情》是一档互动直播节目，在午夜降临之际，给都市未眠人一份夜的关怀，一个倾听倾诉的空间，一段柔情似水的经历，一种温馨浪漫的情怀。下设栏目有：“心情故事”、“今夜倾诉”、“今夜推荐”。

播出时间:周一至周日 24:00—1:00

《品茶——下午茶》是一档为都市老年人开办的专题谈话节目。从老年人如何看待青年人的生活，青年人如何看待老年人的生活这个独特视角来讲述人生精粹，关注都市人的所思所想，展示都市老年人的生活风采和对更高生活质量的追求。下设栏目有：“健康版”、“都市人家”、“娱乐版”、“旅游版”、“社区快讯”等。

播出时间:周一至周日 14:00—15:00

北京体育广播全新改版

2004年是北京体育广播成立的第三年，为了进一步满足广大听众的需求，对全天节目进行了全面的调整和改版，新版节目的特点是：

1. 宣传北京奥运,精心打造“永不消失的电波”。2004年是奥运之年,体育广播全力关注北京筹办奥运的进程,密切配合北京奥运的宣传,与北京奥组委合作设立1小时的以宣传北京奥运为中心的大型版块节目《奔向2008》,还在早间黄金时间段的《927体育世界》节目中开播“北京奥运倒计时”栏目,并在全天节目的各个时段安排有关北京奥运的公益内容,使体育广播的奥运宣传形成规模、声势夺人。

2. 体育新闻类节目一律直播,将“以声音的速度传递新闻”的理念贯彻到每一档新闻节目中。体育广播改版后新闻类节目由早、午、晚三大新闻板块《927体育世界》、《体育现在时》、《体育快行线》和全天9套整点5分钟的《体育新闻》组成,形成点面结合的新闻类节目布局。

3.全天节目以大板块直播为主,节目之间相互接力形成有机整体。加强与听众的互动,使听众参与到节目当中,成为节目的一部分。主要大板块节目由早间的服务性杂志类节目《阳光你好》、午后的娱乐互动节目《快乐无极限》、傍晚的服务性生活类节目《咱的幸福生活》和晚间的谈话类节目《体坛夜话》构成。这种大板块直播的节目布局,有利于赛事直播涉及的节目临时调整,加大了赛事转播《927赛场》的力度。

北京经济广播全新改版

北京经济广播于2004年6月28日全新改版,改版的节目围绕"用声音服务生活"的宗旨,对频率定位进行了重大调整,从专业的财经生活频率,走向更加适应都市人群对广播服务需求的生活经济频率。

改版后的北京经济广播节目突出了"大专业、小综合"的特点,在保留以往形成的财经专业广播特色的基础上,以"关注人们的生活品质"为节目的基本内涵,形成了一整套"生活经济"节目。节目倡导讲究品质的生活理念,提倡通过合理的消费和正确的理财来提高生活品质。倡导积极的理财和消费理念,以经济的眼光观察生活,以生活的需要解读经济。为此推出了一批相应的节目,如大型消费体验类节目《生活36计》,针对都市人群生活需要的《娱乐72变》、《三人当家》等节目,针对北京大都市外来人口生活特点的谈话节目《人在北京》等。名牌栏目《消费者热线》也进行了较大幅度的改进,扩大了节目时间和服务范围。

新版的北京经济广播节目加强了对经济生活类新闻的报道力度,设置了上午和下午两次播出的新闻板块节目《阳光前线》。同时全天13次播出的《生活经济资讯》节目及时大量地播发与人们生活密切相关的各种新闻和服务信息。

新版的北京经济广播节目也保留了一些深受投资者欢迎的专业财经节目,如《国际汇市报道》、《股市热线》、《股市大家谈》等。

北京新闻广播开通《百姓生活热线》

2004年12月1日,北京新闻广播推出《百姓生活热线——95001006》,市民拨打这个电话,可以为亲友点歌,实时查询股票行情、交通违章记分、公积金余额、天气情况以及水、热、燃气服务和消费投诉等便民电话号码。同时95001006还与新闻广播《新闻随心动》节目连动,听众在获取资讯的同时,参与节目还能获得不同奖励。

北京经济广播《人在北京》开播后反响强烈

《人在北京》是北京经济广播节目改版后推出的一档新节目,节目对象为在北京的流动人口,节目内容主要是在京外来人员讲述他们的故事,反映他们的生活,倾听他们的心声,同时为他们提供创业信息和生活服务,丰富京城360万流动人口的业余文化生活。远离家乡的人们从《新闻新事》中了解家乡的事件和变化,从《北漂日记》中听到创业的艰难,在《老乡留言板》和《祝福交友点歌》中抒发情怀。节目组还积极与各省、市、自治区驻京办事处联络，组织外地来京人员开展一些社会活动，把节目办出特色。

北京文艺广播开办《童谣伴我快乐成长》栏目

为了加强对未成年人的思想道德教育，配合中共北京市委宣传部、首都精神文明办公室等单位在本市开展的宣传推广普及《新童谣》活动，北京文艺广播从2004年10月11日开始在少儿节目《爱星满天》中开设《童谣伴我快乐成长》小栏目。该栏目每天播出一至五首新童谣，为便于孩子们收听记忆，每首播出两次。同时在节目中还适时播出学生、老师、家长以及主办者对《新童谣》的采访录音，组织学校学生及家长到电台录制《新童谣》。

八、评奖

北京人民广播电台
获2004年度中国新闻奖名单

届 次	题 目	体 裁	作 者	等 级
十五	21万流动儿童就读北京公办学校	消息	张延红	三
	多媒体时代广场的复苏	新闻论文	徐 凯	三

北京人民广播电台
获2004年度中国广播影视大奖名单

奖 项	题 目	作 者
优秀长消息	联想收购IBM个人电脑业务，将成为全球第三大电脑厂商	蔡明可
优秀现场直播	雅典奥运火炬　北京激情传递	体育广播
优秀对外广播	婚车的变迁	陈雪瑾、王京莉、滕萤石、李艺龙、朱秦、牛力
优秀音乐节目	思想起	赵爽、冯健
优秀原创歌曲	吉祥三宝	布仁巴雅尔等

北京人民广播电台
获2004年度北京新闻奖名单

等 级	题 目	体 裁	作 者
一	21万流动儿童就读北京公办学校	短消息	张延红
一	雅典奥运会火炬　北京激情传递——10小时超大型现场直播	现场直播	体育广播
一	沿着小平足迹　踏上小康之路——纪念邓小平诞辰100周年大型系列理论节目	知识性节目	纪烈鸿、萱北等
二	高平均数背后的隐忧	录音述评	林俐、陈万清
二	告别单一GDP指标，北京定位科学发展观	新闻专题	张晶宇
二	人文奥运理念下的奥运文化与经营	公众性节目	张晶宇

续表

等级	题目	体裁	作者
二	大型纪实广播《历史的画卷 流动的音符》——纪念北京人民广播电台成立55周年	特别节目	赵多佳、友信、张勤、刘国庆、封均平、周燕玲、苏京平、刘莹等
二	铁路道口工	新闻专题	房思宁
三	北京发出全国第一号个人从事进口贸易登记表	短消息	黄彦
三	我理解的为人民服务——电影《张思德》观后感	对象性节目	马维、王一
三	《北京新闻》	新闻编排	肖立雄、赵继刚
三	野生动物的朋友——潘文石	新闻专题	曹力
优秀栏目奖	《1039交通服务热线》		交通广播

北京人民广播电台
获2004年度北京广播奖名单

一、新闻类

等级	题目	体裁	作者
一	21万流动儿童就读北京公办学校	短消息	张延红
一	高平均数背后的隐忧	录音述评	林俐、陈万清
一	雅典奥运会火炬 北京激情传递——10小时超大型现场直播	现场直播	体育广播
二	北京发出全国第一号个人从事进口贸易登记表	短消息	黄彦
二	高大妈家的水龙头……	连续报道	郭晋旭、刘小仲、陈京英
二	铁路道口工	新闻专题	房思宁
二	告别单一GDP指标，北京定位科学发展观	新闻专题	张晶宇
三	联想收购IBM，一夜杀进500强	长消息	蔡明可
三	幸福老人讲知足	长消息	前行
三	京城校园流行新童谣	长消息	张延红
三	网络游戏的陷阱	新闻专题	孟庆煜、前行
三	北京首位“双语警察”——刘文利	新闻专题	丹青

二、社教类

等　级	题　目	体　裁	作　者
一	人文奥运理念下的奥运文化与经营	公众性	张晶宇
一	沿着小平足迹　踏上小康之路 ——纪念邓小平诞辰100周年大型系列理论节目（第二集）	知识性	纪烈鸿、萱北、蒋芫苇
一	大型纪实广播《历史的画卷　流动的音符》——纪念北京人民广播电台成立55周年	特别节目	赵多佳、友信、张勤、刘国庆、封均平、周燕玲、苏京平、刘莹等
二	野生动物的朋友——潘文石	公众性	曹力
二	我理解的为人民服务 ——电影《张思德》观后感	对象性	马维、王一
二	灾难后的心理援助	知识性	李戈
二	《我和我的祖国·命运的交响“家和国兴篇”》	特别节目	玉昆、李戈、蒋芫苇、刘薇
三	追问审计结果的结果	公众性	夏童、张红兵
三	乐由心生	对象性	孙宝惠
三	黑车的哥转正记	对象性	李洋
三	揭开高价饮水机的面纱	知识性	李娜、郭攀、文林
三	缩小收入差距，实现共同富裕	知识性	杨洪

三、文艺类

等　级	题　目	体　裁	作　者
一	思想起	音乐节目	赵爽、冯健
一	狼图腾	小说连播	郝卫群
二	回到拉萨	音乐节目	于允
二	电影专题《张思德》	综艺节目	王玉英
二	最后的童话	广播剧	高红等
三	山哥哥的不了情	音乐节目	季燕
三	谁的音符打动了小金人的心 ——奥斯卡电影音乐漫谈	音乐节目	罗霄笑
三	巴别尔和他的《骑兵军》	文学节目	郝卫群
三	我拿什么拯救你，我的女儿	小说连播	臧云锁、张世强、丁立强、孙重梅

四、播音与主持作品

等级	题目	奖项	作者
一	陈燕耳边的世界	主持作品	白 钢
二	龙王传	播音作品	晓 丽
二	一路畅通·爸妈语录	主持作品	王佳一、罗兵
三	乔云华与李真刑前的15次对话	主持作品	夏 童
三	跨越天涯海角——访著名歌手沈小岑	主持作品	邸帅颖
三	新闻大视野	播音作品	王薇、江宁

五、栏目奖

	栏目名称	创作单位
1	新闻2004	新闻广播
2	时代杂志	新闻广播
3	1039交通服务热线	交通广播
4	今夜私语时	首都生活广播
5	中国歌曲排行榜	音乐广播

北京电台2004年度优秀节目评选结果

特别奖

大型纪实广播《历史的画卷　流动的音符——纪念北京人民广播电台广播成立55周年》　总台　赵多佳、友信、张勤、封均平、刘国庆、周燕玲、苏京平、刘莹等

一等奖

1. 短消息　《21万流动儿童入学公办校》　新闻广播　张延红
2. 长消息　《联想收购IBM，一夜杀进500强》　经济广播　蔡明可
3. 连续报道　《高大妈家的水龙头》　新闻广播　晋旭、刘小仲、陈京英
4. 录音述评　《“平均数”的背后》　新闻广播　林俐、陈万清
5. 新闻专题　《网络游戏的陷阱》　新闻广播　孟庆煜、前行
6. 现场直播　《雅典奥运会火炬　北京激情传递——10小时超大型现场直播》　体育广播　50多人
7. 公众性　《人文奥运理念下的奥运文化与经营》　经济广播　张晶宇
8. 特别节目　《快乐飘雪版·一路畅通》　交通广播　李莉、杨洋等

9. 对象性 《乐由心生》 首都生活广播 孙宝惠
10. 知识性 《沿着小平足迹踏上小康之路——纪念邓小平诞辰 100 周年大型系列理论节目（第二集）〈在“公”与“私”之间〉》
首都生活广播 纪烈鸿、萱北、蒋芫苇
11. 音乐节目 《思想起》 音乐广播 赵爽、冯健
12. 小说连播 《狼图腾》 文艺广播 郝卫群
13. 小说连播 《我拿什么拯救你，我的女儿》
交通广播 臧云锁、张世强、丁立强、孙重梅
14. 主持作品 《一路畅通·爸妈语录》 交通广播 王佳一、罗兵
15. 对外节目 《北京——变化中的城市》 外语广播 臧轶洁、冉丽、李海沫、郑菁、王异戈、成竹、曹军生、李剑、魏力新、任伟

二等奖

1. 短消息 《北京发出全国第一号个人从事进口贸易登记表》 经济广播 黄彦
2. 短消息 《12 秒 91，刘翔创造历史》 体育广播 王伟、李萱
3. 长消息 《黑手伸向地铁电缆 八通线早高峰停运一小时》
交通广播 王玉玲、程艳
4. 长消息 《首家中国企业跻身奥委会 TOP 合作伙伴》 经济广播 蔡明可
5. 长消息 《幸福老人讲知足》 新闻广播 前行
6. 系列报道 《井盖丢失现象透析》 交通广播 程艳、王敏
7. 连续报道 《存在重大消防隐患，秀水市场何去何从》
新闻广播 前行、陈京英
8. 评论 《大学生年均消费过万令人担忧》 新闻广播 宋梓桢
9. 新闻专题 《铁路道口工》交通广播 房思宁
10. 新闻专题 《告别单一 GDP 指标，北京定位科学发展观》 经济广播 张晶宇
11. 新闻专题 《雷同校训折射学校教育标语化》 新闻广播 张延红
12. 新闻专题 《北京首位“双语警察”——刘文利》 新闻广播 丹青
13. 新闻编排 《北京新闻·2004 年 6 月 1 日》 新闻广播 肖立雄、赵继刚
14. 公众性 《清宫戏为什么越来越多》 首都生活广播 李玉昆
15. 对象性 《黑车的歌转正记》 交通广播 李洋
16. 知识性 《从莫斯科地铁爆炸案说应急避险》 交通广播 姚博
17. 知识性 《灾难后的心理援助》 首都生活广播 李弋戈
18. 特别节目 《我和我的祖国·命运的交响“家和国兴篇”》
首都生活广播 玉昆、李戈、蒋芫苇、刘薇
19. 公众性 《追问审计结果的结果》 新闻广播 夏童 张红兵
20. 公众性 《会展经济与城市发展》 经济广播 张晶宇
21. 知识性 《揭开高价引水机的面纱》 经济广播 李娜、郭攀、文林
22. 音乐节目 《再唱东方红》 音乐广播 季燕
23. 音乐节目 《回到拉萨》 音乐广播 于允

24. 综艺节目 《电影专题〈张思德〉》 文艺广播 王玉英
25. 音乐节目 《此曲只应天上有——天籁之音“圣母颂”》 音乐广播 谷悦
26. 综艺节目 《学说普通话》 交通广播 王为、闻风、小颖
27. 专题节目 《龙王传》 体育广播 晓丽
28. 主持作品 《乔云华与李真刑前的15次对话》 新闻广播 夏童
29. 主持作品 《创业英雄柳传志》 经济广播 蔡明可
30. 主持作品 《盲人歌手高志鹏》 新闻广播 苏京平

三等奖

1. 短消息 《收费站拒收一分纸币 造成堵车一个多小时》 交通广播 张瑞娟
2. 短消息 《本市今年农村全面取消征收农业税及附加》 新闻广播 陈万清
3. 长消息 《每斤菜多卖三毛钱——“村村通油路”让马营村村民腰包鼓起来》 交通广播 朱来生
4. 长消息 《宏志妈妈告别讲广播》 新闻广播 张延红
5. 长消息 《中国医生让他重新站立起来》 新闻广播 白玉
6. 长消息 《京城校园流行新童谣》 新闻广播 张延红
7. 长消息 《中国女排20年后再夺奥运金牌》 体育广播 李萱
8. 长消息 《申雪、赵宏博获得世界花样滑冰大奖赛中国站冠军》 体育广播 王伟
9. 系列报道 《告别过渡期——中国加入世贸组织三周年》 经济广播 东方等9人
10. 系列报道 《解读北京整体规划修编（共8篇）》 新闻广播 陆建、宋文彬、晋旭、陈万清
11. 系列报道 《交通违章处罚期待更加科学完善公正透明》 新闻广播 前行
12. 系列报道 《火炬手的故事》 外语广播 陈雪瑾
13. 评论 《多点“便民设计”，少点“便民改造”》 交通广播 邢立新
14. 短评 《竞争可以败火》 新闻广播 李革
15. 新闻专题 《三次过秤三个结果 标准存在问题谈何从严治超——北京怀柔红林治超监测站磅秤问题调查》 交通广播 程艳、邢立新
16. 新闻专题 《美丽的代价》 经济广播 李娜、郭攀、文林
17. 新闻专题 《农民工社会保障在艰难和期盼中起步》 新闻广播 张煜、范晓茜
18. 新闻专题 《让孩子拥抱健康人生》 新闻广播 康雪
19. 新闻编排 《交通新闻·2004年12月1日（下午版）》 交通广播 谢先进
20. 公众性 《野生动物的朋友——潘文石》 新闻广播 曹力
21. 公众性 《口语王子——郝彬》 外语广播 周敏
22. 对象性 《我理解的为人民服务——电影〈张思德〉观后感》 首都生活广播 马维、王一
23. 知识性 《发展租赁业，服务节俭办奥运》 经济广播 张晶宇
24. 知识性 《缩小收入差距，实现共同富裕》 新闻广播 杨洪
25. 特别节目 《关注央行加息》 经济广播 明可、张晶宇、黄彦、东方、宓鸿、关关、刘冰、杨震

26. 公众性 《没有音乐照样跳舞——访广渠门中学宏志妈妈们》 新闻广播 白钢
27. 公众性 《广播呼唤小吴昊回家》 文艺广播 小雨
28. 公众性 《2004 年北京国际马拉松赛全程亲历体验直播》
体育广播 晓丽、红薇
29. 公众性 《黄杉木店陋室铭——访王镜老人》 总编室 刘莹
30. 对象性 《陈燕耳边的世界》 新闻广播 白钢
31. 特别节目 《北京国际公路马拉松接力赛》 体育广播 体育广播集体
32. 音乐节目 《奏响心灵的乐章 架起友谊的桥梁——指挥大师小泽征尔的中国情结》 文艺广播 邸帅颖、康大鹏
33. 音乐节目 《山哥哥的不了情》 音乐广播 季燕
34. 音乐节目 《谁的音符打动了小金人的心——奥斯卡电影音乐漫谈》
音乐广播 罗霄笑
35. 音乐节目 《声音的革命》 音乐广播 王东
36. 音乐节目 《欢乐的火把节》 音乐广播 冯健、刘慧
37. 文艺节目 《第一创意素描——中国歌曲排行榜首次 10 小时移动颁奖日》
音乐广播 王东
38. 文学节目 《巴别尔和他的〈骑兵军〉》 文艺广播 郝卫群
39. 广播剧 《最后的童话》 文艺广播 高红等人
40. 主持作品 《性爱与浪漫》 首都生活广播 孙岩
41. 主持作品 《海外留学生的安全意识》 首都生活广播 李玉昆
42. 主持作品 《跨越天涯海角——访著名歌手沈小岑》 文艺广播 邸帅颖
43. 主持作品 《体育现在时·10 月 15 日》 体育广播 晓丽、红薇
44. 播音作品 《新闻大视野》 新闻广播 王薇、江宁
45. 播音作品 《桃心链》 文艺广播 柳鑫

北京电台 2004 年“最佳”节目评选结果

一、短消息

最佳奖:《本市今年全面取消征收农业税及其附加》 新闻广播 陈万清
优优奖: 宜家昨夜传有炸弹 上千顾客有序疏散 交通广播 朱来生
《北京市公积金贷款担保费大幅下调》 经济广播 关稚泓
《采血车开进市政协》 新闻广播 曹力

二、消息 4 分钟以内(总计约 29 分)

最佳奖:《“平均数”的背后》 新闻广播 林俐 陈万清
优秀奖:《首家中国企业跻身奥委会 TOP 合作伙伴》 经济广播 蔡明可
《首都机场垄断经营航意险,保险公司及机场各执一词》
交通广播 房思宁
《幸福老人“讲”知足》 新闻广播 张苹

三、现场报道

最佳奖：空缺

优秀奖：《申雪赵宏博获得世界花样滑冰大奖赛中国站冠军》　体育广播　王伟

《中石化建设工程公司新办公楼发生火灾》　新闻广播　曹力

《奥运圣火热遍京城》　新闻广播　章萍　陆健　白玉　曹力　贾曼　王欣　景兵

四、评论

最佳奖：《雷同校训折射学校教育标语化》　新闻广播　张延红

优秀奖：《治理大货车超载超限重在治本》　交通广播　谢先进

《“票贩子”哪里来的神通?》　交通广播　邢立新

《隐患不除　品牌难保》　新闻广播　陈京英

五、新闻性专题

最佳奖：《网络游戏的陷阱》　新闻广播　张苹　孟庆煜

《铁路道口工》　交通广播　房思宁

优秀奖：《告别单一 GDP，北京定位科学发展观》　经济广播　张晶宇

《性情梁言，真情流露》　体育广播　黄珊

《投资性金条面市　黄金买卖无障碍》　经济广播　李志南

六、系列报道和连续报道

最佳奖：空缺

优秀奖：《纷繁芜杂的汽车市场》　交通广播　程艳　房思宁　王敏

《火炬手的故事》　国际部　陈雪瑾

《3·15 维权系列报道》　新闻广播　张苹　康雪　宋梓祯　文立军　孟庆煜

《解读北京整体规划修编》　新闻广播　陆健

七、新闻编排

最佳奖：《北京新闻》2004 年 6 月 1 日　新闻广播　肖立雄　赵继刚

优秀奖：《交通新闻》2004 年 6 月 19 日　交通广播　谢先进

《新闻时间》2004 年 6 月 9 日　新闻广播　么玫玫　顾炜　薄浩

《社区新闻》2004 年 4 月 30 日　首都生活广播　鲍琨元

八、对象性节目

最佳奖：《乐由心生》　首都生活广播　孙宝惠

优秀奖：《寒夜爱心暖空巢》　经济广播　周晶

《打电话的礼貌用语》　首都生活广播　孙宝惠　王冬

《夕阳晨曲》　交通广播　张世强

九、公众性节目

最佳奖：《会展经济与城市发展》　经济广播　张晶宇

优秀奖：《见义勇为和生命意识》　首都生活广播　李玉昆

《龙王传》　体育广播　晓丽

《清宫戏为什么越来越多》　首都生活广播　李玉昆

十、知识性节目

最佳奖：《缩小收入差距，实现共同富裕》　新闻广播　杨洪

优秀奖：《从莫斯科地铁爆炸案说灾害事故中的紧急逃生》　交通广播　姚博

《假日促销，谁是真正的赢家》　经济广播　张晶宇　刘冰

《性爱与浪漫》　首都生活广播　孙岩

十一、特别节目

最佳奖：《6·9 奥运火炬接力》　体育广播　集体

优秀奖：《第一创意素描——记“中国歌曲排行榜”首次十小时移动颁奖日》　音乐广播　王东

《“治多伦一亩沙地，还北京一片蓝天”大型环保公益活动特别节目》　新闻广播　张娜依　尔康　苏京平　邢云　白钢　肖朝阳　陆健

《北京——变化中的城市》　国际部 11 人

十二、文艺节目

最佳奖：空缺

优秀奖：《幽默集装箱之爱情故事》　文艺广播　刘啸　张帆　钱岳

《情舞东方》　体育广播　张程

《培尔金特在中国》　文艺广播　郝卫群　于冰心

十三、音乐节目

最佳奖：《回到拉萨》　音乐广播　于允

优秀奖：《“山哥哥”的不了情》　音乐广播　季燕

《谁的音符打动了小金人的心——奥斯卡电影音乐漫谈》　音乐广播　罗霄笑

《从欣竹的奥运情缘》　体育广播　王伟

十四、主持作品

最佳奖：《爸妈语录》　交通广播　罗兵　王佳一

优秀奖：《欢乐正前方·学说普通话》　交通广播　王为　闻风

《李蕾抗癌》　新闻广播　苏京平

《体育现在时》　体育广播　晓丽　红薇

十五、播音作品

最佳奖：新闻广播　王薇　江宁　《新闻大视野》

优秀奖：交通广播　牛力　赵楠　《新闻直通车》

首都生活广播　于小丹　《两粒沙的故事》

文艺广播　柳鑫　短篇小说《桃心链》

十六、现场直播

最佳奖：《4·12 国际马拉松接力赛》　体育广播 14 人

北京电台 2004 年度（第八届）论文评选获奖名单

奖 项	篇 名	作 者
一等奖	网络广播初探	范援生
	善用手机短信　扩大广播受众	蔡明可
	精品节目—交响音画《巡天遥看一千河》创作谈	赵 爽
二等奖	设立首席，创新传媒人力资源管理	郑金诗
	试论广播节目资源的再开发	谢先进
	试谈广播节目主持人的个性特色	白 钢
	手机短信带给广播新挑战	徐 凯
	提好问题　写好新闻	曹 力
三等奖	“走出去”和“请进来”——双管齐下开拓外宣新局面的探索	臧铁洁 李 剑
	均衡器在录音中的应用	于立良
	音乐的返璞归真—说采录和保留“天籁”	刘国庆
	论坛栏目也能贴近百姓	张晶宇
	体育广播大型现场直播从单一到全程的飞跃	姚 钢
	改造传统形态　做跨平台互联　打造数字时代的新广播	黄维晔
	浅论广播娱乐节目的精品培育	王 薇

北京人民广播电台 2004 年
“听众喜爱的名牌栏目”评选结果

10 个“听众喜爱的名牌栏目”

《空中笑林》（文艺广播）、《中国歌曲排行榜》（音乐广播）、《全球华语歌曲排行榜》（音乐广播）、《人生热线》（新闻广播）、《零点乐话》（音乐广播）、《法制天地》（新闻广播）、《校园民谣》（音乐广播）、《一路畅通》（交通广播）、《北京新闻》（新闻广播）、《欢乐正前方》（交通广播）

20 个“听众喜爱的优秀栏目”

《今夜私语时》（首都生活广播）、《名人访谈》（经济广播）、《短信江湖》（文艺广播）、《体育新闻》（体育广播）、《新闻大视野》（新闻广播）、《文艺大点播》（文艺广播）、《小说连播》（文艺广播）、《动感北京》（交通广播）、《音乐礼品卡》（音乐广播）、《新闻 2004》（新闻广播）、《说事儿——名嘴说天下》（首都生活广播）、《找乐儿——亲密接触》（首都生活广播）、《午夜拍案惊奇》（文艺广播）、《心理家园》（首都生活广播）、《路况信息》（交通广播）、《时代杂志》（新闻广播）、《1039 交通服务热线》（交通广播）、《读书俱乐部》（首都生活广播）、《快乐无极限》（体育广播）、《评书连播》（文艺广播）

北京人民广播电台2004年 “听众喜爱的主持人节目”展播评选结果

最佳奖

1. 新闻广播　夏童　《乔云华与贪官李真刑前的15次对话》
2. 新闻广播　白钢　《陈燕耳边的世界》
3. 文艺广播　小雨　《广播呼唤小吴昊回家》
4. 交通广播　罗兵、王佳一　《爸妈语录》
5. 首都生活广播　李玉昆　《见义勇为和生命意识》
6. 首都生活广播　孙岩　《性爱与浪漫》
7. 经济广播　蔡明可　《创业英雄柳传志》
8. 首都生活广播　马维、王一　《我理解的为人民服务——电影“张思德”观后感》
9. 交通广播　姚博　《从藏羚羊争当奥运吉祥物说起》
10. 经济广播　海东、黄永红、林贺、张晶宇　《吴老太太的炒房经》

优秀奖

1. 总编室　刘莹　《黄杉木店陋室铭——访王镜老人》
2. 交通广播　吴勇　《一部录像片后的思考》
3. 体育广播　志梅、李凯　《以自行车的名义挑战自我》
4. 音乐广播　王卓　《民歌为什么好听》
5. 首都生活广播　李戈　《说说听证会》
6. 新闻广播　晓晏　《勇敢让女人更美丽——“战地玫瑰”闾丘露薇做客“星空下的女人”》
7. 经济广播　文林　《美丽的代价》
8. 体育广播　黄珊　《黑暗中的飞翔——访残奥会田径冠军李端》
9. 文艺广播　小邸　《跨越天涯海角——著名歌唱演员沈小岑访谈》
10. 文艺广播　海江　《她在丛中笑——著名京剧演员李维康访谈》
11. 经济广播　雅心、林贺　《享受休闲生活》

北京人民广播电台 第四届（2004年度）名牌栏目评选结果

1. 8个荣誉栏目（连续三年评为名牌栏目，本年度保留名牌栏目称号）

新闻广播：《北京新闻》、《新闻2004》、《新闻大视野》

经济广播：《消费者热线》

首都生活广播：《今夜私语时》

交通广播：《路况信息》

音乐广播:《中国歌曲排行榜》
文艺广播:《空中笑林》

2. 10个2004年度新评名牌栏目

新闻广播:《时代杂志》
经济广播:《中国财经60分》
首都生活广播:《心理家园》
交通广播:《一路畅通》、《欢乐正前方》、《1039交通服务热线》
文艺广播:《小说连播》
音乐广播:《全球华语歌曲榜》
外语广播:《今日北京》
体育广播:《体坛夜话》

3. 20个优秀栏目

新闻广播:《新闻天天谈》、《焦点透视》、《人生热线》
文艺广播:《评书连播》、《午夜拍案惊奇》、《文艺大点播》、《短信江湖》
音乐广播:《彩铃乐翻天》、《古典也流行》、《我为歌狂》
经济广播:《股市大家谈》、《首都经济论坛》
首都生活广播:《说事——名嘴说天下》、《读书俱乐部》
体育广播:《927主题公园》、《体育现在时》
交通广播:《交通新闻》、《百姓新闻热线》
外语广播:《感受北京》
总编室:《广播之友》

北京人民广播电台2004年先进名录

先进个人

北京市优秀新闻工作者：2003～2004年度　孙岩　王为　张红力　张延红
中国消费者协会“3·15”金质奖章：2004年12月26日　陶津

先进集体

首都文明单位标兵：北京人民广播电台

九、论文

2004年我台工作人员在有关报刊上发表论文共五十多篇。其中在本台2004年度(第八届）优秀论文评选中有15篇获奖，一等奖3篇，二等奖5篇，三等奖7篇。

（一）获本台2004年优秀论文评选一等奖论文（全文刊载）

网络广播初探

范援生

近年来，信息技术的发展和网络的崛起成为新时期不可回避的话题。随着国际互联网的迅猛发展，日益融入市场化经济大潮的各路传媒，已不能仅靠传统方式立身竞争激烈的媒介领域。面对挑战，各类传媒掀起与网络结合的热潮，期望以此获得新的整合传播效应。一种新兴的传媒方式——网络广播因此应运而生。网络广播运用互联网变革传统传播方式，应用信息数字化、高速度和高容量的光纤通信以及交互等高新技术，克服传统广播的弱点，成为一个集公共传播、信息服务、文化娱乐于一体的新型多媒体信息平台，为广播媒介的发展开辟出一片更加广阔的新天地。

网络广播的特点

网络广播的优点主要体现在：

1. 网络广播覆盖范围广，可以冲破地域限制。理论上说，通过网络，任何一个地方电台的广播节目都可以传到世界各个角落。北京人民广播电台开办网络广播后，2002年一项收听调查表明，包括五大洲的二十多个国家和地区都有听众通过网络广播收听北京电台的节目。

2. 稍纵即逝线性播出的广播虽是即时性产品，但互联网的资料库可以将节目加以储存，根据需要随时调用。网络广播每个人都可以安排自己的节目表，按个人喜好在任一时间选择收听任何电台任何时间播出的节目。

3. 网络广播不仅有语音服务，还兼具数据、文本、图形、影像服务。真正实现声音、图像、文字合一的多媒体传播效果。

4. 网络广播提供文字、资料、影像、图形、声音和软件等多项多样的互动交流。听众收听节目的同时，可以通过电子邮件、聊天室、论坛等与节目主持人互动沟通，与其他网友交换意见，从根本上改变时间和内容均被动的收听方式。

正是由于网络广播具有的优势，随着互联网迅猛发展，广播电台上网成为大势所趋。在我国，广东珠江经济广播电台1996年12月15日率先开通网上实时广播，之后中央人民广播电台、中国国际广播电台以及一些地方电台等也相继推出网络广播。

网络广播与一般网络媒介特别是门户网站的区别

网络广播是网络媒介的一种形式。它与一般的网络媒介特别是门户网站的音频播出有许多相同处：包括信息的海量发布；传播形式多样，迅速及时；无地域限制的发布和接收；传播者和受传者多种形式及时互动；便捷的信息存储和复制等。另一方面也有一些不同特点。

1. 信息的来源和采制不同。按照国家有关规定，用于通过信息网络向公众传播的新闻类视听节目限于境内广播电台、电视台、广播电视台制作、播放的节目。目前，国内网络广播的开办者一般都是国有广播电台，是党领导的新闻宣传机构的一个组成部分。因此，有无新闻信息是网络广播与一般网络媒介特别是门户网站的重要区别之一。

2. 网络广播一般受党的新闻领导机关直接领导，接受党的宣传工作的方针政策比较全面及时，执行党的宣传工作的方针政策比较全面准确，遵守党的宣传工作纪律的自律性较强，网络广播的从业人员较为训练有素。以上这些因素决定了在新闻的判定标准，新闻的编辑，新闻的排列等方面，网络广播与一般网络媒介特别是门户网站确实存在差异。

3. 伴随方便，接收随意是传统广播的一个特性。虽然这点在它的孪生兄弟网络广播上表现得不明显，但网络广播的传播毕竟以听为主，技术的进步也会使网络广播的接收更加容易，所以随意性仍是网络广播与一般网络媒介的一个区别。

4. 与新闻发布者的交流更直接及时。虽然门户网站也可以实现与受众的及时交流，但因他们更多是新闻信息的编辑者而不是新闻第一发布人，所以网络广播与门户网站相比，新闻发布者与受众的交流更直接。

网络广播与传统广播的关系

网络广播是传统广播与互联网结合的产物。尽管网络广播是一种具有发展潜力的广播新技术，但较长时间内，它并不是传统广播的替代者。原因有这样几个方面：

1. 虽然传统广播仅依靠声音作为传播手段给其带来局限，但它因此所拥有的接收方便、对受众文化层次要求宽泛等诸多特性，其他媒介包括网络广播都不同程度的难望其背。网络广播现阶段的一些局限，使其不可能在较短时间内替代传统的广播节目落地手段，一个小方匣（收音机）的接收方式，让传统广播仍将有较长的生命力。

2. 目前网络广播一般为传统电台所办，经济上网络广播还远不能养活自己。人事上、特别是经济上的非独立性也决定了网络广播还不能独立生存。

3. 从传播内容看，现在网络广播播出的内容大部分来自传统广播，自己制作的内容还不多，尽管它可以汇集其他传媒的信息，但播出主体还不能脱离传统广播。

对于刚刚起步的网络广播，传统广播是其发展的坚实基础。以下三个方面可以说明：

1. 网络广播为传统广播所办。经过多年经营，传统广播在人们的生活中已具有举足轻重的影响力和公信力。同样的电台品牌，在网络空间会有极大的号召力。

品牌效应是网络广播初期发展必不可少的支持力量。

2. 网络广播大部分节目内容来自传统广播。传统广播拥有的新闻、咨询、服务、娱乐、教育等各种类型节目的长期积累，是网络广播的宝贵财富。

3. 媒体的发展必须有坚实的物质基础，广告是媒体收入的重要来源。经过多年运作拼杀，许多电台在广告创收方面已有丰富的经验，建立了广告经营网络，建立健全了创收管理制度，有了可观的经营收入。以电台广告经营为基础，网络广播进入网上广告市场，有了强有力的代理和发布网络。

当前制约网络广播发展的瓶颈和现存的若干问题

作为一种新兴的具备多方面优势的传播媒体，网络广播现实发展速度不够迅猛的原因很多。

1. 我国的网络广播还处于初级发展阶段，相对独立的网络广播还未形成。网络广播一般只是电台网站的一部分内容，处于传统电台的补充和其自我宣传载体的地位。发展网络广播会给电台原有运作机制带来冲击，需要对原有资源进行重新分配，这都是较难解决的问题。

2. 网络广播优点很多，问题也不少。尽管互联网技术发展称得上日新月异，网络发布和接收仍不是随心所欲、方便和价格低廉。广播接收体极为简单，无论何时何地，一个小收音机就解决问题。但网络广播接收的不方便甚至超过了平面媒体和电视，接收工具在各类媒体中又最为昂贵，加上用户要支付很高的上网费，这些因素对网络广播受众队伍的增长产生了严重影响。

3. 尚未形成稳定的受众群也是困扰网络广播的原因之一。目前，无论在发达国家，还是在发展中国家，广播受众仍未真正达到通过互联网收听、收看节目。网络广播不同于普通广播，收听者需要有一定的文化知识，起码要会使用电脑。这无疑影响网络广播受众群特别是年龄偏大的受众群的增加。

4. 网络广播的内容还不能充分满足受众的需要。与传统广播相比，网络广播还缺乏决定性制胜武器。比如实时播出本应是网络广播的必有单元，但现实是，不说有众多的地市级网络电台没有实时广播，一些省级台开办的网络广播，有的台全部几套节目只有部分频道实现实时播出，有的频道也不是所有节目都有实时广播。特别是在线回放情况相差较大，一些台不是所有实时播出的节目都可以回放；节目保存时间也不一样。

网络广播内容方面最大的问题是网络广播中的声讯（基本就是广播的网络播出）传播基本处于单打独斗的局面。播出的声讯节目与其他相关内容的整合处于空白状态。图文声像并举本是网络广播的优势，但这种优势在许多的网络广播台并不明显，甚至可以说并不存在，这大大减低了网络广播对人们的吸引。有多少听众愿意放弃免费的广播节目而花费上网费收听只是配了文字稿（很多网络广播还没有配）的网络广播呢？

5. 网络广播发展需要有更多财力的支持。网络媒体与传统媒体不同，传统媒体受众越多，成本相对降低，而网络每增加一项新内容，增加一项服务，都需要人力、物力、财力和网络环境保障的投入。网络的受众越多，网络流量越大，意味着成本的加大。高额投入的需要必然影响到网络广播的发展。

网络广播发展前瞻

21世纪媒介发展的趋势是融合。互联网为广播以另一种形态发展提供了条件。网络广播迈开了前进步伐，但它的发展还要走较长的路。网络广播要想真正成为独树一帜的传播媒体，这条道路，究竟应该怎样走？

1. 一个新的传播手段的发展必须依赖于一定的政策、法规、市场和组织的规范和支持。网络广播的发展是一项综合性工程，政府应及时建立和不断完善涉及网络广播发展的相关政策、法规及管理办法。同时不断分析总结网络广播发展中产生的问题，及时制定出处理这些问题的方法和措施。

2. 网络广播的发展不仅需要技术的进步，更需要观念和意识的改变。要看到网络广播发展趋势的必然和它给新时期广播发展带来的契机。应该对网络广播和传统广播的关系作深入探讨，弄清网络广播最佳形态应是怎样的。有了清醒的认识，才能给予网络广播准确的定位。相关部门应加大对网络广播的关注和投入，改变网络广播发展所需人财物不足的局面。

3. 了解社会需求，找准自身定位，吸引和建立固定听众群是网络广播发展所需的一项重要工作。随着社会的发展变革，广播的受众在不断变化和更替。广播制作和播出方式的改革特别是传输方式的变化，吸引一些新群体成为受众，如有车族、知识学生等。网络广播应该重视对这些群体的争取，从传输方式、播出形式、节目安排、内容取舍上适应网络听众的需求，使越来越多的群体加入网络听众的队伍。

4. 网络广播发展的核心是用户，关键是内容。要提供更丰富更全面更个性化的让听众满意的内容。

a. 首先要把网页建设得更生动，更漂亮，布局合理，使用方便，对网友有吸引力。

b. 加强实时和在线播出，突出音频特色。网络技术的进步，使变广播播出为网络播出轻而易举。实时播出、在线播出是网络广播的重要组成部分，是网络广播区别于其他媒体包括传统广播的优势所在。加强和充实实时播出、在线播出应该有量的加大，形式应更加丰富。网络广播突出音频特色应重视对电台原来独有资源的利用。北京人民广播电台拥有版权的评书、小说、话剧、广播剧、外语教学的素材一万多小时。据此，北京电台的网站推出基于本台节目的“听吧”网络广播付费下载频道。平时利用不多，传播范围小的老节目焕发了青春，网络广播也增加了新的听众群。

c. 走个性化发展道路，强化网络广播配套内容。在网络媒体迅猛发展的形势下，网络广播要想在其中占有一席之地并顺利发展，必须依靠原电台的力量，走个性化道路。新浪网每月的网页浏览量超过20亿页面，其中80%以上是访问新闻中心的页面。网络广播的新闻怎么办？还是要依靠电台新闻传播的优势，依靠自己记者采制新闻，有独家的原创的内容。现实最急迫最重要的内容改进是整合网络资源，使网络传播的诸多优势形成整体。网络广播绝不能只是传统广播在网络的播出。当人们收听网络广播时，不但应有它的文字内容，与之链接的还应有上上下下前前后后大量与之关联的内容和背景的材料，包括其他媒体的相关报道。这些材料和报道可以是图片，是文字，是影像。这才是真正意义的网络广播。才能有旺盛的生命力。

5. 进一步发展网络广播不能不提到加强播出者和受众的互动。互动是网络传播的重要特性，是网络广播发展的重要武器。网络广播为听众提供了包括图文声像各种方式的电子邮件、网上论坛、聊天室等互动可能。目前，许多网络广播电台由于人力物力等多种原因，还没有能充分利用这种优势。在很多地方，甚至比不上传统广播电台对网络互动的运用。应该有人力物力的保障做好这方面的工作。

6. 注重广播、网络、无线通讯的整合作战。目前，短信已被看做是继互联网之后又一新兴媒体。火爆的短信给广播的发展也带来影响。通过短信，听众避免了直接交流的尴尬，减轻了直接交流的困惑，不敢用语音讲述的话题也可以传送了。及时、隐秘、自创、随时随地便捷发送等特点，使通过网络接收的短信成为参与广播播出的极佳工具。网络广播应进一步整合节目资源，挖掘有特色的短信服务项目，把互动做得更有声有色。

7. 建立网络广播创收机制。发展网络广播需要较大的财力支持。虽然网络广播最初发展离不了开办单位的投入，但最终网络广播应该走依靠自己的道路。传输内容包容量大，有图文声像多向互动传播方式，接收快捷无地域限制，传统广播的品牌效应以及其创收网络和机制，这些都是网络广播创收的有利条件。

发展网络广播要做的工作很多。科学技术的迅猛发展使人们很难预测未来的准确发展变化。我们要做的是在现有的条件和认识下努力工作，创造网络广播更加美好的明天。也许随着科技的发展，将来在网上听广播会变得和现在听无线广播一样简单、便宜。方便地接收伴随广播网站在内容、制作、经济上都取得独立，网络广播会取代传统广播吗？

善用手机短信　扩大广播受众

蔡明可

五年前，大部分普通百姓还不知道手机短信为何物，大部分业内人士还不相信短信会为中国通讯业带来怎样的革命，大部分的广播人更没有料想到短信能成为广播再次热闹的重要元素。然而短信却在极短的时间里显示了它的影响力，因此对于广播人来说，认识短信、善待短信就成了一个值得研究的新问题。

一、手机短信将广播优势扩大化

媒体专家说，本来手机是通讯工具，但是现在已经远远超出这个功能，已具有点对面的媒体传播性质，互联网已被认为是第四媒体，原来很多人总想把其他的东西称为第五媒体，但是伊拉克战争开始以后，基本公认手机已是第五媒体。

网络人说，目前中国互联网已经成为全球的亮点，是短信起到了很大的作用。2000年，国内手机全年发送短信才10亿条，到2001年为189亿条，2003年已经突破了1700亿条，占全球短信量的一半。

短信，给百姓带来不少快乐、向上的信息。“非典”肆虐时期，爱调侃、聊天的北京人不能像以往那样面对面地嬉笑言谈，发短信则使这一愿望得到了满足。北京市新闻办副主任网络处处长佟力强介绍说，北京地区的网站定制短信息的人群约有5600多万人，每天发送信息2020万条，每天接受新闻短信息的人群大概有140万—160万人，最高达到173万人。如此多的数据告诉我们，短信已经是人们获取信息的重要渠道，它影响着人们的思想观念，改变着人们的生活方式。

1999年，北京人民广播电台的一些节目开始尝试让听众用短信参与节目，当时《华声报》总编辑高钢就说：“从食指到拇指的转变，是另一轮的革命”。（食指是指玩儿手机，而拇指是短信息）当短信的第五媒体地位的确立之后自然引起了广播的关注，广播不可能不去关注涉及140万人的第五媒体，于是北京电台各专业广播的许多节目也相继纷纷开通了手机短信业务，到2003年，短信在北京电台很多专业广播、很多节目都从早到晚地时髦风靡起来，截至目前除了某些新闻节目外，各台所有的直播节目都开通了短信服务，唯一的不同就是短信内容所占节目比例的差异而已。手机短信的参与使得广播快捷、互动性强的特点得到了极大的发挥，但是一段时间的热闹之后，太渴望让节目能普照在短信这颗“新星”的光芒之下的广播人又开始冷静思考了。

二、短信参与　有利有弊

如今随着手机的普及北京电台各专业广播的许多节目也相继纷纷开通了手机短信业务。借助短信网络平台，节目通过短信参与主要是为达到以下目的：让听众参与游戏抢答，让听众点歌和表达祝语，让听众提问题或发表简要看法，让听众提供路况信息和出行方案，听众借此发布转让物品信息或向他人提供帮助，更有直接向听众搜集新闻线索和新闻观点的。以往这些目的是靠听众热线电话、写信等方式完成的，现在短信成为实现这些目的的最常用的方法，这样的变化有利有弊。

（一）节目中使用短信的益处表现在

1. 手机短信带来时尚和效益。短信是信息时代的一个标示，是通讯方便快捷的表现，它越来越显示出其得天独厚的优势，是其他方式不可替代和相比的。这一优势的确为广播也带来了新鲜、实惠、灵活的质感和不小的经济效益。众所周知，手机已经走进了人们的生活，手机的普及率不断提高。用短信参与节目，快捷、方便、时尚而又有几分神秘感、新鲜感。

2. 手机短信丰富了节目内容。用手机发送短信，表达自己的心声，可使节目显得有活力，这比一个人干巴巴地说要强得多；短信还可以随时听到听众对节目的反馈意见，便于不断提高节目的质量。短信反映速度快，因此短信平台使节目与听众同步互动，与听众的距离更近、与听众的关系更密切，更能吸引听众的收听和参与，像《一路畅通》、《1039交通服务热线》、《新闻热线》、《国际汇市报道》、《个股点播台》以及高招咨询等许许多多栏目或节目都通过手机短信的形式与听众沟通、交流。

3. 短信安全、平等，对于主持人的选择也有很大的余地。在传统理论中，广播就是单向传播，但是通过手机短信听众的即时反馈一经加入播出，也就变成了广播传播的一部分，某种程度上使广播具备了双向传播的功能。

4. 手机短信使听众参与热情高涨。短信能够增强电台的活力，使听众广泛地参与节目，更重要的是，能够使更多的年轻人收听和参与北京电台的节目，扩大北京电台的受众范围。1997年美国华尔街日报网络版出现，使读者群年龄降低10岁。而受众群降低10岁，对媒体来讲，就进步了十年。作为信息传播和信息服务，更深刻的一个变化，就是在社会进展当中，整个受众群的构成更加宽泛化。短信使广播听众的年龄降低了多少目前尚无精确统计，但是它让听众群体年轻化已经成为不争的事实。

（二）手机短信参与广播的弊端

从另一角度上讲，短信的传播太快捷也太轻便了，因此短信也成为双刃剑：一方面互相传递关怀，提供有用的信息，另外一方面，是低俗的信息迅速传播，考验主持人的把握能力和辨别是非的能力，因为在同样时间里，短信参与的数量要比热线电话多出几倍甚至十几倍，因此对主持人的考验也多了几倍、十几倍。在这里我们不妨列举一些目前已经发现的短信的弊端。

1. 短信总是让人觉得缺点儿真情实感。北京台各节目当中的短信都是由主持人读出来的，有些主持人表达和理解都有所欠缺，如此一来听众听到的内容就大打折扣。另外，短信参与广播节目，真情实感的东西少了，有些时候参与者虚拟的调侃、不负责任的言论多了。与此同时，在节目中播出的短信内容毕竟是少数，因此实际上只有少数人能获得满意，大部分的人会因为被置之不理而不满，由于单位时间里短信参与的人数要比热线电话高出几倍、几十倍，因没能在节目中展现心怀而不满的人数也将剧增。

短信质量良莠不齐，主持人对短信的控制能力有限，使得短信有低俗化倾向。节目中有些随意的调侃，无聊的对话，即便是平时朋友间的聊天，也属低水平的，把它作为节目在广播中播出，就更不应该了。另外还有一些节目中播发的短信内容更有明显的政策错误，比低俗化更为可怕。

2. 短信限制了一部分人参与节目。比如一部分爱听广播的中老年人可能会就此疏远节目，老年人中有多少人有手机呢？他们守着收音机望尘莫及，想参与也只能是望洋兴叹和无可奈何。

3. 短信内容喧宾夺主，冲淡节目内容。现代人的生活节奏越来越快，处于动态的时间越来越多，因此，对动态听众的开发是广播经营的一个重头戏，手机短信因此“铺天盖地”，但是有些节目将短信作为主要内容，主持人过于依赖手机短信，在节目中念手机短信过多，而短信内容庞杂，许多琐碎而没有意义，从而影响了节目质量。如果说，有的主持人过去靠一两张报纸边看边聊的话，现在有个别主持人在节目内容上准备不充分，就靠念手机短信来做节目。这不能不降低节目的可听性。还有个别主持人遇到有的问题不了解，本来应当自己去查资料，可为了省事让听众发短信解决。尽管通过各种鼓励手段可以使类似的节目“参与率”提高，但是参与性节目不应简单追求听众参与，而要力求在内容上有品位，在形式上有文采，使听众不光是听了说了，而是听后有所感悟，有所启迪。相反用无聊短信充斥内容将最终导致听众的流失。

4. 短信经营忽略听众利益。许多节目都在“经营”短信业务要求听众的短信手段与其联系互动，可却很少有节目明确声明听众所发去的短信如何计费，运作过程如何。北京电台各台开通短信初期，很多节目都是和不同的网站合作，号码不一，收费标准不一，由于网站开展短信业务主要是为赚取手机用户的钱，经网站传递短信每条少说从话费中要扣几角钱多则数元不等。每发一条短信，除 0.10 元/条（全球通）或 0.05 元/条（联通 GSM130）的短信息通讯费以外，还要支付从 0.10 元/条到 2.00 元/条不等的信息费。很多听众就曾经表示，节目不事先说明是否有偿及收费标准实为不妥，明显违反了《消法》的“事先告知原则”。若是广播节目与网站合作是为分得利益的话，不事先告知收费更有故意坑害听众之嫌疑！尤其是听众提供了新闻线索或发表观点的短信应属智力劳动，不但不给稿酬还要事后被强行暗中扣费怎不叫人更加愤怒？

5. 发送手机短信对客观条件的限制比有线电话要小得多，因此学生短信参与节目的比较多，上课、学习时容易分散精力，同时过多的信息费还给家长带来过重的经济负担。

6. 作为司机一族在开车时容易分神，打电话造成注意力不集中，极易发生交通事故。

鉴于节目中加入短信内容有利有弊，我们就必须要有比较强烈的责任感，通过自身的手段来担负起责任。通过应有的平台，使有害信息得到控制，通过主持人素质的提高将短信对节目的不良影响降到最低，要解决这样的问题需要方方面面的有效控制。

三、扬长避短　用好短信

短信确实非常小巧，但它所产生的作用，带来的影响，对整个社会的经济、文化、变革，应该说就像互联网一样，是一项很广远的事业。互联网是人类发明的，短信也是，人类完全可以掌握它。这不仅是对社会负责任，也对我们自己的事业负责任，必须引起高度重视。由于短信的及时快捷，节目主持人往往是短信的第一个把关人，同时也是最后一个把关人，主持人如对短信互动掌握得不好，一定会出问题，只有正确使用短信，才能使短信成为做好节目的一种手段，一种辅助方式。我认为从主持人的角度看，以下几条原则应当掌握：

1. 控制短信在节目中的量。一档节目短信应该占多少？这恐怕没有什么规定的比例，但我认为短信不能超过节目时间的三分之一。节目内容还是应该占主体，听众是因节目内容而参与的，因此，主持人一定要把节目内容这部分准备充足。

2. 读短信有所选择。选择的标准是与节目内容有关的就念，比如对一个话题发表观点或提出看法的，或是询问听众普遍关心的问题的，总之，读出的短信应该对办好节目有帮助，那些无关痛痒的，甚至有些跑题的短信应该坚决舍弃。

3. 回答听众短信要庄重大方。现在有些主持人觉得，有了短信节目就比以前好做了，实际上，讲述和双向交流的节目对主持人的要求更高，主持人要在轻松的氛围中把握住节目的导向，控制节目的节奏，多方面都照顾到。对玩笑类的短信主持人在回答时也要注意语言的使用，退一步说同样用玩笑话回答也要显出格调和品位，体现出幽默和智慧。在这里我们也举个例子来说明：

北京经济广播《国际汇市报道》节目是一个为汇民（通过各币种差价获取利润的人）服务的节目，这样的节目如果让听众用热线电话参与节目不仅会影响专业外汇分析师解决问题的速度，同时汇民所带有的投资者特有的急躁情绪也会给节目带来不利影响，短信恰好解决了这两个问题，而主持人的经验和冷静又造就了对短信的精彩回答。例如：2004 年 6 月 8 日，由于国际石油价格的变化和英国劳工部的数据影响，欧元、美元、英镑都有明显涨幅，在当天晚间的《国际汇市报道》节目中就有听众提出了这样的问题：

【听众短信问：】前日，我提出日元能否交叉兑换到欧元或者英镑，某银行的外汇分析师回答很肯定：不用！今天的汇价表现如何解释。

读过短信之后，主持人听似不经意地

与嘉宾主持对话：

【主持人】：（对嘉宾）侯先生，您开车吗？

【嘉宾:】开呀。

【主持人:】开车时，您是否有这样的体会：如果您不停地变换行车道，未见得能提高行驶的速度，反而会带来更多的行车危险。

【嘉宾:】没错。

【主持人:】当然，我们不是交通广播，开车不是我们节目中要讲的内容。但是炒汇的道理和开车差不太多。

说到这里，听众已经明白了主持人的本意，主持人的回答平复了听众激动的情绪，又婉转地告诉了大家一个市场操作的道理。随后，这位听众回短信说：谢谢！

前面我们也谈到，合理利用短信需要方方面面的有效控制，现在需要规范的不是短信参与节目本身，而是如何利用手机、利用短信，把节目办得更好。除了主持人的工作之外，还要在以下几个方面特别注意：

1. 短信收费要合理。创办短信节目、一定要控制好收费的度。北京电台现在已经解决了这一问题。2003 年 9 月 16 日，北京电台手机短信互动平台正式开通，并在交通广播、教育广播、经济广播投入使用。在此之前，北京电台各专业广播的短信互动系统基本上都是与商业 SP（如搜狐、汤姆）合作建立的，缺乏安全性和保密性，容易造成资源和信息的流失。由于各专业广播都有自己的短信号码，宣传分散，不利于形成北京电台的品牌效应和整体性，更重要的是造成一部分资金的外流。北京台手机短信互动平台的开通从根本上改变了这一状况。台内平台的设立最突出的特点是号码统一，便于记忆：中国移动 08821，中国联通 8821，能把短信实现的强大互动功能提供给主持人使用，这将促进节目形式多样，增加吸引力，扩大电台节目的品牌优势与竞争力。

2. 设计节目时应当考虑到多种参与形式，不要认准短信一条道。如果主持人总是不断地念着短信，没有嘉宾也不接热线，内容枯燥、单调，听来有犯困之感。短信、热线一齐参与，效果会更好些。

3. 鉴于使用短信出现了很多新的问题，管理者也应对如何正确运用手机短信这个新问题进行研究，并适当予以规范。比如念手机短信只能作为节目的辅助内容，而不能成为主要部分；内容相似的短信，只念一两条有代表性的；有的放矢地让听众发短信，不要让节目内容跟着听众的短信跑；在节目中要控制念短信的数量，不要过多。对一些要贫嘴的、不健康的短信，主持人要适当引导，等等。

四、短信·广播　方兴未艾

短信参与节目，创办短信节目，是一种新生的事物。而新生的事物总会给节目带来几许活力，几许新鲜。对待短信参与节目，创办短信节目，不该是全盘否定，而应是扶持、总结和完善。而且，从中国未来的短信业务发展来看，短信越来越丰富多彩的内容必将吸引着越来越多的用户。据统计，中国短信量已占全世界短信量的三分之一，截止到 2003 年 10 月底，中国移动用户已经超过了固话用户，每四个中国人里就有一个人拥有手机。截止到 2003 年底，中国移动短信已经到达 1700 亿条，而手机短信也成为移动运营商的一大增长点。

短信的迅速发展，不仅是经济现象，它和中国传统文化是息息相关的，更是一种文化现象。大家一致这样认为，中国人很多时候表述情感是比较内敛和沉默的，不太好去说，包括父母、恋人和同事之间不太好直白地表达，但是短信却字数不多，表述到位。所以，短信的后面有着深厚的文化现象。短信产品的繁荣，应该说和中国人的生活和文化有一种密不可分的关系。这是中国特色，在西方国家不可能运用到这个程度。

目前各短信服务商都在努力丰富完善短信的功能，这使得短信呈现出越来越多的独立媒体形态，如此种种的理由使短信的第五媒体的地位越发巩固。从广播与短信的功能和传播方式上看，两者合作互补的空间远远大于可竞争的领域，如果广播密切关注短信的发展变化，充分利用短信的强大普及功能，传统媒体与第五媒体之间一定有完美的结合。

精品节目——交响音画《巡天遥看一千河》创作谈

赵　爽

北京人民广播电台音乐广播2003年制作的广播节目——交响音画《巡天遥看一千河》，是一期以描写中国神舟5号载人航天飞船发射成功为新闻题材，用音乐描绘人类探索太空画卷的音乐专题节目。正像标题中说的那样，献给为人类探索太空的勇士们。节目播出后，深获专家和听众的好评。并相继获得2003年北京电台专题音乐节目一等奖；北京市广播电视音乐专题节目一等奖；第11届中国广播文艺奖音乐节目一等奖。当获得这一消息，内心充满喜悦的同时也拥有太多的感慨，我想，精品的诞生是一种智慧、一种努力、一种付出、一种合作所赋予它的一种成绩的肯定。它的创作过程也让我们拥有了更多对精品节目的深层思考。

一、媒体从业人员的新闻洞察力

2003年10月底的一个星期天的晚上，我正在看书，放在桌上的手机铃声突然响起，是副台长张勤的一则短信："立刻收看中央电视台一套节目，明天详谈。"我立刻打开电视机，原来正在播出中国神舟5号飞船成功飞入太空的专题片。凭着编辑的经验，我意识到这是一个非常具有挑战性的好题材。果然在第二天，张勤和我详谈了她的想法，希望编辑、制作完成一套这个题材的专题音乐节目，并在近期播出。说实话，我在佩服张勤的新闻洞察力的同时，内心也充满了接受挑战前的喜悦。

二、新闻性和音乐性是节目的主调

在节目撰稿和制作的过程中，我们一直都有一个想法：就是想突破以往专题音乐节目的固有模式，探索出一条新的路子，那就是将重大新闻报道与音乐作品结合的形式融于节目中。但那绝对不是音乐为附的垫乐，而是让音乐发挥主导作用，让音乐充分描绘和展示语言所不易表达出的画面感和感染力。所以题目定为：新闻交响音画《巡天遥看一千河》（以下简称《巡》）。并以"我"——记者第一人称的身份在北京指挥中心一线的现场采访和播音员的讲述交替出现的形式穿插在节目中，让听众在新闻的实效性、艺术的完美性、音乐的充分性中感受人类在探索太空所付出的牺牲、失败、成功和勇气。并通过作曲家各种描写浩瀚宇宙的音乐作品，体味太空音乐给人们带来的独特魅力和无限遐想。这种方式虽然得到了专家的一致肯定，但专家也提出了新闻性与艺术性冲突的观点，认为：新闻是用事实说话，而艺术则是以感性与虚拟的创作的手法来表现，是两种完全不同的表现形式，放在一起是否合适？这的确是一个在业务上值得深入探讨的问题。但是这种开拓创新的思路却让我们感受到了探索的激情，创作的快乐。

三、基调音乐的选择

基调音乐是《巡》节目的定位音乐，也是它的灵魂音乐。在创作的过程中，我心中一直就存在着一个已经定位了的主调音乐，那就是：大气、恢弘、震撼，具有强烈感染力和画面感的交响音乐。为了寻它，我几乎听遍了我台音乐库中所有描写太空的音乐作品，以及和基调音乐相关的交响乐，但是依然没有找到合适的。这时，我台正在播出的节目《银海乐波》中的电影音乐《阿波罗十三》吸引了我的耳朵，我马上认定，这就是我节目中要用的基调音乐。当我一段一段地选听、一小节一小节地选择、一小点儿一小点儿地在时间上衔接这些音乐的时候，我内心和着这恢弘的音乐一起感动，一起震撼。

四、怎样用音乐展示画面

“交响音画”是音乐题材中广泛运用主题变形的一种手法，是表现特定标题内容的一种音乐形式，其目的是通过形式充分展示音乐所能描绘出的音乐画面，是属于标题音乐的范畴。那么怎样用不同色彩的音乐，来完成《巡》节目中这一幅幅不同画面的描绘，是编辑选择音乐时必须考虑的因素之一。每一个音乐画笔在下笔之前，都必须有一个完整的思考，那就是怎样用音乐的比例、色彩展示出音乐的主题。每一个乐音的人位，每一个旋律的扬起都必须细细地思考。因为这才能够让主题音乐唱出它的独特的内容。首先就是节目标题音乐的选择。在《巡》节目的最开始有这样一段语言：

在英文中，宇航员只有两个词，Cosmonaut 用来称呼前苏联宇航员，而 Astronaut 则是对美国宇航员的称呼。然而就在 2003 年的 10 月 15 日，终于又诞生出一个新的英文单词，那就是 Taikngnant，它记录了中国航天员杨利伟驾驶着中国人制造的神舟 5 号飞船第一次进入了太空的伟大时刻。

这段语言其实就是对整个新闻事件的概括，节目主题的说明，也是对整个节目的重要铺垫。在音乐的表现中应该是属于主题中的引子部分。于是我选中了理查的《查拉图斯特拉如是说》中的那段气势恢弘的音乐。充分表现神舟 5 号飞船一飞冲天的主题。而且在《巡》节目中间，在描写飞船发射的气势中，我第二次又用到了这段音乐，不同的只是加快节奏，去掉了其中的几小节的鼓声，但是却没有一丝不舒服的感觉，甚至感觉这就是主题的再现。在整个节目中，每一段不同色彩音乐的出现，都是在完整、突出、描写着一个生动的画面；每一个音符的律动，都是在讲述着一个人类探索太空的故事；每一个宏大气势强音的结尾，都是在告示着人类又一个惊天动地的画卷被翻过去了。

五、节目中丰富的信息含量

我认为，在现在的很多优秀专题节目中，无论是音乐、文学、戏曲还是综艺类节目，丰富的信息含量是一个至关重要的因素。因此在《巡》节目的创作中，为了充分体现人类探索太空的伟大壮举，从敦煌——我们祖先远古飞天梦起源的地方，到酒泉——中国飞天梦终成现实的家园；从1967年前苏联宇航员科马罗夫的献身的事件，到先后载着14位宇航员魂撒蓝天的“挑战者”号、“哥伦比亚”号航天飞机的玉碎；从我国明代用49支土火箭做动力探索载人飞行的牺牲先驱——万户，到酒泉卫星发射中心东风革命烈士陵园里屹立着的604座坟茔，都成为《巡》节目中关注的内容。就是这一件件感人至深、丰富翔实的具体信息，才让节目拥有了起伏跌宕的感人点。

六、催人泪下的第一手基地采访

在节目的创作过程中，我国载人航天飞船成功飞入太空的伟大壮举背后的故事，也一直是我们关注的焦点。但是这些生动、具体的事迹，在现实的资料里是根本不可能找到的。而广播又是以拥有采访录音见内涵的优势媒体，主创人员不深入一线是不可能让这些鲜为人知的故事挖掘出来的。我们在资料上看到了一则关于酒泉卫星发射中心有一个基地烈士陵园的消息，希望到那里采访。我们的想法得到了台领导的支持，台里立刻派冯健老师和我专程到中国酒泉卫星发射基地进行实地采访。没有想到是，就是这宝贵的实地采访给我们的节目增添了潸然泪下的一笔，更让中国航天人最感人、最真实、最鲜为人知的艰苦里程呈现在我们大家的面前。正像节目中写的那样：

在英雄翱翔宇宙，在中华民族几千年的飞天梦想终成现实的背后，又承载着多少中国航天人充满艰辛的历程和催人泪下的故事。仅仅就在酒泉卫星发射中心的东风革命烈士陵园里，就长眠着604名年轻的生命。他们的平均年龄只有24岁……当我们的飞机飞行在去酒泉基地的茫茫戈壁滩的上空；当我们乘坐的汽车独行在寸草不生、人烟无迹的荒漠；当我们到这里仅一天后就嘴唇干裂、鼻子出血的时候，我们的心中悄然升出一种寂寞苍凉之感，也只有踏上这片情系中国飞天梦的土地，我们才真正理解了基地流传的那句话“献了青春献终生，献了终生献子孙”的真实含义。

在一个堆满鲜花的墓碑前，我们见到了原酒泉卫星发射中心主任刘明山将军，他是中国第一颗人造卫星《东方红》乐曲的第一接收人，他的妻子潘仁瑾，是为我国航天事业作出突出贡献的科学家，就在飞船进入发射前的最后时刻，她患胃癌永远地离开了基地……

采访刘明山成为《巡》节目中最重要的感动点，它也将整个节目推向了感情的制高点，让人在潸然泪下的同时感受到了中国航天人在成功背后所付出的艰辛。说实话，在制作《巡》节目这一段节目时，我们的内心一直是浸泡在泪水中。酒泉基地东风革命烈士陵园里那齐刷刷的604座灰色的墓碑，就仿佛像戈壁滩里整齐待发的军阵，时刻都要向发射场挺进；他们更像基地深处那些拥有特质的胡杨树一样，一千年不死、一千年不枯、一千年不倒。

七、精雕细刻的节目制作

听过《巡》节目的人都说，这个节目中的音乐和语言很贴切，很多音乐好像是专门为节目打造的。其实不然。《巡》节目中的每一段旋律，每一个语言后高潮迭起乐章，甚至每一小节精彩韵律的出现，都是编辑一点点地精心选择、精心安排，然后再通过录音师的精湛技术再现出来的。例如：在节目中有这样一段文字：

当杨利伟在太空中回望自己的家园，第一次传回了他在太空拍摄到的美丽图景时，那些带着科学家的探索，带着我们童年梦想的美丽的图景终于展现在眼前。此时，我们才真正体会到美国作曲家麦克·比肖普在创作《阿波罗十三号》音乐作品中，所描绘出的暴风雨过后，霞光万丈般的心情。

“霞光万丈般的心情”之后，我们设计是要将音乐的高潮部分正好在这里展示出来，可是音乐本身的长度又不够，录音师就用自己的技术一点儿一点儿地衔接，节目做出来后，不仅没有衔接的痕迹，而且完全达到了我们需要的效果。类似这样的制作在节目里随处都有，但是听者是完全感觉不到的。在《巡》节目里，音乐确实是用画面和灵魂起到了它独特的作用。再加上功底深后的播音员梁言在播音艺术上的再度创作，更让节目达到了珠联璧合的效果。

如果说交响音画《巡天遥看一千河》之所以能获得成功的话，那就是我文章一开始说的：是一种集体的智慧、共同的付出、真诚的努力所赋予它的一种成绩的肯定。是伟大的航天人赋予了我们一种创作的冲动和灵感，也是人类的航天精神给予了我们的一种激情和智慧。我们感谢为人类探索太空所付出牺牲的勇士们。

（二）获本台2004年优秀论文评选二等奖论文（摘编）

设立首席，创新传媒人力资源管理

郑金诗

当今社会，“首席”之称谓已经出现在各个领域和行业。但什么是“首席”，在所有人力资源管理的书籍中至今还没有一个明确而详尽的定义。

综观社会各行业、各领域“首席”的评聘，均具备如下特征：

1. 岗位限制性：即“首席”是一个独特的岗位，一个具体的业务职务，这种岗位设置的数量非常少，并且岗位要求严格、责任目标明确，以聘用制为基础，有完整的考核体系。

2. 工作关键性：该岗位属于组织系统内的关键岗位，它的存在对组织的业务竞争力、综合竞争力均有重要而关键的作用。

3. 员工责任感：首席对组织、对事业具有强烈的责任感和事业心，并付诸行动，而非随波逐流。

4. 职位竞争性：该岗位属竞争性的岗位，是非终身制的，一旦不称职都会随时离开。

5. 业务专业性：它是一个业务职位，

聘前要通过严格的业务考核，在聘期内完成要求的专业性工作，还要随时接受聘任方定期或非定期的专业考核。

6. 激励保障性：作为一个独特的竞争性岗位，它会有超过一般岗位的薪酬激励，以及完善的工作条件、优先的培训机会、更高的专业发展平台，等等。

从以上特征可以看出，“首席”制度并非一种大众化、形而下、普遍的奖励机制，而是一种严肃、科学、专业的人力资源管理与开发的新方式。首席一旦产生，其意义就远远超出了调动员工积极性、创造性、凝聚人力、吸纳人才这个层面。首席制的实行：

1. 体现了一种组织价值理念。

首席制作为一种企业文化的载体，它充分体现了在单位内部人员使用上的价值理念，是对长期以来“官本位”思想的严重冲击。“首席”的出现拓宽了单位内部各层面专业技术人员发展的空间；打通了专业技术人才的职业生涯发展通道；开辟了优秀人才发展成功之路，塑造了一种尊重知识、尊重专业人才的氛围；它转变了专业人才自我价值的实现形式，而且它与单位组织价值、社会价值达成了高度的统一。特别是单位内部为首席提供的特殊的专业发展机会，以及优厚的激励保障机制，不但为专业人才提供了发展的舞台，更为其他专业人才成长树立了榜样，这也正是各行业各领域首席推出之后的生命力所在。

2. 成为实施品牌战略的基础。

21世纪的媒介市场竞争越来越激烈，作为广播媒体，我们除了树立“名牌栏目”之外，“首席”采编播主持人更是不可或缺的。作为“首席”，其采、编、播、主持的节目定会受到听众的关注，无形之中，“首席”两字就成为听众心目中的诚信和高品质的代名词。更可通过“首席”这个品牌逐渐达成听众与电台之间、听众与首席之间的默契和心灵的约定，拉近听众与电台的距离。

其次，首席在对外社会活动交往中和节目播报中使用“首席”署名，这本身也是对所主持栏目和电台这个品牌的宣传，他们无形之中成为电台的形象代言人。首席出现在社会活动中，出现在节目中，其较高的业务水平、较高的整体素质就会成为广播人的一种代表，这对宣传电台、树立电台形象都有极大的作用。

3. 是对知识型员工激励的最好方式。

当今社会人力资本已经上升为创造一切物质资本的源泉所在，如何正确运用人力资本为组织创造利润，更是各级管理者都在研究和解决的问题。北京电台如何成为听众喜爱的电台，因素很多，但正确运用和激励电台的现有人力资本则是关键所在。

“首席”具有超出一般员工的工作目标，明确了他们的努力方向，给他们提供了施展才华的平台，对他们的工作业绩给予明确的认可，在他们喜爱的专业领域给予荣誉与地位，经济上进行必要的支持，这是他们最需要的，也是激励他们的最好手段。

4. 带动整个队伍业务水平的提高。

“首席”一旦产生，就代表台内最高的业务水平，这对首席本身而言是一种无形的动力和压力，会激发他们对知识的孜孜追求、对工作的兢兢业业、对思路的不断开拓、对潜能的不断发展，会始终处于业务水平的前列而不被别人赶超。对其他专业人才而言，首席是人人所向往的，为了争取首席而实现个人价值也将加强努力工作。因此首席的产生必将带动电台整体业务水平的提高。

首席制度的实施是一项系统工程，一旦启动要从各方面、分层次、多角度去不断规范和完善，不断推陈出新，且要从深层次上使首席的评选在台内深入人心，使其变成工作中不可或缺的一部分，让它真正成为电台人力资源管理与开发的重要组成部分。

试论广播节目资源的再开发

谢先进

一、广播节目资源再开发的含义及其对广播媒体的影响

从一般意义上说，广播节目资源指的是广播电台已播的、在播的和将要播出的节目内容，包括新闻节目、服务节目、音乐节目、娱乐节目和各种谈话类节目。电台采编人员将节目素材根据一定的传播政策、编辑思想、栏目要求和节目风格制作成成型的节目在电台播出，就完成了传统意义上的广播节目资源开发，即广播资源的一次开发。对一定地域、一定专业频率的广播受众来说，他从收听节目的过程中获得了新闻信息，得到了精神愉悦，也就是说，广播节目资源在一次开发中完成了价值转换，受众也因此获得了广播节目的使用价值。

但是，对其他地方、其他频率、其他媒体的受众来说，经过一次开发的节目资源仍然可能是有价值的，仍然可能值得在其他地方、其他频率、其他媒体进行二次、三次甚至多次开发。这就是广播节目资源的再开发。通过再开发，进一步挖掘节目中的内在价值，延伸价值链条，以实现这些节目的价值增值和升值。

这里所说的增值和升值不是简单的经济效益的增加，而是经济效益、社会效益等多方面增量的总和，这些增量主要体现在以下几个方面：

A. 增加节目资源的受众到达量。通过广播节目资源的再开发，节目覆盖的受众数量将增加。更多的受众将通过其他途径接触到这些节目。

B. 广播节目在不同地域、不同广播频率甚至不同媒体播出后，制作这些节目的原始广播媒体的知名度和影响力得以提高。

C. 广播节目资源在每次开发中实现的直接经济价值增量和间接价值增量。

如果用 Vn 代表广播节目资源再开发的价值增量，则上述各个价值增量分别为 Va、Vb、Vc，但价值增量的总和 $\sum V$ 并不只是各个价值增量的简单数字相加，这几个方面是相互影响、相互促进的，$\sum V$ 大于 Va、Vb、Vc 各部分相加之和。

二、新形势下广播节目资源再开发成为必然要求

1. 节目的播出不能成为广播节目开发的终结点。目前广播节目开发的普遍形式是，节目的播出标志着节目资源开发的完成。根据受众的反馈意见电台可能会重播一部分节目。受众如果对某一节目感兴趣，也可能会将节目录下来。前者是广播媒体对节目的简单再开发，后者是受众对节目的再利用，对广播媒体来说已经没有任何意义。

所以说，广播节目要寻找再开发的新形式。

2. 过分强调专业化办台，岗位和节目设置重复，不利于整合现有人力资源和节目资源。广电媒体和纸质媒体不同，各个专业频道（频率）并不等同于各个版

面，它们在节目配置上有各自专业化的特点，但也有很大的交叉和重叠，对于专业色彩不鲜明的节目，各专业台完全可以考虑通过新的分工合作，综合利用。

3. 节目交易市场方兴未艾推动市场形式节目资源再开发。系列广播的扩容，必定造成播出节目上的缺口，如果各地电台都依靠自己的力量来堵住这个缺口，势必造成更大规模人力、财力、物力的浪费。如果把各地内容精彩、制作精良的节目在全国范围内自由交易，通过市场来弥补各地优秀节目制作人员和优秀节目的不足，广播节目通过交易不断增值，这将是双赢的趋势。

三、广播节目资源再开发的形式

综上所述，广播节目资源可以而且应该再开发。从范围上看，广播节目再开发包括电台内部开发和向外拓展；从形式上看，广播节目再开发则包括纵向开发和横向开发。

1. 纵向开发这个链条可以衍生出多个支链条，目前来看，至少有两个价值链可以培养：

（1）与传统媒体“联姻”。就是在节目播出后，依靠其他媒体，让广播节目继续以其他形式“播出”。北京交通广播已经在这方面迈出了尝试的第一步，一些娱乐节目由音频版变成文字版，通过《百姓TAXI》杂志在出租车上传播。一些新闻专题类节目，特别是百姓新闻热线播出后，继续刊登在《北京广播电视报》上。

（2）同网络媒体“合流”。依托网络媒体，可以弥补广播的一些缺陷。通过网络，广播节目不但可以重复收听，而且收听行为也因此变成个性化收听，受众可以任意选择自己喜欢的节目。

2. 再来说说横向开发，这种开发是广播节目在市场广度上的扩张，它既有电台内部的开发，也有电台之间的开发，广播节目的价值通过共享的方式获得增值。

（1）内部要整合人力资源和节目资源，尽量减少人员的重复设置。

在新闻方面，集团层面应该组建新闻中心；各系列台也应该保留为数不多的专业采编人员。新闻中心采编的是“大新闻”：包括时政新闻、社会新闻、国际新闻等，这一部分新闻应该是各专业频率的“绿色地带”，应该由它们共享，而不能因为强调专业化而画地为牢。现在的情势是，汽车为广播带来了再一次发展的机会，驾车人、乘车人等移动人群是所有专业化频率而不仅仅是交通广播的受众，这些受众的构成已经发生了巨大的变化，单纯意义上的司机并不占据主导地位，政府官员、公司管理人员等成分已经越来越多，这一部分受众可能对不同的专业化频率有各自的喜好，但这种“大新闻”也是它们所需要的。通过共享，新闻的价值增值，各频率也抓住了自己的受众。

各专业频率自行制作播出的新闻是一种“小新闻”，也就是专业新闻，它要求根据各频率的目标受众做足、做全、做精，为受众提供专业化指导。

在专题节目方面，北京电台通过《七台精彩联播》、《主持人节目展播》等形式，让这些优秀节目在各台播出，挖掘了这些节目的潜在价值。

（2）外部要建立全国意义的广播节目交易市场，促进优秀节目自由交易。

传统意义上的各台节目共享，包括中央电台的各地新闻联播和报纸摘要、经济信息联播。但电台的目标受众地域性较强，需要能够交易、能够共享的节目。正是由于这种地域性特点，这些节目可以在各个地区播出，也就是说，可以被多个电台购买播出，实现多轮增值。

由交易形成的广播节目共享，是通过市场行为直接实现广播节目资源的再开发，再增值。而广播节目的纵向开发和内部横向开发，是通过向受众提供优秀的节目为广播赢得声誉，从而增强影响力；广播媒体再向广告客户出售这种影响力，进而获得更多的广告收入，实现广播节目在更多领域的价值增值。

试谈广播节目主持人的个性特色

白　钢

广播节目主持人是公众的、社会性的人物。一方面，主持人是自身所属电台形象的体现，同时，也是党和政府以及国家主流意识形态的代言人。因此在一定意义上，主持人对广播节目，甚至电台的声誉都有着巨大的影响。

当前我们的广播节目，有的采用采、编、播集体制作的方式，有的直接由节目主持人个人负责。无论何种形式，节目主持人的作用都是至关重要的。一个成功的栏目，可以引起社会和公众的关注与支持，因而可以创造较大的文化生产力，获得显著的精神效应和物质效应。而那些名牌栏目，则可以创造更大的社会效应，对社会精神文明的建设发挥重要的作用，同时会吸引更多的商家进行广告投入，创造更多的经济效益。成功的节目主持人，一般均具有富有特色的主持人形象，这一形象的创造，除了应具有的其他各种要素之外，突出和鲜明的个性化特征，应是最重要的因素之一。我们看到，在当前广播事业的发展中，节目主持人愈来愈朝着个性化发展，这是因为，一般的模式化的主持人难以给人留下生动、鲜活的印象。

节目主持人的形象是共性与个性的统一。节目主持人首先应明确，自己是国家与政府主流意识形态和主流文化的代言人，是所在电台形象的体现，而不是纯粹个体性的行为，因而不可能在节目的制作和主持过程中随心所欲，不可能完全按照自己的意愿行事。相反，节目主持人的全部工作都是一定社会意识形态的直接或间接表现，节目主持人的最终价值也是随着节目的成功而实现的。因此，节目主持人首先是社会形象的象征以及公众利益的代表，而并非个人化的，一味追求节目主持人的个性，过分提倡主持人个性的张扬，是有害的。但同时，我们又应强调主持人个性的确立，倡导主持人职业共性与特定主持人个性的统一。任何事物都是共性与个性的统一，千人一面的、没有个性的节目是枯燥的和乏味的，是难以获得公众认同的。

具体讲，广播节目主持人的个性特点主要包括其个人气质、思想情感与审美倾向、语言风格。

一、主持人的气质特点

主持人的气质源于主持人既有的性格特征，不同的节目主持人将自己的气质特点贯穿和融注于节目之中，使节目感染上主持人气质的特点，这样，就会使节目体现出与众不同的特色。

主持人的气质主要可分为几种：

儒雅型：即以举止的端庄、自然、典雅，以及知识的广博和丰厚见长，在主持过程中往往如行云流水，波澜不惊，具有超凡的应变能力，时常给人以知识的启迪，其主持语言既不乏生动、含蓄与深邃，又口若悬河，娓娓动听。

严谨型：即以行为与谈吐的庄重和严谨著称，其主持的过程以理性的阐释为主，往往以论理的深刻、透辟，以及逻辑的严谨和力量取胜。他们的魅力在于其坚实的理论功底，不多流露情感的色彩，却善于将情感隐藏在理性之中。

恬美型：即以表情的恬静、娇然，以及语言的娴雅、温馨给公众留下美好的印象。这类主持人以女性居多，她们富有青春气息和天然的活力，与受众最为贴近，易于沟通，较少心理的距离，时常以情感的丰盈和诚挚使公众受到感染。

幽默型：即以举止和语言的幽默、诙谐充盈于主持过程之中，从而达到良好的效果。他们不苟言笑，却富有智慧的火花，不居高临下，却不乏精神的启示，以其个性的魅力，将人们带入一个风趣的、活泼的、又具有思想深度的境界。

主持人的气质，有时又具有交叉和互融的特点，即一个人可以兼具两种或更多的气质特点。主持人的气质，一方面是个人既有的性格使然，同时也与个人后天的学识修养和知识结构有关，主持人的气质决定了节目的品位、层次，知识结构比较全面、学识修养比较丰厚的主持人，能够在主持过程中将自身的知识特点融注在主持过程中，使节目自然地具有了较浓郁的个性特色，从而引起公众的关注。

二、主持人的思想情感及审美倾向

主持人的思想及审美倾向在节目的主持中是重要的，有时，一定的思想和审美思考便形成了一个节目的灵魂。即使是在一些时事性和政论性较强的节目中，虽然要更多地服从于社会、民族和意识形态的规范，但也可以体现出自己强烈的情感特色和基本审美倾向，而在更多的节目，如科技、文化、娱乐、生活、法制、体育等节目的主持过程中，主持人的思想倾向和审美倾向更能够得以体现，特有的思想情感和审美倾向的流露，更易于感染受众，使人们得到启示和教益。

主持人的思想情感及审美倾向都应该是发自内心的真实流露，是人格魅力的自然展示，这需要平时不断的积累与培养，非一时之功，因此主持人的工作要求做节目先做人，做一个情感丰富、品质高贵、敬业、博学的人。

三、主持人的语言风格

主持人的语言风格，是体现主持人个性特点的更为突出的方面。

富有逻辑性的语言表述，是以说理见长，一般富有较强的逻辑性，不太强调情感的外露和对于语言的修饰，时常凭借自己的理论底蕴和知识结构，举重若轻、深入浅出地分析事态的发展以及事物的本质，其语言特点呈现出理性化、逻辑化，具有突出的深刻性与严谨性。这样的语言，经常表现出思想的敏锐与睿智，特别是在充满思想交锋的过程中，可以显现出思维的敏捷与精神的超越。

富有文化感的语言表述，一般以淳朴厚重、气度雍容见长，这类语言常常蕴含着浓郁的书卷气，语气温和、委婉，富有磁性，以对于知识的把握，彰显出城府的深厚和知识的魅力。

富有生活气息的恬美的语言表现，可以在语言表述过程中，突出其温馨、娴雅、恬静、可亲的特色，这种表达一般不对语言作出过多的雕饰，不使人感到智慧与才气的外露，而是在一种平和与自由的气氛中体味到平等对话的愉悦。这类语言，一般呈现出清新淡雅、洒脱清纯、活泼明丽的气息，往往能够使人感受到主持人的亲切和平易，以及对话的自由和交流的畅快。

富有幽默感的语言风格，则时常体现出风趣、诙谐的语言特色，这类节目的主持，往往最能够反映出主持人的机敏与才智，其语言的主要特点，即时常以巧妙的比喻、善意的嘲讽、欲扬故抑、旁敲侧击等语言技巧来赢得受众惬意的欢笑以及对困惑的化解，主持人往往以巧妙、机智的语言，时而将繁复、艰涩的问题转化为轻松、有趣的对话，时而把受众从一个沉重和压抑的境地引导到和谐的充满谐趣的氛围。

总之，主持人的个性是个人的综合素质和人格的体现与浓缩，它与节目的质量与活力息息相关。因此，主持人应当注重自身潜质的开掘和对于基本素质的训练，以及对于自身个性特点的总结和提升。同时，应使主持人的个性体现于节目制作的全过程。

手机短信带给广播新挑战

徐　凯

从1986年珠江经济台开播，热线电话作为广播节目的一种主要互动方式，在广播领域独领风骚15年。2002年，北京交通广播《一路畅通》栏目率先开始大规模引入短信参与节目，从此，手机短信几乎取代热线电话，成为广播节目的一个主要互动方式和组成部分，开辟了广播节目的一个新时代。

同热线电话一样，手机短信是现代通讯技术发展的产物，也是现代人的一种重要生活方式。手机短信取代热线电话，是科技的必然，是生活的必然。

很难想象，如果没有手机短信《一路畅通》能否火起来，甚至能否生存下来。任何事物都有它的两面性，进入广播节目的手机短信也同样具有优势和劣势。

（一）从载体上看，手机短信提供了更多的参与机会，但往往不够生动

手机短信大大增加了听众参与节目的机会，提供了更多人交流的机会，往往一个节目就有几百甚至成千上万的短信进来，播出的短信也有上百个。理论上讲，手机短信面向所有用户开放，只要听众愿意，任何人都可将自己的短信发送到短信平台上供主持人选用。但是，手机短信是以文字为载体的，必须由主持人代为念出，才能传达到听众，而热线电话是以听众声音为载体的，直接带有听众的音质、语气、感情甚至背景气氛音响。所以，通过别人转述的手机短信，永远不会像热线电话那样具有生动性、感染力以及现场感、同步感，最不适合煽情。

（二）从容量上看，手机短信比较精炼，但又显得不够完整

受传输字数和输入困难等因素的限制，一般手机短信都在六七十字以内，因此输入者往往大动脑筋，字斟句酌，不乏精彩漂亮的语言和奇妙的思想。好的手机短信可以说是文学创作，这就是为什么广播节目过后会在网上开设“短信精选”，供人欣赏。主持人接听热线电话时，往往冒一定的风险，要费尽心思去引导听众，永远不能肯定下面的对话将是精彩成功还是乏味啰嗦，经常要耐着性子忍耐一些冗余信息。而选用手机短信就比较轻松，不必做语言上的深加工，不怕没有用，只怕花了眼。然而，手机短信的字数实在太有限，一般无法承载深邃的思想和丰富的情感，无法起承转合、伏笔铺垫，经常显得不够完整。

（三）从可靠性上看，手机短信因为选择性强而显得安全，又因为公开性差而显得不可靠

主持人在选播手机短信前，一般都大概作了浏览，然后再选择，自然比较安全，不像热线电话随时都要提防对方说走嘴、说出格甚至恶意传播有害信息。但是，主持人一般只公布手机后四位尾号，也不出他的声音，使其身份更隐蔽，心理更放松，缺少责任感，容易传播一些不负责任的信息或恶作剧。

（四）从交流方式上看，手机短信实现了多边交流，但也容易发散

热线电话是单边交流的，即主持人与听众一对一的交流方式，一个节目下来，顶多接入十几个或几十个电话。听众能否参与节目，主动权在导播。手机短信既可以一对一，即主持人与一个短信发送者交流，更多的时候是一对多，即主持人与多个短信发送者交流，甚至可以多对多，即在主持人的组织下，听众就某一话题通过短信讨论交流，因此是多边同时交流的。在手机短信七嘴八舌大信息量交流的热闹局面中，难以克服的是讨论的过程散点透视，不会比较有逻辑地层层深入，主持人现场组织把握不好还会形成杂乱无章甚至思维混乱的效果。如果说，热线电话是两个人的对话，那么手机短信就像是个自由发言的聊天室，必须有一个好的主持人，把握住发言的秩序和节奏，否则就各说各话，不知所云。

手机短信这些同时存在的优势和劣势，给广播节目提出了新的挑战，一个成熟的广播节目应该注意扬长避短，利用好手机短信这一现代化的载体，同时又不要反受其害。节目主持人作为手机短信直播节目的实施者和控制者，应该有以下几方面的功夫：

一是招呼。以手机短信为主要内容的节目不能没有大量的短信捧场，短信数量越大，往往意味着可选择的余地越大，如果没有大量的短信做支撑，节目也就成了无米之炊。手机短信发送者是个多重身份的角色，既是节目的听众，也是节目的报道员、评论员甚至演员。节目主持人要有魅力把这些听众吸引过来。

二是组织。节目主持人是节目的总导演，要把看不见、摸不着的“短信一族”组织起来，形成一个创作队伍，为自己的节目主题创意提供原料。最好每次节目集中围绕一个主题，这个主题是大家感兴趣、想谈论的，又能够引发不同的看法和意见，形成冲突。

三是加工。对短信的选择是最主要的加工方式，选哪条不选哪条体现了节目的构思和价值观念，然后对所选的短信进行编辑、排序就是主要编辑手段，先哪条后哪条会产生完全不同的效果。

四是发挥。节目主持人要从整体上把握节目，要有自己的串联和评论，有的地方要点题，有的地方要借题发挥，有的时候要提出反驳观点，有的时候要顺势调侃、抖包袱。如果任凭短信牵着自己的鼻子走，随心所欲，放任自流，则体现不出主持人的素质、魅力，也就不能形成节目的影响力、吸引力。一个成功的手机短信节目主持人应该懂得通过内在逻辑把短信有机地串联起来，串联语言比较自然、顺畅、得体、合情、合理。

五是亲和。手机短信类节目具有很强的生活性、娱乐性，主持人应该具有一定的生活阅历，能够充分理解不同短信的观点，善解人意，富有同情心和正义感，能和听众作心灵的对话和沟通。主持人如果太肤浅，便没有资格与听众对话，更不能动辄教训听众要这样不能那样。主持人也不能太深沉，否则听众会觉得太累，总是挨教训。

手机短信是广播节目的一类重要素材，应该得到充分的利用。但是，手机短信的使用也要适量，不能为用短信而大量使用短信，更不能图省事而在几小时的大板块节目中全部使用短信。在信息社会，广播节目首先要有信息量，要把关系人们日常生活的衣食住行游购玩的信息及时传播出去，给都市人的生活提供指导和参考。

提好问题　写好新闻

曹　力

当记者不易，成为一名好记者就更难。要想成为一名出色的记者，首要的就得学会提问。

提问就像足球运动中的传接球、盘带过人一样，属于基本功的范畴。

有人会说："谁不会提问?"提问还用得着练吗？回答是，要的。因为记者的提问与我们生活中交谈过程中的问话，的确有着很多的不同，表现为目的不一样，记者是职业行为，是为获取新闻而问；要求不一样，记者提问要严谨，不能随意；氛围不一样，记者要把握机会，在短时间里提出有针对性地问题；结果不一样，记者通过提问获取的内容常常被公之于众。

为什么要提问

在参加一些单位组织的新闻发布会或有一定报道价值的大型会议的时候，我们通常能看到这样几类记者：一类是到了活动现场，首先问主办方是不是准备了新闻稿，拿到了新闻稿他似乎就万事大吉。另一类记者，他拿了材料之后，也听也记，但很少提问甚至从不提问。第三类记者是非常喜欢提问的，他们总是争着提出自己的问题，但他所提出的问题常常是被采访者已经讲过的，或者是与活动主题脱离很远的问题。更有甚者，还有人对被采访对象的基本情况一点都不了解，提出的问题根本就不是被采访对象所能回答的，弄得被采访对象一头雾水，非常尴尬。

除了上面说到的这几类记者，我们还能看到另外一类记者，活动主办方准备的新闻材料他拿着，有时间的情况下，他会仔细地把材料看完。活动开始以后，那些程序性的发言、讲话他有时听，有时不听，在整个活动的过程中，他常常与活动组织者保持着密切的联系，或是核实一些提法、数据，或是请活动组织者帮助联系安排采访对象。一旦有机会对采访对象进行采访，他会毫不犹豫地冲上去，很有针对性地、很到位地提出自己的问题。

从随后各家刊播的新闻稿件中，你不难发现，同样一件事，各家新闻单位选取的角度、报道的深度、负载的信息、报道的样式各不相同。有时你会为其中一家的报道拍案叫绝，而对另一家的报道却不屑一顾。绝大多数情况下，报道得好的，都是最后一类记者做出来的。究其原因，他们获取的那些"额外的"材料，都是通过提问得到的。

提问果真那样重要吗？在一些人的印象里，过去的记者好像就很少提问，他们总是在埋头"苦记"，他们不是也写出了很多很好的报道吗？相比之下，现在的记者用笔做记录的少了，提问好像比过去多了，为什么没看到有更多的好的报道涌现出来呢？

这完全是一种误解，其实过去的记者并不比现在的记者提问少，现在的记者也不见得比过去的记者提问多，之所以出现感觉上的偏差，应该说是现代科技成果在人们生产实践中得以应用的结果，是微型录音机、录音笔等现代高科技产品帮了现在记者的忙，能够把更多的注意力放到提问上。

无论是过去的记者，还是现在的记者，提问始终是整个采访过程中最先要做、最为关键的一个环节。

那么,记者为什么总是要提出问题呢?

简单地说，是为了弄清新闻事实、深入挖掘新闻信息的需要。记者在采访之前，得到的常常是一些零碎的、不完整的信息，或是一篇带有浓重宣传色彩的、原始信息被“化了装”的新闻通稿。所以，要想让受众了解真实的新闻事实，记者就要调动一切可行的手段，向知情人提出问题，把新闻写作需要的材料弄到手。能否获得一个成功的采访，最直接、最有效的办法就是与当事者、知情人进行沟通，通过提问，了解表象下面的“深层信息”。所以，学会提问，向被采访者提出恰当的问题，应该是记者必须掌握的一个看家本领。对于以声音为主要表达手段的广播来说，记者的提问就显得更加重要。

怎样提问

提问是重要的，但要把问题提好是不容易的。记者在提问时，是要有目的、有分析的，并根据现场情况，随机应变地进行调整，变换提问的方式和语气。本人认为要想把问题提好，首要的是把握好几个提问的基本原则，此外还要能灵活运用一些提问的技巧。

原则一，保持清醒头脑，弄清基本事实。这里所说的基本事实，主要指我们常说的几个新闻要素，就是时间、地点、有关人员、大致过程、基本原因以及结果。这几个要素搞清楚了，我们对整个事件的大体情况就有了一个基本的了解。基本问题搞清了，再对引起我们兴趣的细节进行细致的采访，那时对细节就会看得更准，把握得更加到位。甚至在原有的主题的基础上，开掘出新的主题，找到新的报道角度。

本人还认为，日常多留心学习，多观察和多思考，对在采访中快速弄清基本事实是很有益的。人们常说“台上十分钟，台下十年功”，新闻记者要想在错综复杂的新闻现场，在短暂的采访时间里，对新闻事件作出准确的判断，提出有针对性的问题，平时没有积累，那是很困难的。

弄清基本事实，就要保持清醒的头脑。很多时候，现场情况非常复杂，线索也很多，容易使人头脑发蒙，理不清头绪，不知从何问起。这个时候记者保持一颗清醒的头脑，是十分必要的。进入新闻事件的现场以后，记者千万不要被眼前的表象弄蒙。

要想保持清醒的头脑不是说说就能做到的，要注意掌握方法，培养自己正确看待、处理问题的能力。在多年的实践中，本人以为比较实用的一个方法，就是去除旁枝，直奔主题，抓主干、抓本质。无论表象多复杂、形式多花哨，记者始终都不要被现象的东西迷惑住。极端点说，记者进入现场，别的什么都可以不问，上手就要把事情到底是怎么回事、过程是怎样的、是谁干的、在什么时间什么地点干的、结果怎样等问题，问个明白、搞个清楚。至于怎样报道得好听好看、怎样给受众更多的深层信息，这些都应是在把本质问题解决之后，再去采、再去问的事情。

以往的教训告诉我们，开始采访后，切忌不要一上来就过分地纠缠细节，最好是在搞清新闻事件主体要素以后，再去了解一些较为次要的情况。话说起来容易，但真正做起来，我们还是经常被一些所谓的事件亮点、热点、疑点、难点迷惑住，问了很多问题、了解了很多内容，但基本情况却没完全搞清楚，给后期整理材料和写稿增加了很大的难度。

原则二，要有的放矢、抓住要害提出问题。在这个基础上，如果再能把问题设计得巧妙些，那样的提问就更值得称道。

在提问时，记者一定要有明确的采访目的，主题要集中。最好在开始采访前，就对采访围绕的中心问题有个大致的确定。即便是没有时间准备或是偶遇采访时机，在采访进行的时候也要尽快地找到你采访的主题。不然的话，很可能你采了很多信息，但是在动手写稿时才会发现，你采到的绝大部分都是无用信息，为了整理这些无用信息还要花去很多时间。采得越多给自己添的麻烦也就越多。

原则三，要创造良好的采访氛围，让被采访者愿意说出心里话。

记者的言谈举止，会直接影响被采访者的情绪和行为。曾经看到有的记者在采访的时候，声音发颤、语无伦次、结结巴巴，提了半天的问题，还是没有把自己想表达的意思说明白；还有一些记者，高高在上、傲慢无理，见到被采访者，也不提任何问题，把话筒往人家嘴边一捅，摄像机、录音机一开，就对人家说：给你三分钟，你讲吧。

一个成功的采访，需要记者调动采访对象的情绪。在我们的采访实践中，会遇到各种各样的人，有的人看到你手里拿着话筒、戴着耳机他就紧张；也有的人三天两头和记者打交道，他什么媒体都碰到过，如果你是一家不够权威的媒体的记者，他很可能会给你摆出一副不冷不热的面孔；有的人顾虑很多，不愿说出实情；有的人不管不顾，见到你就像见到亲人一样，扯着胳膊要向你倒“苦水”、聊家常……

怎样调动采访对象的情绪？记者需学会带领被采访者进入访问状态的本领，而带动被采访者进入访问状态，最要紧的是记者自己要先进入采访状态。

你应该认真地看着对方，这种认真应该是真诚的，无论你的采访对象是政府的高级官员，还是街头行乞的老人；无论是年轻貌美的演员，还是一身黄土的农民，你的真诚都不应有丝毫的改变，在大多数情况下，你的真诚都会为你换来同样多甚至比你的付出更多的信任和真诚。

要想形成良好的氛围，做到思想层面的交流，必须先进行情感上的沟通。你的目光可以帮你传达你的情感，你说话的语气也可以帮你传达你的情感。很多情况下，提问前的话语铺垫也是非常重要的，不怕说啰嗦话，就怕你说的话他听了以后烦。

提问时，要尽量把语言组织好。既简短又明确，那当然好；退而求其次，话可能说的没那么精当、顺序上也可能有点颠倒，这都不要紧，要紧的是你提出的问题在意思上不能乱，要让被采访者听明白，明白你问话的本意。

在采访时，针对不同的采访对象，记者应该学会及时地调整自己的提问。假如你的采访对象是个小孩，你完全可以像大哥哥、大姐姐一样，把手自然地放到他的肩膀上或者是蹲下来问他问题。如果你的采访对象是个比较傲慢的人，你不要指望他将就你的提问给你一个很好的回答，对待这种人最有效的办法是你在采访的开始，先问他一个比较刁钻或者是有你自己想法又比较独特的问题，总之你问的问题一定要带点难度，要有自己的思考，让他不敢怠慢你，把你重视起来。

在这里本人还想说明一点，那就是在采访提问时最好是记者和接受采访的人都保持一定的紧张度。太放松了，大脑活跃不起来；太紧张了，大脑运转不灵活。一般情况下，刚做记者的人紧张过度的情况会多一点，克服紧张最好的方法就是去除杂念，集中精力，一门心思地把眼前的事情做好。

另外还有些问题值得大家注意，如做批评性报道时，记者一般不宜先提那些直接指向要害的尖锐问题，让事件当事人或知情者感到难堪，以至产生反感。通常的做法是先组织一个或若干个不太尖锐、不太直接的过渡性问题，来缓和气氛，之后再逐步提出涉及要害的问题。当然，什么时候提出比较尖锐的问题，还要视实际情况而定。

原则四，提问题要尽可能做到简单明了、具体明确。

第一不提空洞的问题。问题越具体就越容易谈得起来，越实在就越好回答。第二不提太大或面面俱到的问题。问题一大，对方就难以回答，可以用“切西瓜”的方法把大问题化小，一个一个有层次地展开。第三要考虑问话与答话的照应关系。比如某个问题、某种说法会不会产生歧义，会不会造成误会等。

国外把提问方式分为两种：开放式和闭合式。开放式是指不需要一个具体的答复，允许访问对象有相当大的谈话余地，可以谈得很长，面很宽。这种提问方式多用在访问的开头，它有助于打开对方的思路，也有助于记者了解面上的情况。闭合式则要求对方有一个简短、明确、具体的答复。这种问题往往是话题很小的具体问题，记者限定一个范围让对方回答，不让他们把问题拉开。在简要了解具体事实、核对事实的情况下使用这类问题，能节约访问时间，更好地驾驭谈话。

本人认为，对于时效性要求很强的新闻采访来讲，还是应多采用闭合式提问。这是因为，具体、明确的提问便于被访者回答，而范围太宽的提问往往使被访者一时不知从何说起，浪费双方的时间。

问什么

向采访对象提什么问题，这是采访的关键，具有很强的实际操作性。理论上讲，在基本情况不明的情况下，首先要问清楚最基本的问题。在弄清基本情况以后，记者的提问就不能再停留在浅层表面，而是要问那些跟报道主题相关的深层一些的问题，或是能够增添报道色彩的问题。

那么，到底应该问些什么呢？

市场经济讲求面向消费者需求开展生产经营活动。同理，记者在进行提问设计和提出问题时，也千万不要忘记你的服务对象——受众，记者一定要围绕着受众的需求展开提问。受众想了解什么，受众可能对什么感兴趣，时间的发展对受众会产生什么样的影响，等等，这些都应该成为记者在提问时多加考虑和多给予关注的。作为党的喉舌，我们的头脑中还应该多一根弦，应该本着有利于党的事业、有利于大局发展的原则进行提问。

记者提问与主持人提问的一点区别

作为广播记者还要了解，记者采访提问与主持人节目中主持人向嘉宾提问的区别。记者在现场进行采访，很多时候容不得你细斟慢酌地准备采访提纲，因为那些重要的采访对象随时都有可能离开现场，很多时候必须采用“抢”的方式展开采访。所以在这样紧迫的情形下，记者提问肯定是问得越简短越具体，越有利。主持人节目重在交流，提问是主持人与嘉宾进行交流的一种手段，如果一味地提问，而没有形成双方的交流，那么这样的节目也只能算作不伦不类的“现场直播采访”。此外，从节奏上来讲主持人节目也不用像现场采访那样“速战速决”。嘉宾坐进直播室，基本上都归主持人调配了，完全可以一层层地把问题剥开，和嘉宾展开对话。

总之，掌握好提问这个基本功很重要，在采访中很好地使用提问，将会为记者写出好作品打下坚实的基础。

（三）2004年有关报刊发表的论文篇目索引

篇　名	作　者	出　处	奖　项
《改造传统形态　做跨平台互联打造数字时代的新广播》	黄维晔	《宣传业务》2004年1期	
北欧四国的广播媒介	张勉之	同上	
广播行业的产业化经营	汪　良	《宣传业务》2004年2期	
关于2003年认证审核情况及分析	马仁存	《宣传业务》2004年3期	
法国广播媒介再考察	张勉之	同上	
老题材　新视角——采制《爱家故事》有感	周　晶	《宣传业务》2004年5期	
真情铸就历史——记大型纪实广播《历史的画卷　流动的音符》创作前后	赵多佳	《宣传业务》2004年6期	
音乐的返璞归真——说采录和保留“天籁”	刘国庆	同上	北京电台2004年论文评选三等奖
面向未来的世界广播	张勉之	同　上	
竞争上岗——深化干部人事制度改革的有效措施	柴修杰	《宣传业务》2004年7期	

续表

篇 名	作 者	出 处	奖 项
试论广播节目资源的再开发	谢先进	《宣传业务》2004年8期	北京电台2004年论文评选二等奖
向科学大家学“科普”	刘国庆	《宣传业务》2004年9期	
从北京经济广播专业化改革的得与失看“大专业、小综合”的频率定位原则	边 建	《宣传业务》2004年10期	
在研讨与争鸣中追求个性——在2004年专业化办台研讨会上的发言	纪烈鸿	同上	
心无旁骛，一灵独觉——听潘九阳说《路况信息》	刘国庆	同上	
认真贯彻求真务实精神——学习与实践胡锦涛总书记讲话体会	汪 良	《宣传业务》2004年11期	
新闻广播的走向	李 捷	同上	
关于“大专业、小综合”的认识以及文艺广播的实践	沈 弘	同上	
节目主持人如何适应“三贴近”的要求	高 婷	同上	
适度，就会双赢——探讨“大专业、小综合”的办台思路	秦晓天 李秀磊	《宣传业务》2004年12期	
再谈广播专业化的发展前景在于产业化	邵 军	《宣传业务》2004年12期	
在北京电台专业化办台研讨会上的发言	陆 莹	《宣传业务》2004年13期	
有几个观点想和大家一起探讨	赵多佳	同上	
关于“大专业”、“小综合”的讨论	后晓军	同上	
美国的谈话节目广播电台	张勉之	同上	
在北京电台专业化办台研讨会上的发言	汪 良	《宣传业务》2004年14期	
大专业与小综合的关系	陈晓海	同上	

续表

篇　名	作　者	出　处	奖　项
“专卖店”与“综合市场”	王　秋	同上	
北京电台质量手册修改情况的报告	马仕存	同上	
体育广播大型现场直播从单一到全程的飞跃	姚　钢	同上	北京电台 2004 年论文评选三等奖
新闻人的“心眼”和新闻作品的品质	李哲勇	同上	
试谈广播节目主持人的个性特色	白　钢	同上	北京电台 2004 年论文评选二等奖
我们能从 BBC 中文网站借鉴些什么?	李　剑 臧铁洁	同上	
“走出去”和“请进来”——双管齐下开拓外宣新局面的探索	臧铁洁 李　剑	《宣传业务》2004 年 15 期	北京电台 2004 年论文评选三等奖
从《时代杂志》节目看广播主持人的人文精神	白　钢	同上	
民族乐队的音质特点及同期多轨录制方法——录制琵琶协奏曲《梁祝》的体会	于立良	同上	
网络广播初探	范援生	《宣传业务》2004 年 16 期	北京电台 2004 年论文评选一等奖
均衡器在录音中的应用	于立良	同上	北京电台 2004 年论文评选三等奖
电波铸就爱的奉献——记交通广播《百姓 TAXI》节目主持人李洋	刘　莹	同上	
精品节目——交响音画《巡天遥看一千河》创作谈	赵　爽	《宣传业务》2004 年 17 期	北京电台 2004 年论文评选一等奖
西方记者的执业规范	张勉之	同上	
善用手机短信　扩大广播受众	蔡明可	《宣传业务》2004 年 18 期	北京电台 2004 年论文评选一等奖
奥运报道总结	李　轩	同上	
论坛栏目也能贴近百姓	张晶宇	《宣传业务》2004 年 19 期	北京电台 2004 年论文评选三等奖
时代呼唤一专多能	王　健	同上	

续表

篇名	作者	出处	奖项
深入一线　用心换心——新闻专题《铁路道口工》小记	房思宁	同上	
英国传媒业透视	朱凌翔	同上	
从“幕后”到“台前”	苏京平 王　薇	《宣传业务》 2004年20期	
从北京交通广播看跨媒体发展之路	徐　凯	同上	
交通广播新闻性访谈节目主持初探——主持《1039茶馆》有感	王世玲	同上	
一次模仿电视的直播——北京电台综合演播厅首次音、视频直播活动后记	蔡明可	同上	
从“十一”升旗仪式报道谈重大新闻的快速处置	景　兵	《宣传业务》 2004年21期	
由“优秀汇评师”揭晓活动想到的	蔡明可	同上	
社会公益活动与广播媒体的社会职能	王世玲	同上	
强势广播媒体大型活动规律探讨	徐　凯	同上	
难忘的一课	孔剑清	同上	
设立首席，创新传媒人力资源管理	郑金诗	《宣传业务》 2004年22期	北京电台2004年论文评选二等奖
手机短信带给广播新挑战	徐　凯	同上	北京电台2004年论文评选二等奖
提好问题　写好新闻	曹　力	同上	北京电台2004年论文评选二等奖
儿童故事：由铅字视觉到音频声音	孙　怡	同上	
用科学发展观做好广播受众服务	赵多佳	《宣传业务》 2004年23期	
浅论广播娱乐节目的精品培育	王　薇	同上	
主持人贵在真诚	徐　凯	同上	
关于办好谈话类节目的几点思考	牛桂芝	《宣传业务》 2004年24期	
简析广播电视直播节目中的手机短信热	张燕华	同上	

续表

篇　名	作　者	出　处	奖　项
为受众定制节目的成功尝试	东　方	同上	
论记者在超负荷状态下的自我调整	曹　力	同上	
平民化取向——广播的立身之本	李建华 满运筹	《北京广播电视》 2004 年 1 期	
AM603 频率定位再思考	孙萱北	同上	
文艺广播节目定位之我见	沈　弘	同上	
后主持人节目时代的思考	张　勤	同上	
献给全国人民的新年音乐贺礼——北京音乐广播首次柏林音乐会转播随笔	陈晓斌	同上	
欧洲广播一瞥	赵多佳	同上	
境外文化娱乐新闻采访的工作特点	李　维	《北京广播电视》 2004 年 2 期	
当前广播频道包装的实践与探索	张　容	同上	
浅谈主持人语言的个性化	高　婷	同上	
浅谈广播的亲和力	王郁佳	《北京广播电视》 2004 年 3 期	
浅析数字音频工作站	张校茵	同上	
试论北京广播的专业化、类型化、都市化	纪烈鸿	《北京广播电视》 2004 年 4 期	
喜忧参半的广播短信	王郁佳	同上	
广播节目中的语言节目的录制	卢　军	同上	
媒体的人文传播与社会责任	张延红	《北京广播电视》 2004 年 5 期	
广播语言节目录制探析	张校茵	同上	
制作广播新闻专题类节目的体会	卢　军	同上	
北京电台财务管理的改革历程	张秀勤	同上	
如何做出有效的广播广告	张　容	同上	
以实际行动投身党的执政能力的建设——学习党的十六届四中全会精神的一点体会	亢亚志	《北京广播电视》 2004 年 6 期	

续表

篇　名	作　者	出　处	奖　项
机遇是为有准备的人准备的——获奖后的几点体会	徐　凯	同上	
要闻编辑——坚持正确舆论导向关口的把关人	王　欣	同上	
浅谈新闻背景的运用	李　红	同上	
笑声背后的故事——创作《一曲〈买猴儿〉传盛名——马三立的故事》的点滴体会	张　宏	同上	

十、经验、体会

真情铸就历史

——记大型纪实广播《历史的画卷　流动的音符》创作前后

赵多佳

我们光荣的历史不用色彩去渲染
我们光荣的团队不用勋章来证明
我们的足迹伴随着一个新时代的崛起、转折和腾飞
我们以无愧于人民的名字
以忠诚的声音记录着历史关注着时代
……

一位退休的老职工告诉我，当她一听到这段话语时眼眶就开始湿润。的确，那些随风飘散的日子，与我们的生活、生命有着太多太多、甚至吸入骨髓的关系了，正是这种能引发生命涟漪的回忆使大型纪实广播《历史的画卷　流动的音符》不仅感动当事人，感动节目制作者，更感动许许多多的听众。

有人说这部纪实广播珍贵的音响资料就像一串串珍珠，串串珍珠晶莹剔透，璀璨耀人。珍珠有价，而串起珍珠的人内心所涌动的真情，为串珍珠所付出的辛勤汗水却是无价的。作为这部作品的策划人仅用“敬业”二字无以表达我对节目制作者的敬意。回想创作的前前后后，那真是一段激情燃烧的日子。

四袋感冒冲剂

朋友，你有过一次吃下四袋感冒冲剂的纪录吗？在我接触的人中也是头一次遇到，这就是音乐台副台长张勤。当音乐台资深的音乐编辑瞿晓星从几百条节目资料中选出上百条较有价值的台标乐和栏目曲交到张勤手中时，她没有任何犹豫地自己承担了这个重任。她所面临的压力是：串联上百条栏目曲、台标乐是整个纪实广播的第一道工程，时间是不等人的；而这期间她还承担总台布置的60小时的音乐类春节节目；作为主管音乐台宣传的副台长常态下的节目管理她哪一样也不能懈怠。各种压力让她病倒了，感冒发烧。于是就有了前面提到的四袋感冒冲剂一股脑全喝下去的纪录。一天晚上10点多种，总编室刘莹看到了这样一幕。“张勤的头发像乱草一样挽在头顶，袖子掳到臂膀，双腿跪在机房的地毯上，面前是一张摆满了各种设备的桌子，她一边翻着各种带子一边做记录。问她为什么要跪着，回答淡然。因为栏目曲太短，只有几十秒，而录音架子又非常低，为和录音师配合好加快速度，这是最佳的姿势。”

一袋橡皮糖

这部作品的总撰稿人张友信说过这样一句话：“电台55年的整个构思就是一条河流。”总编室刘莹在采访这部纪实广播

创作人员的时候，自己被节目制作者感动，被接受采访的老一代人感动。就像作品的解说词写的：“流了55年的这条河，今天碧水如蓝。分不清哪一滴是当年的谁，是现在的谁。”

记得有一天，周燕玲手捧《邓小平文选》走进我的办公室，原来，采用小平同志一段音响她怕出错专门找来小平文选对照，怕把不准又找到我，在几十分钟音响中精确地找出几十秒音响，把文字和音响逐一对照选用。《中华人民共和国大典》是当时周燕玲、晓风、刘国庆三人为准确把握历史、把握人物、而天天携带的一本工具书。那些弥足珍贵的音响资料能够如此准确无误地奉献给听众，多亏了这部大典。大典、饼干、机房，成为当时她们三人工作状态的真实写照。有一天，刘国庆带了一袋橡皮糖，这些牙口并不好的中年女同志，平时连碰都不碰，可那天三人居然就把这袋橡皮糖当午餐吃了。还有一次，晓风做着半截节目出去接电话，回来时发现周燕玲一把鼻涕一把眼泪的正哭呢，问她是不是不舒服？但她话都说不出来了，后来才知道，是制作中的一段音响让她感动得热泪盈眶，乃至音响结束后，绵绵不断的情愫依然在影响着她。

第三章《珍贵的收藏　我们的足迹》是从上千个音响资料中筛选出近百个音响逐一审听编辑而成的。45个音响资料，32个文艺作品。把共和国发展中的重要历史事件，通过带有时代特点的歌曲、乐曲有机串联起来，这本身就像一条川流不息的河，让听众尽赏半个世纪发展的历史画卷。23天的制作，不是一个简单的工作量投入，它凝聚了这代广播人的热血，它流淌的是当年广播人和今天广播人对事业的拳拳之情。

头盔的故事

有人说这部大型纪实广播的第一章非常具有收藏价值，第二章非常具有传记色彩，第三章有强烈的文献功能。那么第四章就是把广播说的功能发挥到了极致。如果说前三章是在音响资料中探寻，那第四章就是在茫茫人海中捞针。为了见证“说”的回忆，为了找寻55位听众代表，为了证明谁是第一个听到1949年2月2日广播的人，为了能在2004年2月18日交出最后一章成品，这章节目的策划兼编辑苏京平在找寻故事的同时自己也演绎了一个又一个可圈可点的精彩篇章。下面就把苏京平的一段叙述告诉大家。

“我这一集就是要充分的表达听众，展示我们的听众是怎样的一群可爱的人。为了这一目的，我把所有能找到我的联系方法都向听众公布了。以后的日子，电话一个接一个，手机短信不断发送过来，到电台的人像走马灯一样，搞得我手忙脚乱。恰在这个节骨眼儿上，一件意外的事发生了。那天我骑车上班，一路就想着尽快定上机房，车骑的急了点，路过一辆汽车时，车门猛地打开了，我被甩了出去。倒在地上时大脑一片空白。就在倒地的迷糊间，我隐隐约约听到有人问：你有事吗？有事吗？我恍惚才明白我是躺在地上，此时我只想，要是骑车带个头盔就好了，有头盔就好了……这时听到有人问我：能起来吗？能起来吗？可我觉得躺在地上有多好，还是再躺会儿吧！但猛然间记得自己还订了机房呢，于是挣扎着爬起来，也没顾上那车的号码。司机的电话，迷迷糊糊骑上车就走了。回到台里，摘下手套才发现满手都是血，到医务室包扎时，大夫说：你脑袋怎么了，怎么都是血，我这才知道自己被撞得头破血流了。”

苏京平是电台听众喜爱的十佳主持人中年龄最大的一个，也是目前北京电台活跃在一线中年龄最大的一位主持人，他几乎与共和国同龄。当很多人因为年龄在事业面前退缩的时候，他从没有因为年龄而泯灭这颗对广播事业火热的赤子之心。2月17日，苏京平带着伤，和录音师一起熬了一个通宵，完成了这套节目。当我们在抒写55年历史，见证“说”的回忆的时候，我们的广播人用自己的行动，以“广播的名义”向听众见证了“说”的回忆。

感受“原生态”

尊重历史、尊重人物、尊重音响是我们这部大型纪实广播创作过程中把握的一个主基调。在这部作品中，有近百个人物被采访，运用各种音响近千条，从作品的细枝末节中你能感悟到七个专业广播、资料室、总编室协同作战、真诚付出的烙印。在总结与回顾中，许多精髓被提炼出来。

比如：在处理“开国大典直播”音响的过程中，有一段1分40秒的“空播”。如果按照现在的处理方式肯定会删去，而编辑刘国庆认为：那是一个人们在等待放礼炮时的一段空当，在这个空当里没有人说话，偶尔会听到点人的咳嗽声，它所表现的是当时人们等待时的那种紧张、新鲜、兴奋。它拉近了礼炮鸣响前人们和空间的距离与层次，也反映了那个年代广播器材特有的简单！正是这种历史感、亲切感、真实感创造了历史音响中的“原生态”。

再比如：选择音响资料时，编辑们特别用心地选择了具有典型时代特色的音响。像20世纪50年代合作社成立时的音响、20世纪70年代粉碎“四人帮”时的音响以及2000年迎接新世纪钟声的音响，等等。由于历史的原因，许多当年的音响资料带有强烈的特定时期的政治色彩。像1956北京电台制作的“年终报道”中提到的“北京现在能生产出抗住七、八级大风的火柴”。这段播报内容显然带有当时大跃进时代的痕迹，不符合实事求是的原则，但为什么最终保留下这段录音，就是认为它是当年时代特色和社会风貌的真实再现，包括后来出现的像庄则栋、侯隽等人的录音都保持了原始的风貌。我们认为应该尊重历史。

整部作品长达14个小时，如何让听众听而不厌，如何让音响资料精确无误，无论是参与访谈的记者，还是处理音响资料的编辑，简约凝练成为他们把握的唯一原则。为了采访一位老台长，刘莹光去这位老台长的家就好几次，几拟其稿，更不要说不厌其烦的录音了。当人们称赞十位历任台长谈话各具特色，从不同侧面展现了广播的历史进程时，记者幕后的心血也窥见一斑。又如新闻台记者采写的《奔小康，吃首钢》是一篇长达25分钟的两集专题，编辑最后只选用了记者暗访的一段两分半音响。它既体现了作品中记者的机敏与勤奋，又让听众听得过瘾。在选材的过程中一些音响资料没有文字说明，比如：“北京站投入使用”这段音响没有标注时间，编辑不辞辛苦电话打到北京站对新闻事实进行最后的确认然后再采用。十三陵水库竣工典礼的音响中有陈毅剪彩、彭真的讲话录音。音响资料十分珍贵，但竣工典礼没有日期，这部作品的节目监制朱晓明听到后，马上与自己在十三陵水库游乐园工作的朋友联系，虽然是周日，但这位同事听说是为赶台庆播出的节目，马上打电话到单位查询，并很快来电话告诉了编辑十三陵水库竣工剪彩的准确日期。

这部长达14小时的作品从确定方案

到最终刻录好光盘，仅仅用了23天。参与的工作人员无论是撰稿的，还是录音的，无论是编辑还是记者，他们放弃了休假，全身心地投入到这部作品的创作中。大型纪实广播《历史的画卷　流动的音符》播出后受到许多听众的好评。通县退休教师韩梦麟将14小时的节目全部录下来并整理成文字，将这些珍贵的资料在听友中复印、流传。

岁月如歌，55年，两万多个日子，每一天，每一分钟，采，编，播，制作，传输，发射，这是一条广播的河，历经四代人，被今天的广播人用真情浓缩在14个钟头的节目中，许多人的名字没有在篇幅中出现，华丽的文字在他们的勤劳面前显得苍白无力，他们继续用自己的汗水、泪水，心血，延续心爱的广播事业，让历史的长河不断地流淌。

……

耳边的河流不息的流淌
这是我们共同的河流
在55个岁月里行走的长长的队列
在55个春秋里与我们相互陪伴相互鼓励的知音听友
当我们试图回顾同行的足迹的时候
却听到一条声音的河

有几个观点想和大家一起探讨

赵多佳

首先说说专业化在北京电台发展中的作用问题。

北京电台从频率系列化走向专业化，十年成果显著。除了管理机制和权力重心下移的政策外，节目内容、频率定位的专业化的确给每一频率的发展带来了从未有过的清晰脉络。北京电台正是在这样的基础上有了较之以往的更大飞跃。专业化在北京电台的历史上功不可没、不容置疑。我个人认为：专业化给我们带来的最大收获有两点。其一，它密切了我们与市场的关系，使各频率发展在一种有序状态下进行，减少了电台内部之间左脚踩右脚的现象。各频率在市场细分中找到了自己耕作的土壤，努力耕好自己的田。特别是在各专业广播起步阶段，总台出台了一系列保护专业频率发展的政策，为一些优势频率在竞争中避免伤害并得以长足发展创造了条件。专业化提升了北京电台七个频率协同作战和在整个广播市场竞争中的整体实力。其二，专业化改变了广播人对受众的认识。毛主席讲过“努力办好广播，为全中国人民服务”。那时的服务，含金内容在宣传。但专业化提高了我们对受众的认知，今天的受众在广播人眼里已不仅仅是听者。从目标受众——高端受众——核心受众；从简单的收听调查，到受众心态、消费心理、受众结构等数据的分析，它标志着电台对受众需求的了解已达到了从不自觉到自觉研究的过程。市场调研越来越严格，越来越科学。专业化让广播人办节目的对象感更鲜明、具体。因此，专业化走到今天，可以说最大的改变是我们把受众放在了一个非常重要、甚至关系到频率生存的位置。为了这样一个目标，广播人不惜一切代价开动脑筋为他们提供及时、丰富、有很强针对性的产品，并做好各种各样的“售后服务”。专业化使我们和听众由过去简单的“播、听”关系，变成相互需求、你中有我、我中有你、水乳交融的关系。

第二想说说专业化发展中的概念问题。

专业化是国内广电系统对频率（道）定位个性化的一种称谓。国外对频率细分都以类型化加以区别。专业化和类型化都是市场细分后的产物，它们不是矛盾的两个方面，如果硬要加以区别我个人理解，专业化更侧重频率的内容，而类型化更强调频率的传播特色和表现形态。国外之所以不讲专业化是他们更强调频率的功能特点（广播除宣传功能外，一是欣赏，二是服务），纵览国外的广播细分市场，只在新闻和音乐两个领域有着类型或专业的细分（交通信息、经济信息统归新闻资讯类）。从我们目前的实际出发，在不拘泥于理论概念的基础上，如何让我们的频率在内容和形式上都达到一种完美的统一，提高频率在受众中的满意度、忠诚度，最后扩大市场份额，这的确是专业化走到今天亟待思考的。对受众而言我们是不能用专业概念套之的。我们的受众只能以年龄、性别、职业、爱好区别为不同类型的群体。在为不同群体服务的过程中，我们既要把广播的传播优势发挥到极致又要在内容上彰显个性，无论是专业化还是类型化，目的只有一个，锁定受众，留住受众。所以我们不能因为又有了类型化的频率就排斥专业化，广播的发展是在与时俱进中不断完善频率内容和定位，在整体的相互补充、细微交叉中寻找更能贴近市场、更能贴近受众的定位。北京广播是一个整体，专业化的方向不会因为某一个频率而固定一个概念。受众就是频率传播的对象，对象明确，内容和传播形式将围绕对象展开。并随对象发展而不断调整。

第三想说说受众的问题。

每一个广播频率除有自己的目标受众外，还应该思考这样一个问题：从广播的整体受众而言，它的优势受众究竟是什么？我认为广播的优势受众就是移动人群。这是我们唯一能与报纸、电话、互联网抗衡的资源（就目前而言）。这也是广播伴随性特点所在。对这部分人群的挖掘，已成为今天广播频率间争夺广告市场的核心战场，而争夺这一市场的对手主要是中央台。如何保护我们现有资源条件，把移动人群的文章做足，这是北京电台战略调整中需要认真思考的问题。在北京，移动人群的资源非常丰厚，这里包括了这一人群的经济、文化实力，更重要的是在全国任何一城市都找不到这样的拥有量，所以我们应该合北京台之力，调动所有资源，与竞争对手展开较量。尤其是在信息化高度发达的时代，技术资源对广告增量的影响已摆到议事日程。现在一些频率的受众属非移动人群，这并不意味移动人群就不喜欢这些频率的内容，关键的是接受效果不能满足这部分群体的需求。所以我们要开动脑筋，不仅仅靠广告硬性搭配的方法，而要在内容上多做些协调，把北京的移动人群牢牢把握在北京电台的市场氛围之内。

第四来说说频率的问题。

一个优秀的频率、有品牌号召力的频率是经营出来的，而非办出来的。传统思路是办节目，而当频率进入市场以后，品牌不仅有树立的问题，更有经营的问题。销售成为频率经营必不可少的过程。这个销售不是指你把节目卖出去，而是指经营频率必须经过三次销售：第一次是当你定位明确，你要把你的内容销售给你的受众；第二次是把你的受众（包括受众面、受众结构、受众对频率的依赖度、满意度、忠诚度）销售给你的广告客户；第三次是把你的内容、受众、广告客户打包作为频率品牌销售给你的资本运作方，实现品牌多元发展的产业链接（这里不展开说了）。

第五，说说操作层面的事。

频率专业化发展至今，我们更多强调的是定位问题，成功了就说定位好，不理想就说定位不清楚。其实任何一件事的成功都不会像 1+1=2 这么简单，更何况一个频率。所以，在评判一个频率运作的时候，我们还是要用一种辩证唯物主义的态度把人的因素放在一个重要的位置。因为任何一个好思想、好创作、好决策都是靠人去实现的。离开频率现有的人的资源条件去空谈定位往往会使成功大打折扣。专业的频率要有专业的主持人，专业的记者、编辑，专业的经营人员，专业的营销人员，专业的研究、分析人员，这是一支团队。就像一个企业，它融资有了钱，拿到项目，有了项目就要有人，有了人才能把项目变成业绩。有了人频率才有了可持续发展的后劲儿。因此，在现有人力资源条件下思考问题，在这样的基础上选择人，用好人，培养人，专业化在操作层面就有了先决条件。

最后想再强调一点：无论是大专业、小综合还是类型化与专业化，频率走到今天，受众对象化问题其实越来越重要，它决定了我们内容的专业和类型。只有先解决对象问题才能有内容和表现形态，只有搞清了你为什么人服务，才能有真正的好节目，频率才有生命力。

关于 2003 年认证审核情况及分析

马仕存

北京电台 GB/T19001—2000 质量管理体系《质量手册》于 2003 年 6 月 16 日发布实施。经过五个多月运行，方圆标志认证中心审核组于同年 10 月 25 日进驻电台，26 日、27 日进行了审核，11 月 8 日方圆标志认证中心正式批准北京电台通过认证，11 月 22 日举行颁证仪式及新闻发布会，国家广电总局副局长胡占凡、国家质检总局党组成员国家标准委主任李忠海等领导出席会议，并向总台及七个专业台的台长颁发了认证证书。

应该说北京电台的认证工作从启动到通过认证都是很顺利的。按照认证专家和咨询老师们的说法，一次性通过七个认证，而且只有极个别项不合格，实属不易。之所以能够取得这样的结果，完全是全台上下共同努力的结果。但是，在看到成绩的同时也不能不看到差距和不足，因为我们的目的不在于取得一纸证书，而是通过认证提高管理水平，进而提高宣传质量。实际上 2003 年我们在贯标过程中，从质量手册到体系文件的制定，从严格按规定标准进行管理到组织的内审，都存在不少问题。本文的目的是想透过认证机构的审核发现问题、分析问题、找出改进的对策。

一、审核中提出的问题

2003年10月认证机构现场审核及审核报告提出的问题涉及面很广。据粗略统计，审核报告中标出的基本合格和不合格项共有28项，其中基本合格25项，不合格3项。

这里首先需要说明的是，认证机构在审核时是按照“合格”、“基本合格”、“不合格”对各项标准运行情况进行评价的。所谓“基本合格”就是总的看尚可，但有缺陷、有需要改进的不足之处。我们虽然只有3个不合格项，但却有25个有缺陷、有待改进的“基本合格”项，而且这25个“基本合格”项分布在《质量手册》的“文件管理”、“管理职责”、“资源管理”、“产品实现”、“测量分析和改进”等5章的25个项目中。这足以说明，2003年我们的认证工作虽然取得了很大成绩，但确实还存在不少问题。

上述问题还只是认证机构在审核中提出的，而认证机构的审核只是抽查，不可能发现我们在贯标中的所有问题。我曾经和一些部门领导讨论过认证审核问题，有的同志这样说：如果认证机构一项不落地全面审核，“不合格”项一定不止是3项，会更多。这话说得有道理，应该说是符合电台实际的。认证通过之后我常常这样想，如果我们自己严格按照GB/T19001—2000标准来检验我们的各项管理工作，会有怎样的结果呢？答案可以肯定地说：不合格项绝不止是3项，也许是3项的2倍、3倍甚至更多。那么，这些问题的存在对我们的工作会产生怎样的影响？为什么会出现这样的问题？这有待于我们进行认真思考和研究。

二、对存在问题的分析

审核中的“基本合格”、“不合格”项也好，实际工作中的缺陷、不足也好，总起来讲所存在的问题可分为以下几种类型：

一是所制定的《质量手册》和体系文件与质量管理体系标准存在差距，也可以说是我们所制定的《质量手册》和体系文件不完全符合质量管理体系标准的要求。例如，总台所制定的“质量方针”在适宜性上只达到“基本合格”的标准。方圆标志认证中心审核组在审核高层领导时，审核组组长苏慎之总监曾明确指出，质量方针是管总的方向、总的目标的，应该提出明确的、符合实际的、高标准的要求。而现在的“导向正确，引导有力，保障及时，服务到位，听众满意，持续改进”的质量方针很一般，不足以凝聚和激励全台职工向更高的目标登攀。又如，《质量手册》第五章关于“管理职责”中“内部沟通有效性”方面也只达到基本合格的标准。这里存在两方面的问题，首先是《质量手册》中总台和各专业台、各部门管理职责的接口不甚明确，其次是执行标准要求不够严格。再如，受审核方职责权限规定，同样只达到基本合格的标准。

以上几个例子都说明，我们所制定的《质量手册》和体系文件还存在缺陷和不足，还有待改进和完善。很明显，出现这样的问题，其主要原因是我们对质量管理体系标准吃得不透，还缺乏深刻的认识和理解。

二是执行中的问题。也就是说质量标准制定了，但在执行中打折扣，不能严格按标准要求进行操作，这类问题占多数。例如，手册第七章产品实现中有关“产品要求的评审”项，设计过程的“评审”、“验证”、“确认”、“更改”等项；第八章测量、分析和改进中有关“过程监视与测量能否满足标准要求”项，“内审范围、深度”项，“预防措施的有效性”、“纠正措施的有效性”等项。以上这些项在审核中都只达到“基本合格”的标准，是我们的标准规定不明确吗？不是。从现场审核提出的问题可以得到明确的答案：标准规定明明白白，执行规定打了折扣。就以“内审”来讲，内审员们到了一个部门，在内审过程中如果发现了问题，有的受审核部门往往是遮遮掩掩，找一大堆理由用以搪塞；有些内审员也往往是碍于面子，该多说话的地方不多说了，该提的问题也不提了。如果出现了这种情况，内审还谈得上什么“范围”和“深度”！只能是做做表面文章，对付了事。

其实上面所讲的问题并不是什么新问题，在平时的工作中多得很。应当特别提出的是，我们现在是在按照国际质量管理体系标准来规范我们的管理，严格按标准要求办事对于每一个人、每一件事都是不能例外的。否则，贯标还有什么实际意义呢？

三是知识和素养方面的问题。或者说我们中的绝大多数人，过去很少有贯标方面的知识，有的甚至是一无所知。电台开始认证了，难免出现丈二和尚摸不着头脑、工作不知道从哪里下手的问题，审核时出现问题就在所难免了。有关这方面的例子很多，最典型的是手册第八章测量、分析和改进中的“内审员能力”项和第六章资源管理中人力资源“意识”项，按照我个人的看法，这两项我们能做到这个份上，已经很不错了，可是在审核时却给了个“基本合格”。这是为什么？经过反复琢磨得出的结论是：人家是对的。因为审核专家们是按照内审员资格标准来要求内审员的，不管你原来的水平如何，你当了内审员，就得用内审员的标准来要求你。而我们却不然，我们考虑问题的出发点往往是原来如何，现在又如何，只看到了进步，而忽视了标准。

四是规章制度健全问题。在我们北京电台认证审核中，出现这类问题是属于最严重的问题。我们一共有三项不合格，都是因为规章制度不健全，导致了责任不明确。事后在纠错时，都制定了相应的规定，明确了相关的职责，使问题得到圆满解决。有关这方面的问题就不多说了。

三、解决问题的对策

前面摆出了一堆问题，并对这些问题进行了归类分析，根本的目的是通过分析找到产生问题的原因，从而找到解决问题的方法和对策。我们的方法和对策是什么呢？

首先，我们要着眼于解决提高思想认识问题，就是要进一步提高对认证目的、意义的认识。从出现的问题来看，不管是什么问题，都与认证目的、意义的认识不深有关。汪良台长在不同场合曾多次讲过，认证工作的任务任重而道远，我们认证的目的决不能满足于拿到一纸证书，而是要通过认证，规范和提高我们的管理水平，为实现把我们台建成全国一流、亚洲领先、世界前列的奋斗目标创造条件。汪台长对认证的目的、意义讲得明明白白、清清楚楚。如果我们大家都有这样的共识，我们的工作一定会有更大的进步。

第二，要在总结经验的基础上有针对性地修改和完善有关规章制度，要做到每项工作的每个环节时时处处有人管，出了问题有人负责。这里要特别指出的是，不能认为审核合格了就万事大吉了。因为形势在变，工作环境在变，在变化中持续改进是体系标准永恒的要求。

第三，认真修改《质量手册》。2003年6月16日发布的手册是北京电台制定的第一部质量手册，经过八个月的运行发现了不少问题。比如说修订质量方针的问题，进一步明确管理职责的问题，总台与各专业台接口的问题，等等。另外，有些控制程序可能需要修改，有些部门工作任务发生了变化，职责变了，这都涉及到手册修改问题，因此2004年我们必须对手册进行认真的修改。

第四，注意在贯标实际中学习国际质量管理体系标准知识，学习先进单位的经验，不断开阔视野，努力把北京电台的质量管理工作一步一步、扎扎实实地推向前进！

大专业与小综合的关系

陈晓海

大专业与小综合的关系，我认为，大专业的目的是为了分割受众市场，小综合是为了巩固和扩大已经被分割了的市场，就是满足目标听众群的多样化的需要。巩固这部分听众要从两个方面来做，一个是内容上，比如我在听体育节目的时候，同时也想知道一下伊拉克的事，如果不给我提供的话，我可能就要转台，转到新闻台，如果提供了，我就不会转台，这是内容上的，所以体育台也可以有新闻。

从形式上说小综合可以综合谈话的形式、新闻的形式、文艺的形式，这都是为了巩固被分割了的受众，使他们不致流失。但大专业和小综合的关系，小综合是为大专业服务的，当这两者发生矛盾的时候，肯定是要保专业，剔除那些不必要的综合。比如这次我们去英国，到了一家商业体育台，它正在请专家谈足球，谈的时间很长，我就问你们这个体育台有没有类似我们全民健身的节目，他说我们从没有做过健身节目。我问为什么？他说确实有健身方面的听众，但是我如果吸引了一个健身的听众，同时就会赶走三个足球的听众，所以我们这个台首先不做健身节目。第二不做赛马节目，虽然赛马在我们这儿也是很流行的，因为得不偿失，我为了健身和赛马的听众，会丧失足球的听众，所以我不这样做。这就是在体育方面的综合和专业遇到矛盾的时候，他要抓住基本盘，放弃辅助的目标受众。所以我觉得应该是这样一个关系。当然对于咱们的体育台来讲，咱们的综合除了商业的目的之外，还有一些政治上的目的。比如全民健身，对于咱们来讲可能是一个政治概念，也就是说在考虑全民健身的时候不光是考虑争取听众，可能还有政治色彩在里面。比如2008年奥运会，也是一个政治概念。所以咱们的小综合除了商业的目的之外，和政治因素分不开，这是咱们一个特殊的情况。

“专卖店”与“综合市场”

王 秋

如果说频率是要靠经营的话，那更多的是要考虑市场的需求。我们七个频率是不是应该分分层次，不用过于强调专业或综合这种称谓，刚才大家有个类比，就是说专业台可以比作专卖店，综合台可以比作综合商场，如果要这样比较的话，我们进专业店享受的是一种个性、品牌、档次、品位；要是进了综合商场，可能是大而全，很丰富，是另外一种享受。从市场的需求看，这两种形式是否都应该存在，我觉得市场的需求至少对两种形式是有的，所以我们来分析一下我们的七个频率。

你说娱乐频率算什么，它就是综合，它的内容已经很综合了，首都生活台是什么，它也是综合，我们没必要在称谓上过于精细，所以我想专业台的建立是时间资源的一种重新分配，广播是一种声音的时间线性的传播，我们又可以把它叫做时间媒介，所以在时间资源问题上，像交通台就面临着这个问题，它的所有广告时段是严重超标，时间资源已经到了饱和的状态，但它对广告的选择仍然是大拨轰，什么都要，根本没有自己的选择。像香港的一个电台，在选择广告的时候就敢说新闻访谈节目就要通讯类的广告，其他的全不要，但它整体的收入能达到几个亿港币。那我们现在七个频率的广告还是大拨轰，什么都上。交通台现在的时间满成这样，医疗机构的也得上，它还没有选择，如果说我们现在既有专卖店，又有综合店的话，就可以划分出层次了。我有一个想法，比如像音乐台、交通台是否可以把一些不好听的广告全都清除，把广告的时段压缩，然后把价格翻番，那很多内容就可以往第二个层次分流。文艺台这样比较好的频率就可以选择不要保健品节目，至少在有效的广告时段内、黄金时段把保健品节目清除出去，它的保健品节目的出口又会往下一个层次分流。我觉得北京电台发展到今天，应该分出层次来了，中央台都下决心把保健品节目从三个频率当中清除，我们为什么不行，我们比他们走得早得多。我们应该考虑在节目设置上、资源的配置上有一个合理的开发和利用。

另外各专业广播的节目要和广告公司之间进行沟通，因为它反馈回来的信息实际上代表了市场的需求，都是非常重要的。最近我们开发的一些品牌，像雕牌、金鱼，过去是从不在广播媒体投放的，它最近也要有一些投放，但是它首选还是交通台，虽然交通台的广告都满了，你让它跟着保健品旁边，它绝对不上。所以广告公司要对节目吃透，不是说年初开过一次节目推展会就算完了，节目你就应该理解了，广告公司对节目的消化还有一个很漫长的过程，它不像节目人员对节目的理解和熟悉，所以要不断地沟通。另外我们在选择上，比如出了一个新闻谈话类节目，主导思想是什么，定位是什么，目标听众是谁，你把这个反复地告诉他，然后他回去好做客户的工作。这就是一个不断沟通的过程。

我觉得现在广播时间作为一个稀缺的资源这个概念大家还是考虑的不多，一个节目半个小时就聊那一点话题，他根本就不觉得这是一种时间的浪费。前些天业务培训，周孝正的讲座大家普遍感觉很好，为什么，他的思维反应太快了，每一句话几乎都是一个信息，给你的信息量非常大。我们的主持人有多少信息量，你自己储备的信息量都有限，你怎么能给予听众更多的信息呢，所以广播不在于你的内容，实际在于你的形式，这一点非常重要。你怎么用吸引听众的形式来表现出来。

还一个就是广播即时性的问题，这个即时性不是新闻台才存在，其他台也同样存在，广播就是这点特点，即时性就是用它的时间去消灭它的空间，你要能够做到同步，你就能站住脚了。比如娱乐频率，我用第一时间表现娱乐行业的最新的信息，体育频率用第一时间表现体育的内容，可是现在即时的这种概念可能并没有深入到每一个一线人员的脑子里。这种意识是需要大家共同加强的。

新闻广播的走向

李　捷

一、对“专业”与“综合”的认识

当北京电台的列车驶入专业化办台的轨道后，电台也进入了高速发展期。从那时开始，专业化就成为一个议题和关注点，从开始的专业台的有名无实到后来的名实相符。今天我们又在探讨专业与综合的实质与关系，说明事业的进步以及可贵的忧患意识：我们并没有只顾在疾驶的列车上看窗外风景，我们随时在校正方位、检测机械部件，以使行进平稳而快速。

对专业化的认识新闻台经历了一个困惑彷徨的阶段。当其他系列台开始有了准确的内容定位，明确了目标听众时，新闻台却很难将自己定位于某一领域或某一特定的目标受众群。新闻台既不能按人口学特征定位，也不能进行单一的内容区隔。新闻台到底应该具有怎样的属性，又该如何体现其专业特点呢？经过几年的实践和思考，借助各种调查手段，特别是对广播发展规律有了更深入的了解后，新闻台终于明确了自己所具有的新闻属性和综合特征。

就新闻台而言，专业与综合是一个不可分割的整体。专业是指其所具有的新闻属性，综合是指其内容的涉猎与对象的涵盖，即新闻台应该是一个以新闻为专业定位的北京电台的系列台；新闻台应该以不同的方式进入所有可能发生新闻的领域，要为所有希望了解新闻的听众提供服务：没有哪个领域不会发生新闻，也没有哪个领域发生新闻而不会被新闻台所关注；没有哪个阶层不需要了解新闻，也没有哪个阶层的新闻需求应该被忽略。

专业与综合不止是理论层面的概念，也涉及运作层面。无论对新闻台还是对北京台的其他系列台，专业与综合都有一个主与辅，量与度的问题。专业是为系列台定性的，是其核心竞争力的体现，而综合则是其补充，起调剂与调节的作用。

二、新闻台的方向定位

说到新闻台的定位，其实，新闻两字已经明白无误地标示出其属性。无疑，新闻台应定位于新闻这个名称与概念上。

首先，这是由媒体的属性及北京台的格局所决定的：现代人对媒体的第一需求是信息的需求，媒体首先应该满足公众的这一需求，履行发布信息的职能；北京电台作为主流媒体，在系列台的架构中，应该有一个专业台定位于“新闻”。

新闻，在某种程度上决定着媒体的竞争力。新闻具有必听性，它往往对社会生活产生直接影响。这一点越是现代社会，发达国家，表现得越为明显。在西方，特别是在美国，报纸、电视、广播影响甚至左右着公众的生活。《纽约时报》、《华盛顿邮报》以及几大电视网，都对公众的生活产生直接影响，而这些媒体打的一律都是新闻牌。它们用新闻显示自己的权威性，显示自己的竞争实力。越是社会生活的关键时期，越是重大事件发生的时刻，新闻媒体就越受关注，越有影响力。

20世纪90年代的海湾战争，让美国的CNN一举成名；21世纪的9·11恐怖袭击，使凤凰卫视在内地的新闻权威被确立。2003年的“非典”灾难，使北京电台特别是新闻台有了空前的公众关注度。

中央电视台新闻频道的出现，被凤凰卫视的刘长乐认为是央视核心竞争力提升的表现。

这一切说明，新闻台的新闻定位符合媒体的发展规律，也是北京电台不可或缺的专业台定位。

其次，频率资源与特点决定了目前的新闻台最适合于新闻定位。新闻台长时间使用中波828的频率，虽然收听效果不如调频台，却拥有多年形成的品牌与口碑，在受众中具有无可比拟的公信力。它是政府声音的主要传播渠道，也是政令颁布与大事件的直接发布载体。这些资源决定了新闻台定位“新闻”所拥有的天然优势。

新闻的定位决定了新闻台在运作方式上具有的特点:无论是节目的设置格局、人员投入的着力点,还是政策的导向性,都应突出新闻的专业特色。新闻台应将新闻视为看家本领,立身之本。但同时应该广播地做新闻而非窄播地做新闻，综合地做新闻而非单一地做新闻，也即所谓“小综合”。

三、新闻台的类型选择

随着社会的不断向前发展，广播界出现了新的发展动态，广播走入了类型化的发展阶段，这是一个趋势，也是一种潮流。翻阅研究室的《传媒动态》可以看到，目前国际上的新闻专业台只有四种类型：全时新闻台、新闻综合台、新闻加深度报道台以及新闻谈话台。

对于北京电台的新闻台来说，目前的最佳选择是——新闻谈话台。因为新闻台所处的新闻环境、媒介环境、自身条件决定了新闻谈话台虽然不一定是最理想的选择，却一定是最现实、最合适的选择。

其一，政策环境决定新闻台目前不能走“全时新闻台”之路。政策和口径的限制，决定了新闻台面临的新闻资源不充足，无法满足全时新闻的大信息量要求。同时有限的政策宽容度，也决定了全时新闻台所能提供的新闻信息，无法满足广播受众的新闻需求。如果一个全时新闻台所能提供的新闻信息，不足以覆盖社会生活的方方面面，或新闻本身不具有切近的必听性或十足的有效性，它是不能获得听众的认可并借此生存下去的。

其二，媒介环境决定了新闻台也不能走新闻综合台之路。我们不是以独立频率为组织结构的电台，而是以系列台为格局的专业台。因为这种格局，如果我们走新闻综合台之路，就会与其他系列台有着太多的交叉与重叠，这种交叉与重叠会导致新闻台个性的丧失。在媒体竞争如此激烈的今天，没有个性就没有了生命力。新闻综合台是我们的来路，我们从那里走过，正是为了避免内容的重复和资源的浪费，总台为各个系列台划定了红、绿、黄灯区。在其他系列台个性日益鲜明的今天，我们不该也不能简单地回头走路，特别是在中央人民广播电台新闻综合频率已经出现的今天。

其三，新闻台的自身条件决定无法选择新闻加深度报道的类型。深度报道需要人力，需要人员的高素质。新闻台目前的现实情况是，人数虽然众多，却无法满足以深度报道为特征的人员素质要求。公有制的体制性质，决定着这一现状短期内无法改变。发展与稳定、规矩与人情、效率与习惯，成为一个个必须思虑又必须同时照应的现实。

运用规律性的排除法，前三项选择既然都不能成为现实或不该成为现实，那么最后的选择，无疑是新闻谈话台这一类型。

新闻谈话台可以让新闻台扬长避短。它既可以促使优秀人才发挥优势，又可以借助北京的人才优势吸引听众。同时还可以降低成本，增加互动，吸引年轻听众。新闻谈话台可以让我们既有特色，又很现实地快速向前发展。

新闻台从去年 11 月改版后，按新闻谈话台的路子已经运作了半年，新闻节目得到优化，谈话节目的尝试初见成效，应该沿此路继续走下去。

四、新闻台的进一步突破

明确了新闻台的定位与类型选择后，新闻台仍然有很多工作要做，在专业化、类型化的路上，还有很长的路要走，还有很多方面亟待突破。

新闻时效方面：进一步强化新闻的“即时性”和“同步性”，将新闻的时效发挥到极致。

随着新闻事业的快速发展，新闻理念与运作与以往有了很大不同。新闻的概念已经由“刚刚发生”转向“正在发生”。报道正在发生的事，是广播的强项，我们应该把文章做足。

在这个领域我们还有比较大的空间。新闻台应该有更多的新闻是从新闻的发生地直接报道的，应该争取与正在发生的新闻同时、同步，强调新闻事件的进行性和追踪结果。这需要我们改变报道方式：遇有新闻发生，新闻广播的记者应该立即赶到现场，同时发回报道，而且要抓住事件的发展变化继续追踪，随时报道最新进展和动态结果。这样才能深深攫住听众的心，让听众随时关注新闻广播。

新闻广播还要不遗余力地强化本土特色、强化音响手段。要围绕本土热点做文章，要用本土视角审视新闻，用本土化表达方式表现新闻，同时调动一切声音手段，捕捉新闻。

节目形态与质量：进一步优化谈话节目，丰富谈话形式和节目内容。

谈话是一种节目形态，式样不拘一

格。访谈、对谈、独白、闲聊、热线交流、交谈加报道，等等，都是谈话节目可以利用的形式，只要谈得生动，谈得吸引人。与此同时应该注意谈话的效果：足够的信息量，生动、有趣、可听，观点的独到或深入，都是谈话节目立足的要义。

频率运作：继续经营新闻台，新闻台品牌价值的最大化，要靠经营才能实现。只有通过各种形式的经营，才能让新闻台的节目和形象价值全部释放出来。

与新闻台形象相符的社会活动，名优节目的推介与推广，主持人的形象定位与包装，都可以达到提升品牌形象的作用。

五、新闻台面临的变数

随着广播电视合并呼声的增大，两台合并与制播分离，再一次被提出，这给新闻台今后的发展带来了很多不确定性。对新闻台的未来而言，最大的变数就是政策的变数。

广电总局提出了公益性频道的概念，也许未来的两三年内，它会不仅仅是一个概念。新闻台无疑是公益性频道的目标，这对新闻台亦喜亦忧。喜的是新闻台可以专注于纯粹的新闻，专注于新闻频率自身的发展，大可不必顾虑于经营创收。也正因如此，新闻台有了新的忧虑：在成本与投入上，做新闻是个无底洞，谁来为新闻这个无底洞买单？谁能为这个无底洞很好地买单？这绝不是一个概念，一个命令，就可以让人无忧的事情。

风头正劲的凤凰卫视对此深有感触。凤凰中文台创办后有了可观的经济效益，但随着咨询台的创办，整体利润率被大大降低，原因就是新闻的成本太高，投入太大。有着雄厚资金支持的凤凰卫视都对新闻成本感慨颇多，何况一个资金并不雄厚的广播电台呢。

新闻，本是高投入、高回报的产业，但是我们的新闻环境及政策限制，决定了新闻的投入与产出不成正比。

我们能够推行广播电视的收费制吗？我们能够按受众需求提供新闻吗？我们能够不计经济回报地办新闻吗？如果都不能，我们拿什么去竞争？如何留住优秀人才？怎样拥有足够的竞争实力？

这些问题听起来有些杞人忧天，但是如不未雨绸缪，如无切实可行的政策，公益频道的生存和发展将面临极大挑战。

从北京经济广播专业化改革的得与失看“大专业、小综合”的频率定位原则

边　建

北京人民广播电台经济广播的专业化改革历经12年艰苦历程，划出了一条耐人寻味的轨迹，从大综合到小专业，再从小专业向“大专业，小综合”的方向发展，经济广播的专业化道路从一个侧面反映了北京电台专业化改革的历史，折射出

我们对广播功能性质、对受众认识的变迁，其间的得失也许时间更有发言权，我们今天的思考权当留给明天见证。

一、我对“大专业，小综合”概念的理解

2004年初，经济广播委托北京广播学院做了《北京经济广播战略研究》报告，对经济广播的现状、北京广播市场的现状做了全面的分析，该报告建议经济广播进行战略调整，向生活服务的方向发展。这份报告还列出了经济广播现在的优势、劣势、机遇和挑战，建议把经济广播建设成为一个“大专业，小综合”的频率。

报告认为，所谓“大专业”，就是指一个广播频率的特色和标识，一个媒体必须有自己的特色或个性，在某个领域要有权威性和影响力。“大专业”的形成或确立不应该是媒体一厢情愿的，而是要通过市场分析研究来确认。所谓“小综合”，是指专业不应该成为障碍和束缚，一切传播行为都应以目标受众的需求为导向。我们的广播是大众媒体，频率定位和节目定位应该遵循大众媒体的基本规律——即传播信息、引导舆论、教育大众和提供娱乐。

由“大专业，小综合”的概念，我们可以回顾一下北京电台专业化改革历史上关于“综合”与“专业”关系的几个认识方面的变化。首先，我们是从综合台到专业台的变化。众所周知，这一思路上的变化，使我们走上了专业化发展的道路，七个系列台相继成立，广播的面貌发生了巨大的变化。

之后，在七个专业广播发展、竞争的过程中，又出现了“对象专业化”和“内容专业化”的问题。为了规范竞争行为，避免内部消耗，总台制订了“红黄绿灯”政策，根据各台的办台方针，划分出各自的“自留地”，鼓励各台在专业领域“精耕细作”。值得注意的是，“红黄绿灯”对各台来说都是相对的，而且“黄灯”也为各台留出了交叉发展的、具有公共属性的节目内容。总台同时也明确表示，随着专业化改革的不断深入，“红黄绿灯”的内容和界限也需要不断调整。“红黄绿灯制度，是北京电台规范专业化发展阶段的主要措施之一，是北京电台宏观调控的具体体现。但从专业化发展的进程来看，它仅是一个阶段性的措施。”（《论广播专业化——专业化办台的实践与思索》，2002年）

现在看来，当时的相关政策主要是从内容上来规范各系列台之间的竞争。我认为，“内容专业化”的提法在广播专业化领域是准确的，但是对象专业化的提法就不准确，其实是指对象明确。但是，对传播对象更为科学的研究和更准确的把握是广播专业化发展到今天的更重要的任务。也就是说，北京电台的专业化发展应该把工作重点转移到从更高层次上完成对受众的认识和把握。“大专业，小综合”的概念正是基于这一考虑。

综合来看，“大专业，小综合”的概念阐述了大众媒体个性和共性关系的问题。我理解，既然是大众媒体，既然我们的收入来源主要是广告经营，那就要尽可能多地吸引受众，按照受众的要求综合、全面地安排节目内容。我们是不是可以这样理解，每个大众媒体的根本性质还应该是综合性的。但是，由于媒体的增加和市场的细分，没有特点的综合性媒体生存艰难。尤其对于广播来说，传播手段单一决定了它的弱势地位，特别是线性传播的方式决定了受众的选择和排他性，所以每一个频率只能是有所为，有所不为。有所为的就要办出特色，也就是“大专业”的要

求。所以对广播频率来说，专业和综合是对立统一的辩证关系，任何一个频率的定位都无法回避这个问题。

二、经济广播专业化改革得失之我见

回顾经济广播改革历史，专业化道路得失参半。这可以从《北京经济广播战略研究》报告所列出的我们的优势和劣势窥见一斑：

优势：经济广播在股市、汇市等专业财经领域已经获得了稳定的收听群体，拥有忠实的收听者；同时形成了一批名牌节目，具有一定的知名度和影响力。

劣势：经济广播总体收听率不高，在北京电台七套频率中总在第五、第六位徘徊，如果再加上中央台和国际台的几套频率，经济广播在北京广播市场的排名还要靠后。听众群体的局限性，目标受众过于狭窄。《2003—2004消费行为与生活形态年鉴》的数据表明，北京地区的投资者整体规模不大，约占总人口的15.9%。定位中小投资者，人数更加有限，拓展空间自然不大。而且，投资群体比较容易受到股、汇市行情影响而波动。还有，目标受众群体对于广播媒体并不倚重，其他媒体同类产品比较多。节目内部缺乏统一性。

经济广播目前的优劣不能被孤立地看待，任何事物都有利弊两面。经济广播在财经方面的长足发展，赢得了忠诚度很高的一部分听众。在当时的情况下，经济广播迫切需要树立形象，形成核心竞争力，经过两年的节目调整，经济广播的股市、汇市节目在中小投资者中取得了较高的知名度和一定的影响力。在广告经营方面，经济广播由此找到了新的增长点，这两年，财经方面的广告、合办节目收入以每年10%以上的速度增长。

但是同时，经济广播在频率发展方面又面临着新的矛盾，即专业性的服务和专业壁垒的矛盾；稳定的收听人群和更广泛的收听人群之间的矛盾。2001年，经济广播提出的“绿地工程”的初衷，就是力求通过轻松、娱乐的节目，消除专业壁垒，扩大收听人群。但是效果不理想，我认为问题还是在于没有对受众进行深入的研究。也就是说，我们没有仔细地研究经济广播的受众定位问题。

受众定位是频率定位调整和节目改版之前我们必须首要考虑的问题。通过社会调查和对该调查的解读、分析，经济广播的同志们已经形成了近乎百分之百的认同，经济广播的受众定位要调整和扩大，不论是“消费者”，还是“生活者”、“对提高物质生活水平感兴趣的人”，我们已经达成共识的是：把目标受众扩大为包括中小投资者在内的更广泛的人群。这是“扬弃”，是“承前启后”的科学态度。

经过研究和听取同志们的意见，我们决定按照年龄段和与年龄相关的一些指标来界定我们的目标受众，这同时也是基于“大专业，小综合”的要求来考虑的。其实，相对而言，按照职业、群体特征或阶层来划分受众是容易的，但是这么划分要么铸造了另一个“小专业”的壁垒，要么舍弃了我们既有的一些优势，要么我们无法准确把握该受众群体的特征，要么还是没有将目标受众扩大到一定的范围。权衡利弊，我们决定把我们的目标受众定位为希望通过合理消费和正确理财实现提高生活品质愿望的人群。为了使编播人员更加明确我们节目的对象，我们还需要对该人群的主要特点，从年龄、平均月收入、家庭生活水平、对物质生活的关注程度、收听习惯和社会文化背景等方面进行更细致的调查和研究。

三、经济广播本次频率定位调整和节目调整的思路

在受众定位确立以后，频率定位和节目调整都要紧密地围绕受众的需求展开。通过市场调查和反复研究，经济广播的“大专业”确立为生活经济。也就是说，我们的特色是“经济生活化和生活经济化”。我们的“大专业”不是“财经”，不是宽泛的“经济”或“生活”，也不是“经济生活”，而是“生活经济”。换言之，我们的根本性质还是“经济”。但不是宏观的经济，是与北京普通市民生活息息相关的“经济”。围绕北京市民的生活，提供真实可信、新鲜实用和经过深度加工的生活经济信息服务，打造若干具有专业水准的、高质量的拳头节目，是经济广播形成特色的必由之路。

应该说，经济广播目前的部分节目是不错的，但存在的突出问题是没有处理好“大专业”与“小综合”的关系。我们现有的财经节目是比较专业的，但是我们没有考虑到“小综合”的要求，也不是“大”的专业，忽视了大众媒体的一些基本特性。一些专家给我们提出了经济节目应采用“微观切入，宏观展开”的做法，正是给我们此类节目指出了“经济生活化”的方向。

另一方面，我们现有的部分生活类的节目考虑到了大众媒体的基本功能，但又忽略了“大专业”的要求。换句话说，就是这类节目缺乏经济广播的特色。我认为，即使是生活类的节目也需要专业的理念、对听众专业的指导和以专业精神的制作，也要有独家的内容、独到的观点和独特的风格。

我们需要明确的是，“大专业，小综合”绝不是用来划分专业节目和非专业节目的，更不是说哪一类节目需要专业，哪一类节目不用做到专业水平的。“大专业，小综合”应该成为经济广播每一位员工正确理解大众媒体特性和媒体个性关系的关键理念，是我们制作每一期节目的指南。

我们的调整方向是，要努力把北京人民广播电台经济广播办成一个以关注北京市民物质生活状态为主，兼顾其精神生活需求，为他们提供生活经济信息服务，营造人性化的交流平台，帮助他们提高生活品质的广播频率。

节目定位集中体现 20 个字，即消费参谋、理财助手、维权后盾、交流窗口和娱乐平台。

消费参谋：通过对各类生活消费信息的辨别、整理，讲解相关专业知识，提供消费经验、技巧，完成对这类信息的专业化集成和深加工，为消费者提出参考性建议，使消费者能够准确做出购买决定，避免消费失误，或者受骗上当。

理财助手：作为听众的理财助手，我们的服务主要体现在相关信息的提供、带有普遍性的理财知识的介绍和理财意识的普及。

维权后盾：针对人们在日常生活中遇到的或可能出现的、带有普遍性的、权益受到侵害的问题进行调查、分析，通过曝光、呼吁等舆论监督手段保障消费者合法权益，维护公平、诚信的社会环境。

交流窗口：针对目标受众的特点，设计适合他们参与的节目形式和活动方式，让他们在接收信息的同时，身心愉悦，产生共鸣，有归属感。

娱乐平台：主要包括两个方面，开办适当的娱乐节目和在节目中注入娱乐因素。

实际上，我们有些节目现在已经在这些方面形成了基础，本次调整是一个有效的整合。按照节目调整后的编辑方针，目前经济广播的节目已经调整为“生活经济”的方向，采取了“微观切入，宏观展开”的制作方法，节目面貌发生了改变，得到了观众的认可。

“大专业，小综合”是北京人民广播电台专业化实践发展到一定阶段的产物，是指引经济广播战略调整的思想武器，是我们从更高层次满足受众需求的手段。摆在我们面前的问题有很多，有时候思想很容易混乱。我和经济广播的同志们都有一个感触，凡是有什么问题想不清楚的时候，就想我们的受众，从他们的角度去考虑问题，许多问题就渐渐有了答案。

在研讨与争鸣中追求个性

纪烈鸿

参加专业化办台研讨会已经有好多次了，每次参会都使我对我们投身其中的广播事业的现状与发展有了更深入、更新鲜的认识。首先需要说明的是，对事物“新”的认识，有些是正确的，可以指导行动付诸实践。但有些不一定就是正确的认识，只是会引发我们的思考，使我们有了与以往不同的认识角度、不同的认识层面。毕竟思考有利于我们把事情做的更明白。下面谈几点肤浅的认识：

一、关于大专业与小综合

“专业化的办台方向”曾经是我们北京台迅速发展，成为全国电台的一面旗帜的几大法宝之一。十年来，我们没有怀疑过这个法宝的法力和功效。我们划定办台方针，圈定节目范围，明确红、绿、黄灯的界限和标准，都是为了不断完善和丰富这个法宝的本质内容。那么为什么今年我们要把“大专业与小综合”的关系问题拿出来作为今年研讨的重要议题来让大家各抒己见、品头论足呢？我理解一个很重要的原因，就是我们现在比以往任何时候都更重视频率的市场效应，更重视从听众需要的角度来考虑问题，因而特别追求在稳定已有听众群的基础上，进一步扩大自己的收听群体，而这个问题的解决单靠纯而又纯的专业化的办台思路似乎已经出现了一些绕不开的问题。

其一，听众的需求是立体化的、多方面的，因而满足自身需要的途径和方式也是多方面的。在公众的媒介生活中满足不同需求要通过不同的媒介。报纸、电视、杂志、书籍、互联网，还有我们广播等等都是满足受众不同需求的不同媒介形态。一个人在日常生活中平均接触媒介的时间一天大约在4个小时左右。有多少时间能够分给我们广播？又有多少时间能在我们各个相对专业化的广播频率之间进行不同的选择？都有一些什么样的需求，在多大程度上，我们的专业台能够成为满足公众需求的强势媒体，或者说能够成为受众满足自己某种特定需求的首选媒体？

其二，各专业广播的市场占有率并不平衡。针对移动人群的，在某一特定领域成为受众满足自己某种特定需求的首选媒体，交通广播的市场占有率高的出奇，几乎占了北京台年创收总额的一半，达到一亿五千万元。暂时抛开主观努力的因素，单就办台定位而言，其他一些专业性较强的广播频率要想达到能与交通广播比肩的程度不仅不太可能，而且事实上这些台大部分靠保健品创收每年也不过一两千万元，为什么会形成这样一种状况？专业化程度较高的台究竟应该怎样定位才能赢得广告市场的青睐？

其三，专业化程度较强的台通过播出综合化的新闻，调动综合化的文艺手段，能不能在媒介如林的前提下，从根本上解决自己被更多受众选择的问题？

二、关于专业化与类型化

我们曾经把北京台的七个频率分别叫作“新闻广播”、“经济广播”、“教育广播”、“体育广播”、“交通广播”、“音乐广播”、“文艺广播”，并认为这就是专业化的频率定位。十多年以来，我们之所以这样定位一是要突出每个频率的特点，为听众提供分门别类的广播内容，力图使各个专业广播吸引住较为固定的受众群体；二是为了分割市场，使市场竞争规范、有序，不致形成“内战”。毋庸置疑，这样的办台理念有其深刻、合理、科学的现实依据。但是在传媒业日益蓬勃、发达的今天，这个理念中曾经比重微弱的主观成分时不时地跳出来，让我们不得不去认真地思考它、审视它、面对它。在这里我把这些主观成分归纳成如下两个问题提出来，希望能够引起大家的思考。

第一，我们认为听众在有不同需求的时候就要在各个专业广播之间进行选择，借以满足自己的不同需要。比如在需要获取新闻时选择收听新闻广播；需要音乐消遣时选择收听音乐广播；需要了解赛事时选择收听体育广播；需要路况信息时选择收听交通广播；需要教育帮助时选择收听教育广播等等。这个判断一是忽视了我们的生存环境——其他媒介渠道对于公众的强势吸引。二是没有充分考虑听众收听广播的搜索成本以及较为固定的收听习惯。

第二，我们划定的七个专业广播并不是七个专业领域。从严格意义上说，新闻、音乐、文艺并不是一个专业，倒更像是一种类型。而就目前交通广播的节目内容和节目风格而言，它并不以交通专业内容为主，而是一个集综合新闻、公共信息、娱乐服务为一体的对象性很强的综合台。以专业化较强的教育广播为例，其存在的致命弱点是显而易见的。因为教育、教育市场、教育广播是相互关联但在性质、运作机制、专业特色等方面有着本质的区别。毕竟教育广播不是教育本身，作为广播它是媒介中的一个主体形态，而不是教育领域的主体要素。教育广播要想分得一定的市场份额必须在媒介市场中下工夫，觊觎在教育市场中分得汤水只能是事倍功半甚至会徒劳无功。

所以依我愚见，从广播是大众传媒不是专业杂志这个大前提出发，专业化与广播媒体的传播特点之间似乎存在着较大的距离。那么我们应该如何面对广播的未来发展呢？在我们专业化办台的理念越来越成熟的情况下，近来又有一个概念经常被我们提到——这就是类型化。

那么什么是类型化呢？据《现代汉语规范词典》注解：“类型是指具有相同性质或特征的事物所形成的类别。”就媒介而言，我理解类型是一种传播样式或种类。比如新闻是以信息、资讯的样式来传递最近发生的具有新闻价值的综合社会内容；娱乐是以文艺、音乐等样式来表现一种具有综合性的社会人文、情绪状态；谈话是以交流、沟通、聊天的样式来传达、反馈综合的社会心理过程和人群意见。

在考察、了解了世界广播前沿——美国广播的发展经验后，我们发现广播的类型化设计已经非常成熟。他们的主要频率设计集中在新闻、音乐、谈话三大类型上。这种类型化的设计既充分考虑了广播所拥有的传播新闻、提供欣赏、表达公众意见三大社会功能，也符合广播媒体所具有的传播特点。因此，广播在公众的媒介生活中占据了相当重要的位置。说到这儿，有一个观点应该提到，就是在美国1.1万家广播电台中音乐台就占了8 000家。它的音乐分类几乎细到了不能再细的程度。有人说，这是一种专业化的表现。我觉得这是一种类型化前提下的个性化设计或者是类型化前提下的对象化设计。应当承认，类型化并不是解决广播发展问题的灵丹妙药，它只是一个需要我们广播人首先考虑的必要条件，要把这个理念运用到位我们还要正确处理好类型化与对象化、类型化与个性化的关系。

三、关于都市化与市场化

这里提到的都市化其实就是类型化前提下的对象化问题。也就是说类型化设计后，一个频率的定位、内容、风格、主持状态如何更有针对性、明确自己的收听群体，是我们必须认真考虑的重要问题。我觉得，就我们北京电台各个频率来说，对象化就是如何实现都市化的问题。这是在北京这个现代化国际大都市中，提升广播的媒体地位，增强广播竞争实力的关键。以首都生活广播为例，今年伊始，在汪台长等总台领导的支持下，我们大胆放弃了持续9年的教育广播这一专业化的设计，对603千赫尝试进行了类型化的改造。全天主要安排直播谈话节目。开播4个月来，社会反映不错，连续四周的收听率调查表明，其在北京地区的收听率从第七位上升到第六位，蕴藏着比较大的增长潜力。尽管如此，我们认为首都生活广播仍存在着一个致命的问题——都市化程度不高。我曾在多次会议上强调，首都生活广播的风格定位应立足高楼大厦、都市主流，而不是茶壶茶碗、边缘人群。这话听起来比较俗，也比较刻薄，但它确实是在探索频率对象化的问题。据有关资料分析，对象化还可以细分为群体的对象化和层次的对象化两种。依频率类型的不同有的侧重群体的对象化（比如交通广播），有的侧重层次的对象化（比如音乐广播、文艺广播），而有的则两者都要兼顾（比如新闻广播）。从首都生活广播谈话类型的设计来推断，它所要侧重的无疑应该是层次的对象化。这是提高其都市化程度，从而扩大市场份额的前提条件和关键要素。为此要求我们的重点节目在话题选择上要注意吸引都市主流人群即主流消费群的关注、参与和兴趣。在主持状态上要追求时尚、前卫、文雅、脱俗，正确处理好热情奔放、自然放松与雅致大方、新潮小资的关系。这是市场对频率效益的必然要求，是现阶段我们不得不重视的市场特征。从交通广播、音乐广播、音乐之声、《北京青年报》、《京华时报》的成功经验看，都市化程度越高其市场占有率就越高。这就提醒我们不仅要追求总收听率的提高，更要注意吸引都市主流人群的关注，这部分人群才是帮助我们提升市场占有率的有效人群。

四、有所为与有所不为

有所为与有所不为是处理类型化与个性化关系的具体体现。我们把首都生活广播进行了谈话类型的改造，而作为一个谈话台，它的内容设计，从理论上说是相当宽泛的，几乎所有领域的话题都可以涉及。但是实践中一个广播频率的内容又不可能包罗万象。我们必须认真划定自己的话题范围。首都生活广播开播之初，听众反响热烈，但褒贬不一、针锋相对。也就是说，赞扬的达到了溢美的程度，贬斥的几乎把我们说得一无是处。在这里赞扬的话不说了，贬斥的话在此摘录一二，让我们作个分析。其一，首都生活广播节目形式单一。有的主题不鲜明，有的内容不鲜活，有的质量不高雅，有的杂乱无章。其二，首都生活广播节目内容与首都百姓生活不密切、不贴近。其三，首都生活广播节目名称不是太白、太俗，就是太猎奇、太理性。为此建议：第一，首都生活广播范围应锁定在“首都百姓生活”里，充分反映京城百姓“衣、食、住、行、生、老、病、死”等信息情况及生活景观，展示首都市民社会公德、职业道德、家庭美德等精神风貌。第二，首都生活广播的节目内容重点应全力捕捉首都百姓生活中的焦点、难点、热点问题，深入社区、郊区、大专院校、弱势群体、孤儿院、戒毒所、牢房监狱，反映百姓的呼声、心声，搭起沟通电台与听众、市民与市府的桥梁。第三，首都生活广播的节目名称推荐：《我爱北京》、《北京文物》、《京城人家》、《我与2008奥运》、《咱爸咱妈》、《老年之友》、《家庭教育》、《市民热线》、《社区风貌》、《名人说三德》、《百姓与法》、《医疗门诊》、《首都高校之窗》、《市场信息》、《京城民俗》、《京郊之声》、《今夜私语时》、《心理家园》，等等。我们认为这些建议都是非常中肯的，其中一些好的点子，我们正在积极采用。比如要涉及法律的内容；要介绍北京的文物。另外还有一些内容，如百姓生活中的焦点、难点、热点问题，如“三德”的问题，我们已经通过适当的节目予以了体现。

在这里需要说明的是，首都生活广播是在媒介如林的大环境中刚刚诞生的新苗，且不说我们与报刊、电视媒体的竞争，就是我们北京电台内部也有七个各具特色的专业广播，我们总该对自己的节目范围和类型（样式）有所限定，这样才能有自己的特点。记得，早在几年前，汪台长就提出过一个很值得思考的寓意丰富的观点，这就是：“做你能做的！”我理解这句话至少告诉我们如下三个意思：

第一，我们的频率定位要符合广播的传播特点，做广播能做的事。属于电视、报纸见长的事，我们应尽量回避。因为即使你做了，受众也不会更多地选择你，你总是处在一个从属和补充的地位，个别临时节目尚无不可，但就一个频率而言，长此以往必是得不偿失。

第二，广播是大众传媒，它所担负的社会整合、教化的功能以及影响力是特定的。“特定”就意味着它是有局限的，作为地方电台就更是如此。我们常常说自己是党和政府的喉舌，喉舌有作为喉舌应该做的事情，它毕竟不是政府本身，因此不能越俎代庖。属于政府重大政治、经济、文化、社会问题的探讨以及政府决策内幕的曝光，应该说不是我们能干的事，没必要也不可能让我们拿到广播当中或照本宣科或品头论足。我们广播的内容安排前提是要和政府决策保持一致，但对于这些政策、方针的宣传必须通过“三贴近”的内容和喜闻乐听的形式，并结合广播自身的特点来实现。谁实事求是地定位了自己的频率谁就为自身影响力的提升开辟了道路。

第三，应该承认，社会需求确实非常广泛而丰富。广播作为一个优势、劣势都比较突出的传播媒介，没必要也不可能针对每一个需求设计自己的内容。对于追求个性化的专业广播来说就更是如此。只要我们集中精力把我们能做的，做的比较成熟的，能够在较大程度上成为受众为满足自我需求而经常选择的媒介渠道这部分内容做实做好就已经很不容易了。

按照这样一种理解，我们首都生活广播在尽量避免了与其他专业广播的节目内容重复的情况下，将重点锁定在社会现象、文化现象的热点评说、人际关系的主动调试、两性情感、两性健康的咨询指导、都市最新文化、生活资讯的传递以及为都市人搭建快乐交流、愉快沟通、增长见识的平台等方面。经过四个多月的探索和磨合，这些节目日益成熟，在听众中逐步形成了自己的品牌效应。当然，首都生活广播的内容设置绝对没有达到完美的程度，特别需要进一步听取各方意见和建议，促使它更科学、更完善。但是有所不为才能有所为这个原则我们应该坚持。我们不仅应该知道我们该做什么，我们更应该知道我们不该做什么，这样我们的头脑才会清醒一些，我们发展事业的线条也才更清晰。有人说广播是弱势媒体这话不无偏颇。作为大众传媒无所谓强势、弱势，只是应该拥有自己的位置。广播从一枝独秀到步入低谷，如今正在找回自己应有的位置，广播人需要不断思考、思考、再思考。

再谈广播专业化的发展前景在于产业化

邵　军

在2002年底专业化办台研讨会上，音乐台提出广播专业化发展前景在于产业化的观点，经过一年多的发展，北京广播市场的形势发生了很大的变化，竞争更加激烈了，我们自己也有了很大进步，视野更宽了，认识有了进一步的提高。对于专业化办台的认识从减少内部竞争起步，经过五年的实践，认识不断深化，我们认为它的目标应该是产业化发展，并且,中国的广播发展已经进入了这个阶段。

一、专业化的划分以市场为界线（小综合）

1. 两种西方媒体模式

像我们平常所见的大众服务模式即一些公共广播电台的模式和美国的商业媒体的模式，前者把受众当成公民，他们需要改造、需要提高素质，所以应该为大众提供精品、提供有教益的能够改变大众或国民素质的媒介服务；美国传媒企业把受众看成消费者。消费者是一个超越阶级、民族、性别、年龄、种族、国家的概念，把消费者奉为上帝，收视（听）率决定一切。媒体和消费者之间的关系是市场经济下的供求关系，受众需要什么，就提供什么，在这种消费者至上的信条下，美国大众传媒目的非常明确，就是追求利润，为达到最大程度的利润，占有最大限度的市场，获得最大限度的消费群体，媒体企业必须产生穿透力很强的媒介产品。

在广播业，欧洲公共广播和美国商业广播是典型代表，但近些年，欧洲的公共广播也有些开始不同程度的经营广告以弥补经费的不足，就是说也开始向市场靠拢，我们去年在北欧看到了商业广播对于公共广播强劲的竞争力。

2. 喉舌作用与市场

在中国特色环境下，我们的广播既有欧洲公共广播的特质，又有美国商业广播的特质，我们在二者之间找位置。我们是在发挥党和政府、人民的喉舌作用的基础上，进行市场化运营，实践证明二者可以统一，所以音乐台一直把握这样的原则，就是以有社会责任感的，以年轻人为主要对象，引导时尚的现代化音乐电台为品牌核心。

3. 广播与窄播

900是在北京地区出现的一个完全类型化的电台，我们也一直在思考广播是否一定要往窄播的方向发展，才可能有市场。通过去年在北欧考察的过程中，我们一方面更坚定了自己的办台方针，类型化电台并不一定是广播发展的必然，在巴黎收听率第一的卢森堡电台，就是一个综合类电台，且前四位电台都是综合类电台，而另一个蒙特卡罗电台本身是一个音乐台，后来因为竞争激烈的原因，改为谈话电台，选取一个空当来发展在市场当中的占有率自然不会很大，而老牌的综合类电台虽然成本较高，但是市场占有份额也会很高。作为我们，这七个频率能细分到什么程度？还是应该根据市场的占有来细分频率。我们应该规划出7套频率中哪几套是大规模占领市场的，剩下的就可以做得更类型化一些。

4. 内容专业与受众专业

我们专业化办台最开始是从内容上考虑的，交通台是一个特例，即从受众的角度考虑，为受众提供全方位的服务，围绕核心产品有一系列的配套产品抓牢受众。音乐台这几年也在不断地进行受众方面的定位，逐步压缩受众人群，确定了15—35岁的年龄段受众，而这些受众又分为两部分，一部分是15—24岁的受众，一部分是25—35岁，白天基本上是对着25—35岁的人群，晚上则对着24岁以下的人群，专业化应该首先考虑受众的特征，然后是受众的市场，营销的市场，最后来决定我们的内容，是专业一点好还是综合一点好。

5. 北京台五年来的实践

选定有消费能力的受众群，如交通台，选准了驾车人这个受众群，给他一定的主打的最实用的核心产品，比如路况信息，围绕着它，再给他想听的，这样一来保证了好的效益，可以说和美国商业广播模式的规律是相似的。

我们可以来探讨一下：像经济台本来锁定金融投资的人群，也可以考虑“百姓经济”这样一个人群，针对这个人群我们给他提供主打产品，比如股市汇市的资讯、分析等，这个受众群还需要什么，我们再给他提供一些东西。

音乐台也是一样，锁定喜欢音乐的人群，音乐是核心产品，还需要什么呢，从前音乐台的节目既精又专又纯，结果离听众越来越远。我们首先是一个媒体，其次才是一个音乐媒体，因此我们在音乐之外还应该提供更多的资讯，针对这个思路，我们开办了974信息网，虽然时间很短，但是反馈很好，带来的效益也很好。现在文艺台、900、101.8、91.5都在克隆，说明这种方式能起到吸引受众的好的效果，也有利于培养每个频率的忠实听众。不同的频率造成内容上的重叠并不可怕，因为受众的需求是多元化的，广播就应该提供多元化的服务，你需不需要新闻？你不需要新闻，需要路况吗？相声喜欢吗？说的话题感兴趣吗？体育呢？都不需要，听听音乐吧……像这样多重覆盖、最大限度争取受众群，当然前提条件是节目要办得好，要比外台有竞争力，所以专业化应该以市场来划分，具体情况具体分析。有的台可以更专一点，有的台可以更宽一点。

二、专业化的发展以产业化为目标

1.2003年以来北京广播市场的竞争态势

900作为中央台的一个改革最先出现，是一个类型化的电台，台湾七福公司在营销管理方面具备一些经验，然而不足是缺乏长远的观念，二者的合约目前听说有解除的可能。而他的营销市场发展也受到制约，从我们监测的情况看来，他们节目的模式导致他们的受众越来越年轻，到达率有一定的提高，与中央台合作有困难，但是经营发展比较快，收入第一年达到2 800多万。

91.5是由上海的卡美拉的股份制公司以及汉通企划来承包经营，经济效益有提高，但不及900的幅度大。在我们看来某些方面他们是在退步，一是他们自己出来一个欧美音乐的频率88.7，都是较高端的受众群体，竞争和创收方面的压力造成它现在有点不伦不类，没有坚持它的高端受众群体，因此它有点往下发展了。

88.7是与维真合办的欧美音乐的双语电台，从专业的角度来看办得比较地道，但收听率很低，经营一直不好，目前正在与一家海外的公司和广东台密切接触承包经营。

96.6中央台经济之声是由文慧嘉华公司承包经营，有海外资金背景，承包额是2 000万，原来就能完成1 600万到1 800万，节目有很大改观，主打是经济类节目，注重推广，在东三环做广告，在房展会花30万做展位。

101.8博瑞上市加神兵天将加麦colo，有丰富的市场推广经验，推广力度大、有激情，不懂广播，定位混乱，受众定位与900相同，效益需要时间。

这些频率暂时在实力上和我们有一段距离，但他们背后都有资本支持，有的具有国际媒体管理运营经验，他们进步很快，我们不能掉以轻心，分流受众是不可避免的，阵地会一点一点地丧失，在整个竞争策略上我们必须寸土必争，一个是受众市场，一个是营销市场。

2. 全国广播市场圈地情况

随着中央台的对外开放，为地方台做出了榜样，在整个广播市场上跑马圈地已经开始，各地方台承包或合作的价码已经开始有所提高，方式也是多种多样。台湾七福和四川台已谈妥，岷江音乐台有两套调频，其中一个包给七福，一年500万，有递增。

文慧嘉华已和全国一百多家电台签约，租赁时段，希望打造网络化的电台。

台湾远传公司和几十家电台签约代理海外广告，影响较大，投入也比较大，效果还比较好。慧聪下属公司也在打造全国广播广告代理模式。

上海文广与清晰频道计划在香港成立合资公司，各出一个亿，主要做全国电台，正在谈判中，但下面的电台并不太积极，主要是文广大集团所做。

由此看来，广播发展的几个方向：社区化广播、类型化广播、网络化广播当中，网络化广播最能体现成本最小化，利润最大化。所以外资如果进来，或者有一些大的民营资本，会优先考虑网络化广播。

3. 我们的战略规划，定好目标的问题

我们虽然是一个事业单位，但是从发展的角度来讲，与企业也没有太大的区别。我们必须吃着碗里的，看着锅里的，种着地里的，需要一个规划。我们目前在北京地区的这种电台的经营应该算碗里的，我们还应该有一定的投资在其他方面，在未来更快更大的发展方面有一定的作用，这些做得好与不好对我们的主业不会有太大影响。

北京音乐台近两年一直在发展，有时候可能增加的成本不大，但是发展的潜力可以试探。比如我们现在由前两年的47个正式签约人员，到现在39个签约人员，加上客座，现在也就40多个人。我们现在做了四套有线广播，探索纯粹类型化的广播，比900更纯粹，更像欧洲专业电台的模式，而这几套广播，古典有线广播是两个人在做，而爵士的数字广播是一个人在做，原来的欧美流行音乐有线广播也因为91.5和88.7的存在而转向更加纯粹的摇滚音乐广播，加上日韩音乐频道和轻音乐频道三个频道，也只有一个人在做。我们的网站同TOM网络合作，对于音乐台的推广作用还是很大的，访问量平时都在300万人次以上。我们还做了一套电视，是广播公司投资来做的，这套频道也只有四、五个人在做。另外还有一本与音乐台互动的杂志，每个星期一出刊。

很多企业都在往多元化发展，然而成也多元化，败也多元化，作为电台来讲，做好广播的主业，然后拿出一定的精力和财力试探性地往这些方面发展，应该有一个规划，多少年以后，我们一定比例的非广告营业收入，可以提高我们电台未来的抗风险能力。

4. 专业品牌是制胜法宝

每个专业台在各自的专业领域当中发展，能够打造出这个领域当中的品牌，不管是对于跨媒体还是跨地域的发展，都是非常重要的。我们有一个体会，拿着北京音乐台FM97.4的名义在外地却无法发展，但是我们拿着中国歌曲排行榜这样一个品牌，各地电台就接受了，因此把它变成了一个全国的品牌，所获得的社会效益和经济效益就更大了，这个品牌还可以去向其他的媒体跨，这个品牌现在完全有可能做成一个全中国第一的流行音乐品牌。今年我们的颁奖典礼做得很成功，它的地位有很大幅度的提高，包括我们的竞争对手都把我们放在第一位去排列，我们争取将它做得更成功，在整个行业内成为一个领导的品牌。

5. 加大在品牌建设、内容生产上的投入，将是今后战略发展的基础

目前来讲频道是比较贵的，但是未来的发展频道资源将过剩，相对来说内容资源会稀缺。对那些重点的品牌有扩张可能性的节目应该加大投入，别人都做不起，但是都说好，那时候它的价值就会体现，回报将成倍增长。

我们的结论就是，作为专业化，我们所说的大专业，应致力于打造专业内的顶尖品牌，而不是仅仅是广播的品牌。要打造这个品牌，一定要有足够的内容，别人做不了的内容来支持。

三、应注意的问题

1. 按照大专业小综合的逻辑，我们不是走回头路，是螺旋式发展。

2. 红绿灯必须坚持，但不搞简单的一刀切，具体情况具体分析，以市场为标准。

3. 各系列台的主打品牌，也就是说核心技术、核心竞争力、核心产品必须特别明确，而这就是北京台的品牌，必须在全台范围内以总台的角度全力保护、支持、投入、建设。

4. 专业化节目的内容生产、储备应该纳入到一个非常重要的未来战略发展的议事日程。

关于“大专业、小综合”的讨论

后晓军

一、对“大专业、小综合”这种办台节目方针的几点认识

1. 这种提法是对广播近几年改革发展的理性认识和思考。

广播改革走过的路应该是综合——专业——大专业、小综合这样的轨迹，这在专业化办台日趋成熟的这几年，也一直伴随着对一些相同共用内容的认识，比如我们台前几年关于红绿灯的讨论，关于听众多种需求的认识和做法，专业性广播也适当保存一些共性的节目，如娱乐性的、时事要闻等。

2. 专业化办广播的道路是正确的，必须坚持。

▲首先围绕自己的专业方向把文章做足，有时我们感到信息来源不足，受众面过窄，不是专业的问题，而是我们的眼界不宽，站的高度不够的问题，比如“奔向2008”内容贫乏，听众反映不热烈，因此我们就进行了调整。

▲必须建立几档具有专业特色的标识性节目，反过来说这类标识性节目能够体现你的特色，这个特色使自己在同一类的宣传媒体中具有优于其他（平面、电视）媒体的独特性，在相同媒体中具有独立性和相对权威性。

▲在人员、时间、政策上给予专业性节目保证，比如说，专业与综合的比例为80:20（80%人做20%的节目、20%人做80%的节目）。

3. 关于小综合最重要的是把握好一个度，小综合是以大专业为前提的，大专业以小综合为依托，要掌握的一个原则是小综合应该是专业化节目的有机延伸，目的就是方便群众，满足受众多方面的需求，而使自己的受众群体扩展到最大。

大专业要做足，小综合要兼顾，这样才能形成一套有血有肉、贴近群众、贴近生活的广播节目。

4. 就体育台定位而言，两个不变，以“体育立台，竞技与健身兼顾”为办台宗旨不变；以体育爱好者为核心的目标听

众、以体育人口为潜在听众群、提高收听率的目标不变。

处理好两个关系：一是专业体育节目与健康娱乐休闲的关系；二是竞技体育与全民健身宣传的关系，这也是专业与综合的关系，基于以下考虑：(1) 更广义的理解体育、竞技体育与提高全民身体素质都应是体育范畴。(2) 稳定目标听众，扩展外延听众，体育爱好者获取信息的来源是多样化的，由于广播的局限性，使体育广播在体育爱好者之间不存在必听性，只是一种补充，打破收听群的局限性。(3) 增加节目实用性和娱乐性,贴近群众。(4)适应广播信息量大、容量大的特点。

二、对 2004 年简单的汇报

2004 年体育台完成了对节目和制作人员的革命性调整，取得了如下成果：

1. 全天实现互动性大版块的节目布局，使体育台的节目发生根本性的变化，更加体现广播的发展潮流。

2. 新闻性节目一律直播，在第一时间或以最快的传播速度告知受众，同时从节目体制上、从本源上避免了重大新闻和焦点赛事的漏发现象。

3. 全台节目实行主播责任制，责任到人，奖惩明确。

4. 设立专职记者队伍，确保新闻大版块节目拥有充足的弹药，使节目内容更加鲜活。

5. 开辟奥运专题使北京奥运宣传开始升温。

6. 以赛事为焦点使主打节目的内容资源更加丰沛，在广播中组织策划了一些有一定影响的活动，如与其他台合作在总台领导指挥下，完成了国际马拉松转播、每月体育之星的评选活动等。

具体表现为：主持人的主持风格更加时尚、更贴近听众；节目内容更有针对性，互动性更强，手机短信逐月增多，4 月份已经突破两万条；赛事直播数量加大，新闻节目和新闻谈话节目围绕赛事大做文章，形成节目之间的有机互动。

三、体育台今后发展的思路

1. 在今后几年的宣传中，奥运将成为中心主题，要以北京奥运为中心做好体育报道，在形式和内容上，在声势和特色上使体育台形成北京奥运台的态势。

工作着力点：

(1) 雅典奥运会系列活动的宣传，包括会旗接到北京、火炬传递等活动。

(2) 全面关注奥运竞技体育的报道和奥运知识普及的宣传。

(3) 奥运经济对北京建设的推动。

(4) 绿色奥运、人文奥运的含义和对人民生活的影响。

2. 有意识地树立品牌、推广品牌，这个品牌包括个性化的有一定权威的主持人和具有影响力的节目，并以此带动整体节目的提高。

(1) 不断地改进运作机制，使人的积极性得到最大的发挥。

(2) 不断地完善考核考评制度，为好节目不断涌现创造好的环境。

(3) 充分利用现有的条件做好推广工作，创造更大的社会效益和经济效益。

3. 有计划、有步骤地搞好队伍建设。

媒体竞争是人才的竞争，各种设想能否实现，人才是决定的因素，队伍建设要有标准、有规划，用人的标准是德才兼备，具有专业知识，更有敬业精神。队伍建设，我们大概分三个阶段：

(1) 2002—2003 年，初期进入阶段

（相当部分人员处于学习阶段）。

（2）2004—2005年，稳定提高阶段（要树立起一部分品牌主持人和节目）。

（3）2006年，应该有一支相对成熟、年龄构成相对合理的队伍。

只有这样才会有能力完成2008年的奥运会报道以及在这之前奥运宣传工作。

4. 要开阔视野广泛合作，使体育台更具有活力和影响。

（1）与有关行政单位联系更密切，使体育广播视野更宽些更高些。

（2）与国际部合作，加强与一些体育发达地区的联系，可以使我们获得更多彩的信息。

（3）重大的活动往往有兼容性，发挥自己的专业特长与台内合作，以使一些活动获得最大效益值。

适度，就会双赢

——探讨“大专业、小综合”的办台思路

秦晓天　李秀磊

在资讯极度发达的今天，广播已经不可能再被人们当作有声的百科全书了，而是人们获取信息的途径之一。走频率专业化、内容精品化、受众对象化的办广播的路子，已成为中国广播业的共识。无疑专业化给广播业吹来一股改革春风，但是由于环境不同，受众对象不同，内容不同，使得每个专业广播的处境也不一样。有的生机勃勃，有的步履维艰。进一步研究广播自身的规律、研究广播的受众、研究专业化内容、研究广告经营方略，使自己的专业频率真正契合听众的需要，已成为广播业进一步探讨专业化办台、广播市场细分的课题。今天，我们探讨的“大专业、小综合”仍是这个课题的延续。

一、关于“大专业，小综合”的概念

所谓“大专业”就是每一个广播频率都应该有自己独特的市场定位，并以此为出发点衍生出自己的专业形象、专业特色以及有权威地位和鲜明风格的主打节目，这是专业广播存在的前提和基础。离开了这一点，专业广播的形象就会模糊不清，看似包罗万象、五花八门，然而每一项内容都不深不精、无章可循。听众要么是觉得你所提供的内容只是蜻蜓点水，不够解渴；要么在收听过程中茫然不知所措，无法耐心地继续收听。

然而从另一方面来说，广播的受众又是完全自主的，同时也是散漫而随心所欲的，并不会因广播频率分工不同就自动形成不同的收听群体，心甘情愿地接受频率的节目安排并且甘之如饴。关心时事的未必不喜欢音乐，喜欢体育的很可能是开车一族，同样也会关注交通信息。在这种多元需求的情况下，媒体就必须对听众群进行分析，了解他们多种多样的需要和复杂善变的口味，在保持自己鲜明的专业特色

的基础上，尽量提供多元化的丰富内容满足听众的需要，这就是“综合”的概念。但是这种综合同过去的综合是不一样的，它是把专业放在首位的综合，是建立在专业基础之上的综合。这种综合的内容不求深度,不求厚度,不求面面俱到,但是追求新意,追求速度。同时还要做到制作精良，有品味,起到对专业化补充提升的作用。

因此，“大专业，小综合”不是简单地按时间长短划分，按内容多少划分，而是要根据专业内容与特色，根据听众的需求来划分，这里有一个度的把握。

二、做足专业化的文章成为交通广播办台方向

作为北京电台的七个系列广播之一，交通广播仅从名称上就已经确定了自己的专业化地位和主要任务。立足于交通，宣传于交通，疏导于交通，服务于交通，成为特色鲜明、地位权威的专业广播，既是交通广播办台的出发点，也是交通广播的努力方向，只有把自己的专业文章做足做透，交通广播才能树立自己在专业广播领域里的权威地位，成为交通参与者信赖的广播媒体。

交通广播把自己的目标听众定位在移动人群，也就是驾车者和乘车者。移动人群对于自己所处的移动环境是最为关注的，所以他们希望从交通广播获取的首先是与交通有关的内容，如路况信息、交通新闻、交通法规、买车修车知识与信息、各种出行提示以及为他们顺利出行提供的其他服务信息。把这些与交通有关的内容作为自己主打的节目产品做好做足，做深做透，既是交通广播办好专业台的目标，也是目标听众的实际需要。

但是移动人群除了具有移动的特点外，他们其实也是普通听众，有着和普通听众一样的爱好，只不过需求更多了。所以除了与交通有关的内容之外，他们也会有其他的需求。随着城市的发展，车越来越多，路越来越堵，人们出行所花费的时间越来越长，当然这就意味着他们在车上收听广播的时间越来越长。单纯的交通内容肯定难以满足如此庞大的人群在车里长时间内的收听需求，尤其在交通拥堵，内心烦躁的时候。新闻、服务信息、娱乐资讯、歌曲音乐等林林总总的内容成为移动人群放松身心而对广播的综合期待。

值得一提的是移动人群收听广播时所处的环境特点，这就是无论开车的还是坐车的，他们相当一部分的注意力会集中在路上，他们的收听习惯属于跳跃式的，不能特别专心致志。那些冗长的、平铺直叙、枯燥无味的节目不会吸引他们，但是对于形式活泼、通俗易懂、便于参与的节目，尤其是内容不断变化，整体信息量大，处处体现人文关怀，伴随性服务融合在每一个具体环节里的短而精的节目却情有独钟。

通过对交通广播收听群体和收听环境特点的分析，十年来，北京交通广播在树立自身专业媒体形象，体现专业特色上可以说是一以贯之，不遗余力。这些主要体现在频率包装，公益活动，主体节目风格与内容的确立等诸方面。

1．频率包装　十年打造交通广播形象，使得默默无闻、广播频率单一的弱势媒体，成为京城最知名的广播媒体之一。从建台之初，以及所走过的十年，北京交通广播十分注意对专业媒体形象的包装。从公益广告到文艺晚会，从特色鲜明的台歌到主持人演唱会，从台标识、台训、宣传画册到创办百姓 TAXI 杂志，无不处处打造并在听众中树立起交通广播的良好

形象。

2．公益活动　承担社会责任，扩大社会影响，增强交通广播专业媒体的权威地位。交通广播与有关部门联合在河北武邑县建立的“北京的士希望小学”，为出租司机建立“的士爱心公益基金”，与市交管局联合举办的宣传交通安全为主题的系列“消夏文艺晚会”，制作《中华人民共和国道路交通安全法》普法宣传品，主办普法宣传系列活动，以及发起“一路畅通，从我做起”交通安全志愿者倡议，直播历届“北京国际车展”等等。公益活动充分体现出交通广播服务于社会，承担社会责任的公众形象，为此，进一步强化和突出了自己的媒体品牌。

3．主体节目　以专业特色体现节目主调，占领广播媒体中交通领域市场。打开交通广播的节目时间表，可以看出，在黄金时段或称之为主要段位的节目都是围绕交通这个话题展开的。如早晨7：00开始的“交通新闻”、“今日交通”，早晚上下班车流高峰时间是以播报路况信息为主要内容的“一路畅通”，还有上午的“汽车天下”，中午的“百姓TAXI”，紧随其后的修车节目“1039交通服务热线”，一直到下午适合驾驶者收听的“车友音乐时空”。而其他娱乐、曲艺、音乐为主体的节目中，“路况信息”、“交通天气预报”贯穿始终。从节目的整体安排可以看出，交通广播是将路况信息、交通新闻和与交通有关的话题，以及所有与汽车相关的内容作为自己的主打节目，服务于广大的驾驶者，当然还有乘车者，以及有购车欲望的未来驾车者。通过对主体节目的研究与创新，不断提升节目的质量，使其在交通领域具有广泛性、权威性，发挥出广播媒体的独特作用。

4．节目风格　在目标听众群和特定收听环境中形成自己鲜明的风格。由于交通广播处于特殊的收听空间，这个移动空间不仅影响着交通广播节目的内容，也逐步促成了交通广播自己的风格。狭小的移动空间，单调重复的驾车动作会使人产生孤独感，而拥堵不堪的道路又使人难免焦虑烦躁，这时候他们多么希望广播节目的主持人在提供信息的同时，能够像朋友一样陪他们说说话，聊聊天，也希望广播节目的内容不断有新的亮点可以转移他们的注意力，缓解他们的情绪，放松身心。为什么像“一路畅通”那样的节目能大受欢迎，就是因为它掌握了听众的心理，伴随左右，沟通心灵，符合了移动人群的收听规律，特别是当被人们称为第五媒体的手机短信引入节目后，收听者通过发送体现个性化的短信息，变成了平等的参与者，听众觉得自己和节目的关系发生了改变，成了可以在其中发表意见的主人，这时候，他的兴趣，他的关注程度自然就大大提高了。事实证明，交通广播节目的设置与尝试，以及对专业特色的坚持是相当有成效的，主持人有人气，节目有人缘，广告有市场。

完成好“大专业”的目标，是专业广播的主要任务，是专业广播多项工作的核心与重点。在此基础上，兼顾听众的多样需求，不断调整，丰富节目内容，不但可以吸引更多的听众，也是让听众锁定频率的有效办法。以“一路畅通”为例，尽管路况信息是它的主线，但听众同样希望在有限的时间里获得时政、文化、体育、娱乐诸多方面的资讯，希望有悦耳的音乐抚慰自己的心灵，希望能够通过与主持人，与其他收听者进行互动，展开交流，表达自己的思想，传递自己的情感。而这一切，仅仅围绕交通广播的专业主线做文章是无法完成的，一些交通专业之外的内容必须结合进来，这就是“小综合”的功能，“一路畅通”的节目内容与风格正是“大专业，小综合”在一个栏目中的体现。而纵观整个交通广播的节目构造来看，人们出行高峰时段，充分体现了“大专业”的特色，而分段贯穿节目中的音乐、娱乐、曲艺等综合节目内容尽量满足了听众的广泛需求。当然，今天谈到的综合内容，不同于过去综合广播电台包罗万象的概念。而是根据移动人群的收听规律来安排，起到丰富和巩固专业内容的作用。

三、打造广播品牌，进一步提升专业化办台思路

在搭建专业电台信息资讯多层面平台，培养交通广播专业人才队伍的同时，另一个更为重要的关键点在于培育自己的专业品牌。品牌建设是一项长期的系统工程，对于广播媒体来说，就是要创建具有鲜明的专业特色、独特的核心价值、个性丰富、高知名度、高忠诚度的强势品牌。品牌的核心价值是一个品牌的灵魂，有了核心价值，品牌才具有生命与活力。广播品牌的核心价值应与其频率的定位相辅相成，提炼独特的、高人一筹的区别于竞争对手的品牌价值。但是如何让听众更容易地识别自己？怎样让听众锁定我们的频率呢？这就需要广播频率在品牌经营过程中建立并不断巩固有认知力、亲和力、有特色、能体现自己媒体理念的品牌识别体系。这主要包括频率的标识、呼号、宣传语、节目名称、节目包装、主持风格等，通过有效传播铭刻在听众的内心深处。

北京交通广播将不断完善巩固自己的频率标识，创立体现频率特色的主题音乐，呼出“大家帮助大家”的宣传语，制定品牌发展的规范化管理，同时把能够提升专业特色的综合节目内容做细、做精，把握好“大专业，小综合”这两者之间的“度”，实现最佳配比，进一步提高北京交通广播的整体形象。

关于“大专业、小综合”的认识以及文艺广播的实践

沈　弘

北京台的专业化道路已走过十年有余，事实证明这是一条成功之路，今天我们在一起讨论“大专业、小综合”的总体战略方针，已无须论证它的合理性，而只需加深对这一方略的认识，从而进一步完善、完备我们的专业化体系结构，使七个专业化系列台形成一个强有力的竞争实体，去面对今天这个竞争激烈的传媒市场。

关于专业与综合，对于任何一个单列专业台来说，解决的都是个性与共性的问题。大专业，由各自的具体分工所决定，追求的是属于自己的专业个性；小综合，则是由于我们每一个专业台无论有多专业，都脱离不了自己是新闻媒体这一事

实，这是前提，是先天决定了的问题，共性由此而生。具体到文艺台的情况，就是既要做好文化娱乐的专业化定位以强调个性，又要满足听众获取各方面信息的需要以保证传媒共性，两者同等重要。

文艺台自去年九月份实现节目重新定位、全面改版，至今已半年有余，应该就此做一个回顾，判断得失，以确定今后发展的方向，专业定位方向也就由此而自然确立。

四月初听评节目，原本是对各栏目及主持人做等级评定，但收获是多方面的。

1. 文艺台原有的专业特色性栏目仍在支撑局面，这些“看家菜”为我独有，兄弟台做起来会很累，也不会成气候，甚至根本做不来，如《小说连播》、《午夜拍案惊奇》、《空中笑林》、《评书连播》、《影视广播剧》等，这些栏目是专业特色的基础。

2. 新炮制的部分栏目既符合“娱乐”的定位要求，又属文艺台独家。如：《开心茶馆》、《短信江湖》这两个栏目从内容上看毫无新意可言，但制作形式上下了很大的工夫，加上手机与网络的介入，竟成了创新栏目。

3. 有些新栏目设想很好，也想往娱乐概念上靠，但是节目定位出了偏差，没有达到预期效果，如：《网络生活》。

4. 与其他台雷同栏目难以争出自己的一席之地，如：《一路同行》。

5. 要在时段上造势，在某个时段上的几个栏目相互勾连，形成时段优势。

6. 仍未见有明星苗头的主持人出现。

以上是文艺台对一季度节目听评工作中评委给我们提出的意见，各位评委都是业内人士，且处在一线，又身在局外，所以看问题非常准确，有价值，有指导意义。

其实自去年九月文艺台进行大幅度调整之后，我们一直对新的节目局面进行观察、判断，也进行过一点小的调整。从大专业角度看，文艺台的整体节目构成是合乎文艺、娱乐的专业化要求的，从小综合角度看，新闻、信息服务类，全天有15段整点资讯，早上有信报早读，功能也是具备的。固然，从去年改版至今文艺台未出现突变性效果（其实突变不是什么不好的概念，它首先使人想到的是癌变），但是我们委托央视做的三个月追踪调查显示，我们的收听率在呈上升趋势的变化，听众的年龄结构也有年轻化趋向，不尽如人意之处在于一些娱乐性节目还没有找到准确的定位，或者是没有找到自己的节目形式，有些栏目设置过于庞大，致使主持人在节目制作中暴露出底气不足、节目空洞无物的弱点。

对于文艺台是否还要来一次大的变革、重新定位这个问题，我们的认识是不能。文艺台在长达九年的迟缓发展后最近刚刚有了一点被总台新政策激活的上升苗头，我们弱不禁风，我们禁不起任何风浪，我们只有在目前的节目布局上从细节入手，一个栏目一个栏目地精心改造，使之尽快扮演好自己的角色。因此对具体栏目的改造提出一些想法。

首先要解决的是形式的创新与时尚的风格。

《短信江湖》带来的启示：短信、网络、节目三者的互动，真正意义上的互动，答题本是最陈旧的形式，但在这里出新、不断出新，每半年出一套新游戏规则，借鉴了网络游戏和电子游戏的玩法，借助于互联网的优势，全天24小时不间断地娱乐服务。电台、手机、网络、听众、网虫五个方面的结合，给人的启示是网络的功效很神奇，而且可以为我所用。

《网络生活》、《文艺大点播》都应借鉴和学习，《网络生活》应该真正在网上有自己的存在。《文艺大点播》要创出新的游戏规则，使之形成互动。

《文艺大点播》的听众抱怨最多，出台新的玩法，可基本杜绝抱怨，听众满意度也就提高了，对网络的利用应该是节目创新的思维方向。

《网络生活》要办成网虫节目，但不是灌输知识，而是为网民提供娱乐，网络的力量如此强大，不能战胜对方就尽快加入对方。

《难忘的旋律》如果重新捡起，也要首先解决形式与互动问题，否则便是重蹈覆辙。

时尚问题，体现在两个栏目的对比。《空中笑林》、《开心茶馆》同为相声小品节目，风格不同，主持人年轻化、知识化，有钻研能力，形成一旧一新的对比。

以上形式的创新与时尚的风格问题对传统的文化含量高的栏目最具挑战性，如小说类。

《小说连播》：主要是主流文学作品，只有在选材上多下工夫，贴近生活，反映群众真正关心的生活内容。

《午夜拍案惊奇》：已很到位，但如何互动参与目前的课题，现在正在搞《午夜拍案惊奇》进校园活动，反响热烈。

《子夜柔情》：爱情题材最难，涉及人生观价值观，会出现导向问题，可以意会不可言传的东西是广播之大忌，将来是否保留应该论证。

其次是主持人问题，要培养出属于文艺台风格的主持人，所以只能从目前的队伍中出现，外来的优秀者不会大量产生，培养人才要下真功夫，下真本钱，人员进修、培训，要切合实际（休假制度），不能用人太苦，节目要限量。

还有节目时段构成的问题，如何打造黄金时段，此前考虑周全的是早间和夜间，尤其是夜间几个栏目都围绕一个目标听众群下工夫，看上去很美，遗憾的是至今无创收突破。

以上只是一些粗浅的看法，产生于日常工作中的体会，没有套用诸如“精品战略”或是“品牌化经营”等等现成的理论，但是贴近实际，文艺台的整体框架既定，我们现在需要的是细致地抓好节目中产生的每一个环节，每一个细节，成效会逐渐体现的。

最后，还有一点忧虑。文艺台有一批库存的优秀节目，名声在外，但这个库存近几年几乎没有新增添过内容，文艺台过去有几个栏目曾经出版过书和 CD，但这个资源快要枯竭了，现在文艺台经济创收有了起色，一旦经济情况允许，还是应该生产一些能形成版权的节目。目前尚可能源源不断地成批生产出产品的只有《午夜拍案惊奇》。

奥运报道总结

李　轩

那天雅典归来，陆总、吉主席等多位领导和同事到机场迎接，又献花，又现场采访，让人受宠若惊。幸亏当时还有点理智，否则真把自己当奥运明星了，有生以来第一次！我想这主要是因为我们比较圆满地完成了奥运会的报道工作，并得到了领导们的肯定。

下面我就从三个方面作一简要的汇报。

一、体育台是如何做好雅典奥运会报道的

如果说这次我们体育台的雅典报道得到领导和听众的肯定的话，那么，首先是台领导的高度重视和具体部署，是我们做好雅典报道工作的前提。

从今年初体育广播调整节目开始，也就是我们为准备奥运会报道而开始大量的前期工作的时候，台领导亲临指导，包括主持人的选择任用，新闻直播节目的推出和逐步正常运行等，为奥运会报道打下了坚实的基础。四、五月份的时候，领导就要求我们拿出具体的实施方案，陆总和多位领导分别听取我们的工作计划，现场办公，协调解决相关问题，特别是台领导亲自出马，通过各种渠道，争取到3个记者名额，由3个记者组成采访小组现场采访奥运会，这在我们台可是开天辟地第一次，这也是领导重视和关怀的体现。奥运会期间，汪台、陆总等领导还曾亲自上14楼视察慰问，指导工作，不仅体现了台领导对体育台的关心，对奥运会报道的重视，更是对我们这些战斗在第一线的编辑记者主持人的一种鼓舞和激励。另外，技术中心等全台各部门积极配合，为雅典报道创造了优良的工作环境。技术中心的同志为体育台调试电脑、配备软件、安装工作站、调试接收平台，解决了节目传输的难题；总编室的同志为我们办理出境证；计财部的同志为我们办理外汇，等等，在此一并感谢。

正是因为有总台领导的重视、指导和监督，体育台领导也对奥运会报道格外的投入，在资金紧张的情况下，毅然决定选派三名记者去雅典现场采访，虽然雪梅的证件仅是IBC的证件（仅仅可以在新闻中心活动，不能进入各个场馆），但却解决了北京奥组委在雅典有关活动的报道工作，而这也是我们雅典报道中的一个重要组成部分，也就是说，我和王伟可以全身心地投入到雅典奥运会各项赛事本身的报道工作之中。

第二点，是体育台上下齐心协力。这次雅典报道，体育台破天荒地推出全天18个小时不间断的直播，全天8大板块，节目内容各有偏重，有机相连。应该说这种形式不仅给听众以全新的感觉，为前方的记者提供更直接更方便的工作空间，因为北京和雅典有5个小时的时差，北京时

间的每天下午，我们记者就可以随时报道雅典当地时间上午和下午的比赛，省去了回去做录音的麻烦；而每天早上和上午的节目，主要是报道雅典头天晚上的比赛。这样，听众听我们的广播时，始终感觉我们的报道是最新鲜的，最快捷的。在这里，我还要特别感谢后方的编辑，由于雅典当地的通讯设施特别是电脑网络方面比较落后，我们的许多报道只能是采用比较原始的传输方式，后方编辑接到我们的录音报道以后，还需要再剪辑和整理，然后才能播出，无形中增加了他们的工作量，特别是凌晨四五点钟，工作非常辛苦。所以说，体育台在雅典奥运报道的成功中凝聚了全台编辑记者共同努力的心血。

第三，介绍一下我们在前方是怎么工作的。在去雅典之前，我们三人已经有了简单的分工，到了雅典以后，每天晚上，我来牵头，再根据赛程特别是中国体育代表团有可能夺金、夺牌的项目布置第二天的工作。现在统计出来，中国代表团 32 枚金牌，我们只落了三块，也就是特别冷门的朱启南、贾占波的两块射击金牌和孟关良、杨文军的一块皮艇金牌。据台里的统计，这次奥运会的报道，我们三人共发回两百多篇报道（这还不包括我们报道组给外地兄弟台的节目和给《北京青年报》和广播节目报的文章）。我在这里不夸张地说，17 天的比赛，我们几乎每天都是超负荷地奔波工作，要说不辛苦那是假的。但是，现在回想起来，我们每天都是在兴奋中度过的，所以当时也忘却了劳累。而且我们三个人身体都挺健康，确保了我们的工作顺利完成。

王伟和雪梅都是从生活台转过来的体育记者，通过两年多的学习和实践，已经能够胜任体育台的常规报道。到了雅典之后，两人很快投入到正常的雅典报道工作中。实事求是地讲，他们在一些体育的专业知识方面还有待于提高，特别是一些业缘关系不是很多，但是他们工作非常认真负责，肯于钻研，积极努力。像王伟，在赛前已经做了不少案头准备，积累了很多的专业知识，所以进入角色很快，发回的报道也很讲究，尤其是几次直播节目，赛前都有设计，节目很饱满完整。比如刘翔、罗雪娟的现场报道，魏宁女子双多向飞碟夺银的现场直播都非常出色，听众对他的报道给予了高度的赞扬。雪梅到了雅典不久，很快就与北京奥组委建立起了非常密切的关系，所以，北京奥组委的消息，我们的报道比起其他媒体都要充分和完整。雅典报道工作的一个重要组成部分，就是北京奥组委有关活动的报道和中国代表团团部的一些消息，而这些都让雪梅一人包了，应该说，她很出色地完成了任务。

下面来说说我自己。从 1985 年底调到电台，我干体育记者已近 20 年了，我采访过全运会、亚运会、世界杯足球赛，还有一些单项的世界锦标赛。恰恰没有采访过奥运会，前几次奥运会我都是在家值班，要说，这也是我作为一名体育记者的遗憾，所以在 2008 年之前报道一届奥运会成为我的一个愿望。我这次有幸去雅典采访奥运会，说实话，我非常珍惜这次采访机会，很想把这次工作做好，所以赛前我收集了大批有关奥运会的资料，与可能需要采访的体育总局、一些运动队的相关人士提前建立联系，并和兄弟媒体确立合作关系等等，各方面我都做了充分的准备。

到了雅典以后，很快就投入到了紧张的工作当中，由于有近 20 年体育记者工作的积累，一般的专业知识是具备的，更重要的是，我有比较丰富的业缘关系，所以工作起来比较顺利，只是因为经常需要直播和现场报道，这对我来说是一个考验。坦白地讲，我最初解说射击、跳水等项目的比赛，仅仅是作为一名观众对赛事进行简单的叙述，但我很快就意识到这样平铺直叙的解说，很难引起听众的兴趣。我觉得我不是专业的体育解说员，没有必要顾及音色是否动听、语言是否专业，我们传达的不仅是中国体育健儿为国争光的过程和成绩，更重要的是宣扬他们不畏强手、顽强拼搏的精神。在奥运会这个没有硝烟的体育战场上，中国健儿为祖国的荣誉奋勇拼搏、屡创佳绩，作为一个中国人，我感到无比的骄傲和自豪。中国体育健儿的拼搏精神时时刻刻激励着我，他们的辉煌成绩分分秒秒地鼓舞着我，作为一名在前方报道的记者，我无法平静自己的心态，我全身心地投入到了采访报道中，我对祖国的热爱，对体育的钟情，对中国体育健儿的崇敬，对听众的责任心，甚至包括对发展中国体育事业的使命感……统统融入到了我的报道和转播中，可以说完全是真情流露、激情迸发。再加上在每个赛事的转播或现场报道前我都有比较充分的准备，所以不仅是解说和报道语言流畅了，而且往往能超水平地发挥。也许有人会说：李轩，你是不是话说大了、过了？我想如果您收听了我的转播和现场报道，您就可以理解我当时的工作状态，如果没有上述的情感、责任心和使命感，我不会有这样的表现。也许正因为如此，我与听众产生了共鸣，受到了听众的肯定和赞扬。

不瞒大家，这两天我听了我的几个转播和现场报道，我好像又回到了那个如火如荼的奥运会赛场，回味着我当时的工作状态，尤其是当我看着五星红旗冉冉升起、跟着高唱国歌的情景，仍然是热血沸腾，热泪盈眶。

在这次报道中也有一些不足和遗憾。

1. 为了省钱，不敢经常直播，许多采访不能在第一时间播出；

2. 业缘关系还不够广泛，有些项目采访起来相当困难，像体操、田径、击剑、水上项目等；

3. 和中央电视台、新浪、华奥星空、《中国体育报》等强势媒体的合作不够紧密，往往是私下的相互帮忙；

4. 赛前的准备还不够充分，一些项目还有些生疏，一些技术设备的准备不够，不免影响了报道和节目的质量；

5. 为了省钱，也为了扑重点项目，疏忽了一些项目的追踪报道，像帆船帆板、皮划艇等水上项目，包括在距雅典200公里以外古代奥运会赛场进行的田径比赛，我们都没有去人，也失去了瞻仰古代奥运会赛场的机会；

6. 我的转播和报道倒是真情流露、激情迸发，但是似乎还应该增加技术含量，以后需要不断改进提高。另外为了有时间多采访、多录音，而忽略了撰写综述和评论文章，不免有些遗憾。

二、有何体会，对2008年的广播报道有何启发

1. 举办奥运会，对各行各业来说都是一个巨大的商机。希腊雅典通过举办奥运会，获得了巨大的经济收益，这是毋庸置疑的。在这里，我只说说广播媒体。我感觉，通过举办奥运会，广播媒体完全可以和世界上众多的强势企业和商家建立联系，创造财富。我在雅典有意识地收听了一些广播，并采访了当地有关人士，据了解，雅典当地有多家体育广播，广告在节目中的播出都很频繁，而且大都是国际奥委会或是雅典奥组委的合作伙伴的广告。他们的广告词就几句话，与电视广告相吻

台，耳听能熟。设想一下，如果我们的电台，经常播出的是可口可乐、阿迪达斯、日本松下、韩国现代这样的广告，将提升我们电台多少知名度？由此我想到我们体育台，作为2008年奥运会东道主——北京的一家专业体育台，前途是无量的。体育广播应该成为今后四年北京电台新的经济增长点，所以希望在体育广播的投入上，台里应该有一些政策措施，这一点或许台领导也已经考虑到了。

2. 体育新闻界的竞争日趋激烈，只能迎刃而上，才可能有立足之地。我们应该依托一些强势媒体，利用各种资源，在竞争中有所作为。比如和中央电视台、新浪、华奥星空、《北京青年报》、《体坛周报》等媒体的联合和互动，使我们和他们的合作不是弱势和强势的对话，而是强强联合，那么，“北京体育台”这一品牌不仅可以在广大听众中树立良好的形象，而且可以在中国的新闻媒体中抢占一席之地。

3. 工欲善其事，必先利其器。现在媒体的竞争很大一部分是科学技术的竞争。中央电视台机器设备相当先进，中国国家电视台的老大位置不可动摇，其他地方台很难和他们对抗和竞争。法新社、路透社和新华社在稿件、图片传输上都相当快捷。中央电台、上海电台都使用数码录音机，现场录音、剪辑、复制、通过电脑即时传输，两三秒钟家里就可以接受得到，方便快捷，真让我们羡慕。在这里我要解释一下，常青说曾经有厂家来我台推销数码录音机，但是没有引起我们的重视，只有新闻台买了一两台。如果我们也使用数码录音机，保证如虎添翼，工作更加出色。另外还要提到的是，体育广播的播出效果不好，听众意见很多，幸好这种状况不久就会改善了。

4. 与其临渊羡鱼，不如退而结网。体育报道是需要业缘关系的，而业缘关系需要平时的积累。为了报道的深入、全面，我们的记者应该经常深入到运动队，有意识地和教练、运动员建立关系。美国的胖记者，北青报的李晖、杨毅，和教练运动员相当熟识，沟通无障碍，工作很方便。还有就是花钱买新闻，如南方一家体育专业报，花钱买断教练、运动员的独家报道权，虽然这种方式有待商榷，但他们却得到了许多独家的新闻，被其他媒体所羡慕。在这方面，由于我有20年的积累，可以自豪地说，不仅没有耽误正常的采访，而且像中国体育代表团的所有领导，我都采访了一遍。其中包括对刘淇、王岐山、袁伟民、何振梁、徐寅生、李富荣、段世杰、何慧娴、肖天、崔大林、孙康林等领导，我都面对面地采访，并且大都是独家的。另外，像对蔡振华、李永波、许海峰、高健、黄玉斌、俞丽桥、刘国梁等著名教练员的采访，还包括对刘翔、张怡宁、冯坤、郭晶晶等金牌运动员，我都是在第一时间采访到的。现在想来，这些都是和自己20年来注意和体育圈内始终保持良好的关系有关，我们的雅典报道工作比较成功，也正是得益于此。为了2008年北京奥运会我们的报道能够更加圆满成功，我们是不是应该有意识地督促我们的年轻记者，并且为他们创造各种条件，让他们发展这样的业缘关系，而这是需要一定的资金保证的，也请领导考虑和支持。

5. 我们广播具有独特的优势。大家知道，现在的电视转播，往往要延时，不能同步，但在广播中我们完全能做到同步。比如这次我们的所有现场转播都是同步转播，比中央电视台的延时转播要快，也就是说，听众已经知道结果了，而电视观众还在焦急，因为电视还没转播到，这样我们的转播吸引了不少电视观众；另外，比如张怡宁的乒乓球女单决赛，由于有广告没有直播，等广告播完后方的主持人马上打通电话，第一句话就问，结果怎么样啊？焦急得不行，听众也跟着着急，要求我们赶快开始直播，可见听众对我们的依赖。这就是广播最大的优势——更快、更直接。在北京2008年的奥运会，我们一定要抓住我们广播独有的优势，去和其他媒体拼时间、拼速度，以达到舍我其谁的效果。

三、雅典报道中，其他媒体是如何做的

1. 首先是集团式联合作战。

《中国体育报》联合新浪网和华奥星空；

“晚报联盟”联合全国各地的晚报；

《北京青年报》联合全国40多家都市报系列以及搜狐网，我们也在其中；另外，还有一些地方媒体也进行了多方位的公开和不公开的联合。

以上各种各样的联合的目的只有一个：达到资源共享，互相拾遗补阙。在这方面，我觉得广播应该有自己的优势。

2. 技术先进。

3. 分工细致，各负其责。

4. 提前策划，提前制定选题，集体完成。

5. 提前进行实战演练。

向科学大家学“科普”

刘国庆

现代“科普”像我们的传媒一样，充分考虑到现代人自我意识增强的特点，从传播者本位转向受众本位，“公众理解科学”这一概念的引进使我们更加关注“向公众传播科学知识，普及科学思想，弘扬科学精神，介绍科学方法”——从宣传知识到兼顾人的观念，从以传播者为本位到以受众为本位，这实质上是重新关注科学对人的观念的影响。“科普”这种经常被人们误解为硬的、冷的、理性的、客观的东西正在变得柔软而有个性，变得有了艺术的品质，变得有感情，有温度，有情趣了。它使科普有了一张笑脸，而且，这种笑有了内在的依据，而不是微笑地作秀。领会科学精神与人文精神的融合，是做好科普的最重要之处。

2000年到2001年，似乎成了一种热，有关部门相继邀请一些诺贝尔奖获奖者来北京传道。经过努力联系，我相继采访了中国科协、清华大学、北京市科协等单位组织的一系列科学演讲活动，制作了“和科学大师对话”的系列节目。其中包括美国著名的费米实验室原主任莱昂—来得曼教授等“科学传播”一组；李政道等“科学与艺术”一组；丁肇中一组。几位诺贝尔奖获奖者同时又是热情的科学普及者，他们所具有的科学精神、科学思想，以及他们对科学的深刻的理解、卓越的阐释使我对于科普有了进一步的认识。

二

丁肇中教授的那场科普讲座，题目是《发现宇宙中的新粒子》。教授的演讲构思精妙，深入浅出，又富于人格魅力，兼有科学家的本色和科普家的魅力。

这是一次难得的采访机会，教授的演讲以及某个细节都可能是宝贵的。录音自然是从演讲开始之前、从与兄弟单位的记者一起布置话筒时就开始了。两个小时的演讲，聆听，感受，捕捉，构思。没有单独采访的可能，也没有事后找补的机会。但是，对于一个有准备的记者来说，已经不能抱怨教授的给予太少了。

概括丁肇中教授的演讲，有一明一暗两条线索。明线是题目所给定的，包括解释题目的“是什么”和“为什么”，介绍科学发现、实验的过程，获得诺贝尔奖的情况，回答听众提问等环节。作为一般意义上的“科普”，阐释科学发现而不只是简单地介绍知识，这或许已经足够了。

但是，我还找到了一条暗线——教授通过对科学发现过程的解释而阐释出的自己对科学的看法。这更多表现在一些看起来与主题关系不大的“闲话”里面。

诸如：每次实验之前，他一定要听取物理学界其他前辈同行的意见，但是，“决不要听他们的！”——说这个时，他甚至俏皮地做了个怪样。

诸如：他说：“确定了这个题目，花了这么多钱，本来要得到这个，结果却得到了那个。在科学上，经常是这样的。”

诸如：他认为：“作为一个实验物理学家，我认为你一定要记住，在科学上只有第一，没有第二，第二就是最后。所以你要做一个实验物理学家的话，你一定要花百分之百的时间只做一件事情。”

诸如：在我提问：“作为一位科学家，刚才，面对中学生和非专业人士提出的幼稚的问题，是不是觉得有必要为此浪费时间？”

教授回答：“刚才，有幼稚的问题吗？”

我想，这些看起来与科学知识无关的“闲话”，可能是教授更想表达的。他想说，科学本身是一个发现的过程，科学上取得的一些成就在最初时往往不是为了功利的目的，科学的道路是一条创新的道路，要注重基础科学的研究等等。

教授演讲的第三条线索，是话语之外的。包括教授演讲本身的思路，阐释思想、表达问题的手段——就是科学家是怎样想事的。这是宝贵的现场演示，它显示了科学家的科学精神、科学思想与科学方法。我把它们都作为节目的组成部分。

然而，我还找到了第四条线索，是笼罩在以上三个层面之上的科学家丰富、动人的人格品质。我把这些理解为科学家的人文精神。

这第四条线索，由我——记者转述。是通过记者在演讲现场捕捉到的一些细节和主观感受表现的。我用这些广播所看不到的细节、听不到的话外之音来凸显主题点染全篇。那是一个个多么珍贵的细节，多么深刻的细节！我想，任何一个有经验的记者见到、听到这些细节都会心花怒放！

在节目里我醉心地叙述这些细节：

“演讲开始，丁肇中走进国际会议中心的大厅，观众一阵热烈的掌声。他走上讲坛，站在投影仪前，记者们准备的话筒就落了空。他耐心地等候着移动话筒，然后，开始说‘陈佳洱主席，女士们，先生们’的开场白。然后，他似乎不习惯自己成为灯光的焦点，停下来，抬头躲避着天花板上晃眼的灯光，说：‘能把它移开吗？我又不是总理！’”

“从美国赶到中国作报告，他的提包

里有一张幻灯片是参加他的实验的中国物理学家的名单。整整一张篇子，他把它展示给在场的听众。”

这第四条线索，其实是我最想说和最应该说的，也是最重要的，它是四条线索中的主帅。《听丁肇中教授讲科学》这个节目，获得了2003年北京市首届科普作品一等奖，被评价为是“思想与艺术较好地结合”的作品。这个节目首先获得评委好评的，是它的化高深为通俗。我自认为这篇科普作品比较职业的地方，也许就在于它揭示出了科学家的深层次的精神品质——对于人和人的创造力的尊重以及对于人类历史、社会的关注，也可以理解为科学家的人文精神吧。

这样，我就用丁肇中教授漂亮的演讲完成了我的主题。教授的演讲成为我的主题的例子，成为我揭示人物精神的材料。

这四条线索可以看作是作品的结构方式，但是，其实，它正是主题的多层面所要求的。四个层面的侧重是不同的，但每一个层面作为一条线索的持续都是顺畅的、完整的。从知识层面上看，它基本保留了专业重点，使专业人士得到满足，又突出了科普作品应该张扬的东西，不同层面、不同要求的听众可以从不同的层面上获取自己所需。

二

2000年，诺贝尔物理奖获得者、美国著名的费米实验室原主任莱昂—来得曼教授应中国科协之邀，在中国科学会堂作科普演讲。轮到来得曼教授演讲时，突然发现会堂舞台上投影仪的连线被人踢断。只好用一台备用的小投影仪。仪器放在一把椅子上。教授80多岁，白发飘飘，穿一件大红毛衣，边放幻灯片边演讲。他的个子那么高，而椅子却那么低。他讲着讲着，便跪在了台上，仍然投入地讲。

这一跪，有多么丰富的内涵！它生动地显示了科学家的性格、人格和精神！显示着科学家对于科普的认识——科普，科学家，诺贝尔奖获得者，并不像我们印象中的那样高高在上，高不可攀！对于一些只崇拜诺贝尔奖这个名字的中国人来说,诺贝尔奖与“跪式服务”，是一种反差！

当时，在场的十多位摄影记者立即从座位上涌到台前拍照。第二天，我留意了各报发的照片。除一家媒体以“诺贝尔奖获得者的跪式服务”发了一张特写之外，发表的照片居然全都抹去了教授跪着的部分，只有教授的脸。似乎教授跪在台前，只是为记者拍照提供了方便！

我想，如果我们的同行能从科普的精神内涵和科学家的人文精神的视角出发，在作这一类报道时，可能会少些遗憾。

三

与节目的内容特点相融，《听丁肇中教授讲科学》在节目形式方面也有一些更加人性化、个性化的尝试。

这个节目，其实是没有章法而自成章法的。因为它是对于演讲录音的再创作，中间没有记者与被采访人的直接交流；因为它是专业性很强的科普演讲，中间需要不断解释、概括；因为要捕捉现场细节，又要发表记者的感受，所以，在整个节目中，主持人的插话和说明是必不可少的。在这个节目里，我的说起到的就是一个现场解说的作用。从身份来讲，是主持人、记者、解说、播音几个功用兼而有之。

想当初，我一直认为自己的丑嗓子上不了台面，几乎是被赶着做起了主持人的。作为一个记者出身的主持人，我的嗓音不大也不亮，声音还不可救药地没有高、低频，所以，我喜欢或者说只能用比较柔和的聊天方式主持节目。说实话，一旦做起主持人，我还是非常醉心于主持人的工作状态的，因为我觉得自己有话说。对于诺贝尔获奖者演讲这么大的选题，这么长的篇幅，甚至我自己都觉得我的说不够大气。但是，也许正因为如此，这个节目在科普节目中听起来比较少见，比较通俗，比较感性，也比较亲切。

弥补自身的弱点与发挥自己的长处做好了，有可能成为主持人的个性。这往往是在不知不觉中进行的。对现场细节的捕捉与描述，对于观念、知识的概括，与其说是因为节目的需要，其实，换一个主持人，也可能是另一种做法，比如，换成述评式的、新闻专题式的做法，或是与科学幻想交织等等。这里，所谓个性化，其实也真是出于个人的所长与所好，出于个人的无奈。

我不仅是一个嗓子不好的人，还是一个比较简单、比较感性的人。这种人似乎与严谨、客观、理性的科普无缘。然而我的确是经常做科普节目。我是把自己喜好的文学、艺术的手法运用到科普作品的主持中来的。多线索的叙述，白描，点染，色彩的运用，等等，的确是文学的表现手段；而聊天的主持，其实也是一种带有评话这种民间艺术特点的形式。把他们运用到节目中，可以弥补广播主持人节目视觉上的缺陷，并形成自己的风格。加上对于科普理念有一定了解，对节目内容下了一定功夫，对主持，对节目采、录都比较用心，所以，我主持的节目也还可听、流畅。

根据采访现场的多种情况酌情处理，也可以成就主持人的个性。

在采访莱昂——来得曼教授那场演讲时，演讲人用的是英语，专业性很强，现场同声翻译没有功放，要用耳机听。演讲没有稿子，即使有稿子，制作时主持人念也不如现场音响好。再说，哪位主持人能那么熟练地翻译出那么专业的科学演讲呢！要想后期采访更是没门儿。几条路都堵死了！可我舍不得！我急中生智，把小录音机的小话筒贴在同声翻译耳机的塑料泡沫套儿上，居然也录到了很好的声音！而且，扩音器里放着演讲者的讲演，声音大而远，成为背景音；耳机里的声音小而近，正好成为听众需要的主要的声音源！我甚至还趴在小话筒上现场作了解说！节目呈现一种模拟现场报道的感觉。在制作这个节目的时候，听到清晰的声音，听到那种逼真的现场感，我真是心花怒放！

应该说，这些手段不仅适用于科普节目，但是，运用在科普节目里的时候，就不仅是平时我们所一贯坚持的为听众着想的传统，而是更显现出现代科普的人性化理念——这一点在内容与形式上完全是一致的。

广播“科普”——由声音构成的笑脸，这样的节目是可听的。

音响的返璞归真

——说采录和保留“天籁”

刘国庆

话说得可能孤陋寡闻——因为不了解同行大局。但不妨说说看，或许有用或有趣。

春节前参与编辑台庆55周年节目，得以对本台收集的55年来的部分音响资料粗粗“浏览”一番（我台目前使用音频工作站储存音响资料，只要是已经输入的，调出来比较便当）。这些音响主要是本台记者采制的节目，也有收集来的重大历史事件的音响资料。不仅弥足珍贵，而且颇具魅力——其魅力远非文字图像所能描述。

“原生态”音响

天安门开国大典的直播，领袖的讲话永远是广播珍贵音响中的经典，然而带我进入那个情境中的是那段音响中的所有信息——包括我们所说的“杂音”！比如那个1分40秒的“空播”！那是在等待放礼炮的时候。空当里，没有人说话，但听得出“人声”。今天听来，能够感到当时城楼上的紧张、期待和兴奋，礼炮鸣响提供的空间的距离和层次，还有那个时代的广播器材特有的简单！历史感、亲切感、真实感就是这样。这是历经弥久以今天听过去而发现的录音资料的一个优势，是以往我没有注意到的。这一点今天我们无法复制和假装。内容我们且不去说它，就说形式意义上的音响，这些历史音响中的“原生态”。

于是有一种感慨：以往，我们的话筒或许因为指向性过于明确，而漏掉了一些本不该漏掉，或者本来更应该拾取的声音。换句话说，也许我们本该倾听的就是“原生态”。

还要看怎样想音响这东西。现在我们的广播器材先进多了，话筒的指向性也更强，这在技术上是进步。但是我们怎样使用这种进步？我们是不是因为话筒指向性强了，录音单纯、干净而清晰了，音响也反而变得简单、单调、苍白、失真了？

音响里的人声，是真人吧。那真人不仅会说话。

记得当初听苏京平老师采访长江发源地第一系列的广播特写节目，曾经最为动心的一段录音，是他自己的一段独白。可能是很随意的，是他在采访中的一个休息，似乎他是坐在山路边。他说：“前边路还远，天又黑了，鞋也坏了，只能是往前走着看了。”话说得很低，像是自言自语。压着话的，似乎有山风吹过，有他疲惫的心跳，有日暮途穷行路者的艰辛。那种真实的、带有质感的声音很揪我心。估计错过了那种“机遇”，便不再会有这种动人。

全息音响

在改革开放初期，街上流行过红裙子，街上又流行过黄裙子。在纪念改革开放20年时，北京市办展览，想展示一下这20年人们生活的变化。但是，以政府之力寻觅，竟没有找到红裙子、黄裙子们的照片。此事并特意在展览的文字里说。那人们就想，当初拍照时应该多留意。穿裙子应该属于民俗方面的事。同样，就提醒我怎样想资料的价值与存舍。

庙堂之音，殿堂之音，民间之音，市井之音，历来是我们采录的主要题材，然而往往为主题或者节目时间所限，主题之外的声音是录音者所不关心的。提炼主题，筛选素材是保留丰富音响的天敌。主题之外的音响或者在采访时就被关在了话筒之外，或者在制作时被删去了，或者，在保存时被忽视掉了。你看那朵花时有种激动，花的香气和气质是看不见的，但是看到花会让人想到香气、欣赏到气质。如果只有构成植物的分子式，花在不学化学的人的眼里恐怕就只是玻璃器皿。

以我熟悉的自己的节目说事可以简省一些：《到黄松青老人家串门》，曾经有前辈听了就问："是用什么机器录的。"自己每听到这个节目，也觉得音响十分的丰富，曾经细数里面出现的声音有多少种。只觉得很多，但数得出的也不过几种。天上鸽子飞出了鸽哨，水壶里的水开出了蒸汽，屋门用弹簧绷紧了，开门添火时发出了"吱拗"，等等。这些音响用后期合成，或者用效果资料绝对做不出。

其实，录进话筒的还有那些数不出的声音，这些"显性的"与"隐性的"音响共同构成了一个比较真实的"声音场"。我想，这可能就是电影采用同期声录音的妙处。听起来真的是一个串门儿，是在北京的一个人家串门儿。是真的声音！只是觉得好听。在录音时，我自己也没意识到，我的周围有这样丰富、动人的声音。我在听我自己做的《田大爷和他的后老伴》的时候，觉得意犹未尽，觉得又干又艮，有不舒服、不对劲的地方。我没做出在老田家串门时候的那种温暖与感动。

我现在听一些记实性的报道，谈话、文字都很感人，可是觉得"不真"，觉得愣，似乎有一种人为的阻隔随时在提醒我们，这不是记实。细想，也是录音太干净，太有选择。

印象中新中国自建国以来就很注重政治。但是，听五十年代的录音新闻，其实非常"过日子"，即使是年终的新闻通稿，也非常形象。再过五十年，后人翻检今天我们的作品，不知是否会寻找红裙子或黄裙子？

"无主题"音响

我曾经抖过一个小机灵儿，在我的节目《金色筒子河》里放了一段我在家趿拉木趿拉板儿的声音。我的节目是和中老年做伴儿，我说话的结构像藏族人的发辫，分分缕儿又扎一块儿，又分分缕儿。只要听众喜欢听就行。我总想让我的听众进我的套儿。趿拉板儿他们熟悉，可老长时间没穿了，那声儿他们也老长时间没听了。我在夏天的早上，在平房小院儿的砖地上轻轻趿拉着趿拉板儿，夸拉儿夸拉儿地走。我把这声音录下来，剪辑好了放给听众。好像没题目，没主题，没故事，我也没多说话。我就说，您听听这是什么动静，然后轻轻笑了笑。听众就记住这个声儿了。他们来电话、来信，说他们喜欢这个节目，然后，说了一堆趿拉板儿的事儿。这声音把他们的感情和回忆都带回来了。但这个主题和感情都是听众自己听出来的。这是说音响的内涵与感情，是说音响也可以单独使用，成为节目的内容。真是很好玩的。

感受天籁

《家园》是我一高兴试着第一次做的一个所谓广播特写。由于采访的时间长达一个月，又经常在活动中、在风霜雨雪中、在夜里，所以，很多段落是用非专业的小话筒采录的。这个节目当然很不成熟，但是，有些音响不妨看作是冥冥之中，小话筒在提示我们，天籁本身的丰富、层次与美妙。这是在我为自己浅薄的主题采录之后，听素材时意外发现的。

那一年的12月，一个月内下了四场雪，因为经常是下班以后赶到后海边上，录音多是在傍晚。暮色笼罩的湖面与浓雾弥漫的长空浑然为一；暮色中，不知不觉雪花飘飞，与最初的路灯光交接如流萤般闪烁。这种浓厚沉重与轻灵同样令人内心震撼。周围是宁静的，是水边一天中最安静、最温暖、最感人的时候。然而，对于一个广播记者来讲，安静中的感动只能用口播来转述。我就是这样做的。抑制不住在大自然的震撼面前内心的感动。然而，大自然却是有声的，即使在它显得宁静的时候。最动人的是那种若宇宙茫茫又浑然为一的、如冬夜冰湖上的浓雾一样弥漫的天籁。其氤氲之大境界本身即是绝响。在以后听录音时，我才发现，原来，宁静中的大自然的音响是那样美丽！它绝不像那些蹩脚的音乐制作者，标榜专门采录的某些名山大川的溪流，某些风声，某些什么那样真实得太假。一个秘密是，如果仅仅用人耳，是无法听到这绝响的，如当时正在刻意录音的我。前些时看一部电视片，一位摄影记者说了这样的话：有时候，我还没看清面前的东西，我的镜头却看到了。正是这样！作为一个广播记者，经常有这样的时候：有时，我们在一个安静的现场，比如在大自然中，我们忽然觉得这儿有什么深深打动着我们。我们只是觉得不对，还有什么我们没有弄明白，还有什么好东西没有录到手！不对，我们还不能走！但是，一时并没有反应过来。但是，这时，话筒开着。过后，我们会从无意中录下的声音里，发现当时感动我们的那些声音，并且明白了当时是什么感动了我们！我们自己没有明白的东西，我们的话筒会记录下来并告诉我们！这真是我们广播的优势所在！是广播记者的福气！

广播的录音效果一定经历了由粗糙的、自然主义的到逐步干净的、有选择的技术进步过程。提出所谓感受天籁之音是一种自觉的返璞归真。像不像发烧友追求高保真？我甚至盼着有那样一种话筒，它像摄像、拍照的镜头，可以拉长到需要的景物给一个特写——这样的话筒可以放大拾取天籁中的某种音响，而不只有滤掉某种音响的功能。

广播记者天生对声音敏感，开始，我们为采录到被访者的一颦一笑感到兴奋，继而，我们有意去捕捉自己内心设定的声音，终于，我们意识到大音希声然而毕竟有声。与文字的、图像的甚至电视的媒体相比，广播由于声音是它唯一的表现手段，由于它对于声音的注重与追求，由于它采集音响的方式的自由灵活，因此，广播对于音响可以有更高的追求；广播音响的审美随着记者认识的不断蜕变可以有更高的境界；音响不仅是广播的形式，它本身也应该更多地成为内容而打动听众的心灵。

对于一个广播记者来说，采录天籁，这也许是一种另类的想法，但是，在某些时候，就某些节目，对某些人来说，这样想也可能有趣、有用抑或有益。

交通广播新闻性访谈节目主持初探

——主持《1039 茶馆》有感

王世玲

北京交通广播《1039 茶馆》节目正式开播于 2001 年 1 月 1 日，是一档以社会热点为主要关注对象的新闻访谈节目，先后有多位交通广播的主持人参与主持。节目设置最初为每周播出两次，后扩展为每周五次，节目长度 20—25 分钟。

开播三年多以来，《1039 茶馆》不但以众多优秀的广播节目作品赢得了广大听众的认可，更由于其在选材、制作上的独到之处在交通广播众多栏目中脱颖而出，受到了领导和专家的好评。仅以播出频率最少的 2001 年为例，我和搭档牛力负责的约 50 期节目中，就先后有三个作品获得中国交通广播奖一等奖、北京电台主持人展播最佳奖、电台十佳节目评选优秀奖，有三个作品入选电台《七台精彩节目联播》播出，此外，还有更多的作品获得北京广播奖等台级、部级优秀节目。

作为该栏目的主要参与者之一，总结几年来该栏目制作播出的过程，可以看出做为交通广播唯一的一档新闻访谈节目，《1039 茶馆》在以下几方面具有鲜明的特色，进行了有益的尝试。

一、紧扣社会热点，全方位参与对时事新闻的关注

北京交通广播作为车上收听率在京城独占鳌头的新闻媒介，向受众传达及时准确的信息是它的首要任务。而执行并完成这一任务的不应该仅仅限于几个以“新闻”字样挂牌的栏目，更不应该只局限于某几种新闻形式。我们认为，在新闻事件面前，只有发挥全体主持人的新闻敏感和各个节目的不同特长，一个传媒才能在公众面前树立它“一棵菜”的整体形象，从而打造它的权威地位。与此同时，在新闻素材的选择上，北京交通广播正在尽快摆脱以往在交通行业以外重大新闻上的游离状态，在属于全社会范畴的热点、焦点事件上推出自己的声音，树立首都专业电台与自身地位相匹配的独特风格。

2001 年 7 月 13 日，中国申奥成功。出于对这一重大事件的正确认识，《1039 茶馆》提前准备，精心策划制作了 3 集系列报道《我的 2008》。分别从赶来京城庆祝申奥成功的外地出租司机、梦想到 2008 年开幕式上抖空竹的老北京人等不同角度，立体地报道了不同职业、不同年

龄的中国人对于奥林匹克的向往，对于国家昌盛的喜悦。特别是 7 月 13 日当天，记者从清晨到深夜一直开启着采访机，同步记录了北京人 24 小时的期待、盼望和激动。在这个报道中，无论是李素丽、张明敏这样的社会名人、演艺明星，还是在街头狂欢的普通百姓，《1039 茶馆》都是真实地反映出了他们在这历史瞬间的心声。此外，在十六大、第二十一届大学生运动会、建党八十周年这些重要的时刻以及和四环路、五环路工程全线贯通等具有特别意义的日子里，《1039 茶馆》都能从全新的视点，以敏锐的反应为听众送上一个个精心之作。

二、突出交通广播专业特色，强调专业新闻话题的首发、首报

一个专业新闻单位对于专业新闻题材发布的及时性和权威性是构成它节目含金量的重要组成部分。三年来，《1039 茶馆》在这一点上进行了不懈的努力，其中，颇具代表性的堪称对自驾车周游全国的一对老夫妇的报道：《看遍四海夕阳红》。

佟帆、王庭钰夫妇都已年过花甲，1998 年起，他们驾驶自家的松花江小面包走遍了祖国的大江南北，几年来，已经跨越了二十多个省。2001 年重阳节前夕，刚刚远行归来的他们走进了“茶馆”，带给听众一阵阵爽朗的笑声和现代老年朋友积极向上的人生观。节目播出后广受好评，并引发了中央电视台、北京电视台等新闻媒体的关注。2002 年 8 月，听完报道深受感动的哈飞公司将一辆新下线的“赛马”轿车赠送给老人，并将老夫妇原来的松花江小面包留在了哈飞博物馆收藏；而北京交通广播也将这对老人聘请为特约信息员。此后，《1039 茶馆》开始采用同步纪录的方式报道两位老人一次又一次的自驾车之旅，老夫妇的“全国路况信息”从东北报到西藏，他们本人成为全国各大媒体竞相追逐的对象，而《看遍四海夕阳红》也因此成为一个丰富的系列节目，成为了一个节目品牌。

三、制作手法精良，风格独特

常规的访谈节目具有广播节目的亲切、灵活等诸多特点，能够很好地体现主持人的个人风格和驾驭话题的能力，但是，这一形态传统上在音响和制作手法方面表现比较单一。对此，《1039 茶馆》能够根据不同主持人的特色，通过不同的制作理念，传达给听众不同于一般访谈节目的各具风格的广播作品。

三年来，《1039 茶馆》中的众多节目由于音响素材和音乐的妙用而锦上添花，使听众感到情景交融、相得益彰。

2001 年 5 月，《1039 茶馆》为全国助残日制作了一期特别节目：《对话》。16 岁男孩王冠中自幼患有重度神经性耳聋，双耳几乎没有任何听力，但是他却凭借着顽强的毅力，不但学会了看口型说话，而且品学兼优。15 岁女孩于梦乔是个健康的孩子，酷爱音乐，钢琴已经通过九级的她无法想象一个没有声音的世界。对话完全在两个孩子之间展开，不但没有主持人的插话，连话题也没有经过任何成人的“指点”。节目中，王冠中略带特异的声音与于梦乔轻快活泼的语调形成了鲜明的对比，而主持人对于聆听他们不同话题的不同心情，以及作为节目制作者要传达给听众的种种感悟，基本上都借助了音乐来表现。

我们选择了电影《阿甘正传》的主题曲——首先因为那位电影主人公的身份同

样是残障人士；其次，它舒缓柔美、又大气回肠的旋律完全能够体现残障人士自强不息的拼搏之路，以及社会对他们的理解、尊重和关爱；最后，这段乐曲演奏的乐器是钢琴，它清丽的音色但是其中一位主人公形象的再现，同时为这个略带哀伤的主题增加了一份明亮色彩。

我的搭档牛力用了整10 个小时来合成这段总长 23 分钟的节目。后来，有听众打来电话说：这分钟，他一直在含着泪微笑。

四、勇于探索 敢于创新

个节目构架来讲，对于交通的一档新闻访谈节《1039 茶馆》还是表现手法都与众目，无论是具体运作当中不断探不同，这介的激烈竞争更要求它索；而新求异，求得听众和市场在访所以，《1039 茶馆》在它的追求的是平淡当中蕴含的热捕捉的是普通人、平凡事中的煌，这个原则决定了栏目在视角必独特，在手法上必须新颖，在制作上必须精良，在嘉宾人物选择上也必须常常“出人意料”。三年多来，不论是只会看口说话、永远也听不到自己节目的聋孩子还是纵论国际风云的著名军事专家；不管是开野外生存用品专卖店的瘫痪女孩还是为足球几乎倾家荡产的出租司机，在《1039 茶馆》谈天说地的男女老少，都以他们独特的魅力征服了听众，也组成了“茶馆”艰难的创新之路。

2002 年，《1039 茶馆》与北京电视台《文化北京》节目联手，首创北京交通台广播电视领域的立体化全方位合作。在为期一年的合作期限内，《1039 茶馆》针对不同传播形式对同一传播题材的表现方法进行了有益的探讨和大胆的尝试：主持人在同步参与电视栏目的策划、选材甚至制作的基础上，摸索出同一题材广播制作的独特思路，先后播出了“十八区县群众文化巡礼”、“北京民间绝活”等多个系列报道，使“声音”和“画面”相得益彰。

2004 年，《1039 茶馆》承担了北京市两会报道的重要任务。众所周知，这项常规工作中的形式和内容创新一直是一个难点。根据今年“两会”议案、提案的特点，主持人将代表委员参政议政背后的故事作为“开发”的重头。经过对每一位采访对象的详细了解、对话题的精心准备，一期期妙趣横生、迥异于常规的“代表委员访谈录”和听众见面了，当素食者郭耕用他独特的理念来呼吁环境保护、当知名主持人余声阐述她个人的“城市美学”观点的时候，以往百姓们不甚知晓的“议案、提案”就变得生动鲜活，跃然耳中。

综上所述，至今走过三年的《1039 茶馆》节目已经取得了不错的业绩，以往众多的精品节目将成为它进一步打造自身品牌的可贵财富，而广大听众的支持和领导专家的帮助也将成为它不断前进的永恒动力。在即将到来的新的一年里，随着广播市场的不断成熟，交通广播的新闻性访谈节目还需要一个全新的提升；作为一线的节目主持人，我真诚希望能有更多的作品得到更多听众的喜爱，为此，我将不断努力。

节目主持人如何适应“三贴近”的要求

高 婷

“贴近实际、贴近生活、贴近群众”是以胡锦涛为总书记的党中央对新闻工作者提出的殷切希望，是新闻事业更好地坚持舆论导向，更好的为人民服务、为社会服务、为党和国家的大局服务的前提，“三贴近”为广播电视工作者指明了方向，同时也提出了更高的要求。在专题类节目当中，主持人直接把节目的信息传达给受众，节目的主持人越来越成为节目的形象代表，因此更要自觉地在工作中实践“三贴近”。

一、在话筒前、镜头前主持人要做到“三贴近”

1. 主持要有对象感

主持人和播音员最表象的区别就在于播音是“播”、是“念”、是“读”，而主持是“说”，是“侃”，是“聊”。很难想象一个主持人在没有对象感的状态下主持的节目会让受众认同。

我们说任何节目的主持工作都是在和受众做着不同形式不同程度的交流。主持区别于播音的很重要的一点就是他是“一对一”的。节目对象感是不是明确，问题就在于主持人通过话筒、镜头和受众的交流是不是近距离的，一对一的。主持人在节目当中，他（她）在话语交流的情态上应当更加直接。也就是说主持人所面对的应该是“他”，而不是“他们”。作为专题节目主持人，无是直播还是录播有稿还是无稿，无论贴得很近（不仅在使听众觉得你跟他心理距离上也近），离上近，而且在他身边跟他交谈。如主持，就像在友说话聊天，那么你一个亲近的朋人撇在一边自顾自地念把这个听的反应，你说话所用的词不顾他的语流都会自然而然的和你语气、符。而在有稿录播的特殊语境相往是在进行着“人—机”交人往听众、观众这一看不见的群体视己是在对“谁”说话，甚至在因素的作用下没有给听众、观众的反应时间，更谈不上主持节目候听众感觉到你在话筒、镜头前用收集着受众的反馈。同时，有的主持人把听众视为一个抽象的整体，以至听众起来总会感觉你不是在直接地对他说话造成主持人和受众总是隔着这么一层。众不知道你在对谁说话，因此对你所说内容的关心程度就会明显的降低，这样怎能够达到好的传播效果呢？

所以我认为主持人要通过树立鲜明的对象感，让节目贴近受众。

2. 主持人要有亲和力

（1）主持人要有亲和力首先要用平等的态度和受众进行交流。

“我说你听”是专题节目主持人和受众的分别。主持人由于工作性质天然拥有了“话语权”，显然在节目当中处于主动的地位，工作中也常常有主持人因不善于运用话语权而使受众觉得主持人是高高在上的，离自己很远。要改变这一点，首先主持人要从心理上正确认识自己和受众的关系，真正认识到主持人和受众是平等交流的主体。

深受观众喜爱的主持人元元,她主持的每一期节目都像是观众的一个老街坊在和您聊天,就算是鸡毛蒜皮的小事儿,从元元的嘴里说出来观众也会听得津津有味。

(2) 主持人要有亲和力还要从内心深处尊重受众

中央电视台的“名嘴”崔永元，每一期节目结束的时候都会给现场的观众、电视机前的每一位观众深深的鞠一个躬，这个看似简单的行为最直接的向观众表达了一种感谢与尊重的情感，让观众明明白白地体验到主持人和观众的平等。

主持人在话筒前、镜头前的状态直接来源于主持人对所主持内容的熟悉、对受众的了解以及对自身的定位。因此，笔者认为主持人只有深入到节目的制作过程当中，才能真正做到“三贴近”。

二、主持人在节目的制作过程中要做到“三贴近”

相对来说，我国的广播电视节目主持人很多（其中不乏优秀的节目主持人）都是从播音员转行的。有一些主持人在工作中习惯了播音员的工作状态，把自己的工作仅仅局限在话筒前、演播室中，通过编辑的稿件、提纲依靠自己的工作经验来主持节目。而一档节目的制作是很多道工序的，从选题的确定，采访对象的选择，问题的设置……每一个环节都至关重要，每一个环节都和主持人的主持有着密切的关系，影响着节目的播出效果。因此我认为专题节目的主持人要主动地把自己的工作深入到节目制作的各个环节，其中和主持关系最为密切的就是节目的采访，这里的采访既包含了对专人的访谈，也包含对事件的采访。

主持人要拿起话筒亲自采访，走在采访的最前线。中央电视台的著名主持人敬一丹就是从播音员转行做主持人而且做得比较出色的一位。她的一次采访经历就能很好的说明主持人到一线采访对在节目中实践“三贴近”的积极作用。

许多在京的专家、学者、官员，知道了农业产业协会是怎样的一个组织，了解到这些协会的分会大多分散在许多村庄。在山东敬一丹采访了一个养猪分会的会长，她精心地选择了一个角度，穿了件很普通的夹克衫，以与环境相配。开始后，敬一丹问他：“您这个养猪分会辐射了多少个农户？”这个农民一愣：“对不起，记者同志，什么叫‘辐射’呀?”仅仅是“辐射”一个词就影响了主持人和被采访者的交流，这是敬一丹开始时没有想到的。后来，敬一丹反思：“我怎么能把在北京、在书斋里跟学者说的话、在办公室里跟官员说的话，原封不动地搬到养猪场、猪圈旁，跟农民去说呢?”

我们广播电视节目主持人常年生活在文件式的相对规范的语言环境里，自己的语言也变得呆板单调，失去了鲜活性，长此以往我们主持的节目就会让听众感觉缺少生活气息、脱离实际，而到采访的第一线会丰富主持人的经历，同时也会丰富主持人的语言。

还是在那次采访中，后来当敬一丹管那农民叫“会长”的时候，那个农民又说：“我哪是什么‘会长’呀，我就是一个‘养猪头儿’。”瞧，“养猪头儿”，这是多生动的口语！如果主持人在主持节目的时候能够自觉地把这些来源于生活、来源于群众、来源于采访的“词汇”融入到自己的主持语言当中，受众一听就能知道主持人对话题了解的深入程度，你说的话题是你了解的，听你说话的人才有爱听的可能性。因此对主持人而言，深入到一线采访，既是“三贴近”对主持人的提出的要求，又是主持人对“三贴近”要求的自觉实践。

三、主持人要做到“三贴近”功夫还要下在节目之外

1.“三贴近”要求主持人思想上自觉贴近群众

这三个“贴近”都是动宾结构的词，而“贴”这个动词更表现出行为人的主动性，作为节目的主持人要摆正自己和受众的关系，主动地贴近受众的需求。因此主持人不仅仅是在节目当中下工夫，更要在节目之外下工夫，要深入生活主动地了解受众的实际需求，了解“群众”的“实际”“生活”。了解了才能贴近，贴近了才能有效地服务、引导。

2.“三贴近”要求主持人行动上通过多种方式和受众沟通

主持人在主观上树立了“贴近”的意识，客观上就会在行动中反映出来。随着通讯的发展，工作当中主持人和受众的沟通方式越来越多，从写信到打电话，再到发短信或者是电子邮件，主持人通过多种途径和受众沟通，进一步了解受众对节目的反映与需求，从而能够自觉地调整自己的主持状态，达到更好的播出效果。

“贴近实际、贴近生活、贴近群众”向新闻工作者指明了党的新闻事业服务的对象是“群众”，因此广播电视节目是播给“群众”听的，办给“群众”看的。在提出要求的同时也指出了工作的思路——节目的素材来源于实际、来源于生活。节目主持人只有心中有群众，话语中才能有群众，我们前面所讲到的话筒前的对象感等技巧才不是空穴来风。

十一、听众工作

（一）听联工作

2004年北京电台的听联工作是不平凡的，这一年的听联工作紧紧围绕“改革创新，不断满足听众需要”展开。这一年，新成立的听众服务中心从年初开始正式运行。筹建听众热线呼叫系统，拓展听众服务范围，强化听众意见的收集、交流与回复，提升服务听众的整体水平，从而使“以听众为关注焦点”的广播服务落到实处，是听众服务中心的职责，也是2004年的首要任务。一年来的实践证明，台党委成立听众服务中心的决策是正确的，听联工作的成效是显著的。统计表明：2004年通过来信来稿、热线电话、短信平台、北京广播网“听友之家”网页等不同渠道共收到听众各种反馈255 599件，是2003年的51倍；通过信函、内部刊物、网上发帖等形式回复听众各类意见、咨询等3 930件，比上一年增加了近90%。

成立听众服务中心，提升服务听众的整体水平，是2004年听联工作的一项主要任务。

为了更好地树立电台的品牌形象，扩大电台的影响力，贯彻落实质量认证管理体系要求，强化对电台听众工作的管理，加强电台与听众联系、沟通，促进广播节目质量的不断提高和持续改进，更好地为听众服务，2003年底经台编务会研究决定，在总编室原听联科的基础上成立听众服务中心。并于2003年11月在全台招聘了5名具有五年以上采编工作经验的编辑、记者、主持人与原有的工作人员共8人，在2004年1月正式成立听众服务中心，并陆续开展各项工作。

5月8日试开通“听众服务热线——65158131”，解答听众在收听广播中遇到的各种问题，收集听众对节目的意见建议等。

6月1日在北京广播网建立“听友之家”网页。“听友之家”网页是听众服务中心成立以后推出的全新的一种听众交流形态。听众不仅可以从这个平台获得北京电台与听众联系的各种信息，如有奖收听活动的获奖情况、节目变动的预告等，还可以通过这个网页的有关栏目与听众服务中心进行交流与沟通。所设栏目有“听友论坛”、“论坛集萃”、“短信精选”、“来信选登”、“听众意见反馈”等栏目，听众可以在这里发表对电台的意见、建议和希望。该网页不仅扩大了听众意见的反映渠道，加快了意见反映的速度，而且通过“公告栏”，把电台的工作情况向听众做介绍，加强了我台与听众及网民的沟通。

10月8日在电台内网开辟了《听众反映速递》专栏。听众服务中心从周一到周五，每天在该专栏刊发听众意见、建议三到四条，稿件来源于每天的听众来信、电子信箱、“听友之家”网页论坛、听众服务热线、手机短信平台等渠道的反映。《听众反映速递》的开通，加快了听众意见、建议的反映速度，彻底改变了听众来信经过编辑打印以后才能与采编播人员见面的状况，便于各专业广播及时对听众的意见做出快速反应、及时改进。为了把这项工作做扎实，电台还设立专门的编辑每天浏览全台的短信平台，搜集对电台改进节目有价值的短信。

此外，对《听众反映专辑》还进行了改版，开辟了《听友之家论坛》、《短信精选》和《热线摘编》栏目。

着手建立热线呼叫系统。

这是更好地做好听联工作所采取的一项重要举措。为了充分发挥听众服务中心的职能作用，做好听众工作，从2月初开始到3月中旬，听众服务中心的工作人员分两路对国内部分成功企业的客户服务情况进行了考察。其中，歌华公司、联想集团、海尔集团、华为公司、公交李素丽热线等企业及部门的客户服务工作，对听众服务中心有许多可借鉴之处。考察结束后，工作人员根据考察情况分别撰写了七篇考察报告。经台务会批准，着手建设一套适合北京人民广播电台听众服务工作特点的听众服务热线呼叫系统。

从4月份开始，技术中心派出技术人员对电台听众服务热线系统建设软硬件备选公司进行考察、筛选；制定软件建设业务需求方案；设计听众服务热线操作流程；制定听众服务热线岗位职责等管理规定。

9月29日，由我台技术中心与北京今日龙脉信息技术有限公司签订软件开发合同，听众服务热线系统开发与研制进入正式实施阶段。

12月31日，听众服务热线系统软硬件建设开发基本完成，即将进入试运行阶段。

开展第九届“听评月”活动。

第九届“听评月”是在6月1日至7月15日举办的。这届“听评月”与往年相比，听评范围和听评方针大体相同，只是听众的参与渠道有所增加，除了保留以往的邮寄稿件、发电子邮件的方式之外，还增加了网上留言、短信留言、热线留言和传真的参与方式。

由于参与方式的多样化，方便了听众投稿和发表意见，激发了听众的参与热情，听众成分也更广泛。活动期间共收到听众的评议稿件1 121篇，其中包括电子邮件278篇。选编了737篇较有价值的听众稿件和部分热线评议、网友留言及短信评议，共编辑出版21期《听评月专刊》，约77万字。从听众评议各专业广播节目的来稿数量统计显示，来稿较多的专业广播依次是：新闻广播、经济广播、首都生活广播、交通广播、文艺广播、体育广播和音乐广播。

“听评月”来稿奖项设置与往年相同，仍然是一等奖10名、二等奖20名、三等奖30名，奖金标准分别为800元、600元、400元。

（二）听众调查

2004年度北京电台收听报告（摘要）

本报告旨在为总台领导了解北京广播市场的整体状况提供支持，为各专业台了解自己的竞争位置提供帮助。

本报告分两部分：一、2004年北京地区广播市场概况；二、2004年北京电台各专业广播的收听情况。因为北京外语台监测数据时间较短，本报告不做分析，报告中“2004年”，时间范围特指2004年4月1日至12月31日。未经注明，所有数据来源均为央视－索福瑞公司提供的2004年度北京地区收听率调查。

一、2004年北京地区广播市场概况

• 听众收听情况

2004年北京平均每天约有370万人收听广播。如图1显示，2004年4月至年底北京地区整体收听率呈下降趋势。

图1　2004年北京地区收听率月度变化

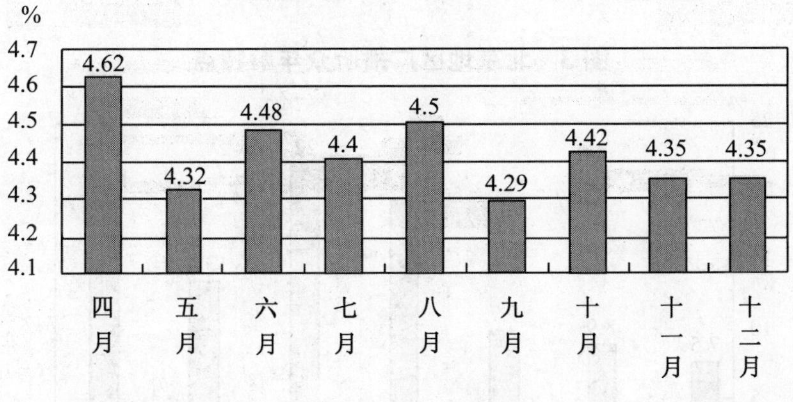

• 听众收听地点

有70%左右的听众习惯在家里收听广播。有20%左右的听众在乘车或开车时也有听广播的习惯，2004年在车上收听广播的比例：4月21%，5月19.3%，6月19.5%，7月20.9%，8月21.9%，9月23.2%，10月22%，11月21.8%，12月23.4%。车上收听的比例是增长的趋势。有户外收听习惯的和在工作场合/学习场合收听的分别在8%～9%。

• 听众收听时间

2004年北京每天平均收听广播的分

钟数是 64 分钟。见表 1。

表 1

目标	20 以下	21－30 岁	31－40 岁	41－50 岁	51－60 岁	60 岁以上
人均接触时长（分钟）	39	50	64	71	81	90

• 听众性别

广播听众中，男性听众的比例明显多于女性听众。（见图 2）

图 2 听众性别构成

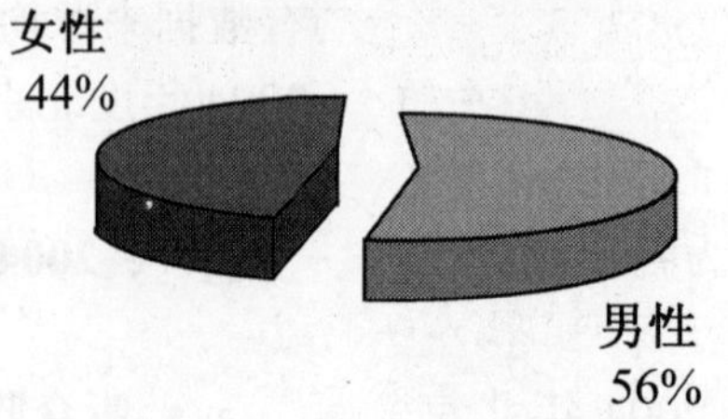

• 听众年龄

总体上看，中年和老年在广播听众中比例较高。40 岁以上的听众，比 30 岁以下的年轻听众比例高。不同年龄段的听众，在收听广播的时段也略有差异。早高峰，午高峰中老年听众占据了重要比重；晚上 21：00－22：00 点的收听高峰，年轻人的比重明显上升，24 岁以下的听众比例为 30%，30 岁以下的比例为 40%左右。（见图 3）

图 3 北京地区广播听众年龄特点

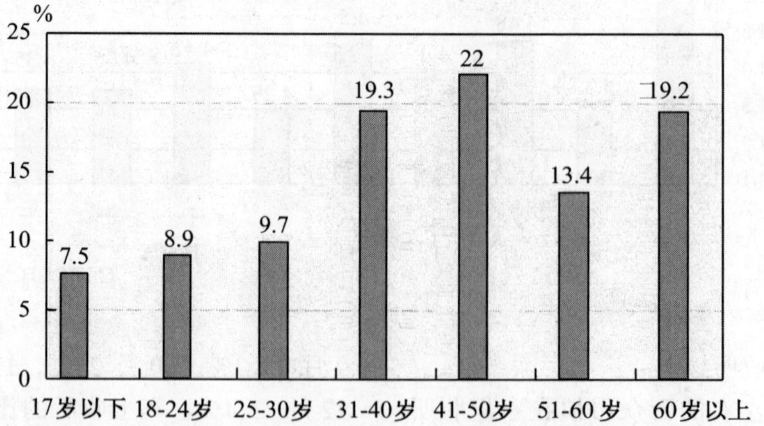

• 听众职业

与听众年龄分布相对应，广播听众中退休人员的比例较高，比例较高的其次是学生听众，第三是技术工人/专业人士等。（见图 4）

图 4 北京地区听众职业分布

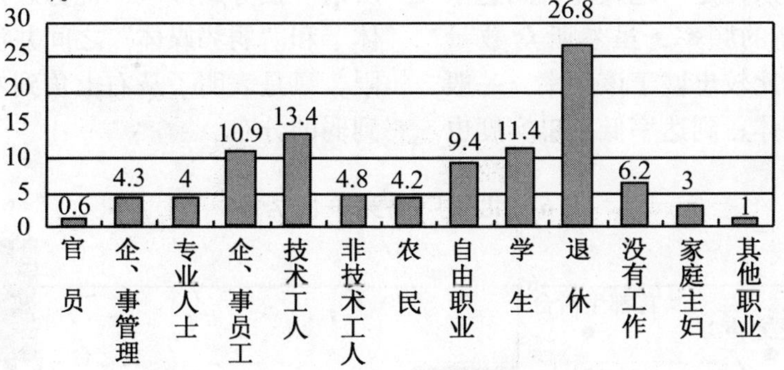

• 听众学历

听众中受过高中教育的人居多。这里的“高中”包括高中、中专、技校等教育。(见图 5)

图 5 北京地区听众受教育程度分布

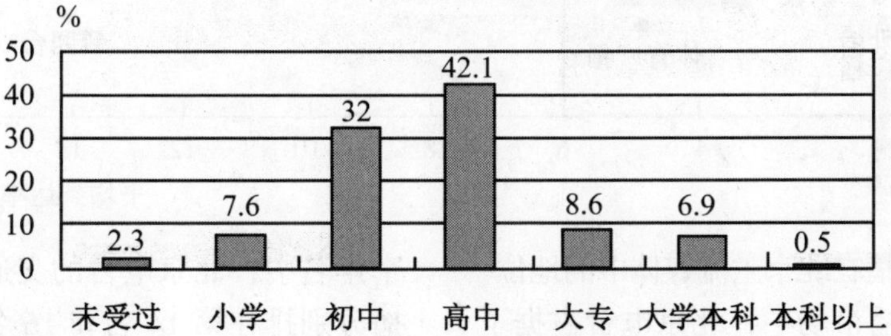

• 广播市场竞争格局

在北京广播市场中，北京电台和中央电台是影响市场格局的两大电台，二者的市场份额呈现此消彼长的关系（见表 2)。国际台的市场份额始终在 2%—3%之间，余下不多的份额被河北、天津、北京郊区县以及境外的电台瓜分。

表 2 2004 年北京电台和中央电台逐月市场份额对比

逐月市场份额	四月	五月	六月	七月	八月	九月	十月	十一月	十二月	平均
北京电台%	71	70	70	69	72	72	68	68	68	70
中央电台%	21	23	24	25	23	24	28	28	27	25

在北京广播市场的主要频率中，北京电台交通广播、文艺广播、新闻广播、音乐广播都是具有较强竞争实力的媒体。图 6 是根据到达率（主要测量听众数量多寡）和忠实度（主要测量听众在频率停留的时间长短）两项指标来核定一个频率的竞争优势。一个广播到达率高，则说明它的人气旺盛，能够吸引到数量较高的听众，到达率越高，听众数量越多，反之则越少；忠实度是收听率与到达率的比值，听众忠实度越高，说明该广播频率吸引听众的能力越强，听众能够长时间停留在该频率而不容易流失。到达率高，忠实度也高的频率，是强势媒体；到达率高，但是听众忠

实度低的频率，说明虽然频率人气旺但是节目不能留住听众，是问题媒体；到达率低但是忠实度高的频率，虽然听众数量少，但是听众都比较忠诚于该频率，一般被认为是优势媒体；到达率低且忠实度也低的频率，则是弱势媒体。值得一提的是所谓“强势媒体”、“优势媒体”、“问题媒体”和“弱势媒体”之间并没有明显的界限，只是表明了从右上角到左下角的由强到弱的分布。

图6　北京广播竞争优势图

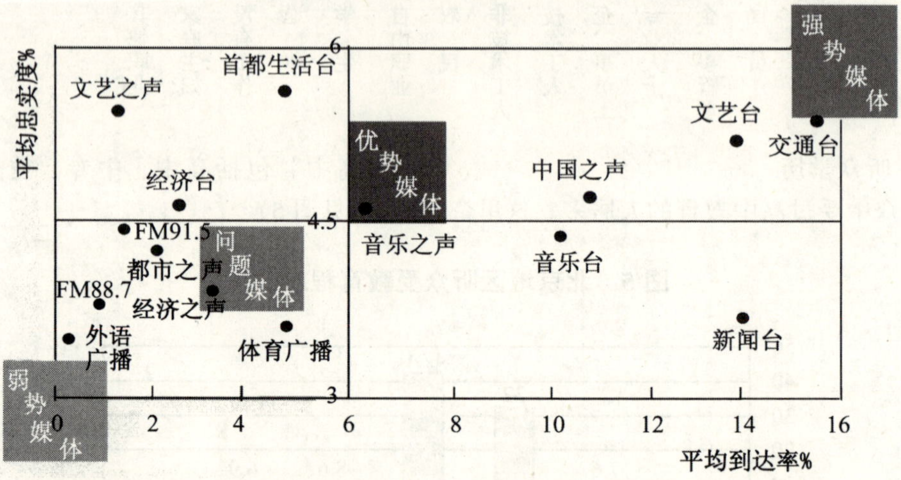

• 北京广播在北京主流媒体中的地位

在北京广播市场中，北京电台占据了绝大部分市场份额，具有绝对的竞争优势。同时，在北京地区的主流媒体日到达率排名中，北京电台的交通广播、音乐广播分别排在第14名和16名，打破了电视和报纸长期垄断主流媒体席位的局面。

图7　北京地区媒体日到达率排名

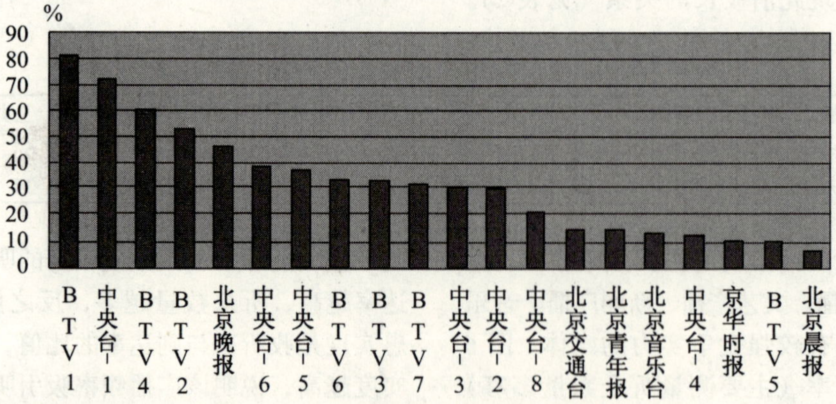

数据来源：新生代2004年秋季数据（2003年6月—2004年7月）

• 2004年北京电台8个系列广播收听率前10名节目

因为早间是一天当中开机率最高的时段，听众的数量比较多，相比之下节目的收听率较其他时段高，因此 2004 年播出的节目中，收听率前十名都是出自早高峰时段（见表 3）。不同的高峰，听众收听取向有差异：早上的收听高峰主要是以新闻时事类节目为主：中午和下午，以文艺娱乐评书类节目为主；傍晚时分，又是新闻类节目的天下；到了夜间，以音乐娱乐类节目为主的电台占了上风。

表 3　　2004 年北京地区广播栏目收听率前十名

排名	栏　目	收听率	（最大）收听率	市场份额	（最大）市场份额
1	天气预报／北京新闻广播	3.22	6.02	23.04	42.0
2	北京新闻／北京新闻广播	3.11	6.36	22.60	42.5
3	转播中央人民广播电台《新闻和报纸摘要节目》／北京新闻广播	2.97	5.49	27.58	47.9
4	交通新闻／北京交通广播	2.96	5.03	19.20	43.6
5	空中笑林／北京文艺广播	2.72	4.57	17.26	31.9
6	今日交通／北京交通广播	2.71	5.54	19.71	47.2
7	信报 876 早读／北京文艺广播	2.68	4.00	21.56	32.6
8	新闻大视野／北京新闻广播	2.56	5.21	20.24	36.3
9	百姓新闻热线／北京交通广播	2.43	5.54	23.10	61.0
10	大宝体育大世界／北京新闻广播	2.31	5.27	19.24	29.4

二、2004 年各专业广播的情况

【新闻广播】

新闻广播 2004 年的收听率和市场份额有下降趋势。在统计了新闻广播每个时段的收听趋势后，按照时段划分下降趋势最为明显的依次为：8：00－9：00，7：00－8：00，19：00－20：00，而 6：00－7：00，16：00－17：00 的时段收听率有所提升。在开机高峰时段收听率下降，应当引起重视。（见图 13、图 14）

图 13　北京新闻广播收听率走势

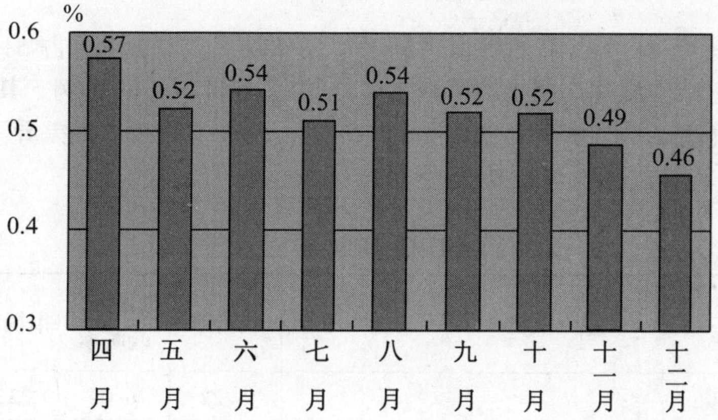

图 14 北京新闻广播市场份额走势

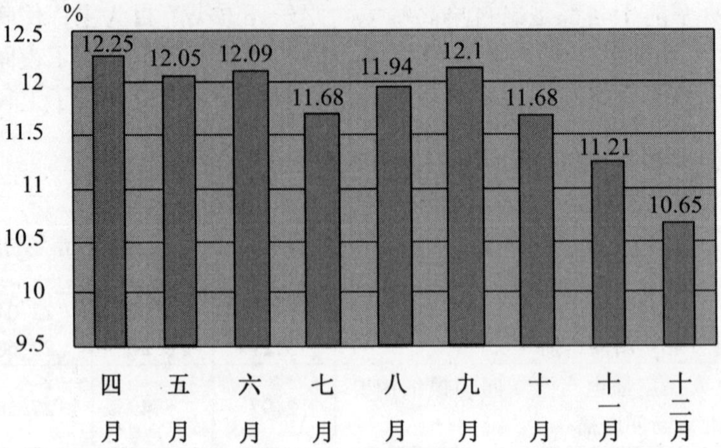

图 15 给出的是新闻广播与中央电台全天各个时段的收听率的比较。通过这张图我们看到，在早高峰和傍晚，北京新闻广播的领先优势还是明显的。

图 15 新闻台、中国之声与收听率比较

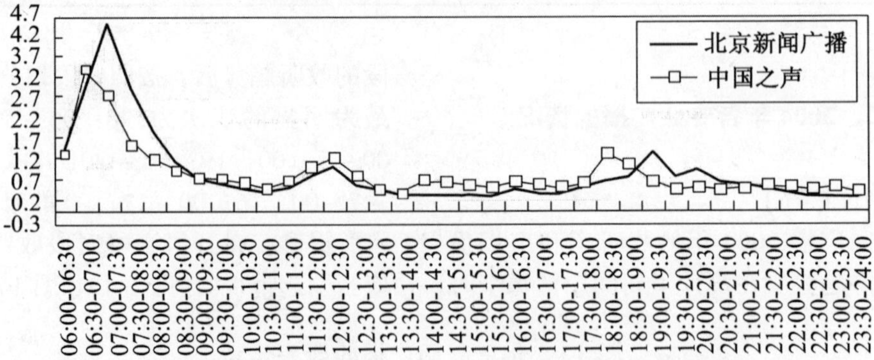

新闻广播听众 61 岁以上的听众占新闻广播听众的三成。新闻广播男性听众占 55%。职业分布上，“退休没有工作”的比例较高，占 38%，此项高于所有频率 10%以上。“学生”占 5.3%，低于所有频率的 11.4%的比例。其他职业差异不大。受教育程度方面差异不明显。

表 4 北京新闻广播 2004 年栏目前十名

排名	栏　目	收听率	（最大）收听率	市场份额	（最大）市场份额
1	天气预报	3.22	6.02	23.04	42.0
2	北京新闻	3.11	6.36	22.60	42.5

续表

排名	栏　目	收听率	（最大）收听率	市场份额	（最大）市场份额
3	转播中央人民广播电台《新闻和报纸摘要节目》	2.97	5.49	27.58	47.9
4	新闻大视野	2.56	5.21	20.24	36.3
5	大宝体育大世界	2.31	5.27	19.24	29.4
6	本周热点人物	2.01	4.08	16.02	26.7
7	焦点透视	1.90	5.80	16.73	36.0
8	转播中央电视台《新闻联播》	1.11	2.34	24.81	41.8
9	新闻聊天室	0.93	0.93	21.61	21.6
10	幸运时分	0.87	1.63	15.07	26.6

【经济广播】

2004 年经济广播的收听率走势平稳，不过也有小幅下降（图 16），同时市场份额也略下降（图 17）。该台全天收听高峰主要是集中在 16：00－17：00 时段，此时段是该台全天当中收听率最高、市场份额最大的时段。经济广播 41 岁以上的听众占 7 成以上，其中 41－50 岁的听众是经济广播的主力听众。男性听众占 57%。官员、从事企事业管理的和自由职业/个体职业的比例高于平均水平（图 18）。教育程度大专和大学本科学历的比例也高于平均水平（图 19）。

图 16　2004 年北京经济广播收听率走势

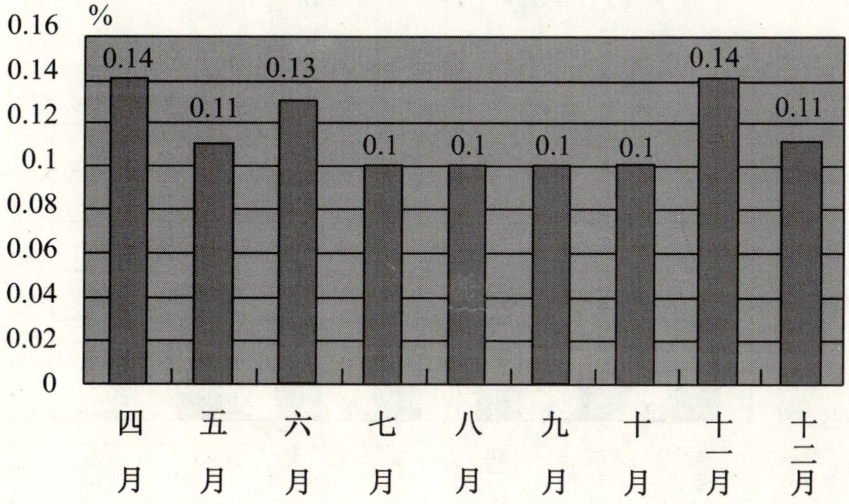

图 17　2004 年北京经济广播市场份额走势

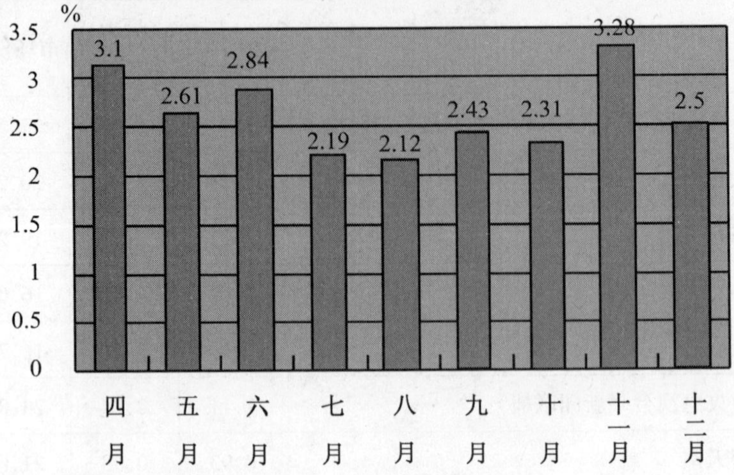

图 18　经济广播听众职业分布

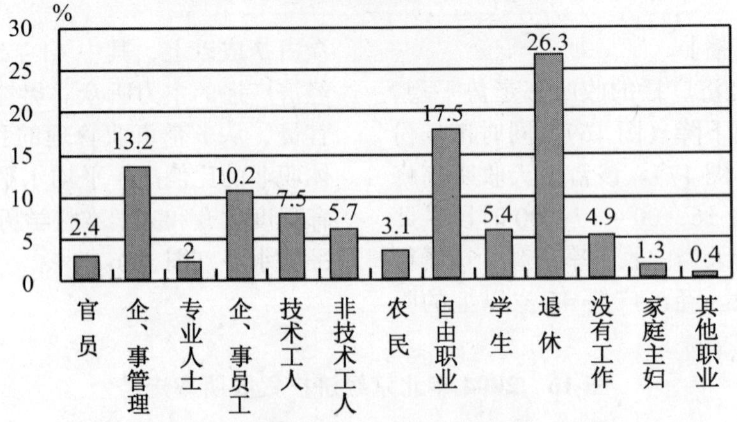

图 19　经济广播听众教育程度分布

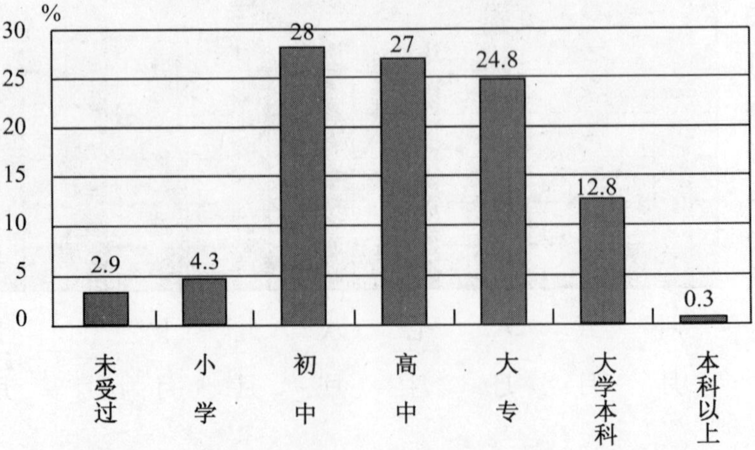

表 5 北京经济广播 2004 年栏目收听率前 10 名

排名	栏目	收听率%	(最大)收听率	市场份额%	(最大)(市场份额)
1	股市大家谈	0.52	1.05	12.8	33.2
2	人才信息早报	0.46	1.22	2.75	7.5
3	股市三人行	0.38	0.89	9.96	27.4
4	长篇连播之《世界五百强向我们走来》	0.28	0.57	4.11	8
5	伟嘉宝路动物家园	0.26	0.56	8.29	20.2
6	午间股市热线	0.26	0.63	4.88	13.7
7	中国银行国际汇市报道	0.26	0.75	1.98	5.5
8	国际汇市报道	0.24	1.3	2.72	13.3
9	名人访谈	0.23	0.48	4.01	8.4
10	股市热线	0.22	0.8	3.84	13.5

【首都生活广播】

根据 2003 年索福瑞的数据，2004 年首都生活广播收听率比其前身教育台有大幅度增长。不过 2004 年逐月相比，年底的收听率和市场份额比年初表现略微逊色(图 20、图 21)。全天收听率较高的主要是早高峰 8：30 前后和夜间 22：00 前后。听众的年龄以中年、老年听众为主，受过中等教育的听众居多。

图 20 2004 年首都生活广播收听率走势

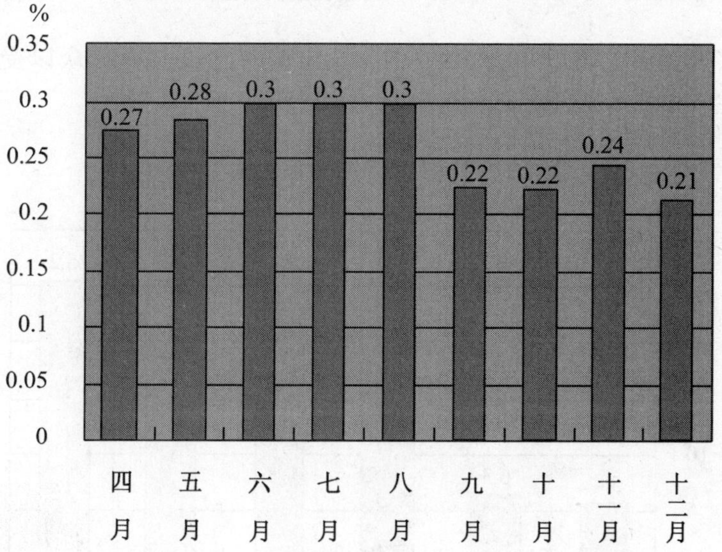

图 21　2004 年首都生活广播市场份额走势

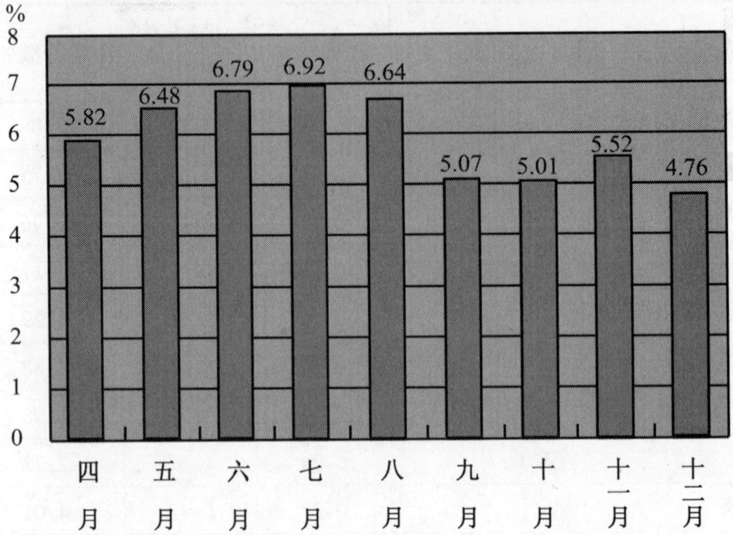

图 22　首都生活台全天收听率走势

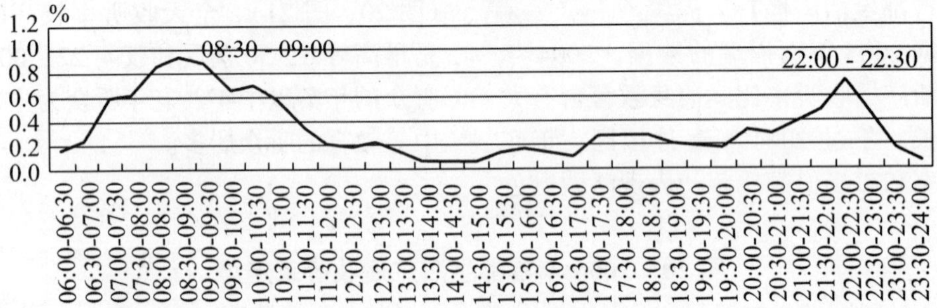

生活广播的听众主要以 30—50 岁的中年听众为主，不过离退休的老年人的比重也比较大。听众以受过中等教育的居多。

图 23　首都生活广播听众年龄分布

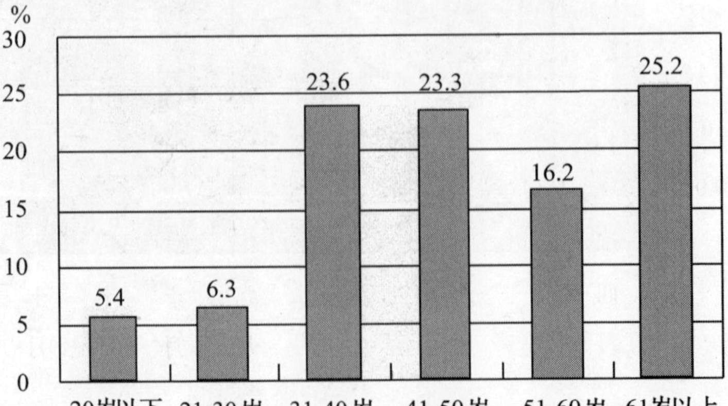

图 24　首都生活广播听众职业分布

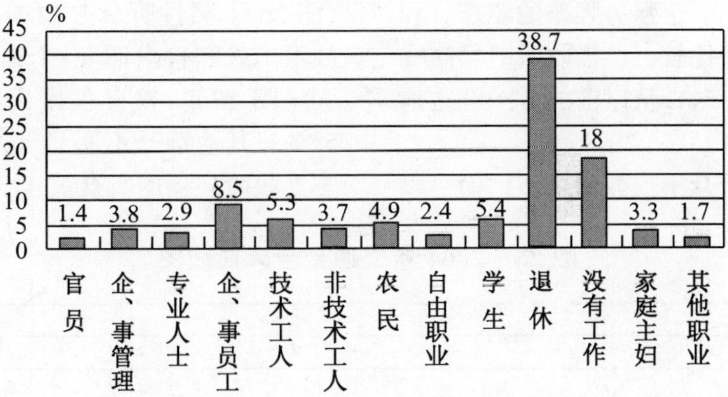

表 6　　首都生活广播 2004 年栏目收听率前 10 名

排名	栏　目	收听率%	(最大)收听率%	市场份额%	(最大)(市场份额)
1	找乐儿之亲密接触	0.74	2.40	5.81	29.7
2	《京华时报》今日抢眼新闻	0.73	2.15	5.70	15.4
3	亮点之时尚零距离	0.67	1.86	11.41	30.4
4	健康假日直播站	0.61	2.36	9.11	26.4
5	娱乐休闲快报	0.60	2.20	7.92	21.8
6	亮点	0.59	1.75	8.87	29.3
7	世界首都要闻	0.54	2.02	6.05	19.7
8	新都市主流沙龙	0.49	1.24	7.02	17.2
9	私语之今夜私语时	0.45	2.22	10.37	37.3
10	新都市旅游时空	0.42	0.90	7.38	16.0

【交通广播】

2004 年交通广播一直保持着北京广播市场的领先位置，而且收听率相对平稳，市场份额呈现稳中有升、好上加好的态势。(见表 7)

表 7　　北京交通广播 2004 年市场份额和收听率

	四月	五月	六月	七月	八月	九月	十月	十一月	十二月
市场份额%	20.28	18.90	18.42	18.70	18.30	19.40	18.04	19.59	20.71
收听率%	0.94	0.82	0.83	0.82	0.82	0.83	0.80	0.85	0.90

交通广播全天时段的收听率都超过了平均值，表明了一个强势频率的姿态。和以往的历次调查比较，广播收听的早高峰提前了约1个小时，从以前的8：00之前到现在的7：00－07：30。

交通广播听众不仅数量众多，而且以中青年听众居多，21－50岁占2/3以上（图26）。男性听众占71%。职业分布中，技术工人和自由职业/个体职业占比重较大（图27）。教育程度以高中居多，占52%，其他特征不明显（图略）。选择在车上收听广播的听众占47.3%。

图25　2004年交通台全天曲线图

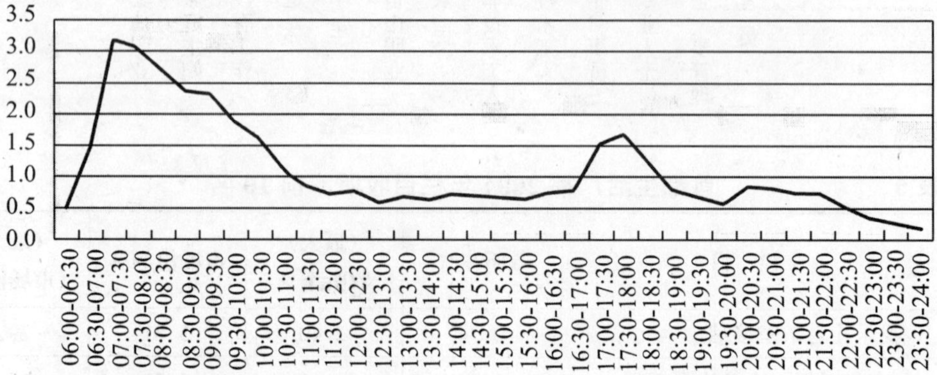

图26　交通广播听众年龄分布

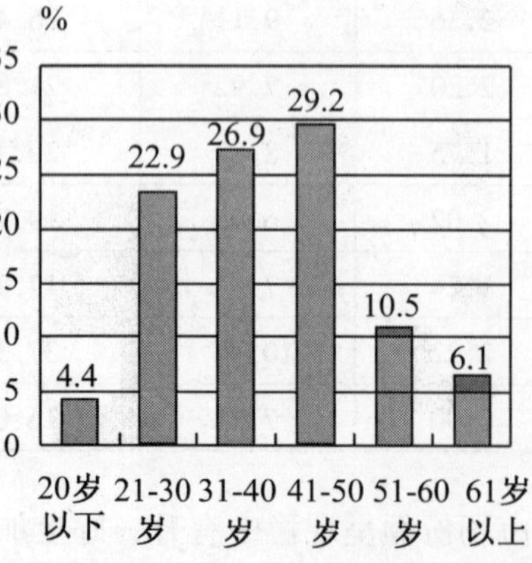

图27　交通广播听众职业分布

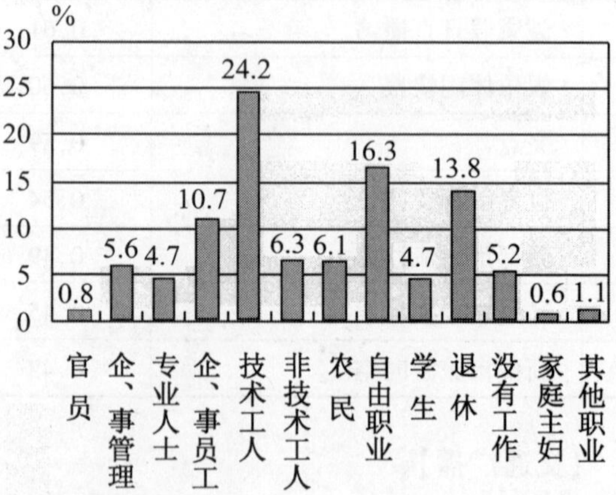

表8　　2004年北京交通广播栏目收听率前十名

排名	栏目	收听率%	（最大）收听率%	市场份额%	（最大）（市场份额）
1	交通新闻	2.96	5.03	19.20	43.6
2	今日交通	2.71	5.54	19.71	47.2
3	百姓新闻热线	2.43	5.54	23.10	61.0
4	一路畅通	1.94	5.63	26.40	69.1

续表

排名	栏目	收听率%	(最大)收听率	市场份额	(最大)(市场份额)
5	转播中央电台新闻和报纸摘要节目	1.50	4.15	13.97	26.2
6	汽车天下	1.34	3.62	24.41	50.5
7	路况信息	1.27	5.78	20.47	69.1
8	欢乐正前方	1.26	3.98	19.48	56.5
9	长书连播之漕运码头	1.23	1.23	17.41	17.4
10	交通天气预报	1.16	5.09	18.36	100.0

【文艺广播】

2004年文艺广播收听率总体上处于第二的位置，收听率和市场份额都呈下降趋势，市场份额下降的更多一些。我们注意到，中央台第九套节目文艺之声是9月份开播的。

表9　北京文艺广播2004年收听率、市场份额

	四月	五月	六月	七月	八月	九月	十月	十一月	十二月
收听率%	0.76	0.79	0.75	0.72	0.78	0.78	0.72	0.62	0.61
市场分额%	16.44	18.27	16.80	16.43	17.38	18.13	16.33	14.34	13.94

文艺广播全天当中，主要形成4个收听高峰，分别是早、中、下午以及夜间。其中下午15：00－16：00的高峰值得称道，在该时期的北京广播市场中市场份额最高，具有较强的竞争力。

图28　2004年北京文艺广播日收听率曲线图

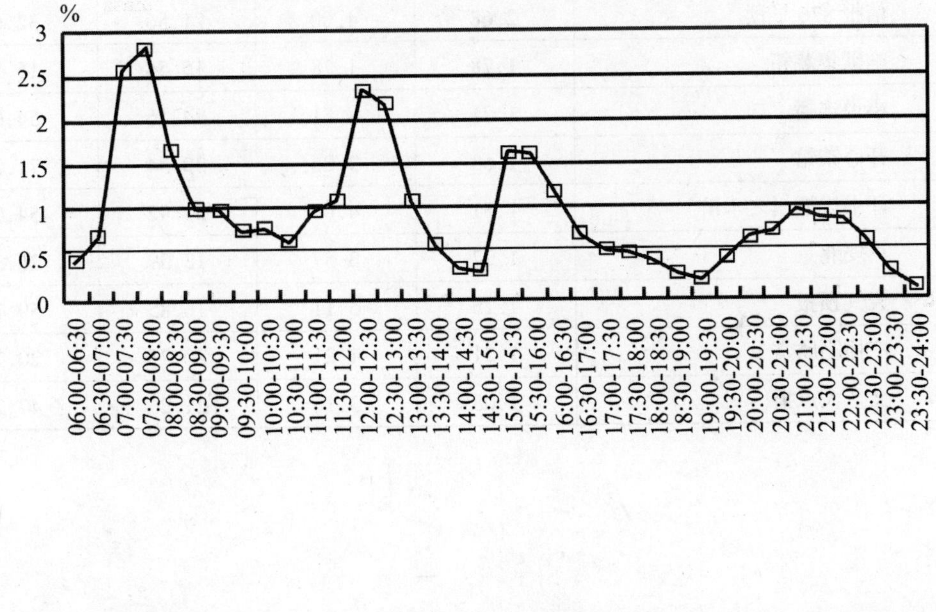

听众年龄呈现出两头多中间少的态势，　即中年少一些，年轻人和老年人多一些。

图 29　文艺广播听众年龄分布

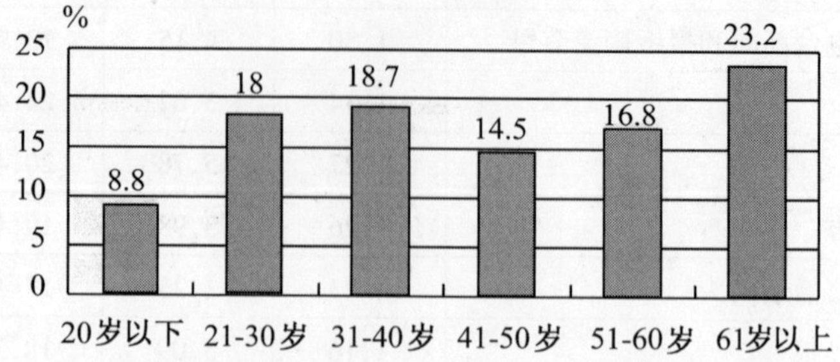

图 30　文艺广播听众职业分布

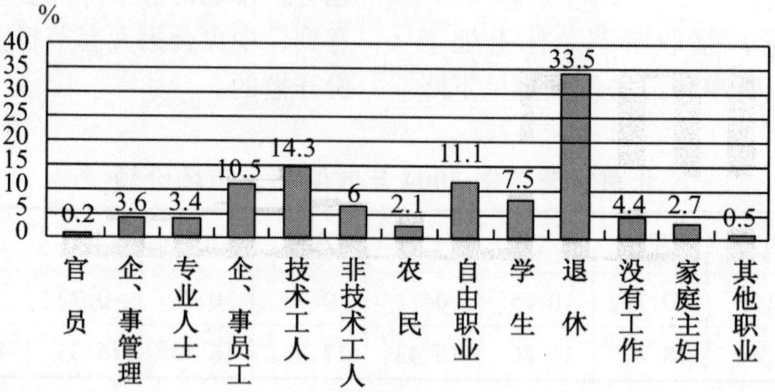

表 10　　　　北京文艺广播 2004 年栏目收听率前十名

排名	栏　目	收听率%	（最大）收听率%	市场份额%	（最大）（市场份额）
1	空中笑林	2.72	4.57	17.26	31.9
2	信报 876 早读	2.68	4.00	21.56	32.6
3	幽默集装箱	1.78	1.78	15.54	15.5
4	小说连播	1.71	4.51	24.16	54.0
5	开心茶馆	1.63	3.06	39.34	71.0
6	评书连播《之水浒》	1.51	4.00	31.92	54.0
7	早安北京	1.27	3.57	13.39	26.3
8	天气预报	1.25	5.11	16.85	59.7
9	广播剧欣赏	1.21	1.21	20.73	20.7
10	文艺大点播	1.08	3.16	21.26	47.2

【音乐广播】

音乐广播 2004 年收听率和市场份额稳中有升。

表 10　北京音乐广播 2004 年收听率和市场份额

	四月	五月	六月	七月	八月	九月	十月	十一月	十二月
收听率%	0.47	0.39	0.43	0.44	0.50	0.42	0.44	0.43	0.51
市场份额	10.19	9.09	9.62	10.11	11.03	9.86	9.88	9.93	11.68

北京音乐广播在全天的时段中，早、中、晚三个收听高峰中，收听率最高时段并非早高峰，而是中午和夜间。在北京广播市场中，北京音乐广播的主要竞争对手是中央电台的音乐之声。经过对比，北京音乐广播在全天各个时段的表现几乎都优于音乐之声。

图 31　音乐台、音乐之声全天收听率曲线比较

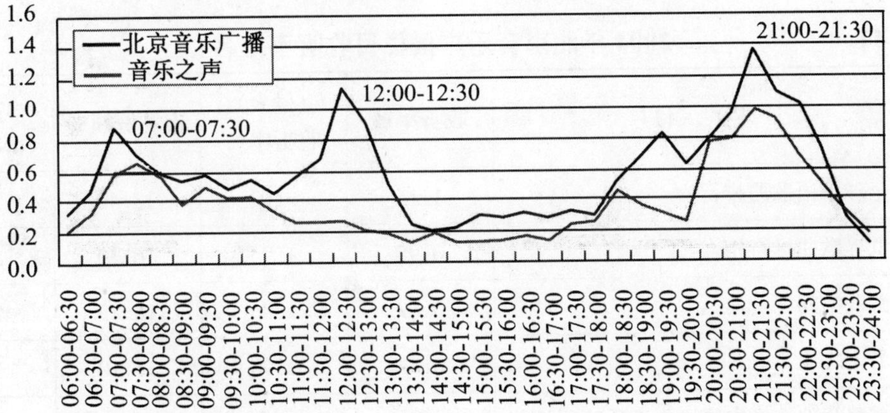

音乐广播听众呈现年轻化趋势，与音乐广播的目标听众定位一致（图 32）。女性听众占 54%，三分之一的听众为学生。

图 32　音乐广播听众年龄分布

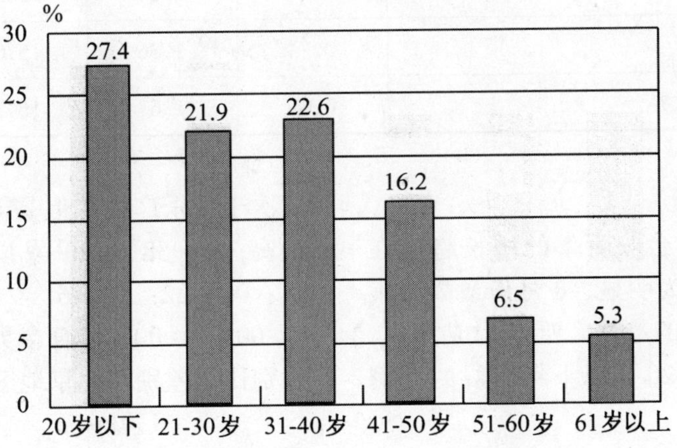

图 33　音乐广播听众职业分布

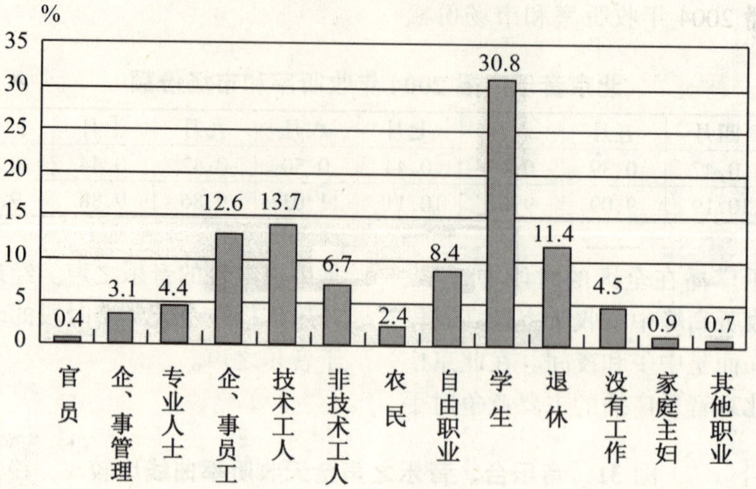

表 11　2004 年北京音乐广播栏目收听率排名

排名	栏　　目	收听率％	（最大）收听率％	市场份额％	（最大）（市场份额）
1	全球华语歌曲排行榜	1.15	3.07	18.40	36.4
2	世界歌曲排行榜	0.98	1.95	16.30	32.5
3	游戏空间	0.89	1.86	16.83	29.5
4	爵士之旅	0.83	1.90	15.10	33.8
5	雪碧我的选择中国原创音乐流行榜	0.82	2.07	13.70	29.9
6	早流行好歌再现	0.78	1.91	5.58	13.1
7	974 信息网	0.77	3.00	13.91	43.2
8	再流行	0.74	2.14	15.53	36.8
9	音乐礼品卡	0.74	1.36	15.09	29.3
10	统一心情世界	0.69	1.67	16.35	40.0

【体育广播】

2004 年体育台收听率的增长趋势在七个系列台中最为明显，8 月份最高。市场份额也是增长的趋势。听众构成方面，体育台的听众中 20 岁以下年龄段的比例仅次于音乐广播，但是 61 岁以上的比例最高（图 38）。20 岁以下收听集中在 21：00－22：00，61 岁以上收听集中在 8：00－9：00。体育台男性听众占 77%，性别比例差别在北京地区广播中最大。

图 34　2004 年北京体育广播收听率走势

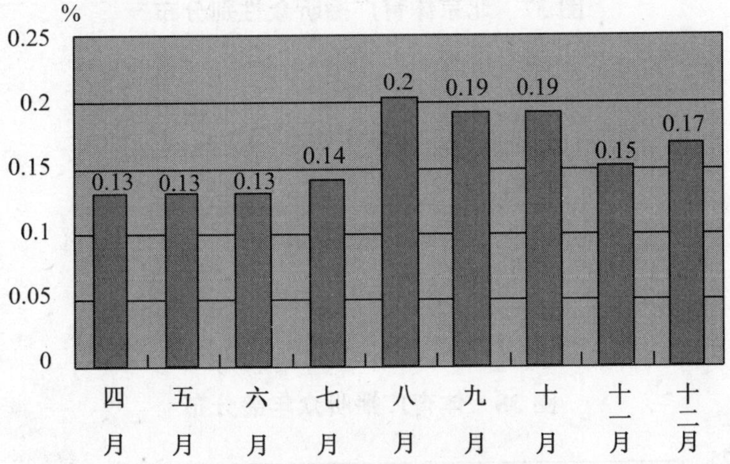

图 35　2004 年北京体育广播市场份额走势

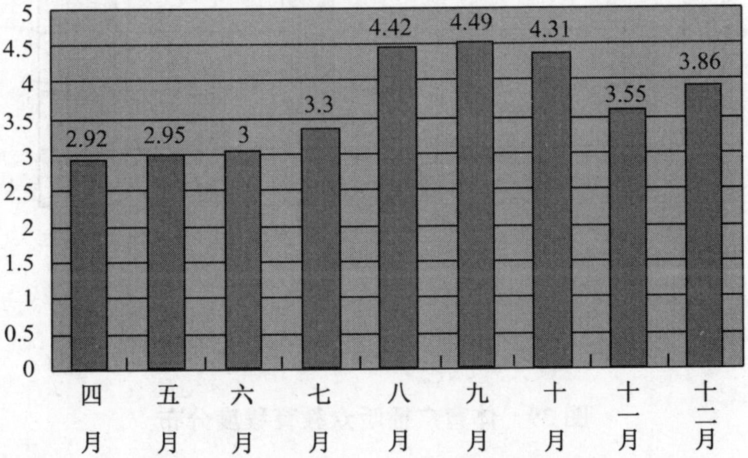

图 36　北京体育广播日收听率曲线

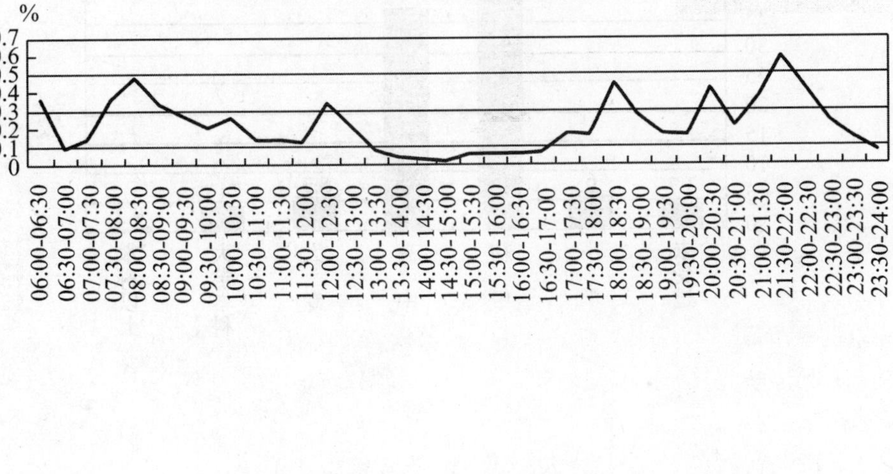

图 37　北京体育广播听众性别分布

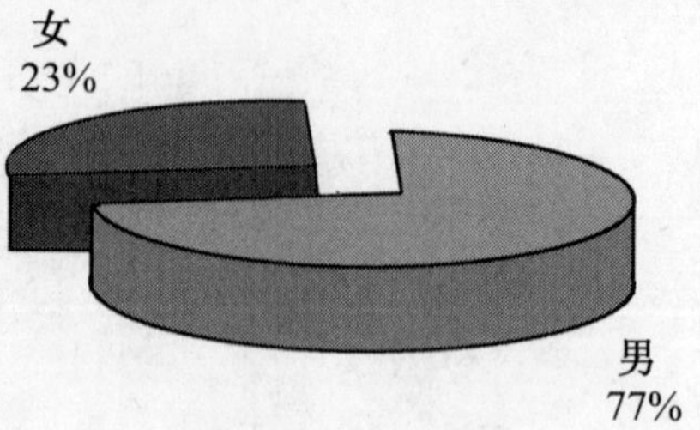

图 38　体育广播听众年龄分布

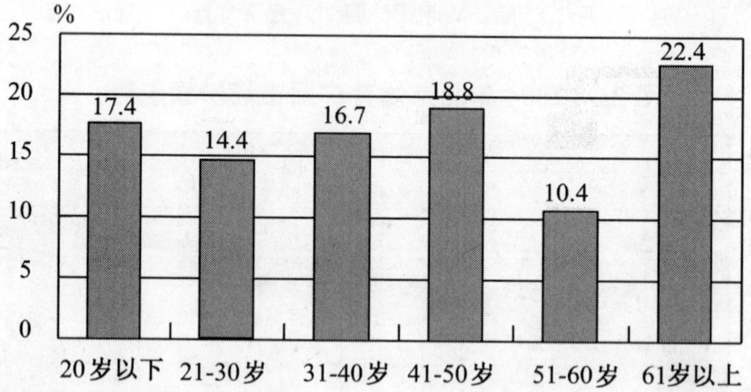

图 39　体育广播听众教育程度分布

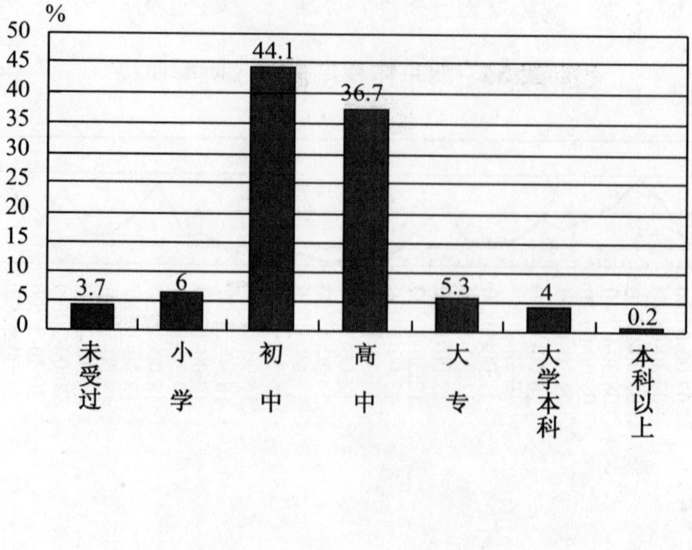

图 40　体育广播听众职业分布

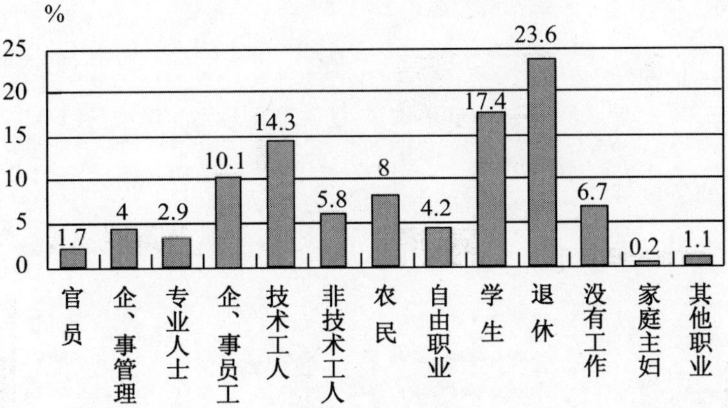

表 12　2004 年北京体育广播栏目收听率前 10 名

排名	栏　　目	收听率%	(最大) 收听率%	市场份额%	(最大) (市场份额)
1	927 体育世界	0.41	1.40	3.32	18.5
2	体坛夜话	0.40	1.35	7.35	18.6
3	体育快行线	0.36	1.03	6.69	18.8
4	体育现在时	0.30	1.21	4.16	14.5
5	927 赛场	0.28	1.14	4.56	17.8
6	路况信息	0.28	1.40	3.81	19.9
7	广播之友	0.25	0.73	3.08	8.8
8	广播体操	0.25	0.87	3.30	11.6
9	七台精彩节目联播	0.23	0.62	2.38	5.5
10	健康绿洲	0.22	0.97	3.32	15.1

十二、技术工作

2004年北京电台技术系统和有关播出单位全体人员团结一致、尽职尽责、精心施工、克服困难，跨过了安全播出、技术改造的关键一年，实现了年初制定的总体目标：进一步提高安全播出管理和科技水平，全面完成安全播出任务，以最快的速度和最好的质量建设好新播出系统，维护好新播出系统。

（一）圆满完成安全播出任务

安全播出工作是电台事业发展的重要组成部分，是电台技术工作的重中之重。2004年，技术中心认真贯彻执行国家广电总局“不间断、高质量、既经济、又安全”的广播技术维护总方针，保障了8套开路广播节目（外语广播自9月17日开始播出）的播出，每天播出159小时，总计全年播出时间51 666小时。同时还保障了15套有线调频广播和16套数字广播的播出。技术中心全年总停播率为0.05秒/百小时。2004年度四个季度向广电总局上报的播出通路运行技术指标，均达到甲级标准。需要指出的是，今年安全播出工作的成绩是在技术楼改造的过程中取得的。

804发射台担负着5套中波节目的发射任务，从2000年11月至今，已经连续48个月保持0秒/百小时停播率的突出成绩。

（二）技术改造和维护工作成绩显著

建外技术楼加层及新广播中心改造工程是近20年来我台的一项重大技术改造工作，对于今后我台事业发展、宣传工作、广告创收和安全播出都有着举足轻重的意义。

为了能够安全、顺利、及时地完成技术楼改造工程，电台技术中心做了大量的前期准备工作：将技术楼顶层的卫星天线移到主楼顶层；考虑到新系统的技术要求和容量，改造了建外到中央广播电视塔的光缆，更换了技术楼低压配电柜；重新敷设楼内光纤；建外到804发射台光缆变更路由等，这些工作的完成，为技术楼加层打下了良好的基础，也保证了后期工作的顺利进行。

在新广播中心开始安装前，技术中心为确保我台7套节目播出能够顺利地过渡到新的系统中去，同时达到锻炼队伍、完善管理、增强维护检修能力的目的，决定在改造工程中实行项目责任人制度。该项制度明确规定了项目负责人制度的工程范围、项目负责人的认定、项目负责人的工作内容和职责。该项制度通过个人报名和领导确定的方式，最终确定了30人次负责29个工程子项目的施工方案。这些同志在整个广播中心的安装、调试工作中起到了组织、骨干的作用，高质量、高效率地完成了相应的任务。

为确保新广播中心的设备在选型和购置上能够符合电台今后发展的技术要求，技术中心在总工程师的领导下，会同台计财部、审计、监察的同志，邀请业内的专家，对多家广播设备代理商所提供的技术方案和设备进行了多次的论证和交流。技术中心也派出考察小组，前往上海、浙江、温州、广东等电台实地了解情况，听取各方面的意见，最终确定了技术方案，在整体性价比上满足了要求。

副总工章通同志作为此次工程的总设计师，通过对当前广播技术的多年跟踪研究和未来发展趋势，结合我台专业广播的特点，制定出详细、稳妥的系统结构方案和施工蓝图，对于整个工程的平稳过渡和正常运行，起到了关键作用。

新广播中心工程自2003年10月交通广播播出机房开始安装，到2004年8月国际广播播出机房安装完毕，历时10个月的时间。在这期间，技术中心主任常青同志带领全体人员在确保安全播出和日常工作的同时，克服困难、尽职尽责、周密安排、精心施工，度过了许多不眠之夜，完成了大量的线缆敷设、设备安装工作。累计到目前为止，安装完成8个直播机房、4个录播机房、一个主控机房以及相应的附属机房，安装标准机柜（包括设备）60余个，敷设各类线缆几十公里，焊接制作插头几千个。

新广播中心自5月18日正式投入使用以来，设备运行可靠，功能发挥正常，达到了预期目的。值班员、维修员也很快进入角色，能够熟练操作、调试、维护新的系统，新广播中心的技术优势和性能正在逐渐体现出来，为全台的宣传工作发挥越来越大的作用。

在广电总局和市广电局、广电集团的大力支持下，八零四发射台完成了774kHz外语广播发射机的改频和小天线的安装调试工作。从小天线实验场地的落实，到两次小天线施工、架设和试验，再到发射机的改频及小天线对其他四个中波频率影响和发射效果的评估测试等都做了大量的工作。技术人员驱车300多公里测试发射机的场强，收听了解覆盖效果。在接到9月1日试播的通知后，发射台的全体技术人员在保证其他频率的节目正常播出的情况下，连续7昼夜加班对774kHz发射机和小天线进行细致调试和稳定试验，确保了机器设备的稳定运行。

技术设备维护的管理和完善是完成安全播出任务的重要环节。八零四发射台根据技术设备更新的具体情况，做了大量的技术更新改造。包括音频输入系统的完善与改造、机房通风系统的改造、发电机房通风系统的改造、天线调配室防尘的完善和主备机倒换的更新等项目。通过实际使用，证明具有明显效果。在认真完成计划检修方面，八零四发射台动员全体值班员每周参与发射机和附属设备的检修维护，提高全体技术人员的专业技能和处理问题的能力。采取预防措施，对重点设备的运行进行总结归纳，发现问题，及时通过必要的调整消除故障隐患。

（三）加强干部培养和员工培训工作

不断提高干部和职工的组织管理、广播理论、实践经验和新技术知识的水平和能力，是实现北京电台技术维护水平始终处于全国同行前列的关键。今年，技术中心在工程建设的同时，采取多种形式，利用有限的时间，抓紧全体员工的培训工作。如：章总多次介绍新系统的结构和特点，高素萍、谷会敏也讲解了NTP矩阵的原理和操作，部分同志还参加了益安公司举办的网络安全讲座。除此之外，很多同志还利用业余时间参加各种学习和培训。

八零四发射台技术人员每月对技术工作的完成情况进行一次汇总，并布置下一阶段的工作安排。在此基础上，由发射科集中材料，每月出版一期《技术月报》，内容包括：“安全播音通报”、“主要技术工作”、“设备调整改动”、“故障分析总结”，“全固态发射机维护经验”，“技术小常识”，“常用仪器仪表的使用”、“意见反馈”等栏目。《技术月报》的推出，得到了总工和全体发射台职工的好评。机房技术人员认为很有帮助和启发，调动了发射科全体人员学习技术和业务知识的积极性。

八零四发射台为使在职的工程技术人员能够适应现代科学技术迅速发展的需要，不断进行技术更新，及时补充新理论、新技术和新方法，组织发射机房技术人员参加形式多样的业务培训。包括各项机房操作规程，发射台主要设备系统流程，机房安全播出应急预案，音频信号交换，DX 固态发射机原理，天馈线系统，高低压电源系统，卫星转播和接收的操作，机房常用仪器仪表的操作和使用，发射机改频步骤，新型小天线的原理和维护等多项培训内容。使发射台全体技术人员的专业技术水平有了新的提高。

技术中心王平同志是入台时间不长的年轻人，她不仅承担了技术楼改造的多项任务，还参加了广电总局 2004 年全国技术能手北京赛区的预赛，并以预赛第一名的成绩胜出，代表北京地区参加全国比赛，获得 2004 年度全国广播电视（发送系统）技术能手称号。

十三、管理与经营

2004年北京电台在宣传管理、经营创收、干部选拔、人事制度改革等方面大胆探索创新，事业长足发展，取得可喜成绩，社会效益和经济效益在全国省级电台中仍处于领先位置。

（一）加强宣传管理，健全规章制度

1.深入开展“三项学习教育活动”，加强新闻从业人员素质建设

按照上级指示精神成立了“三项学习教育活动”领导小组。市委宣传部动员会后，台党委及时召开会议，传达学习有关通知和会议精神，认真分析电台队伍状况特别是存在的主要问题，在此基础上，对如何抓好全台的“三项学习教育活动”进行了研究部署。首先，台党委组织全台处以上干部集中学习培训，先学一步，对全台的学习教育起到了示范和带动作用；其次，配合“三项学习教育活动”，大力开展向穆青同志和北京交通广播学习的活动，有力地推动了全台“三项学习教育活动”的深入开展；再次，注重发挥各支部的作用，认真抓好日常的学习教育活动。4月15日至22日，连续举办了三期“三项学习教育活动”培训班。全台361名宣传管理干部、采编播人员和广告经营管理人员参加了培训。

2.建立健全宣传管理制度

2004年北京电台对以往所有涉及宣传管理方面的文件如《关于审定稿件的规定》、《关于采编播部门安全播音的规定》、《关于认真贯彻各专业台办台方针的通知》等共26个文件进行了修订，使之更具有操作性和可行性。新制定了《关于加强广播节目预告的管理规定》等四个与宣传管理有关的文件，使宣传管理中遇到的新情况、新问题，得到了解决，宣传工作有章可循、秩序井然。

（二）调整经营思路，广告经营再创行业新高

2004年北京电台调整广告经营策略、合理整合广告资源，广告经营收入3.8亿元，同比增长幅度达到31%，再创全国广播广告收入的新高。

2004年的广告经营策略初步形成于2003年底。随着广播事业的发展，广播广告以各专业广播为单位经营的优势日渐减弱，调整经营策略成为当务之急。经过新一届领导班子成员及时、有效地充分论证，“统一管理、分散经营、集中操作、分别核算”这一新的举措出台并稳步实施。此次调整可以概括为：1.实行全台广告行业代理制，将各专业广播的分散经营扩大到全台的分行业代理制经营，减少内耗，形成对外竞争的合力，此为调整的根本目的。2.通过招标确定广告代理公司行业代理权，意在顺应广告经营规律，吸引实力强大的广告公司,增强北京电台广告经营的竞争力。3.剥离原广告部建制，分别成立为广告经营部和广告管理部，旨在建立行之有效的监督管理机制，为经营工作正常运行提供重要的体系管理的保障。

在实际工作中，为保障新思路与新策略的正确实施，取得预期效果，北京电台动员一切与经营有关的机构与部门，认真对广告经营实施一整套科学管理的方法，充分行使协调、服务、监督、审核等职能。同时加强对广告代理公司的业务培训，提高广告从业人员对市场细分的认识及广告营销业务水平与遵守法律法规的觉悟。为赢得市场份额，适时组织节目推介会、经营政策说明会、客户见面会，提高北京电台在广告客户心目中的形象地位。

在全年广告管理中，坚持“公平、公正、公开”的原则，注重奖有效果、罚有力度，在全台科学的质量管理体系中，做到强化管理，细化服务。全新的管理理念，为2004年广播广告创收和全面的广告经营起到了保驾护航的作用。

经过一年实践的检验，事实证明：此次调整后的广告经营策略，使北京电台的整体形象得到了提升，使北京电台的广播品牌更加被广告客户所认知，使整体竞争实力进一步加强，广告市场得到了很好的开发与维护，经营业绩在原有基础上取得了重大的、突破性成果。

（三）积极开拓进取，推进广播产业化发展

为了认真贯彻执行中央及北京市关于加快文化产业化发展的有关精神，特别是《北京市在文化体制改革试点中支持文化产业发展发展的实施办法》，北京电台的经营工作在坚持以广告为主业的同时，本着“稳扎稳打，步步为营，先做强后做大”的原则，积极开拓相关领域的经营，实行公司化运作，逐步摆脱广播经营中“一条腿走路”的局面。北京广播公司在保证广告经营稳步增长的同时，积极调整经营结构，大胆探索跨地域、跨行业经营，努力推进内容产业的发展，积极布局新兴媒体和数字广播，并通过资本运作扩大电台经营规模。

首先是跨地域发展。北京广播公司与香港凤凰卫视有限公司共同组建北京同步广告传播有限公司，其战略目标是成为中国内地营业额最高、广播经营资源最丰富、品牌最突出的专业化广播媒体经营机构。目前，同步传播公司进入工商注册阶段，同时，与几个省市级电台的跨地域合作已进入实质性谈判阶段。

其次是数字化发展。北京广播公司与阳光资产管理集团就数字广播项目签署合作协议，共同发展数字广播事业，成立北京悦龙数字广播传媒科技公司。数字广播开通后，将极大改善北京电台目前中波收听不好的现状，目前，悦龙传媒公司已完成正式注册。

第三是跨媒体发展。北京广播公司与北广传媒数字电视有限公司签署合作协议，共同运营覆盖北京地区的有线数字付费电视“动感音乐”频道。通过与数字电视公司的合作，拓宽广播的发展领域，实现了内容资源的多次利用。此外，北京电台与中国网通北京电信公司和中国网通吉芙德公司就网络电视项目签署了合作意向书，2004年12月24日“北京网视”正式开通，北京电台负责北京网视业务内容的整理、组织、分发、发布以及中心平台网站的建设与维护。

北京电台在已经投资《北京娱乐信报》、《百姓TAXI》、《百姓AUTO》的基础上，依托音乐广播创办《音乐周刊》，10月成功溢价引入中信文化体育产业有限公司的新投资，该项投资不仅带来了资金，还带来了新的资源和先进管理经验，此次合作奠定了“双赢”的格局，也为广播公司的溢价融资开了先河。

（四）深化管理工作，建设可持续发展的电台

北京电台2003年11月通过ISO9001质量管理体系认证，体系运行一年来，质量管理意识已深入人心，科学、严谨、规范的规章制度渗透到管理工作的各个环节，形成了全员参与、质量第一的良好局面。

近年来，随着办公楼宇修善、改造项

目的增多，特别是随着“北京广播中心技术业务综合楼”建设工程步伐的加快，加强建设工程招投标工作的管理，有效控制建设投资，确保工程质量和进度，努力从源头控制腐败问题的发生成为管理工作的一块重地。2004年3月23日，正式发布了《北京人民广播电台建设工程招投标管理办法》。《办法》中明确规定凡由我台投资的新建、改建、扩建、装修和技术改造工程项目的施工，除某些不适宜招标的特殊项目，一律本着“公平、公开、公正”的原则实行招投标。《规定》就招投标的程序、参与人员进行了详细的界定。年内，北京电台大小十余项建筑工程的招投标工作，均严格执行这一《规定》，特别是在“北京广播中心技术业务综合楼”建设工程中，楼体施工总承包单位、工程监理单位的确定以及楼体幕墙工程都进行了大规模的招投标，使这一北京市的折子工程成为名副其实的“阳光工程”。10月28日在上级有关领导的亲自过问和协调下，“北京广播中心技术业务综合楼工程”开工典礼隆重举行，该工程预计2006年完工。

2004年5月出台的《关于行政办公用品采购的管理规定》和《关于技术设备采购管理规定》中明确规定：行政办公用品、技术设备采购必须遵循公开、公平、公正的原则，高效、廉洁的原则，有效竞争的原则，提高透明度和维护电台利益的原则；必须执行统一集中采购管理为主的原则；在保证质量的前提下，严格执行需求方、采购方、固定资产管理方“三方”询价、比价与定价的原则；严格采购工作纪律，对徇私舞弊，玩忽职守，造成重大经济损失的，给予不同程度的行政处理。成立由主管行政工作的台领导、办公室主任、计财部主任、审计员、工会主席组成的“集体采购监督委员会”。一年来，数以百万计的技术设备和行政办公用品采购，做到了货真价实、账物相符，有效地堵塞了以往采购工作中存在的漏洞，提高了采购质量。

职能部室进一步完善了办公秩序，制定统一规则。全台各部门的请示文件、报告文件均采用统一格式的“公文呈报单”，并进行严格记录，为日后审计、存档、查阅提供依据。各职能部室分别设专人负责文件的收发，建立了一整套文件存档体系。严谨的办公秩序明确了责任，提高了工作效率、减少矛盾和扯皮现象。“做事讲规矩，办事讲程序”在北京电台已蔚然成风。行政职能部门在履行管理职能的同时，充分发挥了参谋与助手作用，尽一切可能为宣传一线提供优质服务。

财务工作修订了《北京电台经济管理办法》，完善了《内部会计控制及财务管理规定汇编》，强化了资金使用及采购的监督力度，使之形成电台所有经济活动在内部政策与制度方面的依据。

2004年，北京电台在做好日常人事管理工作的同时，把管人、用人作为重要课题研究，引进现代人力资源管理的方法和理念并与自身实际相结合，完善和深化了干部人事制度的改革，推动人力资源的整体开发。多年来，北京电台对管理、技术和服务部门的岗位管理缺乏对每个岗位的深入研究、分析和评价，岗位管理工作相对滞后。为此，北京电台与首都经济贸易大学的项目组合作，对职能、技术部门147个岗位的情况进行了调查分析，明确了各岗位的名称、职责、任职资格条件、培训要求、职业发展通道等内容。编制了《岗位说明书》等一系列管理文件。实行岗位管理，建立科学的岗位评价体系和公平公正的绩效考核体系，创建了一个有利于人才培养和优秀人才脱颖而出的管理环境，提高了人力资源管理工作的有效性、科学性和针对性，充分保证了“为事择人、事得其人”，为在2005年全面实施岗位薪酬与绩效考核的方案做好充分准备。

为了适应事业的发展和工作的需要，2004年北京电台开始探索新的用工方式，实行人才派遣制，及时解决了事业发展与人员编制不足的矛盾，有效地避免劳动争议，实现了跨地区引进优秀人才的目的。4月制定了《北京人民广播电台“人才派遣”人员管理暂行办法》，开始在新进人员和长期客座人员中推进人才派遣制度，实行公司化管理。人才派遣制度是我台聘用合同制改革的延伸，解决了人员能进不能出的问题，促进了人员的合理流动。

培养业务精英，开展首席编辑、记者、播音员、主持人评聘工作，为我台新闻业务的队伍建设迈出了坚实的一步。在9月份起草制定的《北京人民广播电台首席记者、编辑、播音员、主持人评聘管理办法》中，明确了首席评选的资格条件、评选程序、待遇、管理及考核等内容，同时组织开展了第一届首席评聘的报名工作，评聘出了首席编辑2人、首席播音员1人和首席主持人1人。此项工作将有力地鼓舞全台的采编播人员，并为优秀人才的脱颖而出提供了平台。

（五）思想政治工作，扎实有效

在领导班子建设上，重点是建立健全决策机制。2004年制定、修订了党委会、台务会以及广播公司董事会议事规则，为科学、民主、规范地决策重大事项奠定了基础。从2004年10月起实行了台领导接待群众日制度，负责接待的台领导认真听取干部职工反映有关电台改革与发展、领导班子建设、干部队伍建设及思想政治工作、本部门及个人在工作中出现的突出矛盾和问题等情况。

在队伍建设上，总结过去几年的经验，修订了《北京电台处级干部竞争上岗暂行规定》，重新制定了《处级干部考核办法》、《处级干部诫勉制度》，出台了《关于认真做好处级后备干部民主推荐工作的通知》和《北京人民广播电台处级后备干部工作暂行规定》，以提高素质、优化结构、改进作风，适应电台改革和事业发展需要为重点，积极探索和改进处级干部的推荐、选拔、培训、任用和教育管理方式。

在党支部建设上，突出抓好支部工作量化考核，重新修订了《党支部工作量化考核办法》，2004年评选出优秀党支部5名，优秀党务工作者9名。

在党风廉政建设上，狠抓党风廉政责任制的落实，制定了《北京人民广播电台内部审计工作暂规定》、《北京人民广播电台基本建设审计实施细则》等一系列规章制度，加强了对北京广播中心技术业务综合楼施工单位的监理资格审定工作，以及技术设备购置、行政办公用品采购审计监督工作。

工会、共青团在台党委领导下，紧紧围绕电台中心工作，有针对性、创造性地开展工作，号召广大职工、团员青年“宣传电台、热爱电台、献身电台”，团结和动员他们立足本职岗位作贡献，充分发挥了群众组织的桥梁和纽带作用，增强了电台凝聚力。

附件：

北京人民广播电台经济管理办法（试行）

（RB/JCB—GL—001）

京广播台字［2004］1号

根据党中央制定的各项经济政策以及《中华人民共和国会计法》、《预算法》、

《政府采购法》、《事业单位会计准则》、《事业单位会计制度》、北京市各主管局、北京广播影视集团的相关规定要求，结合本台实际情况，本着依法办台，依法理财，严格民主监督，强化预算管理，狠抓制度落实，加大节支力度，注重经营实效的原则，制定本办法。

一、加强预算管理

根据总台加强预算管理、深挖收支潜力、保障重点经费需要、压缩一般消费性开支的精神，继续坚持效益优先，兼顾公平的原则，个人收入分配与效益挂钩，全台的个人收入均以总体创收和当期利润为基础，按动态方式管理，每年增长幅度不得超过已定的控制比例并与财政预算相贴近；公用费用要加强落实预算，加强成本控制，强化重点项目、大额开支的内部监督机制，发挥“监督委员会”的积极作用，强调事前、事中控制与事后反映相结合，按制度严格把关，切实降低总体成本。

二、合理控制经营成本

根据总台总体方针及经营政策，合理控制经营成本，广告代理费加优惠幅度全年平均不得超过总台确认的控制比例；要严格合同管理，进账款一律不得以任何名义支付创收费用或代理费用；为经营而发生的相关费用要按程序严格审批，经营成本要按全台分布情况合理分担，为简化手续，提高管理费的收取比例，暂由10%增长至12%。

三、收入管理

1. 所有收入都必须纳入全台的预算管理，一律到财务办理交款手续，任何单位和个人都不准以任何名义自行留用，不准私设小金库。

2. 按月均衡进款，不得将当月收入压至当月最后一天入账（指结账日），也不得将当月合同收入延迟交款，入账时间要与合同与播出时间基本相符，做到应收尽收，确保电台利益不受损失。

3. 收款项目与合同项目必须一致，广告与合办合同不得混用，如合办开具广告发票，视同广告收入签广告合同。

4. 零星收入（如提供信息、点歌等）在取得收入当天必须送交财务入账，不得以任何理由自行存放。

5. 每年全台创收按8%～10%的比例增长。

四、内部控制管理

1. 总体要求

严格执行内控制度，任何部门和个人不得以任何理由超越权限审批费用开支，不得超预算审批支付费用；全台各部门（台）要本着节约的原则，严格执行预算，对所经办项目，特别是大型、大额项目要认真调研、论证，真正把好审批关，提高资金使用效果。

2. 审批权限

在强化预算管理的前提下，强调各部门（台）一把手预算执行第一关；各部门（台）一把手所有报销单据均由主管台领导签字；如部门一把手不在时，所有收支报销业务由主管台领导审签。

3. 严格审批预算制度

认真执行“预算法”、“政府采购法”等相关法律法规，按北京市政府采购目录规定严格把关，对纳入预算的政府采购项目，要严格执行预算（包括：汽车、办公自动化设备、车辆维修、保险等）；对未纳入预算的政府采购项目或大的项目、大额开支要采取政府采购方式，以招标形式或集体采购方式完成（包括：专项工程、基建工程、装修、修缮工程等各类工程；除车辆保险外的各类保险；物业管理、租房、各类设备购置；大型专题活动、宣传印刷品、物品制作、办公用品购买、礼品奖品制作或购买等开支项目），经办部门要进行严格论证，预算到细目后，上报监督审查机构，经总台领导审核批准后方可执行；如无预算、无特殊原因突破预算，财务有权拒绝付款；如追加、调整预算，要申明追加、调整的理由与金额，必须先经监督审查机构和领导审批，未经论证审批的预算，或超预算未获追加批准的支出，财务不得行使付款职能，严格禁止预算执行中的随意性。

4. 审批限额

以年初预算为基础行使审批权限。

专业台超过2万元（不含2万元）以上至4万元，由主管台领导审批；4万元以上至20万元由台长审批；超过20万元需经台务会研究。技术设备购置在2万元以下由总工程师审批。

职能部门、技术部门、信息资料中心的费用按总台预算管理，在严格预算管理的前提下，费用开支仍实行归口管理，各分管部门超过5 000元至1万元（不含5 000元），报主管台领导审批；1万元以上，上报台长审批；固定项目按预算计划于执行前上报监督审查机构审批。

国际部、广告经营部的费用支出可参照总台办法管理，相关项目内容上报主管台领导、台长审批。

5. 监督审批具体要求

(1) 不得以冒名或相同费用多领支票的办法支取费用。

(2) 个人费用的支取和各项费用的签字，一律使用在人事部备案的姓名，不得以播音名或其他姓名领取。

(3) 凡经财务支付的客座工资、临时工工资，所列人员均需在人事部存有书面备案材料和身份证明复印件，以备各监察机构查验。

(4) 根据市财政局强化部门预算的规定，严格落实预算，各项费用均预算到明细，特别是年初无预算的大额项目，支付前必须持详细预算和批件才可办理支付手续。

(5) 无论自制还是外来原始凭证，均要求写清用途明细或附购物清单。

(6) 对外支付给个人的劳务费必须提供身份证明。

五、对投融资借贷的具体规定

1. 要严格执行各项法律法规，对投融资项目必须做前期可行性分析报告，并请业内专家或专门机构严格论证，所有投融资项目，无论规模大小，均需经台务会等具体研究通过；

2. 原则上禁止对外借款，但确因有困难必须借款时，要按法律程序签订借款协议，写清还款期限以及到期末还应承担的责任，单位法人行使审批权；

3. 对投融资、对外借款，电台有权了解掌握对方单位的用款情况，协议中应写明各种限制条款；

4. 经办及审批人员必须事先了解所投（借）款项用途的合法性。

六、创收分配比例

1. 交给国家部分

占毛收入的19.5%；包括以下内容：

（1）税金占毛收入的5.5%；

（2）文化基金占毛收入的3%；

（3）教育基金占毛收入的2%；

（4）上缴财政专户占毛收入的9%（占毛收入税后的10%）。

2. 交总台部分（平均24.1%）

占毛收入分别为：27%（交通、音乐）；25%（文艺）；23%（新闻、经济）；22%（首都生活、体育）；

（1）综合管理费：12%；

（2）技术运营费：5%；

（3）频率资源费：分四档(平均7%)。

一档：交通台、音乐台10%；

二档：文艺台8%；

三档：新闻台、经济台6%；

四档：首都生活台、体育台5%。

3. 专业台提取自用部分

修购基金8%；住房基金2%。

4. 上交国家、总台、提取自用三项合计比例：(平均53.6%)

一档：交通台、音乐台56.5%；

二档：文艺台54.5%；

三档：新闻台、经济台52.5%；

四档：首都生活台、体育台51.5%。

5. 可用部分与利润合计:(平均46.4%)

一档：交通台、音乐台43.5%；

二档：文艺台45.5%；

三档：新闻台、经济台47.5%；

四档：首都生活台、体育台48.5%。

6. 利润率：全台年平均利润率不能低于15%，其中：

交通台30%；

音乐台25%，

文艺台15%；

新闻台15%；

经济台15%；

首都生活台10%；

体育台10%。

七、支出管理

1. 支出控制要求

总体要求：本着收支配比原则，以收定支，量入为出，严格控制预算，杜绝随意性支出，杜绝无预算或进款不及时的赤字消费；严格执行税法，按时足额缴纳各项税费。具体要求如下：

（1）各专业台的开支要按预算控制，每月应完成收入和利润指标，不允许赤字消费。以收入、利润指标为考核依据，收入实行按月结算的办法，利润实行按半年结算的办法，税费后净利润进行结余奖励，奖励后的部分收归总台进行整体调控，如当月亏损，要用以后各月利润进行弥补。

（2）如出现赤字或不能及时进款，财务将出示黄牌，除保证基本费用外，暂停该单位2万元以上大额费用的支付。

（3）如无特殊原因，每月必须提取修购基金（设备购置费）和住房基金，如免提修购基金需经主管台领导批准；修购基金当年有结余可在下年度继续使用，也可部分（不允许全部）参加利润分配，分配后的修购基金全部收归总台；如修购基金余额不足，不允许赤字支付购置等费用，如必须支付时，要经总台台长审批后在“事业支出”中列支；修购基金不得进行年末赤字结转；住房基金不能参加结余分配，如提取比例与支出比例差额过大时，要调整修购基金与住房基金的提取比例。

（4）总台各部门的正常开支要控制在总体预算内。

（5）对全台性开支要加大监控力度，大额项目开支要报经总台监督委员会审议后报台长批准。各主管部门要将全台性项目事先列入预算。

（6）个人收入项目：工资条内容、效益工资（节目制作费）、加班费、过节费，以及所有发给个人的款项（如值班费、奖励、早晚夜班费等）。

2. 全台费用总体指标

（1）人员费用部分：控制在收入总额的30%以内（按财政规定项目）。

（2）公用费用部分：控制在收入总额的35%左右（按财政规定项目）。

（3）设备购置费：控制在提取的比例之内，其中：专业设备占75%；行政设备占25%（各专业台的购置项目在各自提取的修购基金中列支，总台一律不负担专业台的设备款）。

（4）住房基金：对职工的住房补贴，控制在提取比例中，随政策规定、补贴人数的变化，对提取比例或支出做适当调整。

八、国有资产管理

1. 加强资金管理，严格执行相关制度规定。

2. 加强债权债务关系的处理，严格投资类项目的审查管理。

3. 加强国有资产与相关物资的管理，确保国有资产保值增值。

4. 完善健全规章制度，加强固定资产核算、购置、调拨、保管、处置全过程的管理，切实做到账、卡、实三相符。

5. 实施公物使用管理责任制，人为损毁、丢失一律由个人承担规定的经济责任。

九、财经纪律

1. 要加强世界观、人生观、价值观的警示教育，增强自律意识，提高拒腐防变能力，加强对经营与经济活动全过程的管理和监督。

2. 对投资类或大项支出要严格论证，高层管理人员要把好决策关，严防失误造成损失。

3. 严格采购纪律，按计划购买时原则上必须三人以上进行，防止因论证不足和把关不严且集体决策或行为而造成损失。

4. 严格执行“会计法”，加强财务监督，任何单位和个人（包括电台所属企、事业单位）不得违反财经纪律办理会计事项。凡违反财经纪律和电台管理规定办理相关事项的，按国家和电台各项处罚规定进行处罚。

5. 任何单位和个人（包括电台所属企、事业单位）、特别是副处以上领导干部，不得利用工作之便收受现金私分；不准接受回扣，凡收受现金和接受回扣不交公或其他违规违纪行为，一经查实，按相关法律条款处理。

6. 不准公款私存，不准将本台的收入存入他人账上或私设账外账，查实按违纪严肃处理。

7. 必须把好用人关，健全制度，堵塞漏洞，防止和避免发生个人违法违纪问题。

8. 不准搞有偿新闻，不准未经批准私插广告，违者没收全部收入，并追究当事者与部门领导的责任。具体条款执行总台有关广告管理的规定。

9. 任何单位和个人（包括电台所属企、事业单位），不得转借、转让、代开发票；不得扩大专业发票的使用范围。所有发票或收据必须经财务部门盖章方才有效，未经允许私购私开收据的行为按违纪严肃处理。

10. 严格按财政、税务部门核定的项

目如实开具发票；严格按税控机打发票使用规定开具发票。财政系统的银钱收据上下联、单位名称、金额必须复写一致，单位名称与事项必须与支票所办事项相一致。

本办法与国家或上级相关规定不一致时，执行国家或上级规定。

本办法自 2004 年 1 月 1 日起执行。

本办法由计财部负责解释。

2003/11/3 第一次修改

2003/11/5 第二次修改

自 2003/11/5 至 2003/11/14 台领导传阅后第三次修改

2003/11/17 第四次修改

2003/12/13 第五次修改

2003/12/22 第六次修改

二〇〇四年元月

十四、外事外宣

2004年，我台外事外宣工作都有很大发展，全国第一家省级外语广播正式开播；加强了对外交流与合作；境外来台访问交流和我台出境学习考察都比往年有所增加；对外宣传工作无论在内容还是形式上，都更加适合境外媒体的合作要求，符合海外收听人群的习惯，受到中外听众和合作伙伴的一致好评。

一、北京外语广播 Radio774 正式开播

9月12日，我台外语广播开播仪式在北京饭店举行。国务院新闻办公室主任赵启正、北京市委副书记龙新民、市委常委宣传部长蔡赴朝、北京市政协副主席黄承祥、中国作协名誉副主席张锲、外交部部长助理沈国放和专程从联合国总部赶来的联合国广播电视局局长苏珊女士等出席了活动。外交部长李肇星特意发来贺信，联合国秘书长安南特地安排副秘书长塔鲁尔先生发来了录音贺词。

为了对联合国秘书长安南的关心和支持表示感谢，北京电台台长汪良用中英文书写了“和平”两字，并以紫檀木为基材制作成书法作品寄送给安南秘书长，同时制作了两枚精美的中国印章送给安南秘书长和副秘书长塔鲁尔先生。10月20日，安南秘书长寄信给北京电台台长汪良，对北京外语广播正式成功开播表示祝贺，对寄送给他的礼物表示感谢。他在信中说：联合国新闻部广播处和北京人民广播电台有着长期良好的合作关系，我们是依靠合作伙伴传递联合国的声音的，中国听众对我们有着非常重要的意义。我欣喜地看到我们之间良好的合作关系不断发展。我会非常自豪地用这枚刻有我名字的印章作为我的中文签名。祝贵台事业发展蒸蒸日上。

北京外语广播于9月17日正式播出，使用频率是中波774千赫、有线调频97.8兆赫和有线调频99.4兆赫，每天6时至24时播出，其中中波774千赫和有线调频97.8兆赫以中英双语播音为主，中波774千赫每天还制作90分钟形式多样的中文节目，供世界各地电台使用。

二、与境外媒体的合作不断加强

2004年3月，我台国际部与英国BBC广播公司联合制作了90分钟大型新闻杂志型英语节目《北京——变化中的城市》，通过BBC《OUTLOOK》（展望）节目向全球直播，获得圆满成功。《北京——变化中的城市》是BBC《OUTLOOK》节目首次同中国媒体联合制作英语节目，内容包括北京2008奥运会准备工作的最新进展、北京人对2008奥运会的期盼、北京的经济发展、北京的城市变迁以及多姿多彩的市民生活、独具魅力的传统文化等等。北京市委副书记龙新民来台接见了中外节目制作人员。节目播出后，在世界各国引起较大轰动，在国际媒体杂志和网站上对北京电台与BBC开创性的合作给予高度评价。市委书记刘淇对此次成功合作做了书面批示，给予高度赞赏。北京的众多新闻媒体和海外媒体都对此进行了报道。

3月12日，我台副总编辑陈晓海和国际部主持人到英国BBC国际台参加了“共同创意”BBC英语教学节目研讨会，就中国广播英语所面临的挑战与发展趋势、目标听众群的划分与定位、节目内容的选择与策划、节目形式的创新与设计、节目品牌的造势与推广、节目资源的利用与创收以及多媒体平台的运作与营销等一

系列与广播英语密切相关的诸多问题进行了讨论。此次会议从中国广播英语发展的实际出发，重新定位了广播英语在广播传媒中的地位和作用，初步完成了一套新型的节目链运作模式，这对于推广广播英语节目的创新，加强广播英语节目与中文专题节目的互动与融合，进一步促进国内电台之间的横向合作以及扩大对外交流都有重要的积极作用。

4月5日，北京电台国际部、交通广播、北京广播网与英国BBC中文部、BBC中文网站合作，围绕世界卫生日的主题“道路安全”，在北京电台举办了大型互动直播节目《道路安全与城市交通》，节目由我台主持人梁洪和英国BBC的洪冈主持。北京市副市长刘敬民和来自英国、澳大利亚和本市多个部门的专家、学者及来宾80人共同参与了节目。雅典市市长和澳大利亚副总理兼交通部长以及中国交通部部长都为该节目发来贺信或接受采访。我台交通广播于4月7日世界卫生日当天播出了节目录音报道，同时BBC中文部也通过短波播放了该节目，英语网站专门就这一合作写了报道，在备受关注的《道路安全》专刊上登出，向全球英语网友作重点介绍，并在10日、11日的黄金时段重播了该节目。节目播出后，又一次轰动了世界媒体，反响强烈。世界各地的听众和网友通过发给BBC的邮件赞扬这一合作，认为该节目加深了公众对北京交通问题的认识。BBC国际台英语台台长菲利普·哈丁致电北京电台台长汪良，祝贺合作成功，他说，BBC会继续寻求与北京同行的合作。

7月20日，应我台邀请，在国际上享有盛誉的丹麦国家女子合唱团由丹麦王妃文雅丽带领来北京做首度访华演出，我台音乐广播通过卫星音乐广播协作网向全国的21个电台及丹麦电台转播这场演出。此次活动将成为中丹两国文化深入发展的标志性象征。

9月初，我台联合香港电台中文台，直播了“第八届北京、香港合作研讨洽谈会暨奥运经济市场推介会”，这是我台首次多部门联合跨地区的直播活动。此次活动共采访了60多位嘉宾，还有20多位嘉宾走进演播室。北京广播网进行了6小时的视频直播，还在网上发布了相关资料106条。新闻广播播发了20多条录音新闻等消息。北京市委宣传部副部长肖培以及有关领导也多次造访直播间，对音、视频的直播形式给予了好评。

9月4日，全球华语歌曲排行榜颁奖典礼活动在中国台北举行，我台副总编辑赵多佳、音乐广播台长邵军及多名记者、技术人员和28名演员赴台北参加这次活动，并参与该活动的现场直播。全球华语歌曲排行榜由北京电台、广东电台、香港电台、上海东方广播电台、台北之音Hit FM、新加坡醉心频道933、马来西亚988七家强势华语电台全力打造，同时加盟节目播出的还有美国芝加哥美加华语电台、加拿大中文电台AM1470、美国纽约侨声广播电台、美国三藩市华语广播、伦敦国际广播电台AM558、澳大利亚广播公司中文部SW15435等。颁奖盛况在台湾地区通过电视和广播媒体进行直播，在新加坡、马来西亚、香港地区进行转播，并通过（全国）卫星音乐广播协作网在内地21个省市进行转播，成为华语歌坛历史上的一次重大突破。

9月25日，北京外语广播连同北京经济广播和首都生活广播，首次与澳大利亚澳洲广播电台合作，直播“第七届北京国际旅游节盛装行进表演”活动，取得成功。

10月28日至11月11日，北京外语广播联合交通广播和经济广播，与加拿大国际广播电台合作采访并制作了3档专题节目，这是两台间第二次进行此类合作。

2004年，我台音乐广播还多次在境外成功转播了音乐会，其中包括：

转播柏林除夕音乐会（2004年1月1日），柏林除夕音乐会的转播一直是北京音乐广播的一个传统项目；

转播维也纳新春音乐会（2004年1月21日），北京音乐广播与中央电视台合作，赴奥地利转播维也纳新春音乐会，并通过（全国）卫星音乐广播协作网向全国21家电台同步直播；

转播第46届格莱美颁奖典礼（2004年2月9日），北京音乐广播自1999年派转播小组赴美国进行直播，通过ISON线路为广大听众直播格莱美颁奖典礼的盛况，并通过（全国）卫星音乐广播协作网在内地21家省市电台进行转播；

转播柏林森林音乐会（2004年6月28日），柏林森林音乐会是世界超一流乐团柏林爱乐乐团年度演出季告别音乐会，是欧洲音乐爱好者最钟爱的聚会，2002年和2003年北京音乐广播已两次成功转播了柏林森林音乐会。

三、供海外节目播出量提高

2004年，我台除了继续制作已有的16个栏目在海外23家电台播出外，又依托北京经济广播已有的旅游广播网新开设了《龙行天下》的旅游节目。此节目在美国播出后，受到听众的欢迎。9月初，我台国际部与日本LOVE FM签署节目交流协议，每月提供《今日北京》和《人物访谈》各4期节目，对方向我台提供《我爱九州》节目4期。2004年，我台供海外电台播出的新闻1200套，近1万条，约120小时；专题节目480套，约200小时，节目播出量比往年大大提高。

出访大事记

1月6日　我台技术中心的谷会敏在日本参加了由科技部主办、日本国际协力事业团协办的“视听广播工程”培训，通过这次培训，本台技术人员近距离地了解到日本YAMAHA、SONY、NEC等著名音频设备生产厂家及世界发达国家高新技术工业的实际情况。

3月14日—22日　副总编辑陈晓海、国际部记者周敏赴英国参加教学研讨会。

3月15日—25日　主持人杨洋、伍洲彤前往加拿大国际广播电台，与对方合作制作了反映中加文化交流内容的系列节目，并在两地播出。

4月14日—27日　副总编辑亢亚志赴澳大利亚、新西兰访问交流。

4月17日—19日　音乐广播台长邵军赴香港参加会议。

4月　首都生活广播台长纪烈鸿、记者刘业娟赴美国交流考察。

5月12日—14日　台长汪良赴澳门参加电视节。

5月31日—6月3日　首都生活广播记者孙萱北赴澳门采访。

6月28日—7月7日　台长汪良、副总编辑赵多佳、技术中心主任常青、信息资料中心主任李晓晖赴香港参加商务会谈和考察。

6月　副台长王秋、交通广播台长秦晓天随团赴台湾参加科技论坛。

7月8日—22日　人事部主任郑金诗赴英国和德国交流考察。

8月13日—29日　体育广播记者李萱、王伟、耿雪梅赴希腊采访奥运会。

8月30日—9月10日　原副总编辑张礼栓赴香港参观考察。

8月31日—9月5日　台长汪良、副总编辑赵多佳及记者沈星、李哲勇和技术中心、信息资料中心的4名技术人员一行8人赴香港参加京港洽谈会。

9月3日—9日　副总编辑赵多佳、音乐广播台长邵军及多名记者、技术人员和28名演员赴台湾参加全球华语歌曲排行榜颁奖典礼活动。

9月　记者陈晖、李志南、王建平随团赴香港参加京港洽谈会。

10月17日—24日　经济广播记者黄彦赴英国参加节目制作交流。

10月23日—11月7日　总编辑陆莹、音乐广播台长邵军、记者刘菁赴美国和加拿大访问交流。

10月　广告部主任张树荣随团赴台湾交流考察。

10月　计财部副主任陈春梅随团赴欧洲参观考察。

11月8日—19日　总编室记者冉洁随团赴澳大利亚、新西兰交流考察。

11月12日—27日　原副总编辑张礼栓随团赴墨西哥访问交流。

11月22日—26日　副台长王秋赴香港商讨合作项目。

12月14日—24日　台长汪良、副总编辑赵多佳、总工程师王季平、广告部行业总监秦学刚赴韩国参加会展。

12月　副总编辑陈晓海随团赴台湾访问交流。

来访大事记：

1月10日—12日　我台国际部与北京广播学院播音主持艺术学院及广播电视研究中心共同在北京主办了“世界华语播音学术研讨会”。来自美国、英国、德国、澳大利亚、日本、新加坡和联合国广播处以及我国香港、台湾和内地的广播同仁，就“世界华语播音的现状及发展事态”、华语播音如何承载先进文化、展示民族品格、适应世界潮流等关键性问题进行交流。这是历史上第一次在全球范围内开展的大型华语播音学术研讨活动。12日参加此次研讨会的境外代表英国BBC、美国之音、德国之声、日本NHK、新加坡新传媒集团、联合国广播处、澳大利亚、香港电台、台湾世新大学访问学者等来我台访问，台长汪良、国际部主任冉丽接待了客人们。

2月6日　巴西使馆文化处的玛丽亚来我台商讨合作事宜，国际部主任冉丽负责接待。

3月2日　加拿大国际广播电台的赵黎来我台访问。

3月7日—14日　英国广播公司广播电台四台采访小组Laritt和Roshan Doug，为制作其系列节目《新诗无限》在北京进行了为期一周的采访，我台国际部负责该采访小组的接待工作。

3月10日　由墨西哥全国记者联合会主席奥多罗·伦·阿罗亚韦为团长的新闻代表团一行16人来北京电台参观访问。台长汪良、总编辑陆莹、副总编辑亢亚志接见了代表团成员。

3月10日　韩国大邱交通台一行4人来北京电台交通广播参观访问。交通广播副台长李秀磊陪同客人先后参观了交通广播直播间、办公区、制作机房和信息处理中心，详细介绍了交通广播在管理机制、节目制作、路况信息采集等方面的情况。

3月22日　英国BBC《OUTLOOK》节目部采访组来我台制作《北京——变化中的城市》特别节目，北京市委副书记龙新民来台接见了中外节目制作人员。

4月2日—6日 我台国际部接待英国BBC国际台中文部专题组代表团。我台国际部、交通广播、北京广播网与BBC国际台、BBC网站等联合完成大型直播节目《道路安全与城市交通》，北京市副市长刘敬民到电台现场参与了节目。北京市委宣传部副部长肖培、北京电台台长汪良等接见了代表团成员。

4月16日 澳大利亚3CW中文电台台长姜兆庆来我台与国际部商讨进一步合作事宜。

4月21日 德国之声台长埃里克·贝特尔曼率代表团一行来我台商讨培训和节目交流工作。

4月28日 英国BBC国际台中文部的洪冈来我台访问交流。

5月10日—16日 作为人员互换计划的一部分，澳大利亚澳洲广播电台记者、主持人马健媛来我台国际部学习交流7天。其间，我台人事部培训中心与国际部联合邀请马健媛女士与我台10个部门的24名同志进行座谈交流，马健媛女士向大家介绍了澳大利亚广播电视的现状和节目制作情况。

5月12日 英国BBC国际台中文部记者杨莉来我台访问交流。

5月21日 澳大利亚澳洲广播电台中文部主任陈昊来我台访问交流。

6月3日 美国GF资本公司总经理爱立克先生及中银国际直接投资部经理谢敏、投资银行部经理陈杭等一行6人来北京电台访问。台长汪良与客人们就广播产业化方面的话题进行了亲切友好的会谈。

6月14 美国之音中文部负责人陈光来我台国际部访问交流。

6月28日—7月2日 我台邀请BBC国际台培训部的专业培训师2人来台举办为期5天的“BBC广播新闻采编培训班”，全台7个专业广播和国际部的40名同志参加了培训活动。台长汪良出席开班仪式并讲话。这是BBC国际台培训部的专业培训师第一次来我台授课。

7月8日 澳大利亚3CW中文电台台长姜兆庆来我台国际部访问交流。

8月3日 英国BBC体育记者迈克来我台与国际部共同转播亚洲杯足球赛。

8月7日 美国洛杉矶电台台长刘恕来我台访问交流。

8月9日 联合国广播处中文部编辑许业善来我台国际部访问交流。

9月8日和11日 北京电台台长汪良和总编辑陆莹分别会见了英国BBC亚太区业务主管、中国业务发展总监等一行和联合国广播电视局局长Susan Farkas女士。双方就长期以来友好合作关系的不断发展和今后扩大合作事宜进行了商谈。国际部主任冉丽介绍了北京电台外语广播“Radio774”即将开播的有关情况，并表示今后将继续加强合作。

9月11日 联合国广播电视局局长苏珊女士来我台参加外语台开幕仪式。

9月20日 澳大利亚澳洲广播电台中文部主任陈昊来我台，9月25日与我台外语广播、经济广播共同直播北京国际旅游文化节开幕式。

9月22日 德国著名记者沃尔夫冈·克莱因夫妇来北京电台参观访问。总编室主任王福全、外语广播台长冉丽负责接待。克莱因先后担任德意志联邦共和国广播电台国外部主任、电视一台节目主持人。

9月27日 美国休斯敦电台台长何立捷来我台外语广播访问交流。

10月21日 日本天花文化制作中心须藤千晴和富山奈美来我台外语广播商讨节目交流项目。

10月25日 联合国广播处负责人刘克凡来我台洽谈2005年合作项目问题。

10月26日 美国中国广播网的程蕙、联合国广播处负责人刘克凡来我台访问交流。

10月 加拿大CBC总裁和加拿大国际台中文部主持人何方来我台访问交流。

11月11日 英国BBC国际台中文部的洪冈来我台洽谈2005年合作项目问题。

11月22日 希腊新闻代表团一行10人来北京电台参观访问。该团由希腊政府新闻总秘书处组派，团长为希腊雅典记协秘书长乔尔戈斯·弗拉维拉斯诺，团员均是希腊新闻界知名人士和有影响的媒体资深记者。总编辑陆莹向客人们介绍了本台基本情况，客人参观了直播机房、主控机房和交通广播路况信息中心。

12月6日 BBC英国教学部业务交流访问团一行9人来北京电台访问。台长汪良和总编辑陆莹接见了客人。BBC此行的目的是为了进一步加强与北京电台的交流与合作，进一步创新和改进外语教学节目的形式，丰富节目内容，深入调查和了解北京市民英语学习的需求与现状，为中国英语学习者制作出更多更好的英语教学节目。

十五、机构

北京人民广播电台
2004 年台级领导任职情况一览表

台　　长：汪　良
总 编 辑：陆　莹
副 台 长：王　秋
　　　　　常　青（自 2004 年 11 月 1 日）
常务副总编辑：赵多佳
副 总 编 辑：亢亚志、陈晓海
党委副书记：赵泽勤
总 工 程 师：王季平

北京人民广播电台
2004 年机构设置及副科以上领导任职情况

办公室（37 人）
主　　任：孟　立
副主任：吴亚非（兼保卫部主任）、丑承培、路　程
主任助理：赵　颖
秘书科　科　长：李建华
　　　　副科长：潘宗锰
行政科　科　长：王亚伟(至 2004 年 4 月 1 日）
　　　　副科长：赵文静(自 2004 年 4 月 1 日起主持工作)
　　　　副科长：虞国飞
固定资产管理科
　　　　科　长：付　昱
　　　　副科长：赵文静（至 2004 年 4 月 1 日）
　　　　副科长：穆　丹（自 2004 年 4 月 1 日）
质量管理科：科　长：王亚伟(自 2004 年 4 月 1 日）
工程建设办公室主任科员：李连平

技术中心（43 人）
主　任：　常　青（兼）
副主任：　张国强、阮　勤、郭　励
播出维修科　科　长：刘志勇
　　　　　　副科长：谷会敏
录音维修科　科　长：程　春
传　输　科　科　长：黄坚坚
　　　　　　副科长：张　旭
传　音　科　科　长：于慧娟
　　　　　　副科长：冯　丽

网络系统科　科　长：刘　爽
　　　　　　副科长：马白桦

信息资料中心（34人）
主　任：李晓晖
副主任：史博华、边　江
图书报刊科　科　长：史博华（兼）
　　　　　　副科长：冉　燕
网络节目科　科　长：边　江（兼）
　　　　　　副科长：焦　楠、周　静
信息处理科　科　长：严玉鹏
　　　　　　副科长：程小鹰
音响资料科　副科长：梁国强

计财部（15人）
主　任：张秀勤
副主任：陈春梅、李　淼
主任科员：吕　方
副主任科员：卢　曼

人事部（7人）
主　任：郑金诗
副主任：王　勤（自2004年2月2日）、
　　　　游良婕（兼培训中心主任）
副主任科员：赵永忠

广告管理部（10人）
主　任：张树荣
副主任：张秋萍
审查科　科　长：金　慧
监听科　科　长：张　威
客户服务科　副科长：陆　颖

广告经营部（13人）
行业总监：牟燕文、李　康、秦学刚、
　　　　　陆　彤
主任助理：罗燕萍
审核科　副科长：夏建军
录入服务科　副科长：董　虹
核算科　副科长：王筱娟

总编室（31人）
主　任：王福全
副主任：朱晓明、孙　巍
宣传管理科　科　长：刘　兰
　　　　　　副科长：冉　洁
听众服务中心　主　任：田凤芝
　　　　　　　副主任：周燕玲
节目考评科　科　长：童淑玲
　　　　　　副科长：周国华、杨　雪

总工办（3人）
副总工程师：章　通
主　　　任：常　青
副　主　任：张国强
技术管理科　科长：王艳华

党　办（8人）
主　任：柴修杰（兼纪检监察审计办公室主任）
纪委副书记：娄源斌
纪检委副书记：后晓军（自2004年11月4日）
主任助理：黄文雁
纪检监察审计办公室审计员：玉　红

工　会（6人）
主　席：吉立同
副主席：谢建国

八零四发射台（24人）
台　长：陈　云
副台长：曹　昌、陈　钊
发射科　科　长：邓亚程
　　　　副科长：祝　石

国际部（18 人）
主　任：冉　丽
副主任：白玉清
中文节目组　组　长：陈雪瑾
副组长：洪　新
教学节目组　组　长：周　敏
英语节目组　组　长：陈　琦
副组长：臧铁洁、李　剑

广播发展研究所（7 人）
副主任：许秀玲、陈炳岩

新闻台（75 人）
台　长：李　捷
副台长：李彦平
陈　晖（至 2004 年 9 月 17 日）
李　革（自 2004 年 10 月 14 日）
谈话节目部　主　任：苏京平
公关部　主　任：亢亚琴
副主任：王金成
新闻节目部　主　任：张红力
新闻编辑部　主　任：李　革
副主任：孟庆煜(自 2004 年 11 月 29 日主持工作)
副主任：景　兵
采访部　副主任：陈京英（主持工作）、林　俐
品牌推广部　副主任：刘　彤(主持工作)
新闻天天谈　节目监制：李唯唯
听说世界　节目监制：张立新
法制天地　节目监制：徐学军
时代杂志　节目监制：邢桂苹

经济台（45 人）
台　长：边　建
副台长：陶　津
公关部　主　任：纪爱华
副主任：杨夙园、唐爱菊
品牌推广部　主　任：邱桂垣（至 2004 年 11 月 28 日）、杨夙园（自 2004 年 11 月 29 日）
副主任：王　萍
财经节目部　主　任：蔡明可
监　制：李艺龙
黄永红
张晶宇（自 2004 年 11 月 29 日）
综合节目部　主　任：韩建强
监　制：黄文林、沈　星
信息处理部　主　任：邱桂垣（自 2004 年 11 月 29 日）

交通台（43 人）
台　长：秦晓天
副台长：李秀磊
台长助理：宋林祥、林　兵
新闻部　主　任：宋林祥（兼）
唐　琼（自 2004 年 11 月 29 日）
副主任：唐　琼(至 2004 年 11 月 28 日)、延　安
专题部　主　任：李秀磊（兼）
副主任：李春赞、吴　勇（自 2004 年 4 月 1 日)、王　为（自 2004 年 11 月 29 日）
信息中心　主　任：潘九阳
副主任：罗霄兵、徐　凯（自 2004 年 11 月 29 日）
公关部　主　任：林　兵（兼）
副主任：张　丽、赵　亮（自 2004 年 11 月 29 日）

活动策划监制：徐　凯（至2004年11月28日）
王世玲（自2004年11月29日）

首都生活台（24人）
台　长：纪烈鸿
副台长：冯　放
公关部　主　任：杨丽华
副主任：王　蕾
《社区生活报》执行主编：李建华
节目监制：蒋芫苇、刘　薇
名人谈话部　主　任：李玉昆
副主任：熊　丽
健康生活部　主　任：孙　岩
副主任：孙宝惠

音乐台（39人）
台　长：邵　军
副台长：张　勤
严肃音乐节目部　监制：吕雪瑞
环球音乐节目制　监制：吴志飞
流行音乐节目部　监制：伍洲彤
策划部　主　任：吕亚欧
副主任：刘　慧
采录工程部　主　任：陈小斌
副主任：朱学兵
中国歌曲排行榜　节目制作人：郑晓慧
特别创意　节目制作人：冯　健
全国卫星音乐广播协作网　节目制作人：朱　云
974信息网　节目制作人：李　维

文艺台（32人）
台　长：张厚美
副台长：沈　弘
日间节目部　监　制：高　红
副主任：周　杰
晚间节目部　监　制：张　宏
副主任：徐北威
编采部　监　制：郝卫群
副主任：何　劼
采录部主　任：孙　伟
副主任：于立良
策划公关部　主　任：赵春甫
副主任：杨　帆
广播剧部　主　任：李　健

体育台（26人）
台　长：后晓军
副台长：陈　晖（自2004年9月18日主持工作）
张友信
台长助理：梁　晋
群体部　主　任：杜　丰（至2004年11月28日）
公关部　副主任：王桂生（至2004年11月28日）
活动策划部　主　任：杜　丰（自2004年11月29日）
副主任：王桂生（自2004年11月29日）
节目监制：李　爽
新闻部　主　任：姚　钢
监　制：李　萱（至2004年11月28日）
副主任：付　丽（自2004年11月29日）
赛事报道部
主　任：李　萱（自2004年11月29日）
副主任：王　异（自2004年11月29日）

十六、人 物

北京人民广播电台
2004年新任副处以上职务人员简况

常　青（男）（1954～　）2004年担任北京人民广播电台副台长，高级工程师，大学专科，中共党员，山西省人。1970年参加中国人民解放军87039部队，1976年调入北京电台，历任总工办动力科副科长、总工办计算机科科长、总工办副主任、总工办主任兼技术中心主任等职。

工作业绩：参与、设计规划主楼综合布线系统；规划电台综合网络的升级改造，制定工程升级方案；为配合主楼装修工程，设计、监督弱电系统的工程方案及改进；完善部门内部各项规章制度；组织、完成了办公网的升级改造工作、音频千兆以太网的建设工作和技术楼加层改造准备工作；实行“广播中心技术改造工程项目负责人制”；参与了技术楼改造的前期准备工作；组织完成新广播中心工程。

1988年、1994年被北京广播电视局评为优秀党员，1999年被评为北京市爱国立功竞赛标兵，2001年、2003年被评为北京电台优秀党务工作者。

王福全（男）（1949～　）2004年担任北京人民广播电台总编室主任，高级记者，大学专科，中共党员，北京市人。1971年在北京电台参加工作，曾在理论组、新闻组、编辑组、农村组、农村部、新闻部、社教部、总编室工作，历任农村部任副主任、农村部主任、社教部主任、总编室副主任，现任总编室主任。

工作业绩：参与、完成了《北京人民广播电台宣传管理规章制度汇编》和《北京人民广播电台专业广播管理规定汇编》；不定期上报宣传计划，如：迎接十六大、整治市容市貌、市党代会、关于主旋律报道、党风廉政建设和反腐败斗争宣传、市九次党代会宣传、两会宣传报道等；定期完成节目质量考评报告；起草编写了《质量手册》关于宣传管理的文件。

获奖作品及发表论文：《长治才能久安》获首都综治奖一等奖、全国一等奖，《浅论新闻报道的政治性》获北京新闻学术论文奖三等奖，《叫响公交优先》获全国城市评论奖二等奖，《小平放心　小平走好》获北京新闻奖一等奖、全国一等奖，《精品名节目与新闻舆论导向》获优秀论文奖二等奖，《盛开的莲花》获中国广播农村节目三等奖，《电话采访与调查研究》获得北京电台论文二等奖；还发表了《唱响“三个代表”主旋律》、《频率专业化呼唤专业化人才》、《开展广播节目质量考评的实践与思考》等论文。

1986年被评为局先进工作者，1988年被评为局优秀党务干部，1999年被评为局优秀党员，2001年荣获全国“百优”广播电视理论工作者称号；2004年被评为北京电台优秀党务工作者。

社会职务：全国农村广播研究会副秘书长。

李 革（男）（1965～ ）2004年担任北京人民广播电台新闻台副台长，主任记者，大学学历，中共党员，北京市人。1987年至今在北京电台新闻台，历任新闻中心采编部主任、经济部主任、新闻编辑部副主任、新闻编辑部主任、新闻台副台长。

工作业绩：组织、策划了北京市“两会”报道、全国十大市场实地采访、跨过资本与民族商业生存竞赛、组织建国50周年、迎接新世纪、大运会、“治多伦一亩沙地，还北京一片蓝天”公益活动、“文明之光，与奥运同行”、2004年北京纪事等重大报道任务。

获奖作品及发表论文：《审计人员进驻“大碗茶”》获得北京广播奖消息类三等奖，《三尺柜台，情暖人间》获得北京广播奖二等奖，《保险业该为自身上一道保险》获得中国广播奖三等奖，《洪水无情人有情》获得中国广播奖二等奖，论文《试论新形势下的广播记者的新思路》收录在北京新闻台作品集《多彩的时代》，《浅议组合式报道在广播中运用》、《加强新闻策划树立受众意识》刊登在《北京广播电视》刊物上。

秦晓天（男）（1957～ ）2004年担任北京人民广播电台交通台台长，新闻高级编辑，大学学历，工学学士，中共党员，北京市人。1976年参加工作在中国科技情报所，1983年在北京五金电器工业公司担任工程师，1987年调入北京电台，曾任经济台节目监制、经济台副台长、生活台副台长、交通台副台长等职。

工作业绩：起草编写了经济台内部职称管理办法、管理规章制度汇编；主编了经济台第一本刊物《业务交流》；建立生活台各项管理制度；完成交通台管理规定汇编修订出版工作；负责实施交通台ISO9000—2000质量管理体系认证工作，成为全国广电系统第一家认证电台；参与、组织“首都交通安全消夏文化广场”活动和各项公益活动；完善交通台广告经营管理制度；参与多次车展的直播。

获奖作品及发表论文：《揭开克隆多莉的神秘面纱》分别获得中国广播奖二等奖和全国科普广播优秀节目二等奖，《著名商标企业的成功之路》分别获得北京广播奖二等奖、中国广播奖三等奖、北京新闻奖二等奖。论文《科普广播亟待加强》刊登在《北京广播电视》并被电台评为首届论文三等奖，《世纪之交话科普广播》被评为第七届全国科普广播优秀论文二等奖，《素质教育科普广播》分别刊登在《北京广播电视》、《科学新闻学术专刊》并被评为第八届全国科普广播优秀论文二等奖，《北京交通台获ISO9001认证与国际管理模式接轨》分别刊登在《中国广播》、《中国交通广播》和本台《宣传业务》，《交通台听众调查分析》刊登在《中国广播年鉴》，《交通广播面对竞争、创新与发展而引发的思考》刊登在《北京广播电视》。

1990年、1991年连续两年被评为局先进工作者，2002年、2003年连续两年被评为北京电台优秀党务工作者。

孟 立（女）（1956～ ）2004年担任北京人民广播电台办公室主任，新闻主任编辑，大学学历，文学学士，中共党员，河北省人。1976年在顺义插队务农，1978年在蜀乡餐厅工作，1980年至1984年在东城饮食职工学校教学，1985年在东城饮食文化技术学校教学，1990年调入北京电台经济台，担任编辑、主持人，

1993年在音乐台担任编辑、主持人，1994年和1998年在文艺台担任编辑、主持人，2000年在教育台担任编辑、主持人，历任经济台特别节目部副主任、文艺台晚间节目部主任、文艺台综艺部主任、文艺台副台长、教育台副台长、经济台台长等职。

获奖作品及发表论文:《1026服务台》获得优秀广播电视节目评选优秀栏目奖，《访舒乙》获得北京电台优秀节目奖，《访吴冠中》获得北京电台优秀节目奖，《军旗赞歌》获得北京广播奖三等奖，论文《文艺广播的新特点》刊登在《北京广播电视》。

曾被授予北京市先进教育工作者，劳动部、音联部、妇联、教委联合评选的先进教育工作者，1991年被评为北京市"三八"红旗手。

陈　云（男）（1960～　）2004年担任北京人民广播电台发射台台长，大学专科，中共党员，江苏省人。1981年参加工作在发射台担任值班员，至今一直在发射台工作，曾任发射科副科长、发射科科长、发射台副台长等职。

工作业绩：参与了新机房50千瓦装机工作；828千赫和1026千赫的装机调机工作；927千赫的维护工作；负责台内所有重大停播事故的抢修工作；天馈线抢修和发射塔调配室抢修工作；负责安装"一备四"的安装调试工作；更新了两部数字调幅发射机；安装了音频输入系统、输出系统、输出监测系统；安装了四部发射机用的稳定电源；参与了小天线试验和发射机自动控制试验工作；完善了备用高频馈线的倒换系统；完善了音频信号系统的供电改造；完成了音频系统的迁移工作；完成了四部10千瓦发射机的安装调试任务并正常运行；安装了自动开机系统控制；完成了建外发射台的同域网系统的搭建；完善了各种设备的操作规程和应急预案。

获奖论文:《DX－50发射机1/2大台阶故障分析与处理》被华北五省市广播电台技术年会评为二等奖。曾两次被评为北京电台先进工作者。

边　建（男）（1970～　）2004年担任经济台台长，研究生学历，文学硕士，中共党员，河北省人。1993年参加工作在北京电台经济台至今，曾任新闻部副主任、经济台台长助理、经济台副台长等职。

获奖作品及发表论文：《王致和商标侵权案终审判决》获北京新闻奖一等奖，《依依惜别了，王府井新华书店》获中国新闻奖二等奖，《著名商标企业的成功之路》获中国广播奖三等奖，论文《绿地理论》获得北京广播论文评选一等奖，《专业化——个性——受众》获得北京广播论文、全国经济广播论文评选一等奖，《浅论广播专业化与受众》获得中国广播协会受众研究成果一等奖。

2001年获得"北京市群众性经济技术创新工程能手"称号。

李秀磊（女）（1965～　）2004年担任交通台副台长，新闻助理编辑，大学学历，中共党员，北京市人。1988年参加工作在北京中医药大学管理系任教，1993年调入北京电台交通台至今，历任专题部副主任、专题部主任等职。

工作业绩：组织、参与了几次大型活动，如"动感北京"、朝阳公园和世界公园的两次车展、北展的"城市设施展览"直播活动等，参与、主持了《阳光客车》、《缤纷生活》、《信息广场》节目，同时《信息广场》获得了全国交通信息类节目三等奖，主持的《927新干线》节目获得了隆福杯优秀主持人节目奖，《阳光少年·珍爱生命》分别获得中国交通广播一等奖和隆福杯优秀栏目奖，论文《谈交通台的综合性节目如何办出特色》获得中国交通广播论文三等奖，《抛锚以后》获得北京广播奖三等奖，《回家》获得北京电台主持人节目展播提名奖。

北京人民广播电台 2004年新任副高以上职称人员简况

陆 莹（女）（1951～ ）2004年评为高级编辑，北京人民广播电台总编辑，大学学历，中共党员，吉林省人。1969年在云南景洪橄榄坝农场参加工作，1976年在云南省农垦总局直属机关党委工作，1979年在北京大学学习，1983年在北京市委宣传部担任文化处处长，1998年在北京电视台担任总编辑，2001年在北京广播影视集团担任管委会副主任、艺术总监，2003年调入北京电台担任总编辑。主要工作业绩：策划60集大型电视系列报道《守望家园》，担任28部奥运宣传片的总编辑，组织、策划建党80周年《为你而歌》、《誓言》、《共产党人》等十余部系列报道、专题片，策划、监制《北京国际旅游节》、《王府井开街直播》、《老山汉墓》、《多米诺骨牌直播》、《世界大城市市长会议论坛直播》、《家和万事兴》、《中国保尔——吴运铎》及电影《法官妈妈》、《嘎达梅林》、《世界上最疼爱我的那个人哪去了》、《台湾往事》、《少年天子》、《县委书记》、《绝对权利》等，并成功组织了“北京国际电视周”等活动。主要获奖作品：策划、监制的《守望家园》获得电视系列报道一等奖，监制的电影《法官妈妈》获优秀故事片奖，编导的《申奥决赛片》获中国彩虹奖和外语节目二等奖，策划、监制的《太阳不落山》获优秀电视连续剧奖，监制的电影《嘎达梅林》获优秀故事片提名奖。论文：《面对新世纪的思考》刊登在《电视艺术》上，《频道专业化经营管理模式初探》刊登在《电视研究》上，《浅谈“大音希声”与影视创作的关系》刊登在《北京电影学院学刊》上。社会职务：北京市新闻记者协会副主席、北京市广播电视学会常务副会长、北京市电视艺术家协会副主席、北京影视艺术家协会理事会副主席。

纪烈鸿（男）（1962～ ）2004年评为高级编辑，首都生活台台长，大学学历，中共党员，天津市人。1984年参加工作在北京电台社教部理论组，历任专题部法制组副组长、新闻台时政部（《时事追踪》节目）主任、新闻台新闻部副主任、社教部副主任、首都生活台副台长等职。

获奖作品及发表论文：论文《正确做好热点引导和舆论监督》分别刊登在《北

京广播电视》和《北京广播电视论文选》,《呼唤人文精神的回归》、《教育台的专业化与目标听众的培养》、《对2002年教育广播收听情况调查报告的几点思考》刊登在本台《宣传业务》,《一脉相传的科学理论与时俱进的时代品格》由中国广播电视出版社出版,《从美国广播的“脱口秀”看广播的频率定位》、《试论广播的专业化、类型化、都市化》刊登在《北京广播电视》。

社会职务：北京市青年联合会常委新闻界别组组长。

张　勤（女）（1957～　）2004年评为高级编辑，音乐台副台长，大学学历，中共党员，山西省人。1975年在山西维呢纶厂工作，1983年调入北京市文化局艺术馆，1985年调入北京电台文艺部立体声采编部担任编辑、主持人，1993年至今在北京音乐台，历任音乐台文化新闻部主任、音乐台假日综合部主任、音乐台早间部主任，现任音乐台副台长。

工作业绩：连续五年策划、组织总台春节特别节目，策划、监制完成了境内外现场直播、转播近60次，编辑、修改音乐台安全播音各项规定，策划、编辑、参与了《建国五十周年系列节目展播》30集、《最美的赞歌献给党》、《跨世纪之夜——音乐台通宵直播晚会》、《初秋日记》、《音乐台建台八周年直播晚间》、《音乐台首届音乐广播主持人大赛》、《庆祝申奥成功》、《党的儿女，人民的音乐家——80位党员音乐家名人录》等多项活动。

获奖作品及发表论文：多篇作品获得中国广播文艺一、二、三等奖，“五个一工程”奖，北京广播一等奖，“十个一工程”奖，它们是：《留得华韵播寰宇》、《世纪之约》、《侗乡随想》、《生命因你而精彩》、《初秋日记》、《六十年的心声》、《青藏高原》、《我属于你中国》、《你是这样的人》、《从头再来》、《军旗下的我们》、《五星红旗》、《世纪春雨》。论文《寻找广播榜样》由北京广播学院出版社出版,《依靠群众，服务受众，才能取得铸造品牌、提升收听率的双赢》、《后主持人节目时代的思考》刊登在《北京广播电视》。

2004年被评为“五个一工程”工作先进个人。

社会职务：中国音协北京分会理事。

董晓辉（女）（1967～　）2004年评为主任播音员，研究生毕业，文学硕士，天津市人。1990年参加工作在天津电力局宣传部，1998年调入北京电台至今担任编辑、记者、主持人。

获奖作品及发表论文：《象脚花瓶》获得中国播音与主持作品奖广播播音三等奖；《最后一批人》获得第十三届优秀播音与主持作品二等奖；电影录音剪辑《刮痧》获得中国广播文艺奖一等奖；《世界上最疼我的那个人去了》获得北京广播奖三等奖；《从忧患中走来的“首席执行官”》同时获得中国广播文艺奖综艺节目二等奖和北京广播奖二等奖；《唐诗之旅》获得中国广播电视学会第十五届优秀播音与主持作品广播播音三等奖；《九个月的老伴》获北京电台“十佳”评选播音作品优秀奖；《北京新闻》（2000年9月21日）、（2001年5月1日）获得北京电台“十佳”评选播音作品最佳奖；文艺专题《红色交响系列——北京乐章》获得北京电台建党八十周年节目三等奖；《书信拾遗》获得北京电台“十佳”评选播音作品优秀奖。论文《创作需要土壤——广播电台应该建立适合播音队伍发展的工作机制》获得中国广播电视学会播音学研究委员会第十一届优秀论文二等奖；《以综合感觉“模糊”控制新闻播音——兼论消息播音的时代色彩》获得中国广播电视学会播音学研究委员会第十二届优秀论文一等奖和第七届全国广播电视学术论文三等奖；《广播中消息播音浅探》获得中国广播电视学会第十四届优秀播音与主持论文二等奖；《一味求快不是目的——谈广播节目的播音语速》刊登在《中国广播电视学刊》上。

黄文林（女）（1956～　）2004年评为主任记者，经济台综合节目部监制，大专学历，北京市人。1974年参加工作在北京市西城区宏庙小学任教，1990年调入北京电台，至今在北京电台经济台担任主持人、记者。

获奖作品及发表论文：《两个女警察的故事》获得北京电台第二届主持人节目展播提名奖，《访李素丽》获得北京电台优秀节目奖，《威严的法官　慈祥的母亲》同时获得北京电台优秀节目奖和“隆福杯”提名奖，《陈燕和她的便民服务社》获得北京电台优秀节目奖，《山林的母亲》同时获得北京新闻奖二等奖、北京广播奖二等奖和经济广播奖一等奖。论文《如何发挥广播优势之浅见》刊登在《北京广播电视》，《制作广播法制教育节目的点滴体会》刊登在《中国广播》。

宋　爽（男）（1956～　）2004年评为主任编辑，大学学历，北京市人。1976年在房山南尚乐广润庄插队劳动，1990年调入北京电台新闻台担任编辑、记者、主持人，曾任新闻台生活部副主任、专题部副主任，2004年调入总编室担任编辑。

获奖作品及发表论文：《京城人家》被评为北京市十佳广播电视优秀节目，《平谷新家庭计划》获得北京市农村好新闻二等奖，《今日京郊》获得第十届中国人口文化奖，《大桃之乡说入世》分别获得北京广播奖二等奖、优秀节目奖（国家级）二等奖、中国广播奖三等奖，《听友大篷车　京郊小康行》分别获得优秀节目奖（国家级）二等奖、第六届郊区好新闻二等奖。论文《“今日京郊”给谁听》刊登在《北京广播电视》，同时获得北京电台年度优秀论文三等奖，《我与非“我”》刊登在北京电台《广播文选》。

社会职务：中国广播电视学会农研会理事、北京农业经济学会理事。

宓　鸿（女）（1963～　）2004年评为主任记者，研究生学历，北京市人。1987年参加工作，担任记者、编辑、主持人。

获奖作品及发表论文：报道《安得广厦千万间》分别获得北京广播奖三等奖、北京新闻奖三等奖，《股市热线》获得“隆福杯”评比优秀栏目奖，《停止减持国有股，引发市场大行情》分别获得北京电台十佳节目评选最佳奖和年度优秀节目三等奖，《伊拉克战争爆发，关注财经市场变化》分别获得北京电台十佳节目评选最佳奖和年度优秀节目一等奖。论文《信息就是信息》分别刊登在《北京广播电视学刊》和北京电台论文集，《永远的升势——体育产业相关股票投资价值分析》刊登在《博》杂志，《马年不谈牛市——主持人手记》刊登在《中国商界》，《财经节目与广播的媒体交叉点——从“中国上市公司”“基金时间”看广播在新时代的栏目运作》刊登在《北京广播电视》。

吴小远（男）（1957～　）2004年评为主任记者，大学学历，中共党员，江苏省人。1976年参加工作，7月任教于北京安德路中学，1996年3月调入北京人民广播电台新闻台，2000年任《新闻2000》节目副主任，2001年至今担任《新闻2001》节目监制。

获奖作品及发表论文：《设计师谈市政》获得北京建设好新闻一等奖，《再就业工程面面观》分别获得全国经济台广播一等奖和北京广播奖三等奖，《消费者热线》栏目获得北京广播电视优秀栏目奖，《曙光小学学生上学不用背书包》、《从燃气公司群众呼吁电话拒绝接受咨询说开去》获得北京广播奖三等奖，《公交线路图的错究竟在哪儿》分别获得北京广播奖一等奖和中国广播电视学会经济广播二等奖，《消费者热线》栏目被评为北京电台十大名牌栏目，《有关门锁的前前后后》获得中国广播二等奖。论文《广播节目运行之我见》刊登在《中国广播》，在《"三贴近"中办好消费者热线》刊登在《北京广播电视》。

1997年、2003年和2005年分别被评为北京电台优秀共产党员。

张　梅（女）（1953～　）2004年评为主任记者，大专学历，河北省人。1970年参加工作在河北省《保定日报》担任编辑，1981年调入北京电台，曾在专题部《伟大祖国》节目组、新闻部体育组和总编室担任新闻采编工作，目前从事编辑、宣传管理工作。

获奖作品及发表论文：《六运会评论（四则）》获得北京市第二届优秀体育新闻优秀奖，《1988年中国体育忧大于喜》获得首届全国广播系统体育好新闻一等奖，《龙年体坛综述》获得北京市第六届好新闻三等奖，《走出无声的世界》获得北京广播奖一等奖，《心灵的震撼，人生的辉煌》获得北京广播奖三等奖，《携手同行迈入小康》获得第三届中国残疾人事业好新闻广播奖优秀奖，《北京市为残疾人困难户发放补助款》参加第三届各地广播电台残疾人节目展播，《光明使者鹿城行》获得第五届中国残疾人事业好新闻广播类优秀奖，《创建无障碍环境，迈向二十一世纪》获得第五届中国残疾人事业好新闻广播奖二等奖。论文《打造精品的样板间交流经验的园地》、《谈谈电台节目主持人个性化的问题》刊登在《北京广播电视》。

吴亚非（男）（1955～　）2004年评为高级政工师，办公室副主任兼保卫部主任（正处级），大学学历，中共党员，辽宁省人。1969年至1984年在陆军第三十八军高炮团，曾任班长、指挥排长、司令部侦察参谋、轮训队队长，1984年2月到北京电台办公室至今，曾任人保部科员、主任科员、副主任，保卫部主任等职。

工作业绩：制定了一系列安全管理制度和工作职责，如《消除安全管理规定》、《要害部位安全管理规定》、《录音区安全管理规定》、《安全用电管理规定》、《会客制度》、《安全责任制》、《传达室人员工作制度》、《证件管理规定》、《应急方案》、《防爆方案》以及保卫、车管工作职责，查处台内各类治安事件上百起，确保大型活动和现场直播的安全落实工作，如"国庆50周年阅兵"、"香港回归"、"申办奥运"、"世界三大男高音音乐会"、"出国咨询活动"、"投资理财日"、"国际商务节"、"境外媒体来台直播"、"大运会"、"国际车展直播"、"国际广播电视周"及各种音乐会、晚会、演出直播等。

论文：撰写了多篇理论文章，如《浅谈加强思想政治工作》、《现阶段安全管理有效性思考》、《坚持人民的利益高于一切》、《浅谈抓好制度建设》、《关于安全管理工作的探讨》、《关于开展思想政治工作的一点思考》等，《新时期强化广播媒体安全管理的一点思考》刊登在《北京广播电视》。

1990年、1993年两次被评为北京市广播电视局先进个人，1999年被北京市公安局记三等功一次，2003年被评为北京市治保先进个人，自 1993 年以来多次被电台、市公安局、消防局、国家安全局评为先进个人、治保积极分子并给予嘉奖。

孙　怡（女）（1966～　）2004 年评为主任编辑，大学学历，北京市人。1988 年参加工作在国家教委中央电教馆担任编辑工作，1993 年调入北京电台一直担任编辑、记者、主持人。

获奖作品及发表论文：《假如给我三天光明》、《爱的乐章》获得中国广播奖二等奖，《春天的童话》获得中国人口文化一等奖，《个人》获得地球奖，《短信江湖》获得十佳知识娱乐类综艺节目专家奖，《短信江湖——天地英雄》获得首届“广播娱乐节目大赛”银奖，《盲孩子的心声》获得中国广播广告奖二等奖。论文《关于少儿广播节目的几点思考》刊登在《新闻与写作》，《论少儿节目主持》刊登在《北京广播电视》，《增强互动性是少儿节目成功的关键》在第十四届全国少儿广播年会上宣读并刊登在《北京广播电视》，主编的《让孩子在赏识教育中成长》由中国检察出版社出版，主播《小雨讲故事——安徒生童话 1—4》由中国广播电视出版社出版，《短信——广播：全新的媒体协作形式》刊登在《北京广播电视》。

工作业绩：参与、策划了多次大型公益活动，如“为盲童捐献旧挂历”、“省下一天零用钱，献给延安建校园”、新建了一所“北京童心希望小学”、“京澳儿童共唱回归情”和“澳门回归倒计时 50 天”等活动，创办了“北京电台少年通讯社”，共培养 200 余名小记者，申请了北京电台唯一一个以《爱星满天》命名的商标专利，创办了第一个手机短信游戏直播节目《短信江湖》。

史博华（女）（1964～　）2004 年评为副研究馆员，大学学历，中共党员，北京市人。1986 年 8 月在北京电台参加工作，曾任总编室资料室副科长、信息资料中心图书报刊科科长，2002 年 9 月起任信息资料中心副主任。主要业绩：参与编写《北京实用资料大全》（1992 年 2 月改革出版社出版）；《中国古今大事纵览》（1996）、《世界古今大事纵览》（1996）、《中国风景名胜纵览》（1996）、《世界风景名胜纵览》（1996）、《中国城市纵览》（1998）、《世界城市纵览》（1998）等书，由改革出版社正式出版；参与编辑《北京人民广播电台广播稿选》、《北京人民广播电台广播文选》（1998）等内部出版物；编写 1994 年至 2004 年北京电台大事记，参与编写 1994 年至 2000 年的《北京人民广播电台年鉴》和《北京人民广播电台志补（1994 至 2001）》（内部出版物），参与编写 2001 年至 2003 年《北京人民广播电台年鉴》（中国广播电视出版社出版）。

曾两次被评为北京电台先进工作者，2005 年被中国广播电视协会信息资料委员会评为“优秀信息资料工作者”。

郝卫群（女）（1968～　）2004 年评为主任编辑，文艺台编采部监制，研究生学历，中共党员，河北省人。1994 年 8 月参加工作至今在北京电台文艺台，历任文学部副主任、编采部监制。

获奖作品及发表论文：《小说连播——抉择》获得中国广播文艺政府一等奖，专题《我认识的鬼子兵》、《小说连播——好爹好娘》获得中国广播文艺政府二等奖，专题《生死之间说萧乾》获得中国广播文艺政府三等奖。论文《创造第二自我——由西方接受美学理论谈广播文学节目中演播者的再创造过程》、《于忧患中求发展——浅谈广播文学编辑的观念转换问题》刊登在《北京广播电视》。

北京人民广播电台 2004 年职称评定情况一览表

序号	姓　名	专业技术资格名称	取得资格时间	专业等级
1	张　铮	助理编辑	2004－08－01	初级
2	任　伟	助理记者	2004－08－01	初级
3	刘初阳	助理记者	2004－08－01	初级
4	张　睿	助理经济师	2004－08－01	初级
5	孙瞰瞰	助理经济师	2004－08－01	初级
6	赵永忠	助理政工师	2004－06－14	初级
7	陈雪瑾	记者	2004－09－22	中级
8	任　樱	记者	2004－08－01	中级
9	龚　艳	经济师	2004－08－01	中级
10	于立良	三级艺术	2004－09－20	中级
11	罗霄笑	三级艺术	2004－09－20	中级
12	张　蓉	三级艺术	2004－09－20	中级
13	臧铁洁	编辑	2004－09－22	中级
14	刘思伽	编辑	2004－09－22	中级
15	李　剑	编辑	2004－09－22	中级
16	张红力	一级播音员	2004－09－22	中级
17	高　婷	一级播音员	2004－09－22	中级
18	白　钢	一级播音员	2004－09－22	中级
19	李哲勇	一级播音员	2004－09－22	中级
20	张　梅	主任记者	2004－09－18	副高
21	史博华	副研究馆员	2004－10－30	副高
22	吴亚非	高级政工师	2004－11－11	副高
23	郝卫群	主任编辑	2004－09－18	副高
24	孙　怡	主任编辑	2004－09－18	副高
25	董晓辉	主任播音员	2004－09－29	副高
26	宓　鸿	主任记者	2004－09－18	副高
27	宋　爽	主任记者	2004－09－18	副高
28	黄文林	主任记者	2004－09－18	副高
29	吴小远	主任记者	2004－09－18	副高
30	张　勤	高级编辑	2004－09－18	正高
31	纪烈鸿	高级编辑	2004－09－18	正高
32	陆　莹	高级编辑	2004－09－10	正高

十七、出版物

书 名	著 者	出版单位	出版时间
1039 行车手册 2004	北京交通广播	地质出版社	2004 年 1 月
历史的画卷　流动的音符——纪念北京人民广播电台建台 55 周年	北京人民广播电台	中国科学文化音像出版社	2004 年 1 月
《974 音乐周刊》杂志	北京音乐广播	北京社会报社	2004 年 3 月创刊
治多伦一亩沙地，还北京一片蓝天——北京新闻广播“治还工程”纪实	北京新闻广播	内部	2004 年 3 月
听新闻广播，走高考之路！——2004 年北京高招大型直播咨询汇编手册	北京市教委、北京市教育考试院、北京新闻台	内部	2004 年 4 月
北京人民广播电台建台 55 周年广播论坛文集	张梅等	中国广播电视出版社	2004 年 5 月
易通《1039 出行指南》月刊	北京交通广播	易通《1039 出行指南》会员刊编辑部	2004 年 6 月
北京人民广播电台年鉴 2001	北京人民广播电台年鉴编委会	中国广播电视出版社	2004 年 9 月
广播节目创优培训班讲义汇编	朱晓明、张梅、刘莹	内部	2004 年 9 月
1039 服务手册	王秋、秦晓天、许向东	地质出版社	2004 年 10 月
1039 健康手册	秦晓天等	中国轻工业出版社	2004 年 12 月

十八、大事记

1月1日 北京电台首都生活广播（AM603千赫、有线调频89.1兆赫）开播。每天早5：30播音，次日凌晨1：00结束，全天播音19.5个小时。首都生活广播力求贴近社会，贴近听众，贴近生活，整体风格新潮时尚、幽默风趣、互动及时。绝大部分节目都是直播谈话节目，一批具有社会影响力的文化名人担当节目主持人。

1月1日 北京市副市长孙安民来北京电台慰问，代表市政府对电台全体职工表示问候。电台台长汪良介绍了北京电台的现状和发展方向。孙安民副市长还参观了新建的直播机房、新闻广播的发稿室等工作区域。

1月1日 北京电台体育广播顺利推出新版节目。新节目的特点是：全天新闻节目直播，确保重大体育新闻事件不漏发、不漏播；全天节目以大板块布局设置，有利于赛事直播随时安排；加大北京奥运的宣传力度，设置奥运专题板块《奔向2008》；主持风格变播报为讲述；增强节目的互动性和贴近性，在热线的基础上加强短信互动。

1月5日 北京人民广播电台"LED大型户外新闻电子显示屏"正式开通运行。该电子显示屏设在北京电台办公楼外侧，面向长安街，高1.5米，长35米，是本市最长的室外显示屏。该显示屏采用的发光二极管技术达到国内同类产品的先进水平，视频效果鲜明，辐射面广，可视距离远。该显示屏可以采用滚动、翻页、固定等多种播出方式，并有16档播出速度选择。该平台播发的信息包括：每日新闻、生活资讯、交通路况、天气预报、公益宣传以及电台节目和建设的最新动态和播出信息等。

1月6日 北京电台的新台标诞生。新台标由英文字母与电台称谓字体组成。电台的英文缩写"RBC"，RB为规范字，C字做了变形处理，为三个C的横向叠加，使人容易产生对广播电台自然属性的联想，电台称谓字体沿用吕浩才老台长的遒劲书法。这个标志比较正规庄严，造型简练，与本台的大台地位相匹配，有助于提升电台的社会影响力和塑造良好的形象。

1月8日 市委宣传部在北京电台召开"北京交通广播宣传工作座谈会"，全市各主要新闻单位负责人共40余人齐聚北京交通广播，一起交流交通广播的办台经验。座谈会由市委宣传部副部长肖培主持，北京电台台长汪良和副台长王秋分别介绍了交通广播近年来在宣传工作上所取得的成绩；交通广播主持人刘思伽代表交通广播的主持人汇报了按照"三贴近"原则办节目的实践体会。肖培副部长结合交通广播所取得的工作经验，重点传达了市委副书记龙新民和市委常委、宣传部长蔡赴朝1月7日在北京电视台视察工作时所作的指示精神。市阅评组的梁潇同志代表阅评组成员对一年来北京市新闻阅评工作进行了总结。本台有关领导近20人参加了座谈会。

1月10日—12日 由北京电台国际部、北京广播学院播音主持艺术学院与广播电视研究中心共同主办的"世界华语播音学术研讨会"在北京举行。来自美国、英国、德国、澳大利亚、日本、新加坡和联合国广播处以及我国香港、台湾和内地的广播同仁就"世界华语播音的现状及发展事态"、华语播音如何承载先进文化、展示民族品格、适应世界潮流等关键性问题进行交流。这是历史上第一次在全球范围内开展的大型华语播音研讨活动。

1月18日 北京电台建台55周年暨

2004年春节联欢会隆重举行。庆祝活动由陆莹总编辑主持。国家广电总局副局长胡占凡，北京市委副书记龙新民，市委常委、宣传部长蔡赴朝，北京市政协副主席满运来，北京市副市长孙安民，北京广播电视局党组书记、北京广播影视集团党委书记马朝军等有关领导以及北京电台历任台领导、离退休人员和职工代表400余人参加了这一活动。

1月19日 在北京市体育局召开的2003年度体育宣传先进表彰大会上，北京体育广播荣获“突出贡献奖”。这是体育广播继2002年开播之后第二次获此殊荣。

1月19日 国家广电总局副局长雷元亮在北京市广电局副局长李春良的陪同下，来北京电台进行节日慰问。汪良台长和陆莹总编辑向雷副局长介绍了北京电台的工作。雷元亮副局长一行参观了交通广播数字化的新直播间和智能化的信息处理中心。

1月 北京电台804发射台由于在地区双拥共建工作中成绩突出，被酒仙桥街道办事处评为“2003年度双拥工作先进单位”。

2月2日 北京人民广播电台为纪念建台55周年，在北京饭店举办以“迎接时代挑战　促进广播发展”为主题的广播论坛。论坛由陆莹总编辑主持，市委宣传部常务副部长王学勤，北京市广播电视局局长、北京广播影视集团管委会主任赵东鸣，北京电台台长汪良出席论坛。论坛上，来自中国人民大学、北京广播学院、中国广播电视学会的专家、学者，结合国际、国内广播发展现状以及北京电台55年来的发展实际，就广播媒体未来发展趋势，特别是北京电台未来发展走向阐述了各自的意见。北京电台科级以上干部及十余家新闻单位同仁200余人聆听了专家、学者的讲演。千龙网对此次论坛进行了网上直播。

2月2日 北京电台地下运动场正式开放，开放时间是7:30—21:00。活动内容有：篮球、排球、乒乓球、羽毛球、沙狐球、台球、壁球、飞镖等。

2月6日 北京电台全台副处以上干部在北京饭店召开2004年工作会议。会议由总编辑陆莹主持，北京市广播电视局党组书记、北京广播影视集团党委书记马朝军出席会议并做了重要讲话。汪良台长从宣传、技术、政治思想、服务管理和经营创收等五个方面，全面总结了电台2003年度的各项工作并提出了2004年的工作安排。

2月8日 北京电台新闻广播开通全国第一条听众免费拨打的“新闻热线”。北京地区的听众在固定电话和小灵通上只要拨通800—610—1006，就可以24小时随时免费参与新闻广播的“新闻热线”。该号码的后4位数是新闻广播调频播出频率100.6兆赫的数字，方便市民记忆。它开通之后，使原“新闻热线”65159063，8:00至18:00每天10个小时的接听服务延长为全天候24小时。

2月13日 台党委作出在全台开展向交通广播学习活动的决定。

2月13日 北京电台召开2003年ISO9001认证审核总结会。台领导、各部门一把手和内审员以及认证中心的指导老师出席了总结会。总结会由副总编辑亢亚志主持。电台管理者代表马仕存对本台2003年认证审核工作进行了全面总结，各部门就本部门在认证工作中存在的问题进行了总结。

2月15日—21日 市人大十二届二次会议和市政协十届二次会议召开期间，北京电台把“两会”报道工作作为重中之重，专门成立了以总编辑陆莹为组长的两会报道组。这次“两会”的宣传报道，以贯彻落实十六大精神，加快首都发展步伐为主线；以记录两会历史进程、解读政府工作报告、展示代表委员风采为核心；以大容量、多视点、同步传播的现场直播和直播访谈为特色，全方位报道了两会盛况。今年“两会”报道工作，在报道规模和报道形式上都有所突破。报道工作以新闻广播为主，经济广播、首都生活广播、交通广播、体育广播、文艺广播、音乐广播也都根据自己的特点安排报道内容。此次“两会”的宣传报道工作取得了圆满成功。

2月 北京电台标志性口号确定为：“北京电台　耳听为实”。本台在职工中广泛征集标志性口号的活动始自2003年3月，共征集到候选口号50多条。

3月2日 北京电台举办ISO9004质量管理体系认证标准知识培训班。台领导、各部门负责人以及认证工作有关人员90余人参加了此次培训活动。

3月17日 北京人民广播电台“听众喜爱的名牌栏目”大型评选活动新闻发布会举行，陆莹总编辑宣布“听众喜爱的名牌栏目”评选活动全面启动。举办这一活动的目的是，让听众评选名牌栏目，既可以拉近广播与听众间的距离，了解听众的需求，又可以扩大北京电台的社会影响力，促进广播节目质量的不断提高。今后，北京电台将隔年交替举办“听众喜爱的主持人”与“听众喜爱的名牌栏目”评选活动。

3月18日 改版后的北京人民广播电台网站——“北京广播网”正式推出。此次改版，北京广播网从风格、布局到内容上都做了较大调整：新建“听吧”频道和“手机短信”频道，重点推出7个“金牌栏目”，突出电台主持人，增加了大容量新闻，加强了听众、网友和主持人的互动性。

3月22日 北京人民广播电台艺术团正式成立。艺术团聘请余春生为艺术团艺术总监，于万海为艺术团曲艺类节目艺术指导，张文祚为艺术团声乐类节目艺术指导。

3月24日 在2003年度广电总局广播、电视节目技术质量奖颁奖大会上，北京电台共获得三个一等奖、一个二等奖、六个三等奖。语言类一等奖：《我爱北京——北京胡同》（王丽莉、卢军）、《侗乡随想》（朱学兵）、《不愿走出记忆的泥人》（张蓉）。广播剧类二等奖：《功臣鞋匠》（张校茵、贺西平）；三等奖：《如月如日如歌》（贺西平）。音乐类三等奖：《我的小心肝》（于立良、郑雄鹰）、《胡桃夹子》（陈小斌）、《我不想说再见》（韩平）。戏曲类三等奖：《窦娥冤》（孙伟）。播出类三等奖：刘志勇、黄坚坚、谷会敏、张旭、高素平、樊燕宏、范越峰、王堃、王平、赵庆锋。

3月24日 由北京电台新闻广播、北京绿化基金会、内蒙古多伦县人民政府共同开展的“治多伦一亩沙地，还北京一片蓝天”大型环保公益活动主办三方在北京远洋大厦召开了由捐款单位和捐款个人代表参加的“治还工程”总结汇报会。会上，活动主办三方分别就“治还”工程三年总体情况、工程实施情况、资金运作和工程验收情况向首都市民和捐款单位作了汇报。捐款单位和捐款个人代表发言，对“治还工程”提出了建议，并表示继续参加这项公益活动。会上还放映了新闻广播制作的“治多伦一亩沙地，还北京一片蓝天”电视专题片。

3月25日 北京电台音乐广播的中

国歌曲排行榜以整个北京城区为范围，进行一场长达10小时的直播颁奖日活动。音乐广播从12：00开始，陆续派出七路颁奖车队奔赴北京城区各颁奖点。除最佳男女歌手等少数大奖外，近20项大奖都在颁奖日颁出。音乐广播在颁奖日还在直播室举行空中音乐会。姜昕、青蛙乐队、王蓉、达达乐队进行了现场演出。为组织好颁奖日活动，音乐广播调动全台及外聘人员近70人参与，这也是国内电台规模最大、难度最高、外派主持人最多的一次直播活动。

3月25日、26日 北京电台国际部和BBC在北京联合制作的90分钟大型新闻杂志型英语节目《北京——变化中的城市》通过BBC《Out look（展望）》节目向全球直播，获得圆满成功。这是BBC《Out look》节目首次同中国媒体联合制作英语节目。为了向全球听众展示多彩北京，北京电台派出最精干的制作人员与BBC合作，全面参与了节目的前期策划、邀请嘉宾、前期采访、后期制作全过程。BBC《Out look》采访小组对北京电台员工的高素质、高效率的工作给予了高度评价。

3月31日 为庆祝北京电台文艺广播开播十周年，文艺广播的全体员工与各界领导、嘉宾、媒体代表举办联欢活动。文艺广播的主持人及叶少兰、谷文月、耿莲凤、张长来、梦幻组合、隐藏组合等嘉宾为文艺广播十周年奉献了精彩的演出。作为此次活动的独家网络合作媒体，搜狐网对当天活动进行了图文直播。

3月 北京电台马仕存同志荣获北京市总工会颁发的"经济技术创新标兵"荣誉证书。

4月5日 由北京人民广播电台和英国广播公司合办的大型互动谈话节目——"道路安全与都市交通"在电台演播大厅举行，北京交通广播的主持人梁洪和英国BBC公司的洪冈担任主持。北京市副市长刘敬民与中外专家、近百名市民代表一起就北京道路、交通安全、新的城市规划及2008北京奥运的筹备情况进行座谈，以增强海内外听众对北京保证道路安全的工作和改善交通状况的了解。这次互动谈话节目是为配合4月7日联合国世界卫生日的主题"道路安全"以及北京申奥成功3周年而举行的。该节目采用多种方式播出，除在北京交通广播和BBC播出外，北京广播网、千龙网和BBC中文网进行了现场直播。

4月5日 北京电台广播发展研究中心开始使用央视—索福瑞调查公司的节目收听调查数据，编制每周广播节目的收听情况及分析——《北京人民广播电台收听数据报告》。这些数据和分析为电台领导和节目制作人员了解节目收听情况和调整节目提供重要依据。广告推广活动也可以从这些数据中得到支持。索福瑞是专业的节目收听收视调查公司。北京电台购买的该公司的数据涉及北京地区广播收听率、市场份额、听众描述等方面内容。

4月11日 北京国际接力马拉松赛举行，北京电台对这一赛事进行独家现场直播。这是本台首次进行的移动直播大型活动，北京广播网也首次实现网上音视频现场直播，共在网上音视频直播3小时20分，发图片225张，现场还有详细的文字直播报道。网络日志统计数字显示，马拉松专题页面浏览量为8万人次，点击直播页面为1.5万人次，同时最高在线1万多人次。

在这次直播活动中，体育广播、新闻广播、交通广播、国际部、信息资料中心、技术中心、总编室7个部门共50多人参与，特别租用了4辆“陆虎”越野车，张贴北京电台标识的转播车跟踪报道。在起始点和5个接力点均安排了记者用中英文两种语言进行采访，随时往直播间发送最新的比赛消息，充分发挥了广播快捷的特色。

4月15日—22日 北京电台连续举办三期“三项学习教育活动”培训班，361名宣传管理干部、采编播人员和广告经营管理人员参加了培训。培训班邀请中国人民大学周孝正、陈力丹教授分别作了有关“新闻从业人员职业精神职业道德”和“马克思主义新闻观”内容的辅导报告，观看了中宣部副部长、广电总局局长徐光春同志作的关于“深入学习贯彻江泽民新闻思想”的报告录像。陆莹总编辑结合电台实际，重点分析了当前电台新闻宣传工作中需要注意的有关问题。

4月17日 中宣部新闻局胡孝汉局长，原新闻局局长、现新闻阅评组负责人刘祖禹等领导，以及该局30多位工作人员，来到北京人民广播电台进行参观调研。汪良台长、陆莹总编辑接待并介绍了北京电台的简要情况。新闻局的领导和同志们对北京电台的成长发展给予了热情的赞扬和充分的肯定。同日，陆莹总编辑、电台办公室的有关人员还陪同新闻局的同志到门头沟区火村进行植树劳动。

4月19日 由北京市交通安全委员会、北京市公安交通管理局、北京电台交通广播共同主办的“道路交通安全法宣传文艺晚会”在全国政协礼堂举行。晚会的目的是向广大市民宣传和普及即将于5月1日正式实施的《中华人民共和国道路交通安全法》。北京电台总编辑陆莹、副台长王秋出席晚会。晚会标志着北京交通广播2004年普法宣传主线的“一路畅通，从我做起”系列公益活动正式启动。

4月20日 北京电台音乐广播在朝阳公园欧陆风韵广场举行“五一朝阳流行音乐周”的启动新闻发布会。朝阳区副区长关三多、朝阳区文化委员会主任李龙吟、北京音乐广播台长邵军、中国对外演出公司副总监常柏玲以及音乐周的艺术总监徐沛东和部分演艺界代表出席了发布会。此次北京“朝阳流行音乐周”由中国对外演出公司、北京音乐广播FM97.4、北京市朝阳区人民政府共同主办，历时七天，设置5个露天大舞台，每天早9：00—晚9：00连续演出。音乐周由53场文艺演出、7场流行音乐新人比赛、相关音乐文化交流活动等内容组成，约230个文艺团体、3000余名国内外演员参加演出。

4月23日—24日 北京电台召开主题为“大专业与小综合”的专业化办广播研讨会。台领导、各专业广播、国际部、研究室、信息资料中心、总编室、广告部的领导共29人参加这次研讨会，七个专业广播的领导分别作了主题发言。会议进一步统一了专业化办台的思路，明确了前进的方向。

4月25日 为配合《中华人民共和国道路交通安全法》的实施，北京市公安交通管理局在长安街一线掀起规模盛大的宣传高潮日，这一活动的主会场设在北京电台门前停车场，由交通广播具体承办。公安部副部长白景富，北京市委常委、市委副书记强卫，北京市委常委、北京市公安局局长马振川，北京市副市长吉林，北京广播影视集团党委书记马朝军，北京电台台长汪良，北京电台党委副书记赵泽勤以及朝阳区委区政府、北京市交管局等相关部门的领导参加了主会场的宣传活动。北京交通广播和北京市公安交通管理局联合策划出品的《1039说新法》CD也隆重推出。活动中，汪良台长就媒体如何配合“交通法”宣传进行简短致词。全国劳模、优秀司机于凯代表全体驾驶员发出严格遵守《道路安全法》的倡议；北京交通广播名人俱乐部会员王奎荣代表俱乐部所有成员发了言。仪式结束后，所有与会领导和群众在现场一幅长40米的横幅上签字“珍惜生命、热爱家庭、遵纪守法、倡导文明、从我做起”。交通广播主持人王佳一、罗兵还以《道路交通安全法》为题与群众开展有奖知识竞答互动活动。

4月30 在北京广电集团召开的表彰“优秀一线职工”大会上，北京电台有9名职工获得了这一光荣称号。他们是：苏京平、张红力（新闻广播）、蔡明可（经济广播）、孙岩（首都生活广播）、王为（交通广播）、高素萍（技术中心）、王筱娟（广告经营部）、吴红（办公室）、王雪梅（总编室）。苏京平代表电台在会上作了典型发言。

5月1日 北京电台音乐广播开播两套有线广播及一套爵士乐数字广播，进一步囊括更多的音乐种类，实现对受众生活无缝隙的全方位多重覆盖。新开通的有线亚洲流行音乐广播（FM106.5兆赫）以播出受青少年喜爱的日韩流行音乐为主；有线轻音乐广播（107.5兆赫）播出世界音乐、电影音乐和New Age音乐。而新颖的数字音乐频道爵士音乐广播全天24小时播放各类爵士音乐。到目前为止，音乐广播已经拥有了四套有线音乐广播、一套数字广播和一套数字电视频道。

5月3日—5日 北京体育广播联队参加了北京市室外5人制足球赛媒体组的比赛，并获得了媒体组的冠军。

5月8日 为了更好地为听众服务，加强电台与听众的联系与沟通，也为听众收听广播提供及时、准确、便捷的信息查询服务和提供反映收听意见的渠道，北京电台听众服务中心开通“听众服务热线”——65158131。

5月12日 北京电台人事部培训中心与国际部联合邀请澳广中文部资深节目制作人马健媛女士来北京电台进行业务交流。马女士向大家介绍了澳大利亚广播电视的现状和节目制作情况。来自全台10个部门的24名同志参加了此次座谈。

5月15日—18日 由国家广播电影电视总局、北京市人民政府主办，北京广播电视局、北京广播影视集团承办，北京人民广播电台、北京电视台、北京歌华文化发展集团和北京广播影视集团大型活动办公室协办的2004北京国际广播电视周在中华世纪坛隆重举行。北京电台首次全面介入北京国际广播电视周展示活动，总台和各专业广播均在会场设有展位。除全面参与展示自己外，北京电台还负责协办了广播机构展示暨广播节目交易会、广播发展论坛和广播影视传媒人才招聘会。活动期间，本台搭建了两座透明直播室在现场直播节目，使广播与听众零距离接触。

5月18日 在北京电台新安装的主控机房内，举行了“新广播中心”开播剪彩仪式。台领导、各部门负责人和技术中心全体人员出席。本台新广播中心包括七个数字播出机房和一个主控机房，从2003年10月开始安装，到2004年5月18日正式启用，历时7个月。从此，北京电台结束了多年来模拟播音的历史，一个崭新的、数字化的、世界一流的广播中心开始全面运行。

5月19日 “2004北京国际金融论坛”在人民大会堂举行，北京电台经济广播会同北京广播网，采用音频、视频、文字、图片等多种手段，对论坛开幕式以及论坛的大会发言等进行了互动直播。本届论坛由北京市人民政府、中国人民银行、中国银行业监督管理委员会、中国证券监督管理委员会、中国保险监督委员会共同主办。本届论坛是迄今国内举办的规格最高的国际金融论坛。北京市市长王岐山等在论坛上做主题演讲。本次直播从9:00开始，一直持续到18:00，其中现场信号直播长达7个多小时，广播与网络结合发挥各自优势，使声音、图像、文字相互补充，交相呼应，成为这次高层论坛报道中的一个亮点，获得组委会和广大听众、网民的一致好评。市政府副秘书长董宏、市委宣传部副部长肖培、北京市金融工委副书记霍学文视察了北京广播网的直播工作现场，给予了充分的肯定。

5月25日 北京市人大副主任林文漪带领人大代表、新闻媒体及其他工作机关工作人员50余人来北京电台观察。北京市广播电视局党组书记、北京广播影视集团党委书记马朝军，北京市广播电视局局长、北京广播影视集团管委会主任赵东鸣，副局长常卫陪同视察。在北京电台汪良台长和陆莹总编辑的陪同下，代表们参观了电台新近落成的“广播中心”。汪良台长向代表们介绍了北京电台的各项基本工作情况并回答了他们的提问。

5月27日 在“北京市广告业支持首都教育事业表彰会”上，北京电台被北京市工商管理局评为2003年度“上缴教育基金先进单位”。

5月 北京电台新闻广播白玉获得2003年度北京市“三八”红旗奖章。

6月1日 北京电台首都生活广播《男孩女孩》节目在劳动人民文化宫太庙大殿前举行开播启动仪式，并现场直播首都中外儿童庆祝“六一”国际儿童节游园联欢会及儿童周开幕式。在两个小时的直播过程中，《男孩女孩》节目主持人小丹、王一、肖慧就《男孩女孩》的开播与场内外听众互动交流，充分体现了今年“六一”儿童节的主题——快乐、健康、文明、向上。北京市少工委主任、共青团北京市委员会副书记王春杰到《男孩女孩》直播台前祝贺节目开播。

6月1日 北京电台听众服务中心在“北京广播网”上开辟“听友之家”网页。听众朋友和网友不仅可以从“听友之家”这个平台获得北京电台与听众联系的各种信息，还可以通过网页的有关栏目与听众服务中心的当班编辑直接进行交流。“听友之家”设有“听友论坛”、“论坛集萃”、“短信精选”、“来信选登”、“听众意见反馈”等互动栏目。

6月6日 北京电台“听众喜爱的名牌栏目”大型评选活动揭晓新闻发布会，在京瑞大厦举行。电台有关领导、各专业广播领导及当选的名牌栏目和优秀栏目代表参加了发布会。总编辑陆莹在发布会上宣布评选结果：《空中笑林》、《中国歌曲排行榜》、《全球华语歌曲排行榜》、《人生热线》、《零点夜话》、《法制天地》、《校园民谣》、《一路畅通》、《北京新闻》、《欢乐正前方》10个栏目被评为“听众喜爱的名牌栏目”。《今夜私语时》、《名人访谈》、《短信江湖》、《体育新闻》、《新闻大视野》等20个栏目被评为“听众喜爱的优秀栏目”。

6月9日 北京电台体育广播、文艺广播和北京广播网首次启用卫星信号转播车，进行音视频同步全程移动直播“奥运圣火在京传递”活动。在国内外众多媒体中，北京电台是唯一一家对火炬在京传递全过程进行现场直播的广播媒体。这次直播共分为八个部分：“奥林匹克之光辉映中华”；“雅典火炬在京激情传递”；“圣火传递的历史脚步”；“寓意深刻的奥运标志”；“追求卓越的奥运选手”；“奥运给中国带来无限生机”；“建设中的北京奥运场馆”；“雅典倒计时北京迎奥运”。在10个小时的节目中，在体育广播的直播机房有两对男女主持人进行轮换的接力直播，在9：00的点燃仪式上有一对现场主持人做现场直播，在火炬传递的过程中两位主持人在移动直播车上现场直播火炬传递的整个过程，同时在一些接力点的群众庆祝活动上还有体育广播的20多名现场记者为节目发回最鲜活的内容和第一时间进行目击式的现场报道。同日我台还对“2004年北京国际车展”进行了现场直播。同时对两项大型活动进行现场音视频直播，这在我台是第一次。

6月9日 为配合2004年北京国际汽车展览会，由北京电台交通广播主办、听众投票评选的“汽车消费人气榜”在北京国际展览中心揭晓，交通广播与北京广播网进行了4个小时的音视频同步直播。在当日两项直播活动中，北京广播网创造了电台网络直播时间最长的纪录：奥运圣火传递直播12个小时，车展直播4个小时，共计16小时。

6月11日 北京市委宣传部通过传真发来宣传部副部长肖培亲笔写给北京电台台长汪良和总编辑陆莹的信，称赞北京电台“奥运圣火传递”直播十分成功，并肯定了电台最近组织的大型直播与网络互动的做法。

6月12日 北京电台“听众喜爱的名牌栏目评选颁奖大会暨北京电台艺术团首场演出”在北京海淀剧院隆重举行。北京市委宣传部常务副部长王学勤和北京广播电视局局长赵东鸣到会为荣获“听众喜爱的名牌栏目”颁发奖杯，并观看了演出。名牌栏目的主持人为10名幸运听众颁发奖金，听众代表为20个“听众喜爱的优秀栏目”颁发奖牌。会前还为250名获奖幸运听众颁发了资金。在颁奖仪式上，北京电台艺术团演出的歌舞、相声、京剧、小品、魔术等精彩节目博得了观众的热烈掌声。

6月19日 由中共北京市西城区委员会、西城区人民政府和北京人民广播电台主办的第五届“北京金融服务咨询日”活动在西单文化广场举办。北京经济广播作为这次活动的承办方，同时推出“北京金融服务广播日”大型直播活动。本届活动的主题是“金融链接你我他”，北京市银行、保险、基金、证券等50多家金融机构在西单文化广场设点，为百姓投资理财提供咨询服务。

6月23日 市政协副主席黄承祥率领部分市政协委员来北京电台考察工作。在听取了北京电台台长汪良的工作汇报后，与交通广播《一路畅通》节目的四位主持人进行了座谈，并参观了电台新落成的直播机房、交通信息处理中心和主控机房等。

7月12日—16日 在华北五省（市、自治区）技术协作会第8次年会上，北京电台送评的5篇论文全部获奖。其中，技术中心高素萍的论文《北京电台新主控系统》获一等奖；804发射台邓亚程、陈钊的论文《关于北京电台发射台技术管理工作的一点思考》和信息资料中心严玉鹏的论文《音频资料在互联网的应用及实践》获二等奖；技术中心邵然的《基于音频矩阵的丹麦NTP数字播出调音台》和谷会敏的《NTP数字音频矩阵切换系统》两篇论文分别获得三等奖。

7月19日 丹麦国家少女合唱团成员以及合唱团的监护人——丹麦王国亚历山德拉王妃殿下受北京人民广播电台台长汪良的邀请，出席了在北京饭店举行的欢迎晚宴。同时出席的还有丹麦驻华大使夫妇，北京市广播电视局局长、北京广播影视集团管委会主任赵东鸣，北京人民广播电台总编辑陆莹，副总编辑赵多佳，北京音乐广播台长邵军以及外交部和文化部相关领导等。当晚，合唱团的少女们演唱了包括丹麦民谣、教堂音乐以及根据安徒生童话改编的歌曲等在内的传统作品，同时还演唱了一首中国名曲《牧歌》。

7月20日 全国政协常委、提案委员会副主任杨振杰带领15名提案委委员在北京市副市长孙安民、市政协副主席满运来和市广电局局长、北京广播影视集团管委会主任赵东鸣的陪同下来北京电台进行调研。北京电台台长汪良、总编辑陆莹向委员们介绍了北京电台的工作情况，并和代表们一同参观了北京电台直播机房、主控机房、交通广播路况信息中心以及新闻广播发稿室。

7月22日 北京电台举行《北京人民广播电台质量手册》B版颁布仪式。修改《质量手册》是电台2004年为贯彻ISO9000族标准，加强全台质量管理工作的一项重要任务。其根本目的在于将电台质量管理工作在执行ISO9001标准的基础上加入ISO9004标准的要求，同时适应机构工作定位和工作控制程序的变化。电台《质量手册》B版相对A版，共修改了298处，其中按照ISO9001标准要求修改了239处，按照ISO9004标准要求修改了59处，重要的修改有60多处。

7月22日 在中国广告协会广播委员会“第二十届全国优秀广播广告作品评选”活动中，北京电台有1件作品获得一等奖，2件作品获得二等奖，4件作品获得三等奖，2件作品获得优秀奖。

7月23日 北京市总工会副主席时纯利一行8人来北京电台就“厂务公开”的情况进行调研。汪良台长、赵泽勤副书记、党办柴修杰主任、工会吉立同主席以及部分职工代表参加调研活动。职工代表填写了电台“厂务公开”情况的调查问卷。

7月24日 “治多伦一亩沙地，还北京一片蓝天”大型环保公益活动纪念碑正式在内蒙古浑善达克沙地南缘的治理区内落成，参加纪念碑落成仪式的领导有：北京绿化基金会会长单昭祥、内蒙古自治区锡林郭勒盟副盟长莘文印、多伦县县委书记寇小平、多伦县县长姚东、内蒙古自治区林业局局长李连方、内蒙古自治区林业局总工程师李纯英、国家林业局治沙办江天法、首都绿化委员会办公室副主任、北京林业局副局长王苏梅、国家安全部机关党委书记李德山、北京人民广播电台总编辑陆莹、北京人民广播电台副总编辑亢亚志、北京人民广播电台新闻广播台长李捷、北京电视台副总编辑刘爱勤、北京市投资促进局副局长郭松。北京17家捐款单位代表和中央、北京、内蒙自治区十几家新闻单位也参加了此次活动。

7月25日 北京广播学院播音主持学院组织“播音与主持全国高校教师研修班”的学员40余人，在付程副院长的带领下，来北京电台参观。在办公室同志的陪同下，学员们先后参观了各专业广播播出机房、主控机房、交通广播路况信息中心和培训中心。

7月29日 北京电台汪良台长、王季平总工程师、集团保卫部张振华主任及台办公室、技术中心、保卫部等有关部门领导，一同来到驻建外电台武警住地，看望慰问武警战士。汪台长代表全台职工向武警战士赠送了慰问品，并视察了新装修的武警住地营房。应武警战士的要求，汪台长挥笔题字：“文明之师，威武之气也。”

8月3日 北京电台举办首届广告优秀作品评选会。中国广告协会广播委员会秘书长赵凯、北京大学广告学系主任陈钢、资深广告专家徐建、北京药品监督管理局审查主管李江宁和各专业台领导及广告部、经营部负责人，依照创意、语言、演播、配乐及制作等几方面元素进行了认真的评议，共有26条作品分获不同奖项。王秋副台长出席评选会并讲话。

8月7日 由北京新闻广播、北京青年报与北京市慈善协会、北京青少年发展基金会共同举办的“爱心助飞梦想”大型慈善晚会，在北京饭店隆重举行。有近600名来自工商界、演艺界、外交界、科技界的知名人士，参加了此次慈善晚会。当天到场嘉宾每人2 000元的入场费和现场募集到的320万元现金，将通过北京市慈善协会和北京青少年发展基金会，用于帮助贫困中学生和艾滋病防治项目。新闻广播对晚会进行了90分钟的直播。

8月12日 “2004北京电台优秀广告作品颁奖大会”举行。来自35家广告公司、部分广告客户及七个专业台的代表约80余人出席了颁奖大会。市广电局党组书记、广播电视集团党委书记、北广传媒董事长马朝军，北京电台台长汪良，总编辑陆莹及副台长王秋、中国广告协会专职副秘书长赵凯、北京市药品监督管理局副局长卢爱丽和北京市工商管理局、朝阳区工商管理局的有关领导出席颁奖大会并为获奖者颁奖。

9月2日—3日 第八届北京、香港合作研讨洽谈会暨奥运经济市场推介会，在香港会展中心隆重举行，北京电台及北京广播网联合香港电台中文台直播了此次洽谈会。这是北京电台首次多部门联合跨地区的直播活动。在洽谈会期间，有22位嘉宾走进现场直播间，接受了音视频采访。北京广播网共进行了6小时视频直播，发布照片54组共计105张，收集、整理、发布相关资料106条。两天中，在北京新闻广播中播发了录音新闻、文字消息、口播新闻等20多篇，还现场转播了“京港同心、共迎奥运”文艺晚会。

9月3日 北京电台新闻广播、交通广播、北京广播网对“北京市交通法规立法听证会”进行了独家音频和网络视频现场直播，千龙网等网站与北京广播网链接，向社会全程传达了听证会上各方意见的交锋。北京广播网独家视频直播引起网民关注，据网络日志显示，当天网站的访问量达到498万人次，听证会专题网页的访问量为100多万人次，点击视频直播的达到10多万人次，其中香港约2万多人次，在3个小时的直播过程中，共发布图片50余张，文字4万多字。

9月10日 教师节，北京电台艺术团来到北京大学，为教师们进行专场慰问演出——《永远的校园》，受到北大师生的热烈欢迎。北京文艺广播及北京广播网全程直播了演出实况。

9月12日 北京电台开办的全国第一家都市外语广播——北京外语广播 Radio774，在北京饭店举行开播仪式。外交部、国务院新闻办、国家广电总局、北京市委、市政府的有关领导以及联合国广播电视局局长 Susan Farkas 女士、部分驻华使节、外资企业和留学生代表出席了开播仪式，中外30多家媒体对北京外语广播的开播表示祝贺。外交部部长李肇星特为外语广播开播发来贺信，联合国副秘书长塔鲁尔先生也为开播发来贺词。

9月16日 北京新闻学会在北京政协会议厅召开2003年度“北京新闻奖”颁奖会，北京电台有关领导和部分获奖者参加了会议。北京电台共有11篇作品获奖，其中一等奖 3 篇，二等奖 4 篇，三等奖 4 篇。

9 月 16 日 中国青年创业国际计划北京首批获资助创业青年名单揭晓新闻发布会暨北京经济广播与中国青年创业国际计划战略合作备忘录签署仪式举行。团中央国际联络部部长江广平、中国青年创业国际计划总干事谷丽萍、北京电台副总编辑赵多佳参加了会议。中国青年创业国际计划（简称 YBC）是由团中央、全国青联发起的一个旨在帮助中国青年创业的国际合作项目。

9 月 17 日 北京电台外语广播（中波 774 千赫）正式开播，每天 6：00 开始播音，24：00 播音结束，全天播出 18 小时。每周四 14：00—16：00 为停机检修时间。北京外语广使用中波 774 千赫，有线调频 97.8 兆赫和有线调频 99.4 兆赫三个频率播出，其中，中波 774 千赫和有线调频 97.8 兆赫两个频率以中英双语播音为主，2008 年之前将实现多语种播出。

9 月 17 日—25 日 北京电台举办“广播节目创优培训班”，全台采编播人员 310 人分三期参加了培训。台长汪良、总编辑陆莹分别在培训班上作了动员讲话。培训班由亢亚志副总编辑主持。三期培训班上，曹仁义、裴志勇、胡妙德、孙以森四位专家分别就新闻类节目创优、社教类节目创优和文艺类节目创优的问题，进行了分析讲解。

9 月 30 日 北京广播公司与阳光资产管理集团就数字广播项目正式签署合作协议。汪良台长、陈子思总裁分别代表双方在协议上签字，陆莹总编辑、赵多佳副总编辑、阳光资产管理集团中国区首席代表南海，以及双方律师参加了签字仪式。

10 月 9 日—15 日 在广州举行的首届“声响亚洲文化节”上，北京音乐广播邵军荣获“年届录音师奖”，陈小斌和耿纯因芭蕾舞剧《胡桃夹子》选曲和柴科夫斯基的《D 大调小提琴协奏曲》第一乐章获得“优秀实况录音奖”，音乐广播网站 FM974.tom.com 荣获“最佳网站奖”。

10 月 15 日 北京电台拔河代表队在北京广播影视集团组织的拔河比赛中获得冠军。

10 月 16 日 北京电台与河南人民广播电台协商决定以“中原文化北京行”为契机，达成友好合作协议。协议内容主要包括：两台确立长期友好合作关系，友好互惠，力争共创品牌，共同发展；新闻资源共享；专题节目内容共享，搭建专题节目合作平台；两台的文艺节目互惠；双方适时策划大型专题报道活动；两台网站互为友情链接，共享信息资源；双方在广告经营及其他产业经营上加强合作。

10 月 16 日 第三届北京市民外语游园会在劳动人民文化宫举行，北京电台外语广播全程直播游园会开幕式。北京市副市长、市民讲外语活动组委会主任张茅特地来到电台搭在文化宫的直播间，接受主持人的英语采访。

10 月 17 日 北京广播网协同北京体育广播对北京国际马拉松赛进行全程4个多小时音视频直播。整理文字共计33 011字，拍摄照片 200 余张，其中精选照片 50 组共计 100 张发布到北京广播网上。

10 月 17 日 北京经济广播举行庆祝《国际汇市报道》节目开播五周年暨“听众喜欢的汇评师”评选活动颁奖典礼。北京电台副总编辑赵多佳及北京经济广播台长边建出席颁奖典礼并为获奖汇评师颁奖。有 500 多名听众参与了现场活动。经济广播自 2004 年 8 月 9 日开始推出“听众喜欢的汇评师大型评选”活动，万余名听众通过信件、电话、网络投票，李骏、刘维明、宋德才等28名知名外汇分析师通过《国际汇市报道》节目参加了评选，其中有18名汇评师获得“听众喜欢的汇评师”称号，有10名汇评师获得“优秀汇评师”称号。北京广播网、和讯网直播了颁奖仪式以及两场获奖汇评师的汇评沙龙。

10月20日 北京人民广播电台台长汪良收到联合国秘书长科菲·安南的来信，安南对北京电台外语广播的成功开播表示祝贺。贺信的大意是：

尊敬的汪良台长：在此，我祝贺北京人民广播电台成功开播英语频率——Radio774。

联合国新闻部广播处和北京人民广播电台有着长期良好的合作关系。如您所知，我们是依靠合作伙伴传递联合国的声音的。中国听众对我们有着非常重要的意义。我欣喜地看到我们之间良好的合作关系不断发展。

请接受我的良好祝愿，祝贵台事业发展蒸蒸日上！

10月21日 在第四届全国优秀“青少年维权岗”颁奖大会上，首都生活广播获得“青少年维权岗”突出贡献单位称号。这是首都生活广播连续第三次获得这一光荣称号。

10月26日—11月8日 北京电台外语广播、交通广播、经济广播圆满完成与加拿大国际广播电台联合制作的三期专题节目。双方围绕中加两国教育、文化、经济等方面内容，联合采访制作了“走进北京中加学校”、“细述李玲玉的跨国婚姻”、“搭建中加金融交往的桥梁”等三档节目，并于11月在北京电台和加拿大国际广播电台相继播出。

10月28日 北京广播中心技术业务综合楼工程开工典礼隆重举行。北京电台台长汪良、北京市广播电视局局长、北京广播影视集团管委会主任赵东鸣、施工单位代表先后讲话。北京电台领导班子其他成员、处级以上干部以及工程建设、监理和设计单位代表出席开工典礼仪式。北京广播中心工程是北京市文化事业建设中的一件大事，同时也是北京电台迎接2008年北京奥运会的一项重要举措。

10月28日 北京电台与中国网通吉芙德公司就北京网视项目签署合作意向书。赵多佳副总编辑、王翎总裁分别代表双方在协议上签字。此次与中国网通签署合作意向书，是为了解决北京网视业务的推广和在北方十省落地的问题。

10月29日—30日 北京体育广播与亚洲体育管理协会、国家体育总局体育社会科学重点研究基地等部门共同举办“2004年亚洲体育管理协会年会”和“亚洲健身业CEO高级管理论坛”。本次年会的主题是：“促进亚洲体育管理的合作与发展”。参加此次年会的有来自中国、泰国、印度尼西亚、日本、新加坡、马来西亚、韩国等国家的嘉宾，此外还有部分欧、美、澳的体育机构和体育组织的特约专家。

10月 北京电台建立台领导接待群众来访日制度，每月第二周的星期三为台领导轮流接待群众来访日。负责接待的台领导主要听取干部职工反映有关电台改革与发展，领导班子建设、干部队伍建设及思想政治工作，干部廉政情况，本部门工作中出现的突出矛盾和问题，个人在思想、工作、生活中遇到的重要问题等方面的意见、建议。轮流接待群众来访日的具体人员及日期，由台党委办公室负责安排并公告全台。

11月1日 原总工办主任兼技术中心主任常青被北京市委宣传部任命为北京电台副台长。

11月2日 在“北京电台2005年度代理签约仪式”上，汪良台长分别与24家广告代理公司，就31个行业签订了代理协议，并授予他们《广告行业代理证书》。计财部主任、各专业广播负责人等参加了本次签约仪式。

11月2日 北广传媒数字电视有限公司与北京广播公司就“动感音乐频道”的合作事宜举行签约仪式，北广传媒集团公司董事长、北京广播影视集团党委书记马朝军和北京广播公司董事长、北京电台台长汪良分别在协议书上签字。“动感音乐频道”是北京电台2003年9月1日开播的一套数字电视频道，全天24小时滚动播出最新、最流行的音乐录影带和演唱会的实况。

11月8日 由北京电台援建的“北京电台阗田希望小学”在新疆阗田地区肖尔巴克乡吐完肖尔巴克村举行落成典礼。北京广播影视集团党委书记马朝军、北京电台台长汪良以及新疆广播电视局，阗田地、市的有关领导同志参加了落成典礼。

11月12日 市政协委员一行20人，在学习委员会高起祥主任的带领下，与北京电台领导及主持人代表座谈宣传及舆论监督等问题，并参观了技术区播出机房。

11月15日 北京电台在京瑞大厦召开“有奖征集广播剧剧本结果揭晓暨颁奖发布会”，6部入围作品是：《儿子》（北京王兴东）、《山村喇叭》（北京高克芬）、《青山不会忘记》（安徽齐法海）、《天堂拒绝弱者》（河南杨欣元）、《玉镯的故事》（北京马世德）、《一个艺术家的非常死亡》（北京开新）。由北京人民广播电台主办、文艺广播承办的“广播剧剧本有奖征集活动”始于2004年6月底，历时四个多月，共收到来自全国各地的近300部应征作品。北京作者王兴东的作品《儿子》获得5万元人民币的奖励，其他5部入围作品分别获得2万元人民币的奖励。

11月16日—17日 北京电台举办中青年干部培训班，全台处级后备干部和任职不满两年的副处级干部共50人参加了培训。培训班上，台党委书记、台长汪良和台党委副书记赵泽勤结合自己的工作实践讲了如何当好领导干部的体会。培训班还邀请国防大学军队政治工作教研室副主任李建昌讲授了“领导方法与领导艺术”；观看了中央党校王长江、张志明教授所作的关于党的十六届四中全会精神的辅导报告录像；组织参训人员进行了座谈交流。

11月22日 由北京交通广播、搜狐网、北京青年报、北京电视台、北京广播网联手打造的“路德日”暨“一路畅通从我做起”颁奖仪式，在北京红恩度假村隆重举行。北京市公安交通管理局、北京人民广播电台、搜狐网、北京青年报等单位的领导出席活动并致词。

11月23日—26日 北京电台在“2004韩国国际广播电视节”上设立展位，有针对性地向各国传媒代表介绍各个专业广播的相关情况，并向相关机构推介了数字广播、网络电视等本台新兴的部分产业项目。

11月24日—25日 北京电台顺利通过方圆标志认证中心对本台ISO9001质量管理体系运行情况的监督审核。

12月1日 在北京市委宣传部、北京市人事局和北京市思想政治工作研究会承办的第七届北京市思想政治工作优秀单位、北京市优秀思想政治工作者表彰会上，北京电台党办主任柴修杰荣获2004年度“北京市优秀思想政治工作者”奖状和奖杯。

12月1日 北京市老新闻工作者协会一行40余人来北京电台参观。陆莹总编辑向老记者们介绍了北京电台的发展现状。随后，老记者们参观了本台直播机房、主控机房和交通广播信息处理中心。

12月1日　由文化部艺术司、广电总局总编室、中国音协、市委宣传部、北京奥组委文化活动部、央视文艺中心和北京电台等八家单位共同主办，北京电台音乐广播和央视戏曲音乐部承办的第二届北京2008奥运歌曲征集评选活动正式启动。

12月1日　北京电台新闻广播与鸿联九五北京信息产业有限公司合作推出的“百姓生活资讯热线”——95001006，开始试运行，市民拨打这个电话，可以为亲友点歌，实时查询股票行情、交通违章记分、公积金余额、天气情况以及水、热、燃气服务和消费投诉等便民电话号码。

12月1日—6日　北京电台成功参与第四届中国广播节目展销会暨中国广播台长论坛。北京广播网对本届展会进行了现场视频和图文直播。北京文艺广播编辑张美华在论坛上做了题为“广播电影录音剪辑节目的创新”的研讨发言。

12月16日　北京电台总编室和人事部培训中心举办视频节目制作培训班。陆莹总编辑出席培训班并做了动员讲话，培训班邀请中国传媒大学和北京电影学院的张绍刚、苗棣、张会军三位专家分别从谈话节目话题的选择、谈话节目的特点以及摄像和主持人的关系几个不同的主题进行了生动的讲解，最后请体育广播主持人梁言结合自己亲身经历谈了广播与电视节目主持人的差异。亢亚志副总编辑做培训总结，来自全台8个专业广播和信息资料中心的50多名同志参加了此次培训。

12月19日　北京交通广播在奥林匹克体育中心举办“永远相伴”大型台庆庆典演唱会。近5000名来宾与交通广播的员工们欢聚一堂，共庆交通广播开播11周年。北京电台总编辑陆莹、市公安交通管理局副局长张锁成、北京电台副台长王秋、副书记赵泽勤、副总编辑亢亚志、副台长常青等领导出席演唱会。

12月23日　北京电台召开表彰大会，对在2003年度国家政府奖评选中获奖的作者进行了表彰颁奖。表彰大会由总编室主任王福全主持，台领导赵多佳、亢亚志、马仕存先后宣读了北京电台“2003年度优秀节目获奖名单”、“2003年度论文评选获奖名单”、“2004年度最佳奖获奖名单”、“2003年度北京广播奖获奖名单”、“2003年度北京新闻奖获奖名单”和《关于奖励2003年度在全国获奖作者的通报》。总编辑陆莹出席会议并讲话。

12月24日　北京电台创办的“北京网视”频道（www.bjradio.com.cn www.bjiptv.com.cn）试运行。北京、天津、河北、黑龙江等省市的网民可以直接在这个平台上欣赏到北京电台广播节目的电视版，还可以在线欣赏MTV作品、影视剧等。“北京网视”是全国第一家由广播媒体创办的网络电视平台。